中国高等学校文科21世纪新教材

LISHI YUYANXUE

历史语言学

（修订本）

吴安其 著

上海教育出版社
SHANGHAI EDUCATIONAL
PUBLISHING HOUSE

目　　录

历史语言学常用符号

（1）连字符号-（hyphen）

s-：辅音 s 处于声母的位置，或用来表示这是 s 前缀；

-s：辅音 s 处于韵尾的位置，或用来表示这是 s 后缀；

-l-：辅音 l 处于词中的位置，或用来表示这是 l 中缀。

连字符号-也经常放在词根的后面或前面，用来表示这是省略了后缀或前缀的词根。如 bhar-是梵语"带来"的词根形式。

（2）>和<

符号>：一种形式演变为另一种形式。

符号<：一种形式来自另一种形式。

（3）符号*

表示语音构拟形式的记号。也有学者用**来表示这是一个更早时期的构拟形式。如*bher-是构拟的古印欧语"带来"的词根，梵语的 bhar-<古印欧语的*bher-。

调值和调类符号

（1）调值的表示

采用赵元任先生的五度标调法表示音节的声调。55 调为高平调，35 调为中升调，51 调为高降调，315 调为降升调等，调值标于音节的右上角。

（2）调类的表示

调类以数字或字母区分，通常标于音节的右上角。

侗台、苗瑶语按以往的约定，A、B、C、D 表示 4 个原始调。通常由于声母清、浊的不同引起了声调的第一次分化，4 个调分化为 8 个。不论现在声母是否保留浊音，单数（1、3、5、7）表示清声母的调类，双数（2、4、6、8）表示浊声母的调类。

现代汉语方言平声分阴、阳，以 1、2 表示，上声分阴、阳，以 3、4 表示，去声分阴、阳，以 5、6 表示，入声分阴、阳，以 7、8 表示。北方方言，如北京话，阴平、阳平、阴上以 1、2、3 表示，去声不分阴阳，以 4 或 5 表示（包括变为去声的阳上），入声按派入的调类表示。

前　言

历史语言学(historical linguistics)作为语言学的分支,到 18 世纪才逐渐发展起来。它的发展可分为三个阶段:

18 至 19 世纪出现了以印欧语为主要比较对象的历史比较语言学(historical comparative linguistics)。

20 世纪上半叶,结构主义历史语言学成为主流。

20 世纪下半叶,以语言接触为主要研究对象。

中世纪的语言研究立足于文献,流行于欧洲的是以文献研究为主的语文学,"拉丁语语法"几乎是"语法"的同义词。古拉丁语是形态变化比较发达的语言,词类有较为一致的词形变化,形态学(morphology)从一开始就在语法学中占有重要的地位。形态学研究词的内部结构。形态变化指词内部的变化,即词根(root)或词干(stem)上的变化。

19 世纪的语言学家注意到语言偏离源头的情况,往往只是把这种现象归于语言的混合,直到"底层理论"的出现,才有比较一致的认识。人们把语言转用中被放弃的语言(或方言)保存在转用语言中的成分称为底层成分(substratum),被放弃的语言称为底层语言。

20 世纪结构主义历史语言学的创始人是瑞士学者费尔南·德·索绪尔(Ferdinand de Saussure, 1857—1913)。他强调,"语言是一个系统,它只知道自己固有的秩序","一切与系统和规则有关的都是内部的","一切在任何程度上改变了系统的,都是内部的"。①

20 世纪上半叶的历史语言学继承索绪尔的结构主义历史语言学的思想,在欧美地区形成了不同的流派,如布拉格学派、哥本哈根学派和美国的结构主义学派。他们分别都有自己的贡献。

20 世纪下半叶,语言接触的研究比以往任何时候都受重视。受关注的除了语言接触中语音、语法和词汇各个方面的互相影响外,还有混合语(mixed language)、克里奥尔语(creole)和洋泾浜语(pidgin)等的研究。

历史语言学依据的基本事实是:语言的"技巧"是一代一代地传递下去的,不同人群的话语"技巧"可以相近或完全不同(不能通话),也可以学会其他人群的话语"技巧"。我们从文献知道语言是逐渐演变的,历史语言学研究语言演变的规律。

我们平日的言语或话语(discourse, utterance)中包含着必须遵守的约定和自我发挥说法两部分的内容,并可区分为语音(口音)、词和语法三个方面的形式。约定来自传统,发挥与语境相关。我们采用索绪尔的观点,区分言语和语言。②

"二战"结束之后有两种流行的比较亲属语的方法:一是选取一个语系或语族的三种或四种有代表性的语言进行比较,以确定原始共同语的特点;二是罗列许多种语言的语音或词对应特点的"大排档式"的比较。这两种方法都忽视了这样的事实,即亲属语不是一次形成的,它们由不同历史层次构成。无论是印欧语、汉藏语还是南岛语,当初从某一个地方向外扩展成为数量众多、差别甚大的亲属语,总非一日之功。

学科基于假设,由此建立基本理论。基本理论的不完善必定带来学科发展的局限性和解释的困难。

亚欧地区通常经历了农业的普及和人口的迅速增加,强势语言在一定范围内传播,才有同一语系的语言连绵分布的格局。其中既有分化形式的传播,也有语言"征服"方式的传播,即语言的转用。语言转用中又有不完善习得和完善习得的不同,亲属语因此或多或少地带有其他语言的底层成分。

---

①　索绪尔.普通语言学教程[M].高名凯,译.岑麒祥,叶蜚声,校注.北京:商务印书馆,2001:46.
②　索绪尔.普通语言学教程[M].高名凯,译.岑麒祥,叶蜚声,校注.北京:商务印书馆,2001:41.

　　20世纪下半叶兴起的语言接触研究开辟了历史语言学的新领域,不仅仅研究强度不同的语言接触,也研究语言转用中底层语言的作用。

　　20世纪40年代以来,有学者提出侗台语与印度尼西亚语等可组成语言联盟,又说与南岛语有发生学关系,此类观点在今天的西方历史语言学界仍占上风。

　　遗传学研究表明,欧洲居民的一些重要的遗传特征是从中东向西扩展的,①古印欧语西传的过程中为其他欧洲的部落所采用,原来分布在欧洲的语言如高加索语系的语言和巴斯克语等可成为印欧语的底层。印欧语不同支系语言的许多基本词来源不同,如不同支系"人""男人""女人"等说法,人称代词、"火"的说法往往不同,可分别区分为数个不同的词源。综合其他情况,我们可以看出印欧语诸支系是在不同语言的基础上形成的。

　　在汉藏语诸语族、语支中,我们同样可以观察到类似印欧语诸语族、语支那样内部分歧叠出的情况。我们在分别研究汉语、藏缅语、侗台语和苗瑶语的语音和形态历史的基础上可以发现,这些语言有一批早期的同根基本词,但更多的基本词来自后来的相互借用,或来自周边不同的语言。

　　语言的发生学分类(谱系分类)是对语言历史的简要描述,至今仍有重要意义。我们需要这一分类法,并希望澄清误会,有更多符合历史真实情况的解释。

　　《历史语言学》修订本介绍历史语言学的基本概念和理论,采用更多印欧语、汉藏语和南岛语的资料作为解释有关理论的依据,希望这些介绍和解释有参考价值。

---

　　①　L.L.卡瓦利-斯福扎,F.卡瓦利-斯福扎.人类的大迁徙[M].乐俊河,译.北京:科学出版社,1998.

第一章　历史语言学的概念和方法

一　20世纪前的比较语言学

1. 印欧语的历史比较和历史语言学的发展

历史语言学是从印欧语的比较中发展起来的。其中有标记意义的是18世纪后期英国东方学者威廉·琼斯(W. Jones, 1746—1794)根据梵语和拉丁语、希腊语的比较研究认为它们有共同的来源。这些语言"三""父亲""兄弟"读音的对应关系为：

	梵语	拉丁语	希腊语
三	trayas	treis	trēs
父亲	pitar	pater	pater
兄弟	bhrater	phrater	frater

关于它们的对应关系,我们再增加一点比较的材料：

"三"古英语 þreo,古弗利斯语 thre,阿维斯陀经 thri,俄语、阿尔巴尼亚语 tri,古教堂斯拉夫语 trje,粟特语 əθre,和阗塞语 dra-。拉丁语 tres,希腊语 trēs,赫梯语 teries<˚teri-s。波兰语 troje、trojka。

"父亲"梵语 pitar,希腊语 pater,拉丁语 pater,古爱尔兰语 athir,哥特语 fadar,亚美尼亚语 hayr,吐火罗语 A pācar,吐火罗语 B pātar。

"兄弟"古英语 broþor,古弗里斯语 brother,哥特语 bróþar,梵语 bhrater,古波斯语、阿维斯陀经 brātar-,拉丁语 phrater,希腊语 frater。"同族人"希腊语 phrater。

19世纪,欧洲的学者搜集了大量的语言材料,为历史比较语言学(historical comparative linguistics)的出现打下了基础。19世纪初,丹麦学者拉斯姆斯·拉斯克(R. Rask, 1787—1832)在他的《古代北方语或冰岛语起源的研究》中从冰岛语研究入手,对冰岛语与欧洲的其他语言作比较,除了确定冰岛语与拉丁语、希腊语的发生学关系外还认为,拉丁语、希腊语并非冰岛语的决定性来源,更为深刻的来源还须进一步寻找。他们曾经争论,语音、形态和词汇到底哪一方面是语言的发生学关系的证据。

1816年德国语言学家弗朗兹·葆朴(F.Bopp, 1791—1867)发表了《论梵语动词变位系统,与希腊语、拉丁语、波斯语和日耳曼语的比较》。后来他还出版了三卷本巨著《梵语、禅德语、亚美尼亚语、希腊语、拉丁语、立陶宛语、古斯拉夫语、哥特语和德语的比较语法》。

19世纪德国学者施莱赫尔(August Scheicher, 1821—1868)提出语言谱系理论(1863年),主张一个语系的语言来自原始语的分化。为了解释日耳曼语和其他印欧语塞音对应的规律,格里姆(J.Grimm, 1785—1863,或译为格里木)和维尔纳(Karl Verner, 1846—1896)把印欧语发生学关系的研究引导到更为深入的讨论。

19世纪六七十年代俄国学者乌斯拉尔(Л.К.Услар)等学者提出相当于后来布拉格学派的语音理论。博敦的学生克鲁舍夫斯基最早提出"音位"这样的概念,以区别于"语音"这个概念。克鲁舍夫斯基并把音位的作用扩展到形态的区分上。音位定义为"区别词和词的形态的最小的语音单位"。[①]

---

① 傅懋勣.音位的基本理论和实际问题[M]//傅懋勣先生民族语文论集.北京:中国社会科学出版社,1995.

19 世纪 70 年代方言地理学(dialect geography)兴起,采用在语言地图上使用同语线(isogloss)区分不同区域方言的语音、词和语法形式的方法。这一学派的口号是:"每一个词有自己的历史。"

19 世纪 80 年代自称为青年语法学派的欧洲新语法学派(Neogrammarians)批评旧的历史比较语言学,提出了对建立当代历史语言学具有重要意义的有关语音和形态历史演变规律的口号:"语音规律无例外"和"类推作用有普遍性"。

2. 谱系理论

19 世纪奥古斯特·施莱赫尔提出语言谱系理论。他把印欧语比作一棵树,树干是"母语"(原始印欧语),支干是印欧语诸分支——日耳曼语、希腊语等,细支是印欧语的现代方言。他当时为印欧语提供的谱系树图(1863 年)为:①

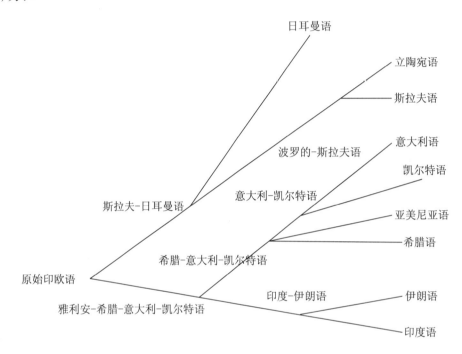

他是第一个明确提出亲属语言谱系分类的学者,他的另一贡献是创造了构拟的方法。构拟或叫作重建(reconstruction),用来解释亲属语或方言之间同源词的分歧。他在构拟的语音形式前加 * 号用来表示构拟的对象,后来的学者就沿用他的办法。

施莱赫尔受达尔文学说的影响,把语言看作是不受人们的意志影响的有机体。他认为语言的一切高级形式都来自低级形式。屈折形式来自结合形式,结合形式来自孤立形式。他认为所构拟的印欧语母语已获得最高级的屈折形式,它们在史前时期已经历了一切形态类型。反映他这一观点的《比较语法纲要》是当时重要的著作,再版多次。②

施莱赫尔的语言谱系理论并不能解释亲属语之间由于接触引起的复杂的对应关系,后来的"波浪理论"和"底层理论"等从不同的角度解释亲属语之间及非亲属语之间的种种关系。一个多世纪以来,施莱赫尔的谱系理论一直受到人们的质疑,但语言的谱系分类法至今仍是语言发生学分类的主要方法。

语言发生学关系的研究建立在语言诸要素的对应关系解释的基础上。亲属语语音、语法和词的对应关系,可以用来证明语言的发生学关系。另一方面,语言接触也会使不同的语言有某些要素的对应关系,我们需要把语言接触造成的和发生学关系的证据区分开来。

3. 原始语

历史语言学称亲属语的祖语为原始语(proto-language),印欧语系诸语的共同祖语称为原始印欧语

① 威廉·汤姆逊.十九世纪末以前的语言学史[M].黄振华,译.北京:科学出版社,1960:88.
② A.B.捷斯尼切卡娅.印欧语亲属关系研究中的问题[M].劳允栋,译.岑麒祥,校订.北京:科学出版社,1960:36—37.

（Proto-Indo-European）。根据对不同语系历史的研究,估计不同语系的祖语存在于距今 7 000 年至 5 000 年,也有估计在距今 1 万年或 1 万多年前。①

有人估计原始印欧语距今 5 500 年前。汉藏语系诸语的共同祖语称为原始汉藏语（Proto-Sino-Tibetan）,可能是距今 6 000 年前的语言。

亚非语系的研究者设想原始亚非语一万年前起源于东非,其中原始闪米特语 7 500 年以前形成于今埃及阿斯旺一带。

我们观察到,语言的符号系统总是处于旧结构的瓦解和新的结构的发展和完善的过程中,迄今为止我们还没有发现一种语音结构上完全对称、形态构成一致的语言。语系的祖语分化以前,也是从另外的语言演变而来的,此前该语言仍经历过很长的一段演变的历史。

一些历史语言学工作者设想亲属语的一切特征来自原始语,忽视了不同分支语言的创新和后来的语言接触关系带来的特点。这一类误解导致亲属语的分歧不能得到合理的解释。

加拿大学者 E.G.蒲立本说:"在谈论某一语言时,人们经常使用'祖先'或'基因关系'来比喻与其他语言的同源关系。""语言没有祖先,语言只有使用者。语言的使用者有祖先,但他们不是通过基因继承其祖先的语言,而是在处于某个语言群体中的成长过程之中获得其语言。"②

早期历史语言学理论假设由于人群的迁徙造成语言的分化,可是常见的情况是:不同的底层特点可以造成方言的分歧。在语言传播的过程中,一种语言可能被完整地习得,也可能没有完整地习得。一个人群,转用了一种没有被完整习得的语言,它的后代语言就会显得在各个方面和原来的目标语的对应是不完整的。

至于想象美洲的印第安语有一个共同的来历,一定是没有认真考虑过亚洲大陆人群向美洲大陆多次迁移的情况。

4. 格里姆定律

格里姆的贡献在于发现了早期印欧语到日耳曼语的塞音（和擦音）的演变规律,即"格里姆定律"（Grimm's law）。③格里姆在拉斯克研究的基础上发现从印欧语塞音（和擦音）系统到日耳曼语的演变为:

印欧语	日耳曼语
p, **t**, k	f, θ, **x**
bh, dh, gh(f, θ, x)	b, d, g
b, d, g	p, t, k

印欧语 bh、dh、gh 也有学者根据梵语的反映形式认为是 f、θ、x,④古日耳曼语的 d 为 ð。

后来维尔纳指出原始印欧语的清塞音 p、t、k 在古日耳曼语中确实演变为 f、θ、h,但只有位于词首或重读元音之后的 p、t、k 演变为 f、θ、h,而其他位置上的 p、t、k 演变为 b、d、g。这一演变规律被称为维尔纳定律。有意见认为这一演变发生在公元前 500 年。

5. 波浪理论

19 世纪的印欧语研究者发现印欧语不同分支之间的一些分歧不能用原有的语言分化理论来解释。如:

① 日耳曼语和斯拉夫语分别属于印欧语的西部语群和东部语群,但它们有不同于其他印欧语名词中"以 m 代替 bh 的格尾形式"。

② 希腊语和印度-伊朗语也分别属于印欧语的西部语群和东部语群,它们"被动态以 r 为词尾"的特点,不同于其他印欧语。

③ 意大利语和希腊语都有"阴性名词用阳性名词的后缀"的情况。

① Winfred P. Lehmann. Historical Linguistics:An Introduction[M].影印本.北京:外语教学与研究出版社,2002:43.
② 王士元主编.汉语的祖先[M].李葆嘉,等译.北京:中华书局,2005:288,292,295.
③ 徐志民.欧美语言学简史[M].上海:学林出版社,1990.
④ 徐通锵.历史语言学[M].北京:商务印书馆,1991.

④ 意大利语和日耳曼语都是"完成时式用来表示一般过去时"。①

施莱赫尔的学生史密特(Johannes Schmidt, 1843—1901)1872 年在面对印欧语系任何两支语言之间都能找出特殊的相似点,而在地理上相近的语支这样的特殊相似点最多时提出了新的解释。他说,不同的语言变化像波浪似的散播在一个言语地域,每个变化可以在这个地域的一部分彻底完成,同先前被另一变化所渗透的部分并不平行一致。一波一波地回荡的结果形成了同语线。这就是后来所说的"波浪理论"(wave theory)。

波浪理论在今天看来仍然是有意义的。方言、亲属语之间在一定的分布条件下经常发生词、语法成分甚至语音的借用。

6. 方言地理学

方言地理学(dialect geography)又叫语言地理学。

方言地理学采用在语言地图上使用同语线(isogloss)区分不同区域方言的语音、词和语法形式的方法。同语线又叫作同言线(isoglossic line, isograph)和等语线。

这一学派最有影响的是德国的语言学家温克(Georg Wenker)。温克想通过调查确定德国的高地德语(High German)与低地德语(Low German)的分界线。高地德语和低地德语是日耳曼西支(West Germanic)的语言。日耳曼西支的 *p、*t、*k 在高地德语与低地德语中读法不同。温克向高地德语与低地德语的相邻地区学校的教员寄去几个句子,②学校的教员用德语字母把土语的读法记下来寄给温克。起初是 1 500 个点的读法,后来扩大到近 5 000 个点。调查没有得到预想的结论。同语线很少在长度上全部吻合,语音、词和语法上几乎每一个特点都有自己通行使用的领域。

方言地理学的调查研究仍在继续,除了德语,他们还对意大利语、法语等语言的方言进行调查,但仍然没有找到区分方言的办法。当时的方言学家甚至否定了土语的存在,认为可以用对词的历史的研究来代替方言的研究。③他们的结论是:"每一个词有自己的历史。"这也是方言地理学派跟新语法学派"语言规律无例外"的口号相抗衡的观点。

19 世纪方言地理学的调查证实了波浪理论,客观上为 20 世纪的语言区域特征和底层理论的出现打下了基础。尽管这一学派的观点不能得到后来学者的完全赞同,但他们的调查方法得到了肯定。如果不进行深入的方言调查,就不会认识到语言演变的细节。方言地理学的调查表明:从前可能分布在大片区域的语言特征,现在只是保留它们的残余形式。

方言的地理分布和行政辖区、社会的变迁有着密切的关系。解释古代行政辖区、人群迁徙和现代方言关系也就成为现代方言学的一部分。

7. 新语法学派的理论

19 世纪 80 年代自称"青年语法学派"(Junggrammatiker)的欧洲新语法学派提出了"语音规律无例外"和"类推作用有普遍性"这样的观点。新语法学派推进了历史比较语言学,为结构主义历史语言学的诞生准备了条件。

当初的印欧语的研究中发现格里姆定律有例外,有人说"没有一条语音规律是没有例外的"。后来维尔纳解释了日耳曼语的辅音跟早期印欧语辅音在非重音位置上对应的规律,他提出"语音规律无例外"这样的论断,并补充说"例外一定另有原因"。青年语法学派原本持有"语音规律无例外"这样的看法,随着研究的深入,他们承认原来的认识有局限性。

类推(analogy)是语言某些词法或句法形式类似性的推广。如古英语的名词有性、数、格的词尾变化,形容词修饰名词时词形也发生变化,与名词性、数、格方面保持一致。从古英语到现代英语,形容词所有的形态变化逐渐被取消,绝大多数的名词也是如此。在抹平古英语这些形态形式的过程中类推起了主要的作用。

---

① 布龙菲尔德.语言论[M].袁家骅,等译.北京:商务印书馆,1988:396.

② 温克所选用的句子为:"The good old man fell with his horse into the cold water." "He always eats eggs without salt and pepper."

③ R.L.Trask. Historical Linguistics[M].影印本.北京:外语教学与研究出版社,2001.　徐通锵.历史语言学[M].北京:商务印书馆,1991.

古英语 hūs"房子"的格变化和单复数形式为:

	单数	复数
主格	hūs	hūs
所有格	hūses	hūsa
与格	hūse	hūsum
宾格	hūs	hūs

中古英语中长元音 ū 由于推链的作用变成 ou,与格和宾格的词尾变化也已消失,名词的复数形式在南部方言中多用后缀-en 表示,北部多用-(e)s 表示,于是当时的南部方言中 hūs 的复数读成 housen,北部读成 houses。

-(e)s 作为后缀表示现代英语一般普通名词的复数是类推在起作用。类推有拉平(levelling)的作用。原本人们只知道"母猪"单复数形式分别为 sow 和 sows。类推的机制为 sow : sows = cow : x 这样的类比,x = cows。[①]于是英语 cow 的复数形式有 cows,古英语中分别为 cu 和 cy。1 300 年前的中古英语中复数形式还有记录为 kyn 的,几个世纪以后其复数皆为 cows。

现代英语名词规则的复数形式和动词过去式、过去分词规则形式是经历了历史上的类推留下的,不规则形式是类推受到习惯的抗拒造成的。

古英语动词词尾的变化相当复杂,多数弱式动词的过去式是在原形后加-ede、-ode 和-de 等后缀,名词的复数形式也相当复杂。到了中古时期大约有三分之一的古英语的强式动词成为弱式动词(规则动词),-ed 已成为弱式动词的后缀,直到 18 世纪时-ed 的 e 还是发音的。中古早期英语名词的复数用-(e)s 和-en 表示。到了 13 世纪,北部地区的方言多用-(e)s 来表示名词的复数,南部地区的方言普遍用-en 表示名词的复数。经历了十几个世纪,英语动词的过去式规范成以相对统一的后缀来表示。英语动词过去式的形态的历史是从屈折形态向黏着形态演变的历史。

"打"是唐代开始意义泛化的动词,语法化和类推的进一步发展成为动词的前缀。如"打场""打伞""打票""打哈哈"等。汉语中"出租车"先是在方言中根据英语读作"的士"。"的士"被"再分析"(reanalysis)后,"叫出租车"在北京话里被说成"打的"。

"在活的语言发展过程中所看到的形态因类推而划一的现象,词干重新分解和简化的现象,原有独立词汇单位的语法化(以后转变为构词法附加成分和变词法附加成分)的真实情况,语音现象和形态现象互相作用的情况(特别是在某些语言中逐渐取得一定语法意义的语音交替现象)等——所有这些都大大地扩展了历史语言学家的眼界,使他们有可能更好、更充分地阐明较远的过去的事实。"[②]

二　结构主义历史语言学

1. 索绪尔和结构主义语言学

瑞士学者索绪尔(Ferdinand de Saussure,1857—1913)是符号学和结构主义历史语言学的奠基者。他说,"语言是一个系统,它只知道自己固有的秩序","一切与系统和规则有关的都是内部的","一切在任何程度上改变了系统的,都是内部的"。[③]索绪尔的结构主义思想奠定了结构主义历史语言学的基础。

青年时期的索绪尔同莱比锡的新语法学派有密切的联系,21 岁时写成了著名的论文《论印欧系语言元音的原始系统》。索绪尔的学生 A.梅耶是这样评价索绪尔的这篇文章的:"不仅总结和确定了以前有关元音系统的发现,它还使一种严整的系统得以产生。这种系统包罗一切已知的事实,并且揭露了许多新的事实,就这个意义上说,它也是一个新的成就。从此以后,无论在哪一个问题上都不容许忽视这样一个原理:每一

---

①　布龙菲尔德.语言论[M].袁家骅,等译.北京:商务印书馆,1988:501.
②　A.B.捷斯尼切卡娅.印欧语亲属关系研究中的问题[M].劳允栋,译.岑麒祥,校订.北京:科学出版社,1960:107.
③　索绪尔.普通语言学教程[M].高名凯,译.岑麒祥,叶蜚声,校注.北京:商务印书馆,2001:46.

个语言都构成一种系统,其中一切成分都互相连接着,而且都从属于一个非常严格的总纲。"①

(1) 结构主义语言学

索绪尔说:"语言符号连接的不是事物和名称,而是概念和音响形象。"概念(concept)是对某一范畴事物的区分,是群体的,又有个体的特点。

索绪尔这些区分对立的研究范畴的设想对语言学的发展有重要的意义。后来的布拉格学派和哥本哈根学派对索绪尔的一些想法有不同意见,一些批评显然对他的哲学思想和他的研究方法有误解。

索绪尔说:"形态学、句法和词汇学的互相渗透,可以用一切共时态事实都具有根本相同的性质来加以解释。它们之间不可能有任何预先划定的界限。"②

"语言学就这样依靠语法学家所捏造的概念不断地进行着工作,我们不知道这些概念是否真的相当于语言系统的组成因素。但是怎么知道呢? 如果这些都是捕风捉影的东西,我们又拿什么样的现实性来同他们对抗呢?"③

索绪尔区分"语言"(langue)和"言语"(parole),语言的内部要素和外部要素。他说,"言语活动的研究就包含两部分:一部分是主要的,它以实质上是社会的、不依赖于个人语言为研究对象,这种研究纯粹是心理的;另一部分是次要的,它以言语活动的个人部分,即言语,其中包括发音,为研究对象,它是心理·物理的。"④

古希腊的斯多葛派认为语言的声音或材料是一种象征或符号,符号代表外界事物,符号的意义即语言的内容。⑤索绪尔强调语言是符号系统,他说:"如果我们能够在各门学科中第一次为语言指定一个地位,那是因为我们已把它归属于符号学。"⑥我们所说的话不等于语言,是索绪尔所说的言语。语言是符号系统,不从属于个人,从属于使用者的群体。

语言和言语的区分上人们往往有不同的认识。什么样的话语特征,包括它们的语音、语法和词汇,可以归纳为语言的特征取决于解释者的认识。

索绪尔认为:"促使语言演变的是言语:听别人说话所获得的印象改变了我们的语言习惯。由此可见,语言和言语是互相依存的;语言既是言语的工具,又是言语的产物。"⑦

索绪尔之后,结构主义的不同派别有布拉格学派、哥本哈根学派和美国的结构主义学派,他们分别都有自己的贡献。

后结构主义符号学(post-structuralist semiotics)研究者反对索绪尔关于符号任意性的说法,认为符号使用者自小就习得能指和所指的联系,两者的关系从来就没有分开过。

乔姆斯基说:"当然,没有哪一个人说的是所谓的标准语。语言概念本身是高度抽象的。实际上,每一个人在说话时都运用几个语言系统。如何能描写这样的混合物? 语言学家们说,让我们假设语言使用社团是同质的(homogenous),即使他们不承认持有此观点,他们实际上是这样做的。我也认为这是进行理性研究的唯一方法。"⑧

乔姆斯基把人类天生的语法能力叫作"普遍语法"(universal grammar),后来形成的叫作"个别语法"(particular grammar)。

语言的语音系统由不同层次的结构组成,每一层次又由诸元素构成。话语中的语音归纳为音位,然后我们有抽象的符号描写。

① 索绪尔.普通语言学教程[M].高名凯,译.岑麒祥,叶蜚声,校注.北京:商务印书馆,2001:104.
② 索绪尔.普通语言学教程[M].高名凯,译.岑麒祥,叶蜚声,校注.北京:商务印书馆,2001:188.
③ 索绪尔.普通语言学教程[M].高名凯,译.岑麒祥,叶蜚声,校注.北京:商务印书馆,2001:155.
④⑦ 索绪尔.普通语言学教程[M].高名凯,译.岑麒祥,叶蜚声,校注.北京:商务印书馆,2001:41.
⑤ 刘润清.西方语言学流派[M].北京:外语教学与研究出版社,1995:11.
⑥ 索绪尔.普通语言学教程[M].高名凯,译.岑麒祥,叶蜚声,校注.北京:商务印书馆,2001:100.
⑧ 乔姆斯基.语言学和人文科学[M].何晓炜,译.//乔姆斯基语言学文集.宁春岩,等译注.长沙:湖南教育出版社,2006:89.

（2）结构主义历史语言学

索绪尔区分共时语言学（synchronic linguistics）和历时语言学（diachronic linguistics），指出："共时语言学研究同一集体意识感觉到的各项同时存在并构成系统的要素间的逻辑关系和心理关系。""历史语言学，相反地，研究各项不是同一集体意识所感觉到的相连续要素间的关系，这些要素一个代替一个，彼此间不构成系统。"①不过当我们考虑语言历史上某一个时期的结构时，必须把所有的要素放到一个系统中去设想。

索绪尔认为语言是言语活动事实混杂总体中确定的对象，是个人以外的。他还说："毫无疑问，这两个对象是紧密相联而且互为前提的：要言语为人所理解，并产生它的一切效果，必须有语言。从历史看，言语的事实总是在前的。如果人们不是先在言语行为中碰到观念和词语形象的联结，他怎么会进行这种联结呢？"

梅耶继承了索绪尔的结构主义思想，强调把语言作为系统来研究，认为在语言的系统中还包含着语音、语法和词汇系统。他说，"任何土语都有它自己的系统，我们应当经常想到每一个细节在每一个系统中的地位"。"只是孤立地研究一个词或者一小组词，一个形式或者一小组形式，这种支离破碎的办法是会葬送整个历史语言学的"。②这种结构主义的语言观显然与19世纪的方言地理学派有很大的差别。

亲属语语音系统的对应关系是证明语言发生学关系的关键之一。梅耶强调了系统比较的重要。他说："比较方法既然是建立语言史的唯一方法，因此，一种语言只要是孤立的，就没有历史可言。""就系属已经确定并且按照一定方法研究过的各组语言来说，对它们进行比较的办法，就是在它们之间构拟出一种原始的'共同语'来。这并不是提出语言之间一些局部的相符合之处，语言里头每一项事实都是一个息息相关的整体的一部分。我们不应当把一件琐碎的事实和另一件琐碎的事实拿来比较，而应当把一个语言系统和另一个语言系统拿来比较。"③

梅耶说："任何语言都包含有三个不同的系统，彼此之间有一定的联系，但是大体上这三个系统可以各自独立发生变化。这三个不同的系统就是：形态、语音和词汇。"

2. 布拉格学派

20世纪二三十年代的布拉格学派（Prague School）继承索绪尔的结构主义理论创立了音位学（phonology）。哥本哈根学派（Copenhagen School）建立了语言符号学（glossematics），认为只有纯粹相互关系的结构才是语言学研究的真正的对象。

"布拉格学派"这一称号的使用始于1932年。这一学派的代表人物有捷克的语言学家马德休斯（V. Mathesius）、先是在欧洲后来移居到美国的犹太人雅各布逊（R.Jakobson）、俄国语言学家特鲁别茨柯伊（Trubetzkoy）等。特鲁别茨柯伊在他的《音位学原理》（1939年）中阐述了他的音位学理论，主张主要从语言成分区别词或意义的功能分析音位。

布拉格学派又称为"布拉格功能结构学派"。他们以结构主义的语言观研究语言，又主张功能说。他们的一些成员在他们共同起草的"论纲"中指出："在语言分析中应该采用功能的观点。从这个观点看，语言是服从于一定目的的表达手段的系统。若是不考虑到语言材料所隶属的系统。就不可能理解任何语言材料。"他们认为，一个系统的历史本身创造了系统，每一个共时性系统都包含了它的过去和未来。④

布拉格学派的最大的贡献是建立了音位学。"音位"（phoneme）这个语言学术语最初是俄国学者博顿（Бодуэн де Кртенэ）和他的学生克鲁舍夫斯基（Н.В.Крушевский）1879—1880年间根据他们共同的研究提出的。⑤俄国喀山语言学派的波兰籍学者库尔德内（Baudouin de Courtenay）提出应当有两种描写语音学：一种是把声音作为物理现象的研究，另一种是把声音作为某一语言共同体内部用于交际目的的语言符号的研究。特鲁别茨柯伊把索绪尔和库尔德内看作现代语音学的先驱。特鲁别茨柯伊在他的《音位学原理》（1939年）中用索绪尔的理论阐述了音位（phoneme）的概念。在他们的"论纲"中宣布，音位学研究方法不仅适用于共

① 索绪尔.普通语言学教程[M].高名凯，译.岑麒祥，叶蜚声，校注.北京：商务印书馆，2001：143.
② A.梅耶.历史语言学中的比较方法[M].岑麒祥，译.王开庭，校订.北京：科学出版社，1957：59.
③ A.梅耶.历史语言学中的比较方法[M].岑麒祥，译.王开庭，校订.北京：科学出版社，1957：11.
④ 徐志民.欧美语言学简史[M].上海：学林出版社，1990：169，174.
⑤ 傅懋勣.论民族语言调查研究[M].北京：语文出版社，1998：90.

时语言学也适用于历时语言学。用音位学的观点来研究语音演变的就叫历时音位学(diachronic phonemics, historical phonology)。历时音位学对于音变,只注意引起语音结构变化的音变。他们管这种有功能作用的演变叫"音位学转换"。语言的系统遵循一定的和谐原则和经济原则。一切孤立的、不对称的音位对立趋向消亡,一切不符合相关原则的音变趋向消失。这样语言可以用最少的区别特征来区分最多的音位。①

布拉格学派在他们的《论纲》中指出比较研究不应只局限于发生学问题。他们认为,结构比较的方法也可以用于非亲属语。就共时的结构比较分析而言,可比较各语言系统的结构规律,比较不同语言为了适应交际需要而运用的不同手段等。这为后来的类型学奠定了基础。他们还提出语言"区域联盟"(unions régionales)这样的概念,认为:"邻近地域的语言通过互相接触可获得共同特征,因此语言之间的相类似并非一定导源于语言的亲属关系。"②

3. 哥本哈根学派

与布拉格学派齐名的是 20 世纪 30 年代崛起的哥本哈根学派(Copenhagen School)。他们建立了语言符号学(glossematics),认为只有纯粹相互关系的结构才是语言学研究的真正的对象。

哥本哈根学派的代表叶姆斯列夫(1899—1965)一方面继承了索绪尔的符号学思想,另一方面又认为:"概念在任何情况下都不可能属于语言的结构。这些概念以某种方式直接和成分表征的外部形状(如,声音或字母)联系起来。"③他还说:"我们认识的符号有两种,语词和语句。语词是概念的显性标记,语句是判断的显性标记。语言是符号系统,是一个稳定的单位体,我们期望通过语言来解开人类思维系统和心智本质的奥秘。作为超个人的社会特征,语言是民族特征的一部分。"④

叶姆斯列夫指出:"完全孤立的符号是没有意义的。任何符号意义都来自上下文,而上下文究竟是情景上下文还是显性上下文,并不重要,因为在一个无限的、由产出的语篇(一种活的语言)中,我们总是能够将情景上下文转化为显性上下文。"⑤

叶姆斯列夫强调语言的系统性在于语音的系统性。他指出,"成分组合系统一建立就是封闭的,但符号系统却是可再生的;成分构成封闭的集合,但符号集合却是开放的"。关于语音的变化,他指出:"转换永不改变语言成分的数量,转换和符号构成的规则保持一致,而符号构成规则控制成分运用的语言结构规则,语言结构规则控制转换成分的运用。"⑥

以韩礼德为代表的功能派的语言观,与 20 世纪早期的马林诺夫斯基(Malinowiski)语义功能说、叶姆斯列夫的符号学思想和 20 世纪中期以弗斯(Firth)为代表的伦敦学派语言观有密切的关系。⑦韩礼德一方面承认语言是符号系统,另一方面强调与语言的社会性,这两个方面认识与索绪尔的语言观有着很大的差别。

韩礼德在他的《功能语法介绍》中是这样表述的:"语言是为了满足人类的需要(才成为这样的),它的组织方式的操作是为了这些需要,是任意的。"⑧

4. 美国结构主义学派

美国的结构主义学派是在印第安语的描写中成长起来的,又称为美国描写语言学派(American descriptivitists),着重语言结构形式的描写。美国的结构主义学派的代表人物有布龙菲尔德(L. Bloomfield, 1887—1949)和萨丕尔(E. Sapir, 1884—1939)等。20 世纪三四十年代因此被称为布龙菲尔德时期。

---

① 刘润清.西方语言学流派[M].北京:外语教学和研究出版社,1995:120—128.
② 徐志民.欧美语言学简史[M].上海:学林出版社,1990:171.
③ 路易斯·叶姆斯列夫.叶姆斯列夫语符学文集[M].程琪龙,译.长沙:湖南教育出版社,2006:40.
④ 路易斯·叶姆斯列夫.叶姆斯列夫语符学文集[M].程琪龙,译.长沙:湖南教育出版社,2006:122.
⑤ 路易斯·叶姆斯列夫.叶姆斯列夫语符学文集[M].程琪龙,译.长沙:湖南教育出版社,2006:164.
⑥ 路易斯·叶姆斯列夫.叶姆斯列夫语符学文集[M].程琪龙,译.长沙:湖南教育出版社,2006:38, 43.
⑦ 波兰人马林诺夫斯基,伦敦经济研究院人类学教授,他的主要学术观点是:反对形式主义的语法研究,主张从语义出发研究语言,认为话语的意义与语境有关。(刘润清,1995:280)弗斯继承索绪尔和马林诺夫斯基的某些观点,但不同意语言和言语的区分,不同意语言先天学说和行为主义的语言学。(刘润清,1995:286)
⑧ "Language has evolved to satisfy human needs; and the way it is organized is functional with respect to these needs—it is arbitrary." M.A.K. Halliday. An Introduction to Functional Grammar[M].北京:外语教学与研究出版社,2000:前言39.

萨丕尔对现代语言学有重大的贡献。他说,语言的沿流,"从语音的轻微调整或扰动开始,会在几千年的历程中引起最深刻的结构变化。例如,只要有一种成长着的趋势,自动地把重音放在词的第一个音节上,就会改变语言的基本类型,使词的最后音节缩减到没有。"①

布龙菲尔德说:"显然,(语言反应的)这些机制是人体内对刺激作出反应的一般装置的一部分,不论那些刺激是语音或其他东西。""研究这些机制和语言的特殊关系,就是研究与说话人有关的心理,即语言心理学。在科学分工中语言学家只管语言符号(r···s),他没有能力去管生理学或心理学的问题。研究语言符号的语言学家所发现的东西,如果没有为任何心理学方面先入之见所歪曲,那么对于心理学家就更有价值。我们曾经看到,许多老一辈的语言学家忽视了这一点;他们试图根据某些心理学原理来说明每一件事情,因而所写的报告质量降低或潦草塞责。"②

乔姆斯基把人类天生的语言能力叫作"普遍语法"(universal grammar),后来形成的叫作"个别语法"(particular grammar)。他认为"普遍语法"在"经验"的影响下成为"个别语法"。表达式为:PG = α UG,α 是参数项。α 是 a 时 PG 可能就是汉语语法,α 是 b 时 PG 可能就是俄语语法。③

5. 内部构拟法、空格和互补

（1）内部构拟法

历史比较法通常通过几个方言或亲属语之间的比较来推测它们的历史演变,索绪尔在他的《论印欧系语言元音的原始系统》中根据印欧语以 e 为元音的多数词根的结构是 CeC(C 代表辅音),但有些普通的词根只有一个辅音,推测这些只有一个辅音的词根原本与通常的词根的结构是平行的,只是其中的一个辅音已丢失,丢失的可能是喉音。一直到 1927 年人们才在赫梯语中发现丢失辅音的残留。④索绪尔的这种构拟法后来被称为"内部构拟法"(internal reconstruction)。

历史语言学教科书中或称"内部构拟法"的对象为"形态结构中的过去的语音变化留下的痕迹",⑤"是用来构拟单一语言的较早时期的特点"。⑥内部构拟法关注着上述的不规则的形态交替和语音结构中的空格。

拉丁语动词第一人称单数加后缀-o,不定式加-ere,第一人称单数完成时加-si,动名词加-tum。试比较下面古拉丁语"爬行"等一组动词:

	第一人称单数	不定式	第一人称单数完成	动名词
爬行	repo	repere	repsi	reptum
写	scribo	scribere	scripsi	scriptum
说	dico	dicere	dixi	dictum
覆盖	tego	tegere	texi	tectum

拉丁语的字母 x 代表读音 ks,c 代表 k。"写"和"覆盖"两词的词根结尾辅音在不同的派生词中清浊不同。排除其他情况后可以肯定"写"的完成时、动名词中词根的-p-<*-b-,"覆盖"完成时和动名词的-ks-<*-gs-。

内部拟法用于解释语言语音和形态的历史。梅祖麟先生在《内部拟构汉语三例》一文中的说明是合适的。他说,"内部拟构在资料方面设了两个限制。第一,只限于一种语言,不涉及其他亲属语。第二,在这个语言也只是限于某个阶段的共时资料,这个阶段可古可今,但是不能用两个或两个以上阶段的资料作为推论的出发点。"⑦

① 萨丕尔.语言论[M].陆卓元,译.陆志韦,校订.北京:商务印书馆 1997:156.
② 布龙菲尔德.语言论[M].袁家骅,等译,北京:商务印书馆,1988:34.
③ 刘润清.西方语言学流派[M].北京:外语教学和研究出版社,1995:213.
④ 徐通锵.历史语言学[M].北京:商务印书馆,1991:202.
Robert J. Jeffers and Ilse Lehiste.Principles and Methods for Historical Linguistics[M]. The Massachusetts Institute of Technology, 1979:50.
⑤ "Traces of past phonological change remaining in morphological structure: internal reconstruction"—Theodora Bynon. Historical Linguistics[M]. Cambridge University Press, 1977:89.
⑥ "Be applied to a single language so as to allow us to reconstruct important characters of earlier stages of that language"—R. L.Trask. Historical Linguistics[M].影印本.北京:外语教学与研究出版社,2000:248.
⑦ 梅祖麟.内部拟构汉语三例[J].中国语文,1988(3).

试比较古汉语几组谐声字代表的词读法：

"卯"＊mru"貿"＊mru-s/"聊"＊ru<＊m-ru(耳鸣也)，"柳"＊m-ru-ʔ(聚也)。

"命"＊mreŋ-s/"令"＊rjeŋs<＊m-rjeŋ-s。

"繆"＊m-kju-s>＊mjus/"膠"＊kru<＊m-kru(粘物)。

"邇"＊nir-ʔ(近也)/"彌"＊mir<＊m-nir。

这四组词中的，如"聊""令"等，中古以来不以唇鼻音为声母，谐声关系说明它们的古音原本带＊m-。从词根和意义的关系分析，大约在上古早期它们以＊m-为前缀，该前缀表示自动。

根据中古的反切，可推测以下几组词上古晚期的读音中＊-r-中缀表示"分隔、中止"。

"壁"＊pik(隔墙)/"檗"＊p-r-ik(避虫之木)。

"屏"＊peŋ-ʔ(退避)/"拼"＊p-r-eŋ(排除)。

"遏"＊ʔat(《说文》微止也)/"喝"＊ʔrat-s(音之歇也)。

从词根和意义的关系分析，古汉语中它们以＊-r-为中缀。

（2）互补和空格

语音要素的互补是指：有共同的来历的语音 A 和 B 中的 B 总是以 C 的出现为条件，那么 A 和 B 是互补关系。如果语音 A 的出现总是以语音 C 的出现为条件，我们就可以推测它可能与另一个不以 C 的出现为条件的音有共同的来历。

音系结构中的空格和结构成分互补的研究在汉藏语的研究中得到较多的运用。从《切韵》音系看，中古群母为三等，[①]而匣母有一二四等互补。跟《切韵》音系比较接近的吴方言和闽方言的读音中，匣母诸等仍有读如群母的字音。[②]从南北朝时期的反切和上古谐声看群、匣应有共同的来历，即古汉语的＊g-。

布拉格学派的继承者马丁内(A.Martinet)提出："在相关系统中，音位系列(series)和音位序列(order)的交叉点上可能有一个音位而实际上没有，这就出现一个空格(slot)，这个空格又叫空位。空位在音位演变中最有吸引力，能促使同系列和同序列的音位衍生出新的、填补空白的音位。"[③]

6. 链移

19 世纪后期，新语法学派重视活语言的研究，但缺乏把语音规律放到语音系统中考虑问题。索绪尔之后的历史语言学家更为深入地探索语音历史演变的规律。布拉格学派音位的对立是从音位系统的角度来看语音的历史演变。

马丁内发现语音系统中一个音位的变动往往会引起一连串音位的移动。有"推链"(push chain)和"拉链"(drag chain)两种形式的音位变化，合称为"链移"(chain shift)。"推链"是第一个音位的移动变化很接近舌位上邻近的第二个音位时，第二个音位又因此接近第三个音位等。"拉链"是第一个音位的移动留下的空位吸引邻近的第二个音位又因此吸引第三个音位到它留下的空位上等。

我们在许多语言(或方言)中都能找到链移留下的痕迹。如中世纪英语在以下七个词 pine, gees, bead, name, gote, goos, doun 中分别有长元音/iː eː ɛː aː ɔː oː uː/。后来 iː 成为 ai, eː 成为 iː, ɛː 成为 eː, aː 成为 ɛː, ɔː 成为 oː, oː 成为 uː, uː 成为 au。[④]这两个演变的系列可以解释为是"推链"的例子，也可以解释为是"拉链"的例子。有的学者认为是"推链"，有的学者认为是"拉链"。这两个链移就是著名的"英语元音大转移"(the English Great Vowel Shift)。英语的元音大转移大约从 1500 年开始，经历了 250 年才完成。事实上语音系统的元音或辅音的链移模式往往只是整个演变的一部分。

战国和西汉时期，有的鱼部字与侯部和屋部字押韵，这些合口的鱼部字元音高化演变为＊o，与侯部同，隋唐时代鱼部字"夫斧父甫無武雨虞羽於宇"等和侯部字"付府符取趣須需朱株誅蛛雛數喻愈遇寓"等组成合

---

①　群母只有个别字属四等，故通常认为群母只有三等。

②　李荣.从现代方言论古群母有一、二、四等[M]//音韵存稿.北京：商务印书馆,2014.

③　刘润清.西方语言学流派[M].北京：外语教学与研究出版社,1995:131.

④　Theodora Bynon. Historical Linguistics[M]. Cambridge University Press, 1977:82.

口三等虞韵。

隋唐时代启动的推链为 *o>*u>*ɔu>*au。如"無""乌"早期的 ɑ→中期的 o→现代北京话的 u,后元音推链组中的变化为:

$$
\begin{array}{cccc}
\text{上古早期} & ^{*}ɑ & & \\
& \downarrow & & \\
\text{中古} & ^{*}o & ^{*}u & ^{*}ou \\
& \downarrow & \downarrow & \downarrow \\
\text{现代} & u & uə & au \\
\end{array}
$$

7. 语言年代学

20 世纪中期斯瓦迪什(M.Swadesh)受放射性碳考古断代法的启发,提出可以通过统计语言基本词(basic vocabulary)的替换速率来估计语言所经历的年代及亲属语的分化年代。这一学说认为亲属语之间分化的年代越久分歧越大,词汇之间的不同尤为明显。基本词就是我们通常说的核心词。这一学说被称为语言年代学(glottochronology),又称为词汇统计学(lexicostatistics)。

基本词是不同历史条件下都使用的词。如"太阳""月亮""星星""水""火""头""眼睛""鼻子""手""鱼""鸟""树",以及最基本的动词、形容词、代词、数词等。开始时设定的基本词词表有 200 个词。统计表明许多种古语 1 000 年中基本词的保留率大约为 81%。后来斯氏对词表作修正,挑选其中的 100 个构成词表,后来学者多利用这个百词表的词项来统计。

古语与它的后代语言比较,保留下来的可能是它们的词根,形态附加成分或构词附加成分有所变化。如,古汉语为"鼻",现代汉语是"鼻子",古汉语"星",现代汉语"星星"等。这仍然算是对古语词的保留。语言年代学把他们统计的对象称为基本词根语素(basic-root-morphemes)。语言年代学较多地应用于对亲属语及假定为亲属语分化年代的估计。统计结果表明,经历了 1 000 年,两种亲属语(或方言)的同源词根的保留率相当于一种语言 2 000 年后核心词的保留率。

语言年代学应用于对亲属语和假定为亲属语的语言分化年代的估计,统计的对象是基本词根语素。值得注意的是词的选择和对应的词或词根是否有同源关系的判断。有时借词可能被当成同源词,语言的接触关系使统计失误。由于对亲属语语音对应关系的研究不够,貌似没有同源关系的同源词或同源词根因未能归入统计也会使统计失误。所以亲属语间语音对应关系的研究,词或词根同源关系的研究成为统计的关键。

李兹(Robert B. Lees)比较 13 种语言,发现保留率最高的是 9 世纪到现代的德语,为 85.4%,保留率最低的是从古拉丁语发展而来的罗马尼亚语,为 76.4%。他认为两种方言(或亲属语)每千年同源词的平均保留率为 0.804 8±0.017 6。徐通锵计算的古今汉语每千年的词根语素保留率为 83%。[①]

李兹估计分离年代的公式为:

$$t = \log c / 2\log r$$

t 为分离的时间,c 为同源词根语素保留的百分比,$r = 0.81$(分化 1 000 年后同源词根语素保留率)。

修正词表的 100 词为:

I, you, we, this, that, who, what, not, all, many, one, two, big, long, small, woman, man, person, fish, bird, dog, louse, tree, seed, leaf, root, bark, skin, flesh, blood, bone, greese, egg, horn, tail, feather, hair, head, ear, eye, nose, mouth, tooth, tongue, claw, foot, knee, hand, belly, neck, breasts, heart, liver, drink, eat, bite, see, hear, know, sleep, die, kill, swim, fly, walk, come, lie, sit, stand, give, say, sun, moon, star, water, rain, stone, sand, earth, cloud, smoke, fire, ash, burn, path, mountain, red, green, yellow, white, black, night, hot, cold, full, new, good, round, dry, name.

---

① 徐通锵.历史语言学[M].北京:商务印书馆,1991:415—418.

一些语言学家不太赞同语言年代学设想,如核心词的保留率不同的语言可能不同,与其他语言较少接触的语言、与其他语言接触较多的语言,它们之间核心词的保留率可能有较大的差别。如"冰""雪"之类的词在热带或靠近热带的语言中从来不怎么使用,而"草""树"这样的植物通名和"动物"这样的总称在有的语言中是较晚才出现的。至于冠词和介词往往是后起的,作为核心词也不太合适。

8. 语法化理论

语法化(grammaticalization)研究新语法成分或语法范畴形成的过程。

词的语法化过程被描写为,"实词→虚词→附着形式→屈折词缀"。[①]这个过程被称为是语法化的斜坡(cline)。也就是说,实词可能虚化,虚化了的实词可进一步演变为黏附式的语法成分,黏附式的语法成分进一步可能成为词的屈折形式。

语法化理论的另一个式子是:A>A/B>B。它的意思是,A 虚化为 B 之后总有一个 A 和 B 共存的阶段。语言的共时系统中往往保存着语法成分历时演变留下的痕迹。

形态成分往往经历着四个阶段:语法化→类推→不能产→残余。处于不同发展阶段的形态形式可共处于某一时代的一种语言中。一些语言动词表示人称的后缀来自代词。-ŋ 是嘉戎语、独龙语等的动词人称后缀,来自代词 *ŋa"我"。

可能经历语法化的不光是单个的词,也有词组。如英语表示"打算"的 be going to 原本只是动词 go 的进行时的形式。be going to 这个词组的意义被再分析(reanalysis),成为助动词词组。

实词虚化为语法成分的表现是多方面的。首先是实词意义的虚化或泛化,语音上也可以表现为音节的弱读,一些具有形态标记的词或词组则失去它们的标记,然后是获得它们的语法功能。

汉语的"了"早期的先秦文献中尚未出现,后来的文献中"了戾"意为"缭绕"。南北朝时期"动词+宾语+完成动词"的句式已经出现,完成动词多为"竟""讫""毕"等。到了唐代五代,动词"了"等渐代替南北朝时期的"竟""讫""毕""已"等表示完成。"了"为"结束、完结"义。到了唐代附于动词之后的"了"逐渐虚化,可兼作完成体的标记。宋时可置于宾语之后作完成体的标记。

汉语标记持续体的"着",其来历与读作入声的"著衣"的"著"有关系。大约汉末时已有虚化的迹象,到了唐代带"著"的动词可以带宾语。

实词成为虚词的动因,是多方面的。或归于"联想"(association)和"重新分析"(reanalysis),或认为是语用、语义的因素。[②]事实上并不是所有被重新分析的词或词组都会成为语法成分,也不是所有的虚词都会成为黏附成分(clitics)并成为词缀。词或词组从有虚实两义到完全虚化,或从虚词到词缀,除了语法化规律起作用外,就是形态发展的需要。

在词语法化的斜坡上,形态的创新是层出不穷的,并且从这个语音层次转移到另一个语音层次。一种语言中不同语法范畴的形态形式可能不同,同一范畴中的不同形态形式可互为补充。从形态的角度看,词干与黏着语素结合的构词方式占优势时,是黏着型语言。不同的语素相融合的构词方式(以元音、辅音或音节的声调的变化来构词)占优势的语言是屈折型语言。分析型语言通常较少黏着和屈折方式的形态手段。

20 世纪 70 年代以来该理论逐渐成为国内外语言学界较为热门的话题。

9. 语言的区域性特征

语言区(linguistic area)这个概念最初是特鲁别茨柯伊在 1928 年提出来的,是指具有一定结构共同特点的相邻语言构成的语言群区。后来称这样的一群语言为语言联盟(language association)。[③]

语言的区域性特征(areal feature)可表现在语音、语法(包括形态和句法)和词汇的不同方面,研究语言

---

①　Paul J. Hopper, Elizabeth Closs Traugott. Grammaticalization[M].影印本.北京:外语教学与研究出版社,2001:7.

②　Paul J. Hopper, Elizabeth Closs Traugott. Grammaticalization[M].影印本.北京:外语教学与研究出版社,2001:前言30—31.

③　Theodora Bynon. Historical Linguistics[M]. Cambridge University Press, 1977:245, 246.

区域性特征可以对亲属语的分歧特点作出较为合理的解释。

　　语言的区域性特征可因多方面因素形成。有的是早期语言接触留下的特点,有的是后来的接触特征扩散的结果,也可能是古代的某一语言或方言的底层特点在当今语言的表现,也可能是发生学关系的语言特征的保留。依照语言的区域性特征对语言做发生学分类,在理论上和方法上都有一定的困难。

第二章　语言和文献

一　亚洲和欧洲的语言

亚洲、欧洲大陆今识别的语言归类为汉藏、阿尔泰、南岛、南亚、达罗毗荼、印欧、高加索、芬兰-乌戈尔、楚克奇-堪察加和亚非等十个语系。

巴布亚新几内亚及其周边海岛上分布的非南岛语系（Non-Astronesian languages）的语言，有数百种，又称印太语（Indo-Pacific languages），调查尚不足，未有发生学的进一步分类。欧洲的巴斯克语、北极地区的因纽特语被认为与上述诸语系的语言没有亲缘关系。

非洲分布有亚非（Afroasiatic）、尼罗-撒哈拉（Nile-Saharan）、尼日尔-科尔多凡（Niger-Kordofanian，或称为尼日尔-刚果语系）和科伊桑（Khoisan）四语系。

亚非语系的一些语言分布于非洲大陆的北部，尼罗-撒哈拉语系分布于中部，尼日尔-科尔多凡和科伊桑语系分布于南部。马达加斯加语是南岛语系的语言，与马来语等较为接近，大约1 000多年前才从马来半岛迁至非洲的马达加斯加岛。

目前的研究认为美洲的印第安语、澳大利亚土著语言分别都可以区分为十个以上的语系。印第安语主要来自一两万前的西伯利亚，农业文明较晚发生。澳大利亚土著的语言是数万年前从南亚分批迁徙过去的。

世界各地同一语系语言连绵成片分布的历史，与新石器早期开始的农耕文明的出现有密切关系。随着农业的发展，人群有了定居的生活。人口迅速增加，人群迁徙至环境相似的不同地方，于是语言连绵分布。

1. 亚洲的语言

（1）汉藏语系的语言

汉藏语系大约起源于八九千年前的黄淮地区，舞阳贾湖遗址的考古表明，该地区当时的居民种植水稻和小米，使用釜和支架，后来发展为三足器的鼎。他们的工具和炊具与同一时期的东北和华南地区的不同，同属于蒙古人种，体质有所不同。

中国学者通常把汉藏语系区分为汉、藏缅、壮侗（又称"侗台"）和苗瑶四个语族。

1）汉语

早期的汉语分布于黄淮地区，是史前汉藏语系语言。数千年间成为中原影响最大的语言。到了商周时代，古汉语分布于黄河和长江的中下游流域，今天见到的汉字有那一时期遗留的甲骨文和金石铭文。

西周的汉语大约有东部、西部和中部三大方言。到了战国时代，南方的楚方言与北方的其他方言差别较大。汉代之后古汉语的南方方言逐渐为南下的北方方言所取代。

现代汉语通常划分为北方、吴、湘、粤、闽、客家、赣七大方言，共同的源头是汉末的北方方言，以北京话中的非京韵普通话为标准语。

2）藏缅语族

藏缅语族语言可区分为：藏-羌-喜马拉雅（简称藏-羌语支）、彝缅、克伦、库基-那加（Kuki-Naga）、博多-加洛（Bodo-Garo）和景颇等六个语支。

古藏缅语史前分布于黄河中游和上游地区,从文化传承看,距今5 000年前西部地区的马家窑文化是藏缅文化的主要源头。

大约4 000年前西部地区的藏缅文化经西南民族走廊南下,春秋时分布于云南地区。其后,其中的一些支系迁往缅甸,又经缅甸进入印度的南亚地区,成为今库基-那加(Kuki-Naga)、博多-加洛(Bodo-Garo)和景颇等语支的语言。战国时代北方的藏缅语支系再次南下,成为喜马拉雅东麓地区的主要语言,即彝缅和藏-羌-喜马拉雅语支的语言。其中一些语言越过喜马拉雅山,迁往尼泊尔、印度。

3)侗台语族

侗台语的人群原本居于长江下游北岸,跟中原的人群有密切关系。大约在夏代一些侗台语迁至长江下游南岸,商代又从江苏一带南下至江浙和福建,其中一支至贵州,成为仡央人。战国时代沿海的侗台人与南岛人关系密切,称为百越。秦汉时代南下的侗台语迁至海南岛,形成不同支系的黎语。留在大陆的是侗台语壮傣语支和侗水语支的语言。宋代之后部分壮傣语迁至东南亚,为今泰语和老挝语。

4)苗瑶语族

早期苗瑶语应是中原汉藏语中的一支,大约夏商时期在长江中游地区南下。战国以后湘西原有的土著文化渐为湘北古苗瑶文化所取代。古苗瑶语和古侗台语关系密切。

苗瑶语可区分为苗畲和勉两大支,瑶语支的语言只有勉语一种。据王辅世、毛宗武先生的意见,苗语支的语言有苗、布努、巴哼、炯奈等四种语言。苗语又有黔东、湘西、川黔滇三种方言。川黔滇方言又有七种次方言。广西地区的一些瑶族人使用布努语。布努语有布努、瑙格劳两种方言。一部分瑶族人使用巴哼语。巴哼语分三江、黎平两种方言,分别分布于广西和贵州。巴哼语可能还分布在越南,被称为那峨语或巴腾语。

(2)阿尔泰语系的语言

阿尔泰语系(Altaic Family)的语言主要分布在亚洲的北部,从中国东北、俄罗斯的西伯利亚到中亚,通常区分为突厥、蒙古和满-通古斯三个语族。朝鲜语、日语是否应归属于阿尔泰语系,仍有争议。日本的阿伊努语和库页岛的鄂罗克语与阿尔泰语有一些相近的特点。

早期阿尔泰的文明起源于今内蒙古的辽河的北方。曾经横扫欧亚大陆的匈奴人的主体可能是古代北方不同阿尔泰人的部落联盟。印欧语对阿尔泰语的影响是显而易见的。中亚的印欧人先后移民进入古西域地区,苏联人类学家发现外贝加尔湖地区的匈奴人骨具有古西伯利亚和欧罗巴人种的混合特征。①

西周时称为北狄和猃狁的可能是突厥人的先民,古鲜卑人是今蒙古民族的先民。从西伯利亚南下的古阿尔泰部落称为肃慎的,即东北夷,是早期的满-通古斯语居民。渤海北岸和朝鲜半岛的北部为古高句丽的居民。

突厥语和蒙古语,蒙古语和满-通古斯语,满-通古斯语和朝鲜语,朝鲜语和日语等相互间分别有更多的相似特点。除了这些语言史前的渊源关系,后来相邻的分布和语言的接触也进一步造成这种情况。

18世纪上半叶的学者注意到突厥、蒙古和芬兰-乌戈尔语的相似性,把它们合称为鞑靼诸语。芬兰学者G.J.兰司铁把研究集中在突厥、蒙古、满-通古斯语和朝鲜语之间的关系上,反对把芬兰-乌戈尔诸语包括在内的假说。

1)突厥语族

现代突厥语族的语言区分为西匈和东匈两个语支,也有人区分为布尔加尔、南部、西部、东部(或称维吾尔语支或察合台语支)和北部五个语支。维吾尔语、撒拉语、西部裕固语和乌孜别克语归于东部语支,哈萨克语、柯尔克孜语和塔塔尔语归于西部语支,图瓦语(萨彦语、乌梁海语)归于北部语支。分类中包括古代已经消亡的语言,如北部语支的鄂尔浑语和叶尼塞语分别指古突厥语鄂尔浑碑铭文献的语言和古叶尼塞碑铭文献的语言。

---

① 田广金,郭素新.北方文化与匈奴文明[M].南京:江苏教育出版社,2005:450,452.

2）蒙古语族

蒙古语族的语言,包括古代的契丹语。今蒙古语族的语言区分为东、西两个语支。东部语支有蒙古语、布里亚特语、卡尔梅克语、莫戈勒语和达斡尔语。西部语支有东部裕固语、保安语、东乡语和土族语。我国境内的蒙古语划分为西部、中部和东北部三大方言。西部方言又叫作卫拉特方言,中部方言叫作内蒙古方言,东北部方言叫作巴尔虎布里亚特方言。中国境内的蒙古族居民90%使用中部方言。蒙古国的蒙古族居民主要使用喀尔喀方言,其他的使用杜尔伯特、布里亚特等方言。

今蒙古语族的语言是14世纪之后古蒙古语分化的结果,大约在12世纪开始或更早时古蒙古语用回鹘式蒙文来表示,14世纪时出现汉字译本的《蒙古秘史》,在这期间曾使用八思巴字。

3）满-通古斯语族

满-通古斯语族的语言主要分布在中国境内的东北地区和西伯利亚地区,由于后来的民族迁移,一些语言又分布到新疆和中亚地区。

满-通古斯语族分为满语和通古斯两个语支。满语支语言有满语和锡伯语,通古斯语支语言有赫哲语、乌利奇语、乌德盖语、奥洛奇语、鄂温克语、鄂伦春语、涅基达尔语、埃文语和埃文基语。分布于西伯利亚的赫哲语又叫作那乃语(Nanai)。

4）朝鲜语

新石器早期辽东半岛与朝鲜半岛的文化关系密切,其后是五六千年前内蒙古和辽宁地区的红山文化。新石器晚期辽东半岛出土的有段石锛和扁平穿孔石斧与浙江良渚文化的相似,应是北上的南岛文化的遗存。古朝鲜语是分布于辽东地区的古阿尔泰语方言和古东夷语的结合,有阿尔泰语的形态特点。

《史记·宋微子世家》:"於是武王乃封箕子於朝鲜而不臣也。"战国晚期,燕人卫满率人进入朝鲜自立。西汉初年汉武帝派兵灭了卫满的朝鲜,领有半岛的北方。此时半岛南部为史称三韩的不同部族领有,公元10世纪初高丽王朝统一半岛。

5）日语

1万多年前日本列岛的居民应来自东西伯利亚。大约1万年前日本出现陶器,后来出现的圆筒形陶器与我国东北的接近。距今3 000年左右时陶器发生较大的变化,其中盘形陶器(龟冈式)的器形和大陆内部的比较接近,大约又有新的居民从大陆迁入。

绳纹中晚期传入的阿尔泰语方言大约是早期的日语,北方岛屿上的阿伊努语和南方岛屿上的南岛语为日语的底层语言,后来朝鲜半岛的古语言对古日语有一定影响。公元四五世纪日本统一,形成中古日语。

(3）南岛语系

南岛语系(Austronesian Family)旧称马来-波利尼西亚语系(Malay-Polynesian Family),有近千种语言。早期的南岛语分布在我国东南沿海和内陆地区,大约距今四五千年前沿海向南、北两个方向扩张。北方语群的语言曾北迁至环渤海地区、朝鲜半岛和日本南部的岛屿。3 000多年前原本分布在东南沿海和东南亚地区的南岛语南迁,前经马来、爪哇等地至巴布亚,成为巴布亚新几内亚和美拉尼西亚等地的南岛语。

布拉斯特1978年把南岛语系区分为泰雅、鲁凯-邹、排湾和马来-波利尼西亚四个语族。笔者的意见可区分为泰雅-赛夏语、邹-卑南、马来-他加洛和美拉-密克罗尼西亚四个语族。

中国台湾是南岛语分歧最大的地区,考古发掘表明该地区五六千年以来的文化有一脉相承的特点,其文化的源头是大陆沿海地区的渔猎和农耕文化。分布在台湾地区的南岛语有泰雅语、赛德克语、赛夏语、布农语、邹语、卡那卡那富语、沙阿鲁阿语、鲁凯语、排湾语、卑南语、阿美语(阿美斯语)、雅美语、凯达格兰语、噶玛兰语、道卡斯语、巴则海语、巴布拉语、猫雾捒语、和安雅语、邵语、西拉雅语和马卡道语等,其中有些语言已失传。

（4）南亚语系

早期的南亚语系（Astro-Asiatic Family）语言大约出自长江流域中部的南方。战国时代南方地区广为分布的百濮,支系繁多,其中主要的人群可能是南亚语系的居民。百濮文化应是从当地的土著文化发展起来的,其更早的源头是江南的山区。

汉代越南北方分布着东山文化,是雒越文化的一部分。东山文化遗存的青铜器与云南地区稍早的云南石寨山文化相近,越南北部东山文化应来自早一时期中国的云南地区。

该语系的语言现代主要分布在越南、柬埔寨、老挝、中国、泰国、马来西亚、缅甸和印度,大约有 150 种,区分为孟高棉、蒙达和尼科巴三个语族。

孟高棉语族的语言较多,如孟语、高棉语,中国境内的南亚语有佤语、德昂语、布朗语、京语、徕语、莽语和克木语等。徕语就是巴琉语,京语就是越南语。孟语曾是古缅甸的主要语言。高棉语主要分布在柬埔寨,又称为柬埔寨语。

蒙达语族的语言主要分布在印度的中部和东北部,有科尔库-克瓦里安语支、纳哈里语和中央蒙达语三个语支。尼科巴语族的语言分布在印度的尼科巴群岛上,据考古研究早在 20 个世纪以前就来到此地。

现代的一些南亚语的研究者认为南亚语与南岛语有发生学关系,称其为南岛-南亚语系（Austric Family）。

（5）达罗毗荼语系

达罗毗荼语系（Dravidian Family）的语言分布在南亚诸国,如印度、斯里兰卡、巴基斯坦、孟加拉国、马来西亚和新加坡等地,划分为北部、南部和中部三个语族。南部语族的语言主要有泰米语（Tamil）、泰卢固语（Telugu）、马拉雅拉姆语（Malayalam）、坎纳达语（Kannada）等,中部语族的语言主要有科拉米语（Kolami）、乃基语（Naiki）、奥拉里语（Ollari）等。北部语族的语言分布于巴基斯坦,有古鲁库语（Kurukh）和巴拉会语（Brahui）等。

（6）亚非语系

亚非语系,旧称含闪语系（Hamito-Semitic）,现区分为闪米特（Semitic）、柏柏尔（Berber）、乍得（Chadic）、库西特（Cushitic）、奥摩（Omotic）和古埃及的埃及语（Egyptian）六个语族。闪米特语族的语言有阿卡德语、阿拉伯语、希伯来语、叙利亚语、埃塞俄比亚语、马耳他语等。

5 000 多年前阿卡德人（Akkadian）来到两河流域,在两河流域的中游建立了自己的城邦。公元前 2371 年阿卡德人结束了苏米尔人 1000 多年的统治。阿卡德语成为苏米尔人和巴比伦人使用的语言。

腓尼基语属古闪米特支系,公元前 13 世纪至公元前 11 世纪时分布在今叙利亚和黎巴嫩地区。腓尼基人可能借用了一些周边民族的文字符号,创造了自己的有 22 个字母的拼音文字。后来古希腊人又借用了腓尼基字母作为自己的字母。

据《旧约》所记,希伯来人公元前 1500 年的时候从两河流域来到今巴勒斯坦的地方。公元前 1000 年犹太人在迦南建立了自己的王国,古希伯来文是腓尼基字母系统的文字。公元 200 年左右希伯来语的口语消亡,保留用于宗教的书面语。20 世纪犹太人根据古希伯来文的记录恢复了自己的语言。

阿拉伯语分布于西亚和北非的二十多个国家,现在所知道的是古阿拉伯语出自公元 5 世纪的阿拉伯半岛,7 世纪时随着阿拉伯帝国的兴起和伊斯兰教的传播,阿拉伯语迅速传播,取代了许多国家原有的语言,形成了不同的方言。

有意见认为原始亚非语 1 万年前起源于东非,原始闪米特语 7500 年以前形成于今埃及阿斯旺一带。闪米特语的不同支系有着跨红海的长期交流,恐怕数万年以来红海两岸和地中海沿岸的语言都是如此。

（7）楚克奇-堪察加语系

楚克奇-堪察加语系（Chukchi-Kamchatkan）原本叫作古亚细亚语系,包括楚克奇语（Chukchee）、科里亚克语（Koryak）、伊特门语（Itelman）等。

2. 欧洲的语言

（1）印欧语系

印欧诸语通常分为 K 类和 S 类两组。这是根据诸语"一百"的首辅音的读法来区分的。K 类语群包括罗曼语族、日耳曼语族、凯尔特语族、希腊语族、吐火罗语族（Tocharian）、安纳托利亚语族（Anatolian）的语言,阿尔巴尼亚语（Albanian）和亚美尼亚语（Armenian）。S 类语群包括印度-伊朗语族、波罗地语族（Baltic）和斯拉夫语族。

如拉丁语"一百"centum,希腊语 he-katón,吐火罗语 känt,梵语 śatam,伊朗语 satem,立陶宛语 šimtas,古斯拉夫语 sŭto。K 类语群又称为西部语群,S 类语群又称为东部语群。

1）日耳曼语族

公元前 250 年至公元 250 年,日耳曼人的部落分布在欧洲的北海、莱茵河和易北河一带。古日耳曼语有西支、东支和北支三个支系。西支的语言演变为今天的德语、荷兰语和英语,北支的语言演变为斯堪的纳维亚的瑞典语、丹麦语、挪威语和冰岛语。东支的哥特语（Gothic）大约在 3 世纪时从维斯杜拉（Visdula）向黑海一带传播,成为勃艮第语（Burgundian）和汪达语（Vandalic）,它们的情况我们所知甚少。[①]哥特语和北欧语言的碑铭是所知最早的古日耳曼语文献。

2）罗曼语族

罗曼语族的主要语言有拉丁语、意大利语、法语、普罗旺斯语、西班牙语、葡萄牙语、卡塔兰语、摩尔达维亚语（Moldavian）及罗马尼亚语等。[②]

古拉丁语最初是意大利半岛中部西海岸拉丁部族的语言。由于古罗马的强盛,罗马人的古拉丁语在并存的方言中占主导地位,公元前 5 世纪成为罗马共和国官方的语言。从那时至公元 5 世纪的 1 000 年中随着罗马人的扩张,拉丁语广为传播。5 世纪西罗马帝国灭亡,此后的另一个 1 000 年中古拉丁语作为教会的语言在欧洲有很大的影响。中古拉丁语成为教会统治下的宗教、文化和行政方面的语言。各地的通俗拉丁语演变成不同的方言,成为罗曼语族的法语、普罗旺斯语、意大利语、西班牙语、葡萄牙语、卡塔兰语及罗马尼亚语等语言。古拉丁语中的 C 原本读作 k,罗马帝国后期的通俗拉丁语中的 C 在 e、i、y、æ、œ 等元音前读作了 s、ts、ʧ 等。

3）凯尔特语族

凯尔特语（Celtic）曾是欧洲大陆最重要的语言,纪元初年分布于高卢、西班牙、不列颠和意大利北部,区分为大陆凯尔特语和海岛凯尔特语。

威尔士语（Welsh）是凯尔特语族的语言,大约公元前 5 世纪时已分布于英格兰。公元 7 世纪盎格鲁-撒克逊人入侵,使用威尔士语的盖尔人渐退至威尔士山区。威尔士语中保留着古巴斯克语、格鲁吉亚语的底层。

古高卢语为大陆凯尔特语,公元 5 世纪时消亡。海岛凯尔特语区分为盖尔语（Goidelic）和不立吞语（Brythonic）两组。盖尔语组包括爱尔兰语、苏格兰盖尔语和马恩语,不立吞语组包括威尔士语、科尼什语及分布在法国的布列塔尼语。

4）希腊语

希腊语（Greek）是希腊语族唯一传世的语言。

---

① Albert C. Baugh, Thomas Cable. A History of the English Language[M].影印本.北京:外语教学与研究出版社,2001:30.
② 分布在瑞士东南部和意大利北部的弗留利语（Friulian）、拉迪恩语（Ladin）和罗曼什语（Romansch）被认为是罗曼语族的利托-罗曼语（Rhaeto-Romance）的方言。

古希腊人于公元前 2000 年从巴尔干半岛来到后来的希腊本土和爱琴海岛屿。现存最早的古希腊语文献是公元前 15 世纪用克里特岛线形文字 B 记录的。古希腊字母的采用不晚于公元前八九世纪,是在腓尼基字母的基础上增加了几个字母构成的。

古希腊语的主要方言有 4 种:伊奥尼-阿提卡方言,阿尔卡底-塞浦路斯方言,爱奥利方言和西希腊语-多里亚方言。

5)印度-伊朗语族

印度-伊朗语族区分为印度语支(或称为印度-雅利安语支)和伊朗语支。

印度语支的主要语言有印地语、乌尔都语、孟加拉语、旁遮普语、马拉提语、古吉拉特语、比哈尔语、奥里亚语、拉贾斯坦语等。伊朗语支的主要语言有波斯语、普什图语等。

印度语支语言最早的阶段是吠陀语,然后是史诗梵语、古典梵语,稍晚的是它们的俗语,巴利语是其中的一种。

伊朗语支早期的语言有古代波斯语(阿吠斯陀语和使用楔形文字的古代波斯语),公元 5 至 10 世纪的安息语、中世波斯语、大夏语、花剌子模语、粟特语等,现代的有波斯语、普什图语等。[①]

波斯语支的塔吉克语(Tajike)保留着小舌擦音 χ、ʁ 和舌根擦音 h、γ 的对立,中国新疆地区东伊朗语支的萨里库尔语(Sarikoli)有小舌音 q、G 和舌根音 k、g 的对立。这些语言中小舌音和舌根音与日耳曼语、拉丁语中一些有规律的对应关系可以说明早期印欧语有小舌音和舌根音的对立。

6)波罗地语族

波罗地语族分东支和西支。东支的语言有立陶宛语、拉脱维亚语,已消亡的库罗尼亚语、塞米加里亚语和塞罗尼亚语。西支的古普罗士语于 17 世纪消亡。

7)斯拉夫语族

斯拉夫语族分东部语支、西部语支和南部语支三支。东部语支有俄语、乌克兰语和白俄罗斯语,西部语支有捷克语、斯洛伐克语、波兰语、卢萨提亚语,南部语支有保加利亚语、马其顿语、塞尔维亚-克罗地亚语和斯洛文尼亚语。东部语支的诸语来自 14 世纪前的共同东斯拉夫语。[②]

斯拉夫语(包括东部语族的其他语言)与东亚语言的对应有的较为直接,它们中有的或是底层词,有的是稍晚的接触留下的。

8)阿尔巴尼亚语和亚美尼亚语

阿尔巴尼亚语是印欧语系的独立的语言,来自古伊利里亚语。

亚美尼亚语也叫作阿尔明尼亚语,是印欧语系独立的语言,17 世纪以后分化为东部和西部两种方言。

9)吐火罗语和安纳托利亚语

吐火罗语族包括已经消亡的焉耆语(吐火罗语 A,东吐火罗语)和龟兹语(吐火罗语 B,西吐火罗语)。焉耆语的文献发现于吐鲁番和焉耆,龟兹语的文献发现于库车一带,使用中亚婆罗米斜体字母。[③]

安纳托利亚语族包括已经消亡的赫梯语(Hittite)和卢维语(Luiwian),它们原来分布在今土耳其的阿纳多卢地区。

赫梯语(Hittite)或称为涅西特语(Nesite),公元前 1800 年至公元前 1100 年分布于安纳托利亚(今土耳其的阿纳多卢地区)。赫梯语相关的文字资料是研究早期印欧语的重要依据。赫梯语的最早文献是公元前 14 世纪的象形文字。

以下是印欧语发生学关系(谱系)图:

---

① 中国大百科全书总编辑委员会《语言文字》编辑委员会.中国大百科全书·语言 文字[M].北京:中国大百科全书出版社,1988:454,24.

② 中国大百科全书总编辑委员会《语言文字》编辑委员会.中国大百科全书·语言 文字[M].北京:中国大百科全书出版社,1988:369.

③ 中国大百科全书总编辑委员会《语言文字》编辑委员会.中国大百科全书·语言 文字[M].北京:中国大百科全书出版社,1988:390.

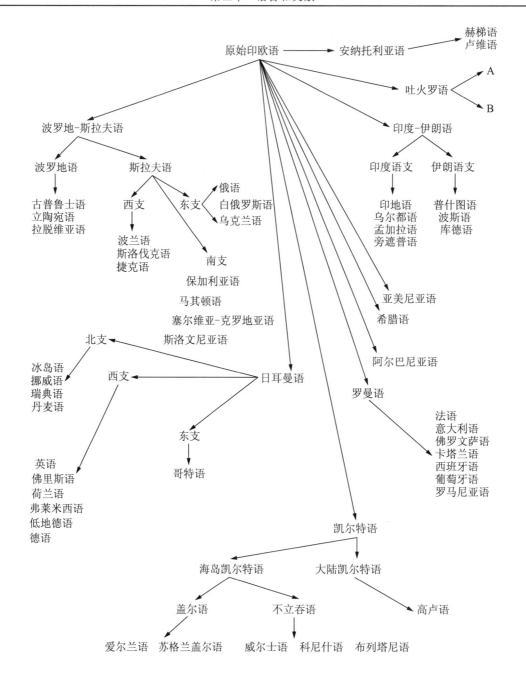

（2）高加索语系的语言

高加索语系（Caucasian family）分南、北两个语族。南部语族有格鲁吉亚语（Georgian）、拉兹语（Laz）、明格雷利亚语（Mingrelian）和斯凡语（Svan），北部语族的东北语支主要有车臣语（Chechen）、印古什语（Ingush）和阿法尔语（Avar），西北语支主要有阿布哈兹语（Abkhaz）、阿迪格语（Adyghe）和卡巴尔达语（Kabardian）。

（3）芬兰-乌戈尔语系的语言

芬兰-乌戈尔语系（Finno-Ugric Family）区分为芬兰和乌戈尔两个语族。芬兰语族的语言有芬兰语、爱沙尼亚语、莫尔多维亚语、乌德莫尔特语、马里语和科米语。乌戈尔语族的语言仅有匈牙利语。

芬兰语和爱沙尼亚语相近，书面语和口语有一定的差别。匈牙利语又称马扎尔语，方言较多但差别不大。匈牙利人定居于欧洲较晚，历史上分别与突厥人、斯拉夫人关系密切，基本词与阿尔泰语、欧洲的语言多有词源关系。青铜时代的匈牙利语和芬兰语当已分处欧亚两地，其渊源关系应是更早以前相互沟通的部落交际语。

印欧语、阿尔泰语和芬兰-乌戈尔语的词源对应关系是早期底层语言有密切关系的表现。芬兰-乌戈尔语当出自东北亚。

（4）巴斯克语

巴斯克语是巴斯克人的语言，早期分布于伊比利亚半岛，现分布于西班牙和法国。从公元前九世纪开始，凯尔特人、迦太基人、希腊人和罗马人先后侵入伊比利亚半岛，中世纪时期为来自阿拉伯世界的摩尔人所统治。

巴斯克语的基本词一定程度上反映了早期欧洲语言的面貌，一些词对应于高加索语系和芬兰-乌戈尔语系语言的基本词。巴斯克语中也有不少后来借自希腊语、拉丁语和阿拉伯语的词。

语言发生学关系的分析，因依据的材料和研究的方法不同，往往有不同的看法。那些调查尚且不足，资料尚未完备的语言发生学关系的分析有待于进一步的调查和研究。

二　历 史 文 献

1. 语言文字和文献

不同时代的文字文献有自己的特点，解释的第一步是文字的识别，其次是文字的读音和文本的研究。字有古今，音有古今，字音所代表的义亦有古今之别。不同时代观念有不同的表达。我们还是先从语言，以及语言和文字的关系谈起。

语言和文字是不同符号构成的系统，不从属于个人，属于使用的群体。

（1）文字和语言的关系

文字依其符号的功能和基本组成，区分为拼音文字、音节文字、表意文字、表意和表音符号混合的文字、图画和表音符号混合的文字等。字表音，音表词，字、词、音、义的关系从属于一定时期的语言。

1）文字的表音符号和表意符号

字和读音先有约定，后有沿用。拼音文字创制之后，多者三五百年少者两三百年，语音有了变化，为了适应演变了的语言就调整文字。

图画文字、象形文字以图形表示意义，通常只包含有少数表音的符号。墨西哥西元前后的玛雅文字使用800个象形符号，释读表明文字中一部分是象形字，另外一部分是来自象形符号的表音字。纳西东巴文是没有失传的图画象形文字，包含有叙事性质的图画。

商代的汉字有表意、表音和兼表音意的形声字三类符号混合的系统。有的表意字旁加注声符以区别字音，假借字旁加注意符（形符、义符）以区别意义，这两类字都发展为形声字。后来逐渐演变为形声字为主，即兼表音、意为主的文字。汉字的声符对语音有提示作用，而不是明确的指定。汉字的意符最终成为意义分类的标记。汉字两千多年没有太大的改动，不同时代不同书面语中汉字仍有各自的读法。

2）文字符号和语音

转写古代的拼音文字，这是用一种符号系统来代替另一种符号系统，转写者需要了解那一种古代的拼音文字所表示的语言的情况。用一种通用的符号（拉丁字母或国际音标等）把一种古代拼音文字的符号对应地表示出来，需要语言学的功底。

词多字少的象形表意文字，常借用已有的字表示同音或音近的词，如纳西人的东巴文、古埃及的圣书体文和美洲的玛雅文，古汉语中这一情况称为假借。

为了解释古汉语的文献，传统研究区分为文字学（应称为汉字学）、音韵学和训诂学三门学问，研究古代文本中文字音、形、义的关系。陆宗达、王宁在《训诂方法论》中指出："传统训诂学常在一些十分关键的概念上发生混淆。其中最影响训诂理论科学化的是'字'与'词'的概念不清。"①

中国的语言学发轫于文献用字的解释，即训诂学。如《尔雅》："如、适、之、嫁、徂、逝，往也。"扬雄在《方言》（卷一）中解释说："自家而出谓之嫁，由女而出为嫁也。逝，秦晋语也。往，凡语也。"扬雄《方言》中既有

---

①　陆宗达，王宁.训诂方法论［M］.北京:中国社会科学出版社,1983:12.

方言的比较也有古今语的比较。《方言》(卷一):"秦晋之间凡物之大谓之嘏,或曰夏。秦晋之间凡人之大谓之奘,或谓之壮。燕之北鄙齐楚之郊或曰京,或曰将,皆古今语也。"

(2) 文字的表达和理解的机制

文字符号不能完全地表达语词信息,如阿拉伯文的字母,通常只表示辅音。文字的读法是对文字所记录的语音的提示,阅读是一种还原。以今语解释古文称为解读。今音阅读古文会有错觉,以为古人就是这样说的。

文字阅读的过程中,有两条通道可以唤起阅读者对意义的理解。一是文字表示的读音可以唤起阅读者对意义的理解,再就是一定的字形可以唤起符号所代表的意义,熟悉文字符号的读者已经把一些字形和相关的意义联系在一起。汉语古文献的释读更多的是从字形找意义,跟古汉语有脱节。

汉字符号一字多音,不同的读音可以代表不同的语词。一字多义的情况下汉字所标记的意义由上下文来决定。

日文和白文中的汉字有音读和训读的区分,都是用来表示读音。音读表示的是汉语借词的读音,训读表示的是固有词的读音。汉语也有训读,如"石",唐以前就训读为"担",今沿用。其他如"圩"读作"围","俛"读作"俯","罪"读作"皋"。

(3) 历史文献的作用

印欧语的历史文献对古印欧语的探索有着重要的作用,但在历史比较中怎么看待这些古代语言之间的关系,人们的认识往往是有分歧的。索绪尔说:"印欧语语言学在它的早期没有了解比较研究的真正目的,也没有了解重建方法的重要性。这可以解释它的一个最引人注目的错误:在比较中赋予梵语过分夸大的、几乎独一无二的作用;由于它是印欧语的最古文献,于是把这文献提升到了原始型的高贵地位。"[1]另一方面,如果没有后来的亲属语的比较,文献语言的研究也很难做好。

藏文、缅文等古拼音文字的文献在藏缅语和汉藏语历史比较中很有价值。汉语的文献从三千多年前的甲骨文到近现代,虽非拼音文字文献,但一脉相承的汉字对一种语言连续的记录很有意义。

古汉语可区分为商周、春秋战国、两汉等不同时期,同一时代的材料才能可靠反映那个时代文字和语言的特点。殷商时期的文字有甲骨文和金文,语言材料有甲骨卜辞铭文。西周和春秋时期可靠的材料有《诗经》和断代明确的铭文。战国和两汉时期的文本,如《论语》《庄子》《楚辞》《淮南子》《说苑》,各有不同的方言背景和书面语的特点,相互参照仍可说明不同时代的语音、语法和词汇的特点。把古汉语视为一种语言一个系统的做法是不对的。

战国时代中部和西部地区书面语的《列子》和《吕氏春秋》的押韵表现出对《诗经》的继承,《楚辞》表现出楚地方言对书面语有所影响。

《说文解字》是东汉时期的作品,作者许慎(约58—约147)以小篆为解说对象,说明古今文字所表示的意义和字音,其取舍无疑有作者自己的标准。

汉语最早的韵书是三国时代李登的《声类》,其次是晋代吕静的《韵集》,都已失传。传世的韵书有隋代陆法言等编著的《切韵》。宋代的《广韵》是《切韵》的扩充修订版。宋代的等韵图相当于今天的声韵调配合表,反映不同音节的结构情况。

2. 口语和书面语

书面语(written language)和口语(spoken language),通常是对语言不同传播方式的区分。也有人把书面语叫作文学的语言(literary language),这是着眼于语体的区分。我们从语言学的角度看,一种语言的口语和书面语通常有不同的系统和传统。

一种语言的书面语,最初是以文字形式予以传播的交际语或权威方言,它一开始就有别于在较小范围内

① 索绪尔.普通语言学教程[M].高名凯,译.岑麒祥,叶蜚声,校注.北京:商务印书馆,2001:300.

使用的方言。书面语形成以后，便有了传承。不同历史时期政治和文化中心的交际语或权威方言对那个时代传承的书面语就会有较大的影响，或出现不同的流派。

古代的白话文书面语是文字形式表示的口语，文言书面语通常是早一时期传统上的书面语，两者的来历和使用的场合有别。

（1）交际语和权威方言

中国古代所说的通语是口语的交际语或权威方言，通常有一定的使用范围，往往和行政辖区有关。古代所说的雅言，可能是比较接近书面语的口语。《论语·雍也》："子所雅言，《诗》《书》、执礼，皆雅言也。"孔子是春秋末期的知识分子，他的学生说他读书、行礼的语音、用词是有别于平时说话的。

因此我们推测，春秋战国时代有书面用语、不同的方言，还有接近书面语和不同地区的交际语或权威方言。

不同地区有各自的通语或权威方言，古今皆然。如汉代扬雄的《方言》卷一中："娥、嬿，好也。秦曰娥，宋魏之间谓之嬿。秦晋之间凡好而轻者谓之娥。自关而东，河济之间谓之媌，或谓之姣。赵魏燕代之间曰姝，或曰妦。自关而西，秦晋之故都曰妍，好，其通语也。"也就是说，当时的北方方言中通语称貌美为"好"，秦晋一带的方言谓之"娥"。

今天的北京普通话是当代使用范围最广的权威方言，官场和知识界通常使用不带儿化韵的普通话，本地市民在自己的圈子里使用带儿化韵的北京话，前者规定为现代汉语的标准语。北京知识界和官场的普通话，即民国时代的国语，源头是六朝时代的北方话。

清代和民国时期南方的江淮官话是南方的权威方言，它的源头是东晋之后形成的南方方言。

今天不同地区在普及普通话的同时，仍有自己的区域性交际语。如上海市区和郊区说上海话，新疆地区的维吾尔族和另外的几个民族之间也用维吾尔语作为交际语。

部落联盟时代，部落之间有他们的交际语，城邦时代以城里的话为通语或交际语。通语以一定的语言或方言为基础形成，因交际的需要在一个较大范围内流通。

古拉丁语在西欧的传播成为通俗拉丁语，后来从通俗拉丁语中分化出法语、西班牙语、葡萄牙语和罗马尼亚语。

（2）书面语与口语的关系

同一时期同一地区的书面语和口语往往是有差别的。它们之间的关系是：书面语反映口语，落后于口语；书面语和口语互相影响。

书面语和口语有自己独立的语法和词汇系统，并相互影响。口语中的母语，通常是心理活动依托，书面语通常在心理活动中处于第二位，口语对书面语的影响是不可避免的。

历史上的书面语有不同流派，相互影响，不同时期不同的派别主导的范围不同。

（3）白话文和文言文

白话书面语是怎么说就怎么写的书面语，大体忠实地记录口语。文言书面语不同，追溯其源头，可以看到商周时期就有正式文体和非正式文体两类书面。先秦白话文的用词、语法成为汉代以后的文言说法。唐代除了夹有文言的白话书面语，还有文言书面语和仿古文言书面语。唐代玄奘的《大唐西域记》，是以四言和六言为主的仿古骈体书面语，五代南方僧人口语作品《祖堂集》比较口语化，是南方方言或南方流派的书面语。

明清时期的小说多为通俗文言夹白话，夹有文言的白话书面语在民国时期比较流行，现代通用的书面语中大量的成语典故是文言的说法。

汉语的口语、白话书面语和文言书面语发展关系的简单示意图为：

现代汉语的书面语的词汇和语法承自六朝、唐宋以来的白话文。清代和民国时期江淮读书音仍在北方占有重要的地位。曹雪芹生活在 18 世纪的清代,《红楼梦》行文用词上有南派的风格,对话中基本上是北方话,也反映了这一时期东北话等方言在北京的活动。清代和民国初年汉语界的文艺作品还是南派的占优势,大约在民国中期开始北派的白话书面语因北京话权威的影响与南派分庭抗礼。20 世纪 50 年代以来大陆现代白话书面语基本是北派的天下。台湾的书面语受闽南话的影响,香港的书面语受粤方言的影响,仍多带民国南派书面语的特点。

现代的汉语书面语,仍可区分为三类:完全以北方方言为基础的白话书面语,夹有南方用词和语法特点的南方白话书面语,夹有一些文言特点的白话书面语。

（4）汉语书面语语音的变迁

历史上因改朝换代,政治、文化中心可能因此转移,权威方言重新确定地位,书面语可能发生较大改变,出现新的流派,读书音的传承因此另起头绪。讨论汉语语音的历史演变不能不考虑这一点。

《诗经》诸文本是西周和春秋期间王室官员各地的采风,是跨越约五个世纪的书面语文本,一定程度上反映这两个时期不同地区书面语的差别。春秋至两汉,中部和西部地区书面语的语音相承。如反映战国时代中部和西部地区书面语的《列子》和《吕氏春秋》的押韵表现出对《诗经》的继承,并为汉代及中古早期的书面语所继承。

西汉时期,有中部和西部方言特点的书面语为主导,楚方言和其他方言的差别最大。楚语对当时南方地区的书面语有较大的影响。《淮南子》作者是刘安(前 179—前 122 年,居安徽淮南)和另外一些人(门客),《淮南子》在押韵、语词方面表现西汉时期楚语的一些特点。

东汉有长安音和洛阳音的不同,至少从佛经中的对音可以看出不同翻译场地造成的分歧。《说文》代表当时中部地区的读书音,区别的方音中包括许慎汝南的家乡话。后来魏、西晋和北魏都洛阳,北齐于邺,北周于长安。洛阳地区的读书音以当地洛阳官话为基础,承东汉中部方言的读书音。魏晋南北朝汉语诸韵部的分合和元音结构追溯的情况看来,它们与《诗经》时代中部方言脂、微分立的读书音比较接近。

初唐以后的长安当有两种主要的读音:以西北方言为基础的长安读书音和来自南方的读书音。长安的官话是口语的权威方言,科举规定的是南派的读书音,以《切韵》为标准。

北宋以汴梁(今开封)为政治、经济和文化的中心,读书音有南、北两大派,南派仍以《切韵》为蓝本。北派以汴洛音为准。如邵雍的《皇极经世书声音》是宋代汴洛的方音。当时北方地区另外流行的官话和读书音与开封话比较接近。

王力先生根据南宋早期朱熹的《诗集传》和《楚辞集注》的反切,构拟了当时全浊声母已清化的语音系统。南宋读书音平声的塞音、塞擦音浊声母变成不送气的清音,与北宋汴洛音不同。

明初的《洪武正韵》以南方音为主要依据,保留入声和全浊音,平声不分阴阳。1614 年梅膺祚的《字汇》后附南京上元(江苏江宁)人李世泽所作表示当时读书音的《韵法直图》和《韵法横图》,仍分平、上、去、入四声,知彻澄娘与照穿床泥合并,以流行于江淮地区的官话为标准。

明代和清前期,书面语的南方流派占优势,钦定的《康熙字典》仍以《字汇》为蓝本,规范的读音是南京音。北京话部分文读来自南京话。

大约到了清末,北京读书音的影响才大起来,这一点可以从清末小说和朝鲜当时的一批汉语借词中看出来。

3. 历史文献的研究

（1）文献考释的方法

文字文献,包括拼音文字记录的材料,必须经过一番研究才能从它们的符号中分析出它们所代表的语音。确定历史文献文字的读法有一定难度,要考虑到这是符号的再转换,音值的构拟。

根据不同古文字破译的情况看,解读未知文字文献的过程大体上可区分为两种情况。

表音文字的释读首先在于破解字母的读音,从读音入手寻找语词,寻找文字符号和语言符号的对应关系,然后进一步释读文本,又从文本的意义求证符号的读音和编码的意义。

　　表意文字的释读先是破解表意符号所代表的意义,寻找文字符号和语言符号的对应关系,然后进一步释读文本。返回来,也从文本的意义求证符号和编码的意义。汉字既表音又表意,音义相辅,两个考释的途径相辅助。

　　无论哪一种考释,古今语比较都是不可或缺的。

　　现知最早的文字是 5 500 年前两河流域美索不达米亚的苏美尔文字和稍晚的古埃及圣书体文字。苏美尔人(Sumer)使用的丁头文字(mismari),又叫楔形文字(cuneiform),后来阿卡德人(Akkadian)、赫梯人和波斯人也使用这种拼音文字。19 世纪以来,学者们从波斯人的丁头字入手解读苏米尔人的丁头文字。根据他们对苏米尔语的解读,我们可以看到苏米尔语(Sumerian)的面貌。

　　古埃及象形文字由象形符号、音节符号和字母构成,使用于公元前3000多年到公元 4 世纪。拿破仑军队远征埃及时,在罗塞塔城附近发现了一块用三种文字(圣书体、世俗体和古希腊文)写成的黑色玄武石碑,被称为罗塞塔石碑(Rosetta Stone)。这块石碑给解读带来了关键性的资料。解读者让-弗朗索瓦·商博良(1790—1832)从国王托勒密的名字入手几乎完全破译了埃及象形文字,制出完整的埃及文字符号和希腊字母的对照表,为后来解读大量的古埃及遗留下的纸草文书提供了非常有用的工具。

(2) 文献和口语材料印证

　　我们的语言研究中书面语和口语资料各有各的用途。印欧诸语发生学关系的确认建立在以古代语言文献为依据的比较和构拟的基础上。如印欧语最早的文献是 3 000 多年前的《梨俱吠陀》,也只能说明古印度-伊朗语的面貌。缺乏古文献的语言重点就放在现代的资料上。

　　汉语中古文献《切韵》《广韵》等对汉语词的描写和近现代文献、方言词的对应,可以为依据推测当时的语音和词语的情况。

　　中古汉语四声别义,《广韵》中一些词平声为形容词去声为动词,现代汉语诸方言中仍是如此。入声字“恶”在现代汉语方言中如:北京话 x_{342}(形容词)、u^5(动词),温州话 o^7(形容词)、u^5(动词),广州话 ok^7(形容词)、wu^5(动词)。从形态学的角度看是以屈折形式表示不同的意义,读作去声的是派生词。

　　根据一些对音材料我们推测中古的去声来自古汉语的 *-s,古汉语以 *-s 后缀把形容词变为动词。中古和上古的读法解释为:

　　“空”苦红切,空虚;苦贡切,空缺。形容词 $^*\mathrm{khoŋ}$,动词 $^*\mathrm{khoŋ\text{-}s}$。

　　“中”陟弓切,宜也;陟仲切,当也。形容词 $^*\mathrm{t^wjəm}$,动词 $^*\mathrm{t^wjəm\text{-}s}$。

　　“恶”乌各切,不善;乌路切,憎恶。形容词 $^*\mathrm{ʔak}$,动词 $^*\mathrm{ʔak\text{-}s}$。

　　藏文是拼音文字。其拼写法相传是 7 世纪上半叶创制的。拼音文字在创制之初一般能反映当时的读音,几百年后拼写与实际读音就不一致了。10 世纪后藏文的正字法又对藏文的拼写做了一些规定。[①]

　　藏文的转写有多种方案。现代藏语有卫藏、康和安多三大方言,相互间不通话。今天藏语诸方言的读法的对应关系可与古藏文的拼法比较,藏文创制时代及后来厘定时代的读音只有通过比较才能拟定。

　　中古汉语的韵按传统音韵学区分为阴、阳、入三类,大体上是:阴声韵不带辅音韵尾,阳声韵带鼻音韵尾,入声韵带塞音韵尾。《诗经》时代古汉语韵依照当时的押韵区分,归为部。[②]高本汉认为当时的歌部可区分为有流音尾 *-r 和没有流音尾 *-r 两类,李方桂先生的歌部有流音尾 *-r,也有意见拟为 *-l。笔者认为有 *-r 和 *-l 两类。譬如,“荷河”$^*\mathrm{gal}$、“可”$^*\mathrm{khal}$ 等。但古汉语的流音尾部分演变为 *-n 韵尾,余下的西汉末期先演变为 *-j,后来多数这个 *-l 也丢失。我们可以参考的是藏语有-r、-l 两类流音韵尾,一些藏、汉对应词可以说明汉代以前的古汉语独立为韵歌部应有流音韵尾。歌部 $^*\mathrm{ar}$($^*\mathrm{al}$)和藏语词的对应如:

　　① “燔”$^*\mathrm{b^wjar}>^*\mathrm{b^wjan}$(烤也)。“燃烧”藏文 vbar,藏语夏河话 $\mathrm{mbar}<^*\mathrm{m\text{-}bar}$。

　　② “荷”$^*\mathrm{gal}$(《说文》儋也)。“(肩)背”藏文 sgal,夏河话 $\mathrm{khər}<^*\mathrm{s\text{-}gal}$。

　　③ “披”$^*\mathrm{phral}$(《方言》器破曰披)。“撕”藏文 phral,夏河话 htel。

---

　　① 格桑居冕.藏文字性法与古藏语音系[J].民族语文,1991(6).

　　② 王力拟上古汉语为6元音和29韵部。参见王力《汉语语音史》,载《王力文集》(第十卷),山东教育出版社 1987 年版,第 39 页。

④ "輭（软）" ˚nʷjal-ʔ>˚nʷjanʔ。"疲劳、累"藏文 nyel，夏河话 tɕhal<˚njel。

古汉语脂部、微部和藏语有同样的对应关系。

无亲缘关系语言的古音材料也可以作为古音构拟的重要参考资料。如高本汉利用朝鲜语、日语和越南语等中古汉语借词的读音构拟汉语中古音。

（3）文本的解释

语言文本的要素包含在隶属于同一系统的文本 T_1、T_2、T_3…中，足够的文本材料才能归纳其要素所代表的意义。古文献文本的研究首先要有对文字的解释，然后是对古代言语的设想，最后才有文本的解释。

语言符号代表的意义包括指定的和联想的两个方面。话语的意义产生于说话人或文本的作者，最终由听话人或阅读者根据符号和语境自行选择。

中古或先秦汉语文献的解读除了区分不同时代的文本背后书面语和口语以及方言的特点，还要区分书面语的语体类型。如文言和白话，掺有文言的白话和掺有白话的文言等的不同。

古汉语先秦的文献大体上有叙事散文、政论和诗歌等文体。占卜类文书，如龟甲卜辞有自己占卜的程序和记录的方式。《诗经》的文章跨越五个世纪，风是民歌，雅、颂多为宗庙的乐歌。不同时期不同地区的作品在用词、语音各方面一定会有差异，包括文体的不同。其中的押韵、谐声和假借应理解为当时语音的表现，与春秋战国、两汉时期的情况有别。任何超越文本时代的解释都是不确切的。

现代汉语的文章中"的"出现频率最高，如同现代英语的 of。语法标记通常是语言以及表示该语言的文字中最频繁使用的符号，那么词中一定位置重复出现的音素（或不同音素构成的符号）往往是形态的标记，句子中反复出现的是句法标记。我们就有必要采用形态学和句法学（syntax）的原则分析这些反复出现的符号。

另外一个常见的标记是隐含在句子中的语序。一些语言的名词和代词用所有格和宾格的标记形式，另外一些语言省略或不用这些标记，用语序表示它们的语法关系。

语法表达的基本范畴，如主动、被动和使动，完成和未完成等，不同的语言有自己表达的方式，形态、词法和句法共同表达语法的意义。语法的演变往往是形态、词法和句法重新划分各自范畴的过程。3 000 多年来，汉语的语法一直在演变，不能认为是在某一阶段汉语的语法逐渐完善起来。

文本是时代的产物，是观念的产物，只有把文本的构成放到当时的历史文化背景中才能得到合理的解释。文本形成的时代是提示文本历史文化背景的重要线索。确定文本形成时代有多种方法，无非是语言学的方法和语言学以外的方法。这两种方法得出的结论可以互相印证。

（4）字词和文本中的意义

战国以前和战国早期的古汉语以"女"表示第二人称，战国中期后以"汝"表示这个第二人称并成为固定用法。《论语》用"女"为第二人称。《左传》多用"女"表第二人称，偶用"汝"。《史记》引用古文献用"女"为第二人称，司马迁自序用"汝"。

商周时代"享""亨"一字，后有"烹"字。

"亨"古文或作"亯"，甲骨文 $\hat{\Box}$（京津）。《小雅·楚茨》："以往烝尝，或剥或亨。""亨"义为"烹"。《大雅·旱麓》："以享以祀，以介景福。"《鲁颂·閟宫》："春秋匪解，享祀不忒。""享"义为"献"。

《周易》"元亨利贞"之"亨"，汉代帛书作"享"，义当为"献"。"元亨"，即"大祀"。"元"义为"大、长（者）、首要"。①升卦爻辞："王用亨于岐山。"随卦爻辞："王用亨于西山。"《周易》中又有"亨"单用，其义多指"亨通"，应是春秋以后的用法。"享（亯）"，《说文》献也，曰象进孰物形。

那么可以这么看："亨"本义为"烹"，后指进献熟食。"亨"指"亨通"，是后来的引申义。《左传·襄公九年》："不靖国家，不可谓亨。作而害身，不可谓利。"

---

① 《诗经》有"元老""元舅""元戎"等之称。《左传·襄公九年》："《周易》曰：'《随》，元亨利贞，无咎。'元，体之长也；亨，嘉之会也；利，义之和也；贞，事之干也。"

第三章　语言的结构及其历史演变

一　方　言

1. 不同类型的方言

同一民族使用的差异甚大的方言,即使不能通话,通常归于一种语言。从历史语言学的角度看,亲属语和方言是一码事。方言是对语言的区分,方言可再区分为次方言、土语、地域方言和社团方言。书面语和不同方言并存的语言中,往往还有接近书面语和不同地区的交际语或权威方言,是不同人群、行政机构的语言。

结构主义强调语言有自己的系统,其中一切成分都互相连接着。不同时期的方言和书面语有各自的传承和演变,我们需要仔细地分析它们之间的关系。

(1) 社团方言

一种地方话中往往有新、老派的不同,或者来历不同的社会阶层或社会团体有不同的口音,它们构成不同的社团方言。

赵元任先生在《汉语口语语法》和《语言问题》中提到了北京话儿化韵有老派和新派的不同。李思敬先生发现有老派、半老派和新派的区别。①当时北京城区的老派方言、半老派方言及新派方言是北京本地话不同的社团方言。不同年龄层次的新老派方言的并存为日后方言的替换做好了准备。

布龙菲尔德在他的《语言论》中指出:"在复杂的言语社团里,主要的言语类型大致可以分为以下几种:

① 书面标准语。用于最正式的交谈和写作中(例如:I have none)。

② 口头标准语。这是特权阶层的语言(例如:I haven't any 或者 I haven't got any——在英国,只有用南部"公学"的语音和语调来说才行)。

③ 地方标准语。在美国可能和上述第②种话没有区别,是"中产"阶层的人说的,和②十分接近,但各地区略有出入(例如:I haven't any 或者 I haven't got any;在英国是用跟"公学"标准语不同的语音和语调说的)。

④ 次标准语。跟①②③有明显的不同,在欧洲各国是"中下"阶层的人说,在美国除了说上述②③两种的人以外几乎都说这种话,因地区不同,不过没有那种十分突出的地区差别(例如:I ain't got none)

⑤ 地区方言。这是社会上最没有地位的人说的;在美国很少见;在瑞士,其他阶层也用它作家庭的语言;几乎各个乡村都不一样;它的种类很复杂,往往彼此都不能理解,说②③④三种的人更听不懂它(例如:a hae none)。"②

(2) 地域方言

语言分处两地经历了各自的演变就会成为不同的方言。19 世纪的方言地理学派在语言地图上打算用同语线(isogloss)区分不同区域方言的语音、词和语法的特点,但几乎不能为不同的方言划出一致的界限。主要的原因是方言之间的接触会扰乱方言原本的特点,方言的传播可能在不同的语言或方言的基础上发生,语音、词和语法的传播也未必完全同步。

---

① 李思敬.汉语"儿"[ɚ]音史研究[M].北京:商务印书馆,1986:125—132.
② 布龙菲尔德.语言论[M].袁家骅,等译.北京:商务印书馆,1988:56—57.

汉语有北方方言、吴方言、湘方言、赣方言、客家方言、闽方言和粤方言,每一种大方言又是一些次方言的集合,次方言是土语的集合。按我国汉语方言界的说法,北方方言由若干种被称为官话的方言组成。

2. 方言的形成和区分

(1) 方言的形成

关于方言的形成,索绪尔解释说:"这些差别是什么造成的呢? 如果认为那只是空间造成的,那就受了错觉的欺骗。空间本身是不能对语言起什么作用的。殖民者在离开 G 在 G′登陆的第二天所说的语言跟前一天晚上所说的完全一样。人们很容易忘记时间的因素,因为它没有空间那么具体。但是实际上,语言的分化正是由时间因素引起的。地理差异应该叫作时间差异。"①

原本一致的方言由于创新不能遍及整个方言就成为不同的方言。由于方言的代代相传,最初的创新随着系统的演变在它们的后代方言中就成为有别于没有这一创新的方言。

方言土语一旦自立门户,每一种都有自己的语音系统,其语音系统、形态、句法和词汇只是按照自己的结构在发生变化。因此方言和亲属语的发生学分类只能建立在对其系统进行历史比较的基础上。

(2) 方言的区分

语言的创新可能是语音、形态和词汇方面的。如汉语的擦音 f-、v-是中古时期的北方方言中才出现的,汉语的吴、湘、粤、赣、客家和北方方言经历了中古的 *p-、*ph-和 *b-演变为擦音 f-、v-,这就成为把没有经历这一历史变化的闽方言从汉语方言中区别开来。闽方言中后来的文读并不能说明先前的历史演变。

汉语方言中另一重要的创新是晚唐时期北方方言中的浊上变去,即全浊的上声与去声合流,也波及其他的一些方言。如"弟""坐",北方方言、粤方言和湘方言中读去声,吴方言读上声,客家方言白读为平声。

北方方言宋代入派三声,此前还经历了全浊声母的清化,平声的塞音、塞擦音浊声母变成送气的清音,仄声(上声、去声和入声)的变成不送气的。归粤方言的一些土语大体上也是如此,广西平话正好相反,平声的不送气,仄声的送气。吴方言不论南北,塞音和塞擦音保持清浊的对立。②

从中古早期汉语北方方言分化出来的吴、湘、粤、赣、客家及北方方言有的土语中还保存浊的塞音和塞擦音,我们不能以此为条件来划分方言。同样地,我们也不能以是否保留入声韵尾作为汉语方言划分的条件,只能以是否在历史上有过共同的历史演变作为划分方言的依据。

苗瑶语在传教士来到中国之前也是没有文字的,从今天的口语材料中可以看出该语族内部亲属语、方言之间的关系。

古苗语有别于其他亲属语的创新是塞音的六分: *p-、*ph-、*b-、*mp-、*mph-和 *mb-(以唇塞音代表各种塞音)。畲语和勉语没有塞音六分的格局,只有苗语的共同语有这个格局。苗语有湘西、黔东和川黔滇三大方言。川黔滇方言和湘西方言土语的音系中有鼻冠塞音声母。黔东方言的清塞音声母与湘西方言和川黔滇方言的鼻冠清塞音对应。王辅世先生为古苗语构拟了一套鼻冠塞音声母,根据诸方言包括声调在内语音系统的对应情况指出川黔滇方言的鼻冠清塞音来自古苗语的鼻冠清塞音。③于是根据苗语湘西方言和黔东方言的创新可以把苗语复杂的方言区分开来。没有文献的亲属语或方言可运用历史语言学的方法把问题搞清楚。

相邻的方言经常有密切的接触关系,创新的扩散便不可避免。

3. 历史上的方言

每一个时代语言通常有不同地区的方言土语以及方言土语之间的交际语。中国古代的"通语"就是一定

---

① 索绪尔.普通语言学教程[M].高名凯,译.岑麒祥,叶蜚声,校注.北京:商务印书馆,2001:277.
② 吴方言浊的塞音和塞擦音多为清音浊流,仍与清不送气和清送气保持对立。
③ 王辅世,毛宗武.苗瑶语古音构拟[M].北京:中国社会科学出版社,1995:4—13.

范围的权威方言,春秋战国时代的"雅言"是当时的通行的书面语。

汉语是古、今汉语的通称,现代汉语是现代汉语诸方言和书面语的通称,各有各的系统。古汉语是商周至两汉期间黄河、长江中下游流域的一些相近的方言,既包括每一时段中的不同方言、书面语,又包括早晚不同时期的方言和书面语。没有单独的古汉语语法,也没有单一的古汉语语音。

索绪尔的结构主义语言学强调语言是一个系统,语言的研究是针对语言系统的研究,不能根据零星的材料轻易得出结论,也不能把不同系统的材料混为一谈。

(1) 历史上的书面语和方言

汉语文献记载的语言大体是以下三种情况之一:书面语,或通语,或某种方言。

商周以来,汉语就有不同的地域方言,也有不同风格的书面语。书面语中还可以区分出接近口语的白话文书面语和正式场合使用的书面语。春秋战国时代的正式场合的书面语和白话文书面语,为汉代所承。

东汉建都洛阳,东汉上半期开始,中部方言的洛阳话渐成为权威方言,读书音承前,如汝南人许慎《说文》以当时的读书音为标准,把不同的方音区别开来,包括自己汝南的家乡话。收集的字代表的词包括来自某一地区的说法。如:

"卸"＊sŋja-s>＊hjas,《说文》读若汝南人写书之写。"寫"＊skhja-ʔ>＊sjaʔ,当时的汝南话可能是＊hjaʔ。

"㡿"＊stjik>＊hjik,《说文》读若适。"適(适)"＊stik,《说文》啻声,宋鲁语。

"姐"＊stʷja-ʔ>＊tsjaʔ,《说文》蜀谓母曰姐,淮南谓之社。"社"＊dja-ʔ>＊ʑaʔ。

书面语往往包含着不同的方言现象,如现代英语有的名词的复数不规则形式是中古英语的遗留。其中-en 是中古英语南部方言名词复数后缀,保留至今的如:oxe/oxen, child/children。

(2) 方言的格局和变化

西周时期的汉语可以区分为东部、西部和中部三大方言,中部方言以成周王畿话为代表。诸方言东、冬分立,西部方言脂、微分立。从《诗经》中我们可以看出,中部方言对西部和东部的方言的影响。春秋时期的西部的秦晋方言和东部的齐鲁方言对当地的书面语也有一定的影响,文字上也表现出一定的差异。

春秋战国时期的中部方言传播到长江中、下游的楚、吴地区,形成楚方言(南部方言)。

周祖谟先生认为,春秋时"至少周、郑、曹、许、陈、宋、卫、齐这一广袤地区有了区域的共同语"。[①]

古、今汉语不仅仅是书面语语音、语法和词汇方面的差别,还有不同时期方言的差别。汉语古、今方言变化包括这样的三种情况:

① 方言格局变化;

② 方言差异变化;

③ 不同地域方言的承传不同。

商周文献第一人称有"我"＊ŋar、"吾"＊ŋa、"余"＊gʷja、"予"＊ljaʔ、"台(辝)"＊ljə、"佁"＊ljə-ʔ、"卬"＊ŋaŋʔ、"傷"＊slaŋ 和"陽"＊ljaŋ 等。"吾"为周时开始见诸文献,《诗经》中未见。如此复杂,应与当时方言的复杂有关。

西汉时期扬雄《方言》所记,各地的说法差别很大。

《方言》卷一:"假、狢、怀、摧、詹、戾、届,至也。邠唐、冀兖之间曰假,或曰狢。齐楚之会郊或曰怀、摧、詹。戾,楚语也。届,宋语也。皆古雅之别语也,今或同。"从中我们可以看出这样的情况:

当时邠唐、冀兖等地(今山西、河北、山东一带)抵达某地说"假"＊kra-ʔ"狢"＊krak,这两个应是有共同来源的词。

"懷(怀)"＊gʷrəl"摧"＊dzuəl,当有共同来源。

"屆(届)"＊krəd"戾"＊riəd,当有共同来源。《小雅·小弁》:"譬彼舟流,不知所届。"《小雅·采芑》:"鴥彼飞隼,其飞戾天。"西汉时古宋地(今河南东部)、楚地还保留着西周时代的说法。

① 周祖谟.汉语发展的历史[M]//周祖谟语言文史论集.北京:学苑出版社,2004:8.

书面语词来自方言、通语,书面语中的说法消失了,有的方言中还能保留。

二　语言演变的诱因

语言是从言语活动中归纳出来的符号系统。历史语言学研究语言的演变规律。语言的演变有自身的原因,也有外部因素的诱发。

1. 内部因素

索绪尔把一切跟语言的组织、语言的系统无关的东西,以"外部语言学"为理由,排除在外。他说:"至于内部语言学,情况却完全不同:它不容许随意安排;语言是一个系统,它只知道自己固有的秩序。"我们不如把语言内部的要素看成一个圈子,外部要素看成是包围它们的另一个圈子。

语言的内部要素又是由语音、语法和词汇三个保持相对独立的系统构成。索绪尔说,"把(语言的)一项要素简单地看作一定的声音和一定的概念的结合将是很大的错觉。这样的规定会使它脱离它所从属的系统,仿佛从各项要素着手,把它们加在一起就可以构成系统。实则与此相反,我们必须从有连带关系的整体出发,把它们加以分析,得出它所包含的要素。"①

萨丕尔说:"一种语言的语音格局不是不能改变的,可是它变得远比组成它的各个声音为慢。它所包括的每一个声音都可以改变而格局不变。""直到如今,英语词首辅音的系列:

p	t	k
b	d	g
f	th	h

还一点对一点地相应于梵语的系列:

b	d	g
bh	dh	gh
p	t	k

这给人以深刻的印象。"②

使语音沿着一定轨迹演变的是语音结构的特点。如辅音和元音的发音特点是由发音部位和发音方法两个因素决定的。

语音系统不同层次上的变化密切相关,譬如复辅音系统和韵尾的简化,可能以元音和音节声调的系统的进一步区分来弥补。古藏语有繁复的复辅音,没有音节声调,现代藏语拉萨话等是有音节声调的语言,声母和韵母大为简化。

索绪尔认为言语的活动包括两个部分"社会的和心理的",其次是"个人的"。语言存在的方式是 1+1+1+…＝1,为集体模型。③语言存在取决于言语,言语的存在取决于使用语言的个体。使用语言的个体必须遵守语言的游戏规则,得以使语言的语音、语法和词汇一代一代地传下去。他还说:"毫无疑问,这两个对象是紧密相联而且互为前提的:要言语为人所理解,并产生它的一切效果,必须有语言。从历史看,言语的事实总是在前的。如果人们不是先在言语行为中碰到观念和词语形象的联结,他怎么会进行这种联结呢?""促使语言演变的是言语:听别人说话所获得的印象改变了我们的语言习惯。由此可见,语言和言语是互相依存的;语言既是言语的工具,又是言语的产物。"④

如此我们就知道,语言的变化始于言语。人们自觉不自觉地模仿某一种方言或某一社会地位的人的话是言语的行为,一旦成为一个社团的风尚,可对整个社团方言产生影响。方言中年轻一代的社团方言,即新

① 索绪尔.普通语言学教程[M].高名凯,译.岑麒祥,叶蜚声,校注.北京:商务印书馆,2001:159.
② 萨丕尔.语言论[M].陆卓元,译.陆志韦,校订.北京:商务印书馆,1997:168—169.
③ 索绪尔.普通语言学教程[M].高名凯,译.岑麒祥,叶蜚声,校注.北京:商务印书馆,2001:41.
④ 索绪尔.普通语言学教程[M].高名凯,译.岑麒祥,叶蜚声,校注.北京:商务印书馆,2001:41.

派,会成为以后的老派。社团方言的交替导致语言一代一代的变化。

2. 外部因素

引起语言变化的外部因素就是使用语言的人群,他们的干扰会引起语言的调整。

一种语言得以传播,尤其是为原本使用另外的语言的人所使用,马上就成为另外一个样子。"亲属语"往往是古代部落之间的交际语传播留下的,原有语言的底层得以保留。这是印欧语、阿尔泰、南岛、南亚和汉藏诸语系诸语族、语支和语组的语言大多保留自己的一些基本特征的原因。

语言往往一再被其他语言的使用者改动。古拉丁语被改为通俗拉丁语,英国的英语被改成美国和澳大利亚的英语,古侗台语被不同支系的南岛人改为不同的侗台语,14 世纪的蒙古语的传播形成蒙古语族的达斡尔语、东部裕固语和东乡语等。

语言的系统在外部因素的干扰下会进行调整,包括语音、语法和词汇各个方面。任何借用的成分,不论是形态成分还是词,必定经本身的系统来表达。借用和模仿诱使语言要素发生变化,因而可能引起系统的演变。

三　语音的历史演变

1. 语音系统的结构

（1）语音系统结构的层次

每一种语言或方言,都有一个结构严密的语音系统,基本单位是音节。语音的结构从较低层次到较高层次,依次是:音素、声韵、音节、复音、意群语音和句子。

我们有两种分析音节的方法,音素分析法和声韵调分析法。音素分析法把音节的音素分为辅音和元音两类,声韵调分析法把音节分析为声母、韵母和声调。

布拉格学派认为有两种描写语音学,一种是把声音作为物理现象的研究,另一种是把声音作为某一语言共同体内部用于交际目的的语言符号的研究。他们主张根据功能分析语音,于是有音位(phoneme)这样的概念。

汉语传统的声韵调描写可以全面扼要地说明一个音系。传统的结构主义对语言的辅音和元音两个基本系统的描写和比较,以及对语音系统演变的进一步研究,可以从另外的角度解释其结构。

这两种分析法各有合理的一面,音素音位分析法实际上是声韵调分析法的基础。用声韵调分析法处理有声调的语言,显得比音素音位分析法简洁。如果用声韵描写法描写英语的语音,反倒不胜其烦。

声调语言的音节分析为声、韵、调结构。声母清、浊的对立,送气不送气的对立,元音松、紧的对立,韵尾舒、促的不同可表现为声调的不同。这些对立和声调的不同互为伴随特征,在共时的分析和解释中往往因人而异。

语言的辅音和元音构成语音的两个基本系统,它们的发音特点是由发音部位和发音方法两个因素决定的。辅音由于发音方法的不同可区分为塞音、擦音和塞擦音等,发音时口腔受阻部位的不同形成唇音、齿音、边音、舌根音和小舌音等。辅音系统因此表现出两个不同系列的构成的矩阵。

发音部位和发音方法两个主要因素决定的辅音和元音的构成通常分别用平面图上的分布说明诸要素的关系。

多音节的词有固定的重音,或节拍。有的语言多音节词前后的元音呈现一定特征的和谐。"连读变调"和"元音和谐"是跨音节的语音现象。

（2）辅音系统中的对立

辅音的清浊取决于声带振动的启动时间,辅音送气与否取决于送气气流的强弱。

辅音的清/浊、送气/不送气,元音的长/短、松/紧等的对立通常是成组的对立,称为区别性特征的对立。

1）送气和不送气的对立

辅音对立构成的类型具有多样性，就塞音而言，有的语言没有清音送气和不送气的对立，有的语言没有清浊的对立。现代汉语北方方言的塞音有清音送气和不送气的对立，没有清浊的对立。

现代汉语吴方言的塞音以清音浊流构成另一系列，来自中古的浊塞音。结构为：

$$p \quad t \quad k$$
$$ph \quad th \quad kh$$
$$p\text{ɦ} \quad t\text{ɦ} \quad k\text{ɦ}$$

浊塞音送气和不送气的对立存在于如南亚语系的一些语言，美洲玛雅语、梵语、乌尔都语、阿尔巴尼亚语和中古荷兰语。南亚语系蒙达语族的蒙达语、桑塔利语和部分孟高棉语族语言的塞音为清、清送气、浊和浊送气四分。

2）圆唇和非圆唇的对立

圆唇辅音在一些语言的描写中可能记录为-w-或-u-介音。侗台语中的圆唇唇音和圆唇舌根音如：

① "妇女"仫佬语 pwa^2，壮语武鸣话 pa^2。"洒（水）"仫佬语 hwon^5，壮语 fan^5。
② "云"仫佬语 kwa^3，水语、西双版纳傣语 fa^3，侗语 ma^3。
③ "名字"侗语南部方言 kwaːn^1，北部方言 tan^1，仫佬语 ʔɣəːn^1。
④ "烟"水语 kwan^2，壮语武鸣话 hon^2。
⑤ "劈"水语 mak^7，佯僙语 ŋwaːk^9。"雷击"仫佬语 ŋwaːk^7，毛南语 maːk^7。
⑥ "晕"仫佬语 ŋwən^6，壮语邕宁话 ŋon^6，侗语 mən^6。
⑦ "快"仫佬语 hwəi^5，水语 hoi^5。"浇水"仫佬语 hwən^5。
⑧ "扫帚"泰语 kwaːt^9，壮语柳江话 svaːt^7，毛南语 kwaːt^7。
"扫"布依语、水语、毛南语 kwaːt^7。
⑨ "做"壮语柳江话 kvak^8，武鸣话 kuək^8，临高语 huk^7。

苗瑶语族中的圆唇音如：

① "胡须"勉语江底话 sjaːm^1，览金话 tθɔːm^1，三江话 tswɔn^1。
② "睡"勉语罗香话 pwei$^{5'}$，览金话 fei^5。
③ "九"勉语江底话 dwo^2，大坪话 ku^2。
④ "好"炯奈语长垌话 ŋwaŋ^5，苗语养蒿话 ɣu^5，先进话 ʐoŋ^5。
⑤ "缝"勉语罗香话 gwən^2，长坪话 ðun^2。
⑥ "尿"炯奈语长垌话 ŋkwe^4，苗语高坡话 ʐa^4。
⑦ "疮"勉语罗香话 tçwei^2，三江话 tse^2。

缅语中的圆唇音如：

① "牙齿"缅文 swɑ^3，怒苏怒语 suɑ^{55}，藏文 so，嘉戎语 swɑ。
② "花"缅文 ɑ^{1}pwɑŋ^1，浪速语 pəŋ^{35}。
③ "糠"缅文 phwɑi^3，吕苏语 pha^{55}。
④ "坑"缅文 twɑŋ^3，阿昌语 tzoŋ^{31}，载瓦语 khoŋ^{21}。
⑤ "泥巴"缅文 hrwɑm^1。"金子"缅文 hrwe^2。"银子"缅文 ŋwe^2。
⑥ "奶汁"缅文 nwɑ^{3}no^1，载瓦语 nau^{55}。
⑦ "睾丸"缅文 gwe^{3}tse^1，嘉戎语 tə lgo。
⑧ "汗"缅文 khjwe^3，基诺语 khi^{44}。

3）内爆音

内爆音（implosion）或称先喉塞音。浙、闽、赣、湘和两广地区的汉语方言，侗台语、苗瑶语、藏缅语的一些方言有内爆音声母。侗台语内爆音声母以阴声调（单数调）的浊塞音或擦音声母表示，有的舌根内爆音声母已演变为鼻冠舌根塞音。如：

①"漂浮"黎语通什话 ʔbau¹。"轻"布依语 ʔbau¹。

②"摸"壮语 ʔbuk⁷。"肩膀"壮语武鸣话 ʔba⁵。

③"太阳"水语 ʔda¹wan¹（眼睛—白天）。

④"手镯"莫语 gwan⁵，壮语武鸣话 kon²，柳江话 kvan²。

⑤"叼"毛南语 ŋgam¹，壮语 kaːm²。

⑥"夹"毛南语 ŋgəp⁷，壮语邕宁话 kap⁸。

4）两类清化的鼻音

汉语方言、侗台语、苗瑶语和一些藏缅语的方言有清化的鼻音：m̥、n̥、ŋ̥或 ʔm、ʔn、ʔŋ。古缅语中的清鼻音声母记录为 hm-、hn-、hŋ-。

①"晚上"苗语养蒿话 m̥haŋ⁵，大南山话 m̥au⁵。

②"太阳、日"苗语养蒿话 n̥hɛ¹，大南山话 n̥o¹，勉语江底话 nɔi¹，大坪话 nai¹。

③"听见"苗语养蒿话 n̥haŋ³，大南山话 n̥au³，勉语罗香话 nom³，览金话 num³。

苗语中另外有 ʔm-、ʔn-。

①"病、痛"苗语养蒿话 moŋ¹，野鸡坡话 ʔmoŋᴬ。

②"蛇"苗语养蒿话 naŋ¹，野鸡坡话 ʔnenᴬ。

汉语方言中往往只有少数几个词支撑着鼻音清、浊对立的格局。北京话里"猫"通常读成清鼻音的 m̥au¹（也有读作 mau²）；"孬"读作 nau¹，"挠"读作 nau²。温州话里 m̥ai¹ 是对小孩子的昵称，mai⁵ 是对小孩子通常的称呼；a¹n̥i¹"阿嬢"是对长一辈女性的尊称，n̥i²n̥i² 指"祖母"；"扭"有 ȵau¹ 和 ȵ̥au² 两读，前者指拧在皮肤上。如果这样的对立失去了，表达系统的格局就改变了。

5）鼻冠音

侗台语、苗瑶语和部分藏缅语的方言有鼻冠音。

苗语支语言的鼻冠塞音声母系列比较复杂，构成通常为：

mp	mph	mb
nt	nth	nd
ȵt	ȵth	ȵd
ŋk	ŋkh	ŋg
Nq	Nqh	NG

6）复辅音

藏缅语、侗台语和苗瑶语有复辅音，藏羌语支的嘉戎语有最复杂的复辅音系列。

嘉戎语卓克基话复辅音声母多达 203 个，三个音素构成的复辅音声母有：

mphr	mbr	mgl	
nkhr	ndzr		
ŋkr	ŋkhr	ŋgr	ŋgl
spr	skr	zbr	zgr
ʃpr	ʃkr	ʒbr	kpr

与嘉戎语相近的道孚语观音桥话中还有描写为小舌音的三音素复辅音声母 ʂqv-、sqhv-。

（3）元音系统

语言的元音与口鼻共鸣腔的形状和声带的发音特点关系密切。舌头的隆起可调节口腔的共鸣空间和决定鼻腔是否参加共鸣，而声带决定声音的高低和其他特点。舌头的位置决定我们的元音有前元音、中元音和后元音的不同，唇的圆、展决定元音是圆唇的还是展唇的，鼻腔是否关闭决定它们是口元音还是鼻元音。

1）元音系统的结构

一些阿拉伯语是三元音结构的语言，其元音结构为：

而古拉丁语是五元音结构的语言,其短元音的结构为:

古藏语也是五元音结构的语言,没有长短的对立。

意大利语是七元音结构的语言,其元音结构为:

2)长短元音

现代英语九个短元音构成的方形结构为:①

$$
\begin{array}{ccc}
i & I & U \\
e & \text{ə} & o \\
æ & a & c
\end{array}
$$

长元音有 aː iː ɔː uː

3)鼻化元音

汉藏诸语的方言的开音节中鼻化元音和非鼻化元音的对立为常见。白语非鼻化元音、鼻化元音的对立较为整齐:a e i ə o ɒ,ã ẽ ĩ ə̃ õ ɒ̃。

4)松紧元音和气嗓音

中国西南地区的语言,如彝语、白语、哈尼语、木雅语和景颇语等有元音松、紧的对立。有的语言的紧元音描写为带气嗓音。白语的元音,除了松的非鼻化元音、鼻化元音的对立。其元音松、紧的对立的情况如:

a̠ e̠ i̠ ə̠ o̠ ɒ̠,ã̠ ẽ̠ ĩ̠ ə̠̃ õ̠ ɒ̠̃

5)元音和谐

词内部元音的和谐方式构成了不同的元音和谐类型。李兵在《元音和谐的类型学问题》中将元音和谐类型归纳为9种:腭和谐,舌根位置和谐,舌位高度和谐,唇状和谐,鼻化和谐,咽化和谐,松紧和谐,卷舌和谐,完全和谐。②

2. 声调语言的特点

(1)声调语言的语音分析

东亚有声调的语言主要分布于汉藏语系和南亚语系,南岛语系的回辉语有声调。非洲的班图语也是有音节声调的语言。③

中国传统上对音节采用声、韵、调分析法,以拼合关系说明音节的构成。有的分析把韵母区分为韵头、韵腹和韵尾。所谓的韵头往往是较弱的元音或半元音特点的介音-i-、-j-和-u-等。韵腹可以是单元音和复元音,韵尾可以是辅音也可以是元音。通常声调认为是韵母的特点,声母的特点对声调也有影响。

非线性音系学把音节上有辨义作用的声调叫作“超音段音位”。

① Winfred P.Lehmann. Historical Linguistics:An Introduction[M].New Fetter Lane,1992:98—99.影印本.北京:外语教学与研究出版社,2002.

② 李兵.元音和谐的类型学问题[J].民族语文,2001(2).

③ 周流溪.班图诸语言[M]//中国大百科全书·语言 文字.北京:中国大百科全书出版社,1988:17—18.

如吴方言温州话,平上去入分阴阳,共八个调,塞音、擦音、塞擦音和鼻音声母有清浊的对立,阳平、阳上、阳去和阳入是浊辅音声母音节的伴随特征。

中古汉语和今汉语南方方言中入声的音节仍带塞音韵尾的,入声调为伴随特征。

在北京话这样的北方方言中,塞音和塞擦音的清浊对立早已消失,阴平和阳平的不同来自原来声母的清浊。苗瑶语和侗台语一些方言中的情况和汉语方言的情况类似。

藏缅语中如彝语、白语、哈尼语、木雅语等声母较为简化,元音有松、紧的对立,部分声调的区分是元音松、紧对立的伴随特征。

(2) 双音节和复音节

声调语言的双音节和复音节词表现出跨音节的语音变化模式,"连读变调""轻声"和节拍等。连读变调是声调语言的普遍现象,有不区别意义的声调变化和区别意义的声调变化两类。

北京话两个上声构成的词第一个音节读作近似于阳平,第二个上声读本调,有的弱化成轻声。如"老虎""好好(学习)"等。"纸老虎"是三个上声在一起,前两个通常读与阳平同。

温州话里"五个"表示数量,不变调。"五个"表示一张五块的钱,阳上的"五"变调为阳平。"单个"表示一张一块的钱,阴平的"单"变调为近似阴上。

北京话的双音节词常以末音节的弱化为特征,通常称为"轻声"。

3. 语音演变的机制和条件

(1) 语音演变的机制

言语中的语音变化,如同化、异化、合音、脱落、换位、误听、借用、创新等,可能引起小范围语音的演变,感染整个方言。语音要素的变化遵照"语音规律无例外"的原则,如果有例外,一定是另外的规律在其作用。

约制语音变化的"规律"就是语音不同层次的结构,就是萨丕尔所说的,"都是一个慢慢变化着的结构,由看不见的、不以人意志为转移的沿流模铸着"。"一种语言主要关心的是保持它的语音格局,而不是个别的声音本身"。①

语言的结构受简要原则和充分原则的约制。一方面要求表达尽量简单,另一方面又要求充分区分不同的词和句式。这是语言演变自身的动力。

语音的演变中音位矩阵约束语位系统,在构成的语音系统中不同层次特征互补。如元音系统较为简单的语言通常辅音系统较为复杂,或以复辅音的形式增加音节的区分。日语,词的音节数较多,弥补了音节较为简单的不足。而单音节词根为主的语言,如汉语、苗瑶语和侗台语,发展了音节的声调,简化音节的声母和韵母。

语音的系统中,辅音经常是处于某一系列一概缺席的情况。语音系统的演变中也常常出现一个系列辅音的变化,或分化出一个新的系列。

辅音和元音作为系统,有区别性特征的对立,如辅音的清/浊、送气/不送气,元音的长/短、松/紧等的对立。辅音和元音,在词首、词中(辅音组合中)、词末,在重读音节和非重读音节中,以及作为形态成分,在历史演变中可能不平衡,产生新的音位或发生音位合并。

推链或拉链是元音系列变化的一种,其他变化如元音的裂化、鼻化、嘎裂化等。

语音历史演变考察的过程中音位变体构成的解释是必要的。

(2) 语音的条件演变

音位是心理上的语音区分,语言中的实际音素可不同,称为变体。语流中的音素有同化和异化,通常以一定的条件为前提。同化或异化等的语音变化日后可成为合并或分化的原因。如清代北京话中发生 kj->tɕj-, tsi->tɕi-,合并为相同的声母。

---

① 萨丕尔.语言论[M].陆卓元,译.陆志韦,校订.北京:商务印书馆,1997:154,180.

中古汉语北方方言中重唇音变为轻唇音(p->f-)的条件是三等合口,即介音-j-和-u-的存在(或主元音是-u-)。

南北朝时期的汉语诸方言有平、上、去、入四个声调。晚唐时汉语的北方方言大约先是平声、上声因声母的清浊分化为阴平、阳平、阴上和阳上,有的方言没有显示去声分化的迹象。后来阳上与去声合并。粤方言阳江话入声有阴阳两类,由于元音短长的不同各自又再分化,阴入分化为上阴入和下阴入,阳入分化为上阳入和下阳入。

跟汉语南方方言一样,侗台、苗瑶语的多数方言中因声母清、浊不同,四个声调分化为八个,甚至由于声母送气和不送气,或入声韵的元音有长短的不同,声调进一步分化。

古英语和日耳曼语的 þ 和 ð 是 t 的分化,ð 通常在弱读的位置,古高地德语、中古荷兰语中为 d:

1)"羽毛"古英语 feðer,古高地德语 fedara,中古荷兰语 vedere。希腊语 ptero。

2)"翅膀"(复数)古英语 feðra,古高地德语 fedara,中古荷兰语 vedere。

"飞"希腊语 peto,梵语 pat。

3)"牙齿"古英语 toð,古弗里斯语 toth,古爱尔兰语 det。

(3)复辅音的产生和演变

古藏语复辅音声母和前缀有密切关系,在产生声调的现代藏语方言中声母大为简化,没有声调的仍有繁复的声母系统。如:

	藏文	拉萨话	巴塘话	阿力克话
米	ɦbras	$tʂɛ^{132}$	$ndʐʑɛ^{55}$	mdʑi
八	brgjad	$cɛ^{132}$	$dʐʑɛʔ^{53}$	wdʑat

现代藏语拉萨话等是有音节声调的语言,拉萨话等的声调来自声韵的特征。汉语声调的发生与韵尾的不同有关。*-p、*-t、*-k 韵尾的音节读作入声,*-s 韵尾的读作去声,*-ʔ 韵尾的读作上声。藏语拉萨话声调的发生与韵尾和声母有关。[①]声调初时不过是音节声母或韵尾的伴随特征,或互为伴随特征。随着韵尾及声母的简化,声调就成为区别音节的特征。

彝语支语言普遍声母简化,部分声调的不同是元音松、紧对立的伴随特征。我们推测其声母的早期情况可能接近于今天的缅语支语言,彝缅共同语有复辅音声母,可能跟藏语支语言的声母形式比较接近。藏缅语早期的一些复辅音声母的首辅音可能来自双音节词的首音节的声母辅音。

早期汉语可能经历过双音节词演变为单音节复辅音声母词的演变,如:

①"羊"*gəljaŋ>*gljaŋ>*ljaŋ。[②]

"绵羊"达让僜语、义都珞巴语 $kɯ^{31}joŋ^{35}<$*gəljoŋ。

②"習"*gəljəp>*gljəp>*zjəp,《说文》数飞也。

"学"藏文 slab,独龙语 $sɯ^{31}lɑp^{55}<$*səlap。"跳"景颇语 $kă^{31}lop^{31}<$*kalop。

③"蝇"*məljəŋ>*mljəŋ>*ljəŋ。[③]"蚊子"藏文 ɦbu luŋ。

"飞虫"泰语 $mlɛːŋ^2$,壮语邕宁话 $mlɛːŋ^2$,布依语 $neŋ^2<$*mlaŋ。

(4)双音节和多音节层面上的历史演变

阿尔泰语双音节演变为单音节较为常见,突厥语族语言中如图瓦语演变出长元音:

	古突厥语	维吾尔语	塔塔尔语	图瓦语
嘴	aɣïz	eʁiz	awəz	ɑːs
男孩	oɣul	oʁul	ul	oːl

---

① 胡坦.藏语(拉萨话)声调研究[J].民族语文,1980(1).

② 谐声字如"姜"甲骨文 𦎫 (乙 3130)*klaŋ,"羌"甲骨文 𠂂 (乙 6672)*khlaŋ>*khjaŋ。

③ "黽(黾)"甲骨文 𪓉 (甲 1161)*mlaŋ>*miən 莫杏切,《说文》鼁黽也。

语言固定重音以外的音节常常弱化引起音节范围内结构的变化。

中国台湾的邹-卑南语族中有这样的对应关系：

	邹语	鲁凯	卑南	布农
肚脐	putsəku	ʔəkə	pudək	pusuh
火	puzu	aʔuj	apuj	sapuð
吹	—	iʔi	mijup	miap

鲁凯语 ʔ<˚p。"肚脐"鲁凯语 ʔəkə<˚pudək，还丢失了中间的辅音。

（5）语音演变过程的解释

1）语音的渐变和突变

语音的演变，是渐变还是突变？通常认为语音的变化是连续的、逐渐的。有人打个通俗的比方，说语音的演变如同木匠锯木头，一块比着一块往下锯。锯多了，长度上的差别就会越来越大。

布龙菲尔德说："从历史上说，我们想象音变是逐渐形成的，逐渐喜欢某些非区别性的变体而不喜欢旁的变体。""如果我们能够剔除借用和类推变化，这样搜集所得的材料可以显示出一方面是某些变体越来越流行，伴随着相反的极端是另一些变体被废弃了。"[①]20 世纪后半期一些学者对此提出不同的看法，讨论较以前更深入。

据梁敏先生调查，广西南宁西郊下楞乡的壮语在两代人交替的短时间里就完成了复辅音的演变：

老派　　　　pl　　phl　　ml　　hl

　　　　　　kl　　khl

　　　　　　　　　↓

新派　　　　p　　ph　　m　　l

　　　　　　k　　kh

令人惊讶的是老派（老人）认为 kla³⁵"稻秧"和 ka³⁵"假的"读音不同，新派（年轻人）认为读法相同。[②]新的读法多在年轻一代中得以推广。决定语音演变的最终还是语言自身的结构。

语音的演变，既有渐变也有突变，但在一定范围内的推广一定是逐渐的。

2）语音结构的变化

言语中语音的同化、异化等造成音位的合并（对立的中和）或分裂，并可进一步引起语音系统的逐渐调整。辅音系统的调整受音系结构聚合和组合的约束，结果常常出现整个系列辅音的变化，出现一个新的系列或一个系列的缺席。元音系统的调整可能引起元音的链移或出现复合元音。

语音的历史演变中辅音诸系列往往处于不甚整齐的情况，是结构的不平衡。如小舌音系列的丢失应有一个过程，塞擦音的出现和发展也有一个过程。

西周和春秋时期汉语的鱼部字元音为˚a，侯部字元音为˚o，不押韵。战国时期不同地区的书面语中有的鱼部字开始和侯部字押韵。如：

《列子·周穆王》："甚饱则梦与，甚饥则梦取。"

《荀子·荣辱》："非不欲也，几不长虑顾后，而恐无以继之故也。"

大约是圆唇声母和三等的介音使鱼部字的元音高化，到了西汉时期，洛阳等地的读书音鱼、侯相混。[③]

中古的隋唐时期"夫斧父甫无武雨虞羽於宇"等和侯部字组成合口三等虞韵。

隋唐之后的链移为˚a>˚o>˚u>˚əu>˚au。现在的北京话中"夫斧父甫无武"等西周和春秋时期的鱼部字元音已演变为 u。

阿尔泰语系满-通古斯语族早期的˚-q-在满语、锡伯语、赫哲语为擦音，鄂伦春语中为 k，如：

① 布龙菲尔德.语言论[M].袁家骅，等译.北京:商务印书馆,1988:453.
② 梁敏.两代人之间的语音变化[J].民族语文,1987(3).
③ 罗常培.汉魏晋南北朝韵部演变研究[M]//罗常培文集(第二卷).济南:山东教育出版社,2008:424.

	满文	锡伯语	赫哲语	鄂伦春语
翅膀	asha	asχ	—	aʃakɪː
蛋	umhan	umχan	omuχtə	ʋmʋkta
草	orho	orχw	oroχtə	ɔrɔktə
狗	indahūn	jonχun	inaki	—

四　形态的历史演变

1. 形态学的研究

"形态学"（morphology）这个词由希腊语的 μορφή"形态"和 λόγος"学问"构成,归为语法学的一个分支,研究词的内部结构。

形态变化指词内部的变化,即词根（root）或词干（stem）上的变化。一个单纯词未经形态变化前的形式为词根,除去附加成分仍含有某种形态形式的称为词干。以形态变化的方式构成新词,称为词的派生（derivation）。

黏着形态以黏附在词根或词干上的成音节或不成音节的前缀、后缀或中缀构成词,一个词可以包含不止一个的语素。黏着类型语言,如南岛语、阿尔泰语,通常有各种前缀或后缀。中缀在各种南岛语中也是常见的附加成分。分布在中国台湾的南岛语系语言泰雅语,有前缀、中缀和后缀,前缀较为发达。

屈折形态的词表现为以元音、辅音或音节的声调的变化构词,词根的形式较难区分（不同的语素已融合在一个词中,语素的界限不清楚）。

分析形态的一个简单词通常由一个语素构成,也以复合、重叠等方式构词。

（1）词的派生和形态
词的派生表现词根（或词干）、形态成分、形态范畴和意义之间的关系。

南岛语系的泰雅语前缀 mə- 的用法如:

ŋasal"房子"→məŋasal"盖房子",lukus"衣服"→məlukus"穿衣服"。

biruʔ"画、写"→məbiruʔ"办公室"。

中缀-əm-把名词变为动词,中缀-ən-动词变为名词。如:

kamil"指甲"→kəmamil"搔"。

qaniq"吃"→qənaniq"吃的",tsinun"编织"→tsəninun"命运"。

借词可带有其他语言的附加成分,在新的语言中连带附加成分获得作为词根的资格。

印欧语的形态范畴主要表现在名词的性、数、格,动词的时、体、态等的变化上,形态学中把表示词的性、数、格、人称和时态等变化的称为屈折（inflecation）,这一类的形态称为屈折形态（inflecational morphology）。通常也把形态的形式简单地区分为屈折和黏着两种方式,或区分为构形和构词两类情况。

英语的动词有规则变化和不规则变化两类,都属于历史遗留的类推。规则变化的是仍在活跃的形态。古英语名词的数和格以词根或词干加后缀构成,为黏着形式。如:

	日子（阳性）	水（中性）	牛（阴性）
单数 主格	daeg	waeter	ox*a*
单数 宾格	daeg	waeter	ox*an*
单数 与格①	daeg*e*	waeter*e*	ox*an*
单数 所有格	daeg*es*	waeter*es*	ox*an*

---

① 做动词的间接宾语。

复数 主格	*dagas*	waeter	ox*an*
复数 宾格	*dagas*	waeter	ox*an*
复数 与格	dag*um*	waeter*um*	ox*um*
复数 所有格	daga	waeter*a*	ox*ena*

语言结构的规则可区分为死的规则和活的规则两类。死的规则是不同历史时期留下的旧规则(不可类推),活的规则是当下可以灵活应用的(可以类推)。英语不规则动词和规则动词并用,可以把不规则动词改成规则动词。

(2) 不同历史时期的形态

不同历史时期形成的形态形式通常共存于一种语言中,较少有单一类型形式的语言。现代汉语诸方言是分析型语言,仍使用黏着和屈折方式的手段。如名词有前、后缀,声调的变化可用来区别动词和形容词等。

中古汉语一字多音可追溯至《诗经》时代,有的读法是形态变化的表现。

① "好"中古两读:呼皓切,上声,善也,形容词;呼到切,去声,爱好义,动词。《诗经》时代该字的押韵不同:

《邶风·日月》:"日居月诸,下土是冒。乃如之人兮,逝不相好。胡能有定?宁不我报。""好""冒"*məks"报"*puks 韵。"好"应读作*hu-g。*-g 后缀表示动词的主动态,中古去声。

《郑风·女曰鸡鸣》:"知子之好之,杂佩以报之。"

试比较:

《郑风·女曰鸡鸣》:"宜言饮酒,与子偕老。琴瑟在御,莫不静好。""好"*hu-ʔ"老"*ru-ʔ 韵。

② "载"中古上声为名词,去声可为动词。《诗经》时代"载"*stə-g(《说文》乘坐)与*-k 入声字押韵的,为动词,表示主动。如:

《大雅·清酒》:"清酒既载,骍牡既备。以享以祀,以介景福。"

《小雅·出车》:"召彼仆夫,谓之载矣。王事多难,维其棘矣。"

③ "来"*mrə-g,*-g 后缀表示动词的主动态。

《大雅·灵台》:"经始勿亟,庶民子来。""亟"*kjək"来"韵。

《大雅·常武》:"王犹允塞,徐方既来。""塞"*grag"来"韵。

"来"*mrə 与非入声字押韵,如:

《小雅·采薇》:"忧心孔疚,我行不来。"

《小雅·大东》:"既往既来,使我心疚。"

汉末以来汉语出现一些新的前缀和后缀,书面语中前缀如"阿""老",后缀如"们""头""儿"等。

关于指小后缀"儿",王力先生说:"如果作一个比较谨慎的说法,应该说词尾'儿'字是从唐代才开始产生的。"[1]

杜甫《水槛遣心》:"细雨鱼儿出,微风燕子斜。"

吕岩《七言》:"玉京山上羊儿闹,金水河中石虎眠。"

到了宋代"儿"后缀也有不表示小称或爱称,单纯作名词后缀,元代以后这种倾向更为明显。[2]而且还有动词、形容词加"儿"名词化。

北方方言中"儿"*ŋji>隋唐*nʑi>明清*ʅ。

大约在清代的中、晚期,北京话中后缀"儿"*ʅ"里"*li 和"了"*ʴl 弱化,合并为-ʴʅ,以屈折方式标记名词、方位词,或标记单音节动词。这个后缀融入前面的词根,成为-ʅ。

不同地区"儿"后缀的读法不同。洛阳话为-ɯ,杭州话、四川南溪话为-l,休宁话为-ṅ,温州话为-ŋ²。温州

---

① 王力.汉语史稿(中)[M].北京:中华书局,1980.

② 蒋绍愚,曹广顺.近代汉语语法史研究综述[M].北京:商务印书馆,2005:95.

话的-ŋ²仍保留着暂短的成音节的特点。

温州话里"儿"读作成音节的 ŋ²，另外又演变出"儿"后缀 ŋ⁷ 指小。如"篮子"叫作 la⁴ŋ²，"小篮子"叫作 la⁴ŋ̥⁷。

2. 形态的范畴

印欧语的形态范畴主要有名词的性、数、格，动词的时、体、态等的变化，词根或词干上有形态标记，也称为屈折形态(inflectional morphology)。现代英语名词性、数、格的表示已简化，只是保留着古英语形态的残留。俄语的名词仍有性、数、格的不同，形容词与被修饰名词要保持性、数、格的一致。

(1) 形态的主要范畴

现代俄语的名词有性、数、格的不同，形容词与被修饰名词要保持性、数、格的一致，动词有三式(叙述式、命令式和假定式)和三时(现在、过去和将来)的变化。①俄语名词有单复数的不同，又有主格、宾格、属格、与格、工具格和前置格等六种格。数和格两个范畴的形式在俄语名词里往往已经结合在一起，为屈折形式。如：②

	桌子		椴树	
	单数	复数	单数	复数
主格	stol	stol-y	lip-a	lip-y
宾格	stol	stol-y	lip-u	lip-y
属格	stol-a	stol-ov	lip-y	lip
与格	stol-u	stol-am	lip-e	lip-am
工具格	stol-om	stol-ami	lip-oj	lip-ami
前置格	stol-e	stol-ax	lip-e	lip-ax

从普遍语法的角度看，语法的基本范畴，如主动、被动和使动，完成和未完成等，不同的语言有自己表达的方式。不同的语言可安排以句法或以词法表示这些语法意义，古印欧语的动词有时、体、态或人称的变化，就不用句法来表示。一千多年来藏语和英语恰巧是原本用形态表示的语法意义转移到句法范畴。

语法的演变中，形态和句法是相互补充的，范畴的消长和语法成分的替代有一个过程。形态类型相近的语言，如德语和英语，突厥语和蒙古语，其形态范畴还有一定的差别。亲属语形态范畴和形态手段的比较对研究是有帮助的，套用不可取。

(2) 使动态

表示 A 使 B 发生变化或产生一种行为的语法形式通常称为使动或致使(causative)。动词可实现这样的意义，称为使动或使役动词(causative verb)，如英语动词 make。英语动词 large"大的"、enlarge"扩大"，slave"奴隶"、enslave"奴役"，前缀 en-有使动的功能，可把形容词和名词变为动词。

*-t 是印欧语的使动后缀，如：

① 梵语"水"ambu、apaḥ<*abu。"喝"pibh，"使喝"pibantu<*piba-tu。

"喝"希腊语 pino、波兰语 pitʃ、俄语 pitj、捷克语 pit，阿尔巴尼亚语 pi<*pi-，拉丁语 bibere，西班牙语、葡萄牙语、意大利语 beber<*bibe-。

② "站"瑞典语 stå，荷兰语 staan<*sta，古希腊语 istamai<*ista-，梵语 stha:，和阗塞语 stā-<*sta，粟特语 ōst。"使它站"拉丁语 stet<*ste-t。

"站"高地德语 standan，古挪威语 standa<*stada。"逗留、站"中古法语 estai-，古法语、拉丁语 stare

---

① 苏联国立莫斯科大学.现代俄语形态学[M].黑龙江大学编译室，译.北京：商务印书馆，1961.

② 伯纳德·科姆里.语言共性和语言类型[M].沈家煊，译.北京：华夏出版社，1989:51.

$<{}^*$ sta-。

古汉语有不同的使动形式,动词词干上辅音声母清、浊的交替可表示使动,清送气和不送气的对立可表示使动和自主。名词和形容词派生为动词,往往带有与使动相同的标记。

古汉语、藏缅语、侗台语和苗瑶语都有元音的屈折变化,如*-o-、*-e-或*-a-可表示使动或把名词变成动词。

3. 形态的形式和范畴的变化

(1) 形态形式的变化

古英语动词词尾的变化相当复杂,多数弱式动词的过去式是在原形后加-ede、-ode 和-de 等后缀。到了中古时期大约有三分之一的古英语的强式动词成为弱式动词(规则动词),-ed 已成为弱式动词的后缀,一直到 18 世纪-ed 的 e 还是发音的。

中古早期英语名词的复数用-(e)s 和-en 表示。到了 13 世纪,北部地区的方言多用-(e)s 来表示名词的复数,南部地区的方言普遍用-en 表示名词的复数。英语名词的复数有规则和不规则两类形式。如"牙齿"tooth,复数形式 teeth,以元音的不同来表示单复数的区别,是一种屈折形式。

到了中古时代,东中部方言成为标准英语的基础,有三分之一的强式动词成为弱式动词,名词的性已摆脱了古英语的随意性,到了 14 世纪时-(e)s 已成为表示名词复数的主要形式,名词的与格、宾格的词尾变化形式渐消失,只保留所有格词尾的变化。中古后期,形容词基本上失去性、数、格及人称的屈折变化。[①]在十多个世纪中英语的形态有了很大的变化,逐渐演变成以分析特征为主的语言。现代英语规则动词的过去式、过去分词和现在分词,分别用词根和后缀-ed 和-ing 的结合来表示,但仍保留这一些古英语过去式、过去分词的形式。

古英语到现代英语名词格范畴的简化,宾格形式的丢失,用词序来表示。古英语形容词范畴的变化到了现代英语中完全消失。

古藏语的动词区分现在时、未来时、过去时和命令式(三时一式),区分使动和自动。动词"完成"的变化为:[②]

	现在时	未来时	过去时	命令式
使动	sgrub	bsgrub	bsgrub	sgrubs
自动	ḥgrub	ḥgrub	grub	

也不是每一个动词都有三时一式的变化,有的有四种形式,有的没有。如:

	现在时	未来时	过去时	命令式
吃	za	bzaḥ	bzas	zo
站	laŋ	laŋ	laŋs	loŋs
睡	ɳal	ɳal	ɳal	ɳol
死	ḥtçhi	ḥtçhi	çi	

古藏语的动词还有自主和不自主对立的形态范畴。

以下是现代藏语拉萨话的现在时、过去时和将来时,已经不再用古藏语的形态形式,代之以句法形式来表示:[③]

A. "我在写字"(现在时、现在进行时):

藏文　　ŋas yi ge bris ki yod.

拉萨话　ŋɛ³ ji³ ge³ dzi³ ki³ jø³.

　　　　我　字　写　(助动词)

① 秦秀白.英语简史[M].长沙:湖南教育出版社,1983:25—39;70—71.
② 黄布凡.古藏语动词的形态[J].民族语文,1981(1).
③ 金鹏.藏文动词屈折形态在现代拉萨话里衍变的情况[M]//金鹏民族研究文集.北京:民族出版社,2002.

B．"我写字了"（过去时）：

藏文　　ŋas yi ge bris pa yin.

拉萨话　ŋɛ³ ji³ ge³ dʑi³ pa¹ jin³.

　　　　　我　字　写　（助动词）

在形态简单化的过程中原本形态范畴的表达可以成为句法范畴的表达。

（2）形态范畴的变化

英语的历史通常是从盎格鲁等部落渡海到不列颠岛时算起。公元 450—1150 年为古英语时期，1150—1450 年为中古时期，1450 年以后为近代英语时期。古英语名词有性数格的变化，分阴性、阳性和中性。名词的性是随意规定的，如"太阳"sunne，是阴性的；"女孩"mægden，是中性的。名词的复数形式相当复杂。"书"的单数形式为 bōc，复数形式为 beek。古英语名词的单复数都有主格、宾格、所有格和与格的不同，现代只有主格和所有格，而且所有格只是简单地用后缀-s 来表示。古英语形容词也像名词那样地变化，与被它们修饰的名词在性、数、格上保持一致。

古藏语和古汉语形态的构成上有较大的不同，又有一些相同的范畴和形式，各自演变之后词根和某些形态成分仍有一定的对应关系。如藏语的*s-前缀的使动和作为生命体的标记，以及*m-前缀表示动词自动的功能当来自更早的时期。藏语-s 作为后缀表示动词的名物化比较活跃应是后来才有的。

藏语和英语，还有古汉语，把原本用形态表示的语法意义转移到句法范畴，形态简化，保留残存的形式。当形态范畴的变化，或该范畴具有同样功能的新形态成分出现，原有的这个形态成分不再使用。表示语法意义的形态成分易丢失，用于派生意义的形态成分易凝固在词干。形态、构词和句法是相互补充的，不同范畴的消长、补充和替代是语法演变中常见的。

汉语的去声来自上古汉语的*-s，这个*-s 原本是上古汉语派生动词、表示动作方向和名物化的后缀，在这些形态范畴失去之后，*-s 凝固为韵尾，产生去声，大约在中古早期*-s 作为伴随特征丢失。现代汉语许多去声的动词和名词，是古代汉语形态的残余。

形态发展的过程中句法范畴的表达也可以成为形态范畴的表达，形态范畴表达的意义也可以由句法范畴的表达来代替。

4. 形态变化的原因

（1）形态形式瓦解和重建的原因

语言的形态趋于简化是瓦解的内在因素。

古印欧语较少使用人称代词，人称范畴的意义在动词的屈折变化中来体现。现代印欧语，如日耳曼语人称代词的反身形式是后起的。古印欧语较为严格的格标记系统就是这样被破坏掉的。古藏语动词的三时一式也被瓦解了，早期汉语有名词和形容词变成动词的标记，结果只剩下不多的名词和形容词与动词的四声别义。

从古日耳曼语到现代英语，不同范畴的形态在趋于简化。与德语比较，英语形态的加速简化可能与英语跟拉丁语、丹麦语、法语等的密切接触有关。

景颇语双音节词占多数，其语音结构的特点影响了它的语法和构词。[①]景颇语中实词虚化为前缀的形态化仍在进行中。如：

　　ŋa⁵⁵"鱼"　　→wǎ-　wǎ³¹ lai⁵⁵"鲫鱼"　　wǎ³¹ man⁵⁵"鲨鱼"

　　mam³³"谷子"→n-　　n³³ khje³³"红谷"　　n⁵⁵ loi⁵¹　"旱谷"

景颇语双音节性的语音特点诱使不断出现前缀和词根结合的双音节词。当区分名词类的前缀不足时便虚化实词产生新的类称前缀。

---

① 戴庆厦.景颇语词的双音节化对语法的影响[J].民族语文,1997(5).

当词法简约到可以在词的内部表达语法意义的时候,词就有形态的变化。这两种情况在一种语言的某一时期往往都有可能发生。形态形式和范畴的瓦解或重建,是在语言内部寻找语法意义表达上的平衡。

(2)语言形态倾向性变化的原因

语言中的不同系统是相对独立的,又互相依存。形态系统的演变是语言内部的事。亲属语往往有相同的形态演变的方向,这是它们原有的相近结构决定的。亲属语也可能有不同的形态演变方向,或与不同类型语言的接触有关。一般说来形态类型趋于简化与语言或方言之间的密切接触有关。

五　词法和词法的演变

乔姆斯基把人类天生的语言能力叫作"普遍语法"(universal grammar),后来形成的叫作"个别语法"(particular grammar)。他认为"普遍语法"在"经验"的影响下成为"个别语法"。表达式为:PG = αUG,α 是参数项。α 是 a 时 PG 可能就是汉语语法,α 是 b 时 PG 可能就是俄语语法。[①]不同语言语法的类型上的相似,说明了普遍语法的存在。从它们类型演变的共同特征看,也可以说明这一点。

1. 词法及其范畴

中世纪"拉丁语语法"把词区分为静词(名词)、动词、分词、冠词、前置词、副词、连接词、感叹词等八类。我们今天词性的区分来自古代欧洲的语法理论,这一沿用包含着人类认知在语言表达上的共性。

(1)词性

词性的讨论,可以从人类感知的角度看问题。概念的基本意义可区分为指称义和描述义两类。指称义为事物的指定,描述义解释态势或事物之间的关系。名词有指称义,动词和形容词有描述义。复合词和短语进一步确定指称的对象,句子确定描述和判断的范围。

词类的区分是对概念性质的区分,不同性质概念词在表述中发挥不同的作用,称之为功能。下面的表格说明概念、功能和词类的关系:

概念、功能和词类的关系

概念的性质	功　能	词　类
指称	指定事物	名词、代词、数词
态势	描述动作或状态	动词、介词
感受	描述指称	形容词、分类词、冠词
特征区分	描述的再描述	副词

名词类的指称又可分为通名和专名两类。通名以个体的特征为识别的原型,专名是对个体的区分。动词描述动作或状态,根据运动的时间、方式和位置再作区分。

名词类的指称的范畴化表现为名词性、数、格的区分,是指称再区分,一些语言结合名词和量词(classifier)作为进一步的区分。

词类表示的概念的性质决定语词组合,如汉语名词性概念和动词性概念的不同,在于前者可以受形容词和分类词(量词)的约束,后者不能。

词类的标记是词类意义的抽象标记,缺少标记的语言以语序和词语构成的框架来区分。一些语言的名词带有格标记,动词带时或体的标记等。名词的格标记表示一种关系,动词的时或体的标记表示状态。所有

---

① 刘润清.西方语言学流派[M].北京:外语教学和研究出版社,1995:213.

的这些语法范畴出自对抽象意义的表达。

词的派生包括词性的转变和抽象意义的附加,派生的规则是表达的类推。

语言符号编码的形式受语法规则和语义逻辑两个方面的约束。汉语的数词、量词和名词的符号构成一组编码,如"一本书""一个人"等,包含着语法和语义的两种关系。只有语言符号编码的语法和语义两种的蕴含的关系得到满足时,表达的提示作用才能实现。

一个意义一个表达的要求促使语言避免歧义,20世纪70年代勒曼(Winfred P. Lehmann)等学者特别研究语言为了避免歧义引起的变化。①

汉语名词、动词、形容词缺少标记,语法的逻辑关系依据的是抽象的语义关系。现代汉语北方方言用"不"来否定动词和形容词,用"很"来说明形容词的程度,语义逻辑关系的区分可体现为词类的区分,我们不会错用,因为有共同的语义逻辑关系的区分。

（2）构词法

构词法(word formation)可区分为派生构词和复合构词两种方法,传统语法的研究中形态、词法和句法的范畴有相互重叠的部分。派生方式的构词法,也是形态研究的范畴;词组的构成方式,也是句法研究的范畴。

词由词根(词干)和形态成分构成。现代汉语诸方言以声调区别意义,单纯词由词根(词干)和超音段的声调构成。北京话的儿化音,实质上是后缀。

复合词(compound word)由两个或更多个独立的词构成,比复合词更为复杂的是词组(word group)和短语(phrase)。复合词、词组和短语可以带有语法标记。词法的规则下可以构成指称复合词和描述性复合词两类。

指称复合词,包括数量名复合词如:父母、电视节目、三栋楼等。

描述性复合词,包括对动作、状态等描述的复合词如:站立、躺下、积累,黑暗、雪白、早晚等。

构成复合词、词组和短语的标记通常是带语法标记的框架。较少使用标记的汉语侧重于语序,如数词、量词和名词构成复合词的一种形式。

2. 词法及其范畴的变化

在语言的演变中,有所谓"昨天的句法是今天的词法"。通常情况是:短语结构→词的结构→形态的形式。

黏着和屈折型语言派生构词法丰富,分析型语言复合构词法丰富。当派生构词法趋于不甚发挥的情况下,复合构词便取而代之。复合词因语义的重新确定意义有所变化。如古今汉语词汇化规则有:

① 并立关系复合词的词汇化,如道路、妻孥、倾覆、懦弱等;

② 修饰关系复合词的词汇化,如四海、人道等;

③ 短语或句子词汇化,如舟战、蛇行等。

"长大""缩小""减少"这些不带宾语的"动+形"复合词的类推作用,引起"减轻""填满""射伤""攻下"等成为动补结构,中古固定为词法,成为动补类型的复合词。②

文言文的连词"之所以",现代的书面语中仍常见到。古汉语中"所以"的"所"原本是代词,连词"所以"是介词后置的"宾介"结构的短语语法化的结果。

宋元时期汉语书面语的许多动补结构近代已经成为复合词,两词之间通常不插入"得"和"不"以外的其他成分。元杂剧中可见到中古时代产生的这一类现代汉语中仍在使用的词。如:"扯住、拿住、睁开、解开、搜动、望见、梦见、磨成、学成、砍折、打折、削断、迸断、救活、养活、打中、击碎、踏碎、摔碎、睡省(醒)、变为、改变、

---

① 屈承熹.历史语法学理论与汉语历史语法[M].朱文俊,译.北京:北京语言学院出版社,1993:25.

② 梅祖麟.从汉代的"动、杀"、"动、死"来看动补结构的发展——兼论中古时期起词的施受关系的中立化[M]//语言学论丛(16).北京:商务印书馆,1991.

饿死、勒死"等等。①

汉语方言词"甭"认为是"不用"的合音,宋代的"俺"认为是"我们、我懑"的合音(当时可用作第一人称的复数)。

汉语的"买了只鸡"中的"只",用来表示类别,具有前缀或冠词的作用。"船只"的"只",相当于后缀,构成表示一类事物的集体名词。

3. 词法演变的机制

(1) 范畴功能的转移

古藏语在十多个世纪中复辅音声母大为简化,从黏着语演变为以分析形态为主的有音节声调的语言。古藏语的动词以屈折形态表示过去时。如"吃"现在时 za,过去式 bzas;"站"现在时 laŋ,过去式 laŋs 等。②过去时用动词的过去式来表示,而现代藏语拉萨话的已行时以动词的过去式和后加成分结合来表示,方过时用动词的过去式或现在时的形式和后加成分结合辅助动词来表示。

古英语来自古日耳曼语,早期的格系统已简化,语序越来越多地用来表示句子成分的关系。古英语时代不论强式动词(不规则动词)还是弱式动词(规则动词)仍由变位来表示人称、数、时态和语气等的形态变化。到了中古时期英语渐失去它的屈折形态,时态通常由规则动词(除了残存的不规则动词)和属于句法范畴的助动词相结合来表示。英语形态的简化通常归因于拉丁语、丹麦语和法语等的影响。

语法范畴是不同历史阶段的产物,语法的形式总是处在旧的系统被破坏,新的形式出现的过程。上古汉语的屈折和黏着形态的使动形式和中古复合动词构成的使役动词都是历史的产物。类推使新的形式在一定的范围得以发展,代替原有的一些范畴。

(2) 系统的制约关系

引起词法演变的因素是多方面的,可以与语音演变有关。语法内部,与范畴的变化有关,即词法的演变与形态和句法变化相关。

索绪尔指出语音演变在语法上延续的后果,如语法联系的破裂和词复合结构消失。③事实上我们已经看到旧的句法关系可能成为词法关系,早期语言复合词的实语素,可能成为前缀或后缀。

中古汉语量词"个"成为属格、形容词后缀和名物化后缀,在现代吴方言中仍然存在。

如宋《张协状元》(三十二出):我个胜花娘子生得白蓬蓬,一个头髻长长似盘龙。

第一个"个"表示属格,第二个"个"是量词。

北京话量词"个"在"吃个饭""洗个澡"中已经成为不定指的前缀。

语言形态的演变受到语音结构的约制。旧的形态形式在语音演变中可能被磨损,新的语法成分在语法化的斜坡上一旦成为弱化的黏附成分或屈折形式就再也不能恢复成原来的样子。

古汉语的屈折和黏着形态与语素的单音节性有密切关系。处在语音更高层面上的双音节构词的韵律特征约制着汉语词的生成形式。上古晚期以来动补和并列结构的动词形式大量出现,与汉语的双音节节律再次活跃有关。

双音节节律使汉语词双音节化,亚洲北方语言末音节弱化的共同特点(语言区域性特征)在汉语北方方言表现为复音词的轻声。中古汉语由于音节声调辨义的出现,又出现新的屈折形式。现代北京话中双音节词后一音节多读轻声,原来的"儿"后缀又成为一种屈折构词。

六 句法的历史演变

词、短语和句子等不同层次的框架是按一定的语法逻辑和语义关系构成的符号。在句子的框架中,有不

---

① 例句见何乐士《元杂剧语法特点》,载《宋元明汉语研究》,山东教育出版社 1992 年版。
② 黄布凡.古藏语动词的形态[J].民族语文,1981(3).
③ 索绪尔.普通语言学教程[M].高名凯,译.岑麒祥,叶蜚声,校注.北京:商务印书馆,2001:214.

同层次的表达方式,低层次的成分是较高层次成分构成的基本形式。标记和框架是语法规则的体现。

1. 句法和句法的历时变化

（1）句法

1）句子的构成

句子确定描述和判断,其中包含着对动作发出的状态的描述。SVO 或 SOV 等的语序框架是表示句子成分逻辑关系的手段。

汉语有 NP+VP、NP+NP 和 VP+VP 三种基本的句法框架,构成主题-述语和主语-谓语两类语法结构。

北京话以 SVO 语序为主,如"我卖菜"。可是"菜卖了",不能分析为 OV 语序,是主题-述语的句式。这一句式是"命题"和"判断"的逻辑关系。汉语方言中或以主题后的"啊"等为标记,古汉语中"者"可为标记。

2）短语的构成

句子变成短语,是句法框架与意义的对应关系成为词法框架和意义的对应关系。如汉语的动词性短语（VP）,英语的从句（clause）和短语。

名词性短语、动词性短语和介词短语是短语的三大类。名词性短语和动词性短语是以名词和动词关系的表达为核心构成的短语,介词短语以介词为标记。

动词性短语通常涉及施动和受动等相关的角色,框架比名词性短语的结构复杂。汉语传统语法命名的动词性短语有:系表结构、动宾结构、处置式、动补式、连动式、兼语式。

（2）语言结构中显性和隐性的标记

语法标记是语法显性的表现,潜在的编码规则是隐性的语法。汉语和英语的所属关系有显性的标记。汉语的不同词类缺少标识,英语的词类也没有一致的标识,日语和朝鲜语的动词有较为一致的标识。英语的动词和名词,有不同的形态变化,根据这些变化可以确定英语的这两个隐性的范畴。

词法和短语的框架本身已经成为因语法逻辑关系而存在的隐性的语法标记。以语序为标识成分的分布是隐性语法规则的表现。

普通的句子可以区分为"主语-谓语型"（subject-predicate）和"话题-述题型"（topic-comment）两种的类型。如果只是简单地用传统的主、谓、宾、定、状、补的句法分析的平台,则难以解释古今汉语主题-述语结构的句子。

汉语是主题优先(或称话题优先)的语言。任何逻辑成分都可以作为已知信息成为句子的主题。

注重主语的语言中被动结构很普遍,注重主题的语言中被动结构看来是边缘结构。①

注重主语的语言中主语与动词的语法关系往往以一定的标记来表示,在主题-述题型的句子中主题的选择通常不取决于动词。

句法语序类型的研究是格林伯格（Joseph H.Greenberg）1963 年开创的。他从 SOV、SVO 等基本语序出发,寻找语序方面的普遍规律。

世界上的语言以 SOV、SVO 和 VSO 基本语序为常见,VOS、OSV 和 OVS 语序的极少见。带名词性主语和宾语的陈述句中,优势语序几乎总是主语处于宾语前;使用前置词的语言中,所有格几乎总是后置于中心名词,而使用后置词的语言,所有格几乎总是前置于中心名词;优势语序为 VSO 的语言,总是使用前置词;以 SOV 为正常语序的语言,使用后置词。

（3）句法的演变

句法的演变表现在范畴和形式两个方面,两者有密切的关系。句法范畴是不同历史时期形成的。当语法的不同范畴发生变化的时候,新的范畴需要新的表达形式,新的结构和新的句法成分必定应运而生。旧的形式受侵蚀后必定需要新的形式来弥补,新形式的发展加速旧形式的消亡。往往先是两种相同结构的并存,

---

①　Charles N. Li, Sandra A.Thompson.主语与主题:一种新的语言类型学[J].李谷城,摘译.国外语言学,1984(2).

然后是一种形式不再活跃。

汉语被动形式的结构早期用"於""为""见"等构成,到了汉代"为……所"和"被"字句为常见。

"为……所"构成的被动句式,如:

汉军却,为楚所挤。(《史记·项羽本纪》)

无为有国者所羁。(《史记·老庄申韩列传》)

及为匈奴所败,乃远去。(《史记·大宛列传》)

"所"加在不及物动词前成为及物动词的被动式。如:

章由是见疑,遂为凤所陷。(《史记·王章传》)

"被"原本是动词,词义是"覆盖""施及",引申义为"蒙受""遭受"。汉末出现带施事者的"被"字结构。如:

五月二十日,臣被尚书召问。(蔡邕《被收时表》)

代词类宾语前置于动词和介词的形式先秦时代常见,汉代之后残存于文言书面语。

2. 句法演变的机制

一方面是形态、词法、短语和句法诸层次都有趋向简化的要求,另一方面不同层次的表达可以通融。词法范畴的表达也可能转移到句法领域。

(1) 不同语法范畴和表达意义之间的关系

句法结构是形式,句法意义是内容,两者在同一历史时期同时受到表达上的要求和限制。上古晚期形态范畴的表达趋于简化,促进了句法形式的变化。

原本表达上的两个或多个句子的形式在后来的句法中成为动词的连用,动词连用有的成为动补结构或兼语式。

中古早期,使动用法减少。一些资料中"V 杀"的"杀"变得和"死"的用法一样。如:

时人谓"看杀卫玠"。(《世说新语·容止》)

笑杀秦罗敷。(沈约《少年新婚为之咏》)

娥眉误杀人。(施荣泰《咏王昭君》)

这不但说明这几例中的"杀"肯定已不是并列的动词,而是补语,而且表明当时"V₁+V₂"中的后一成分的他动词有自动词化的趋向,这与动结式的形成是有很大关系的。

先秦两汉时期"他动词+他动词"的并列结构,像"击败""攻破""射伤"等六朝时期变为了"他动词+自动词"的动补结构。梅祖麟认为,引起"击败"等由"他动词+他动词"的动词并列结构转成"他动词+自动词"的动补结构的因素主要有四项:清浊别义的衰落,使动式的衰落,"隔开式"动补结构的产生和"动+形"式复合词的产生。这四项因素都发生在 3 世纪到 6 世纪之间,所以动补结构也发生在六朝时期。①

语法的不同范畴发生变化的时候,新的范畴需要新的表达形式,新的结构和新的句法成分应运而生。旧的形式受侵蚀后必定需要新的形式来弥补,新形式的发展加速旧形式的消亡。古藏语和古英语形态的简化导致句法形式的发展,使得原有的句法成为了残存。

一千年中,回辉话从黏着型语言成为分析型语言,应与汉语的密切接触有关。而一千多年中突厥语族的语言与伊朗语、汉语等有很多的接触,但构成的规则没有什么大的变化。我们猜想语言原本有一种演变的必然性,内部的矛盾是演变的内在原因。

(2) 句法形式交替的机制

句法形式的交替有着意义表达的变化和用词替换两种情况。

---

① 梅祖麟.从汉代的"动、杀"、"动、死"来看动补结构的发展——兼论中古时期起词的施受关系的中立化[M]//语言学论丛(16).北京:商务印书馆,1991.

甲骨卜辞"其"*gjə 主要作为表示疑问或测度语气的副词。西周晚期《多友鼎》"其子子孙孙永寶用"中的"其"为祈使语气词。《左传》中仍有表示疑问的用法，可能是战国时代东部方言承自商代的用法。如《左传·隐公元年》："若阙地及泉，隧而相见，其谁曰不然？"

西周时"既"*kjəd"矣"*gljə-ʔ表已然，战国时代如《左传》"已"*ljə-ʔ"矣"*gjə-ʔ为完成体标记。其中应包括语音简化的因素。南北朝时表示完成的多为"竟""讫""毕"等。到了唐代五代，动词"了"表示完成，渐虚化。宋时可置于宾语之后作完成体的标记。

古汉语可以不用判断词，或句末用"也"，或用"为"表示判断，中古用"是"，后来的书面语中这四种用法并存。"是"原本是指示词，在成为系词的时候经过兼用的阶段。如：

是是帚彗（马王堆三号汉墓帛书）

是是恶鬼（睡虎地竹简《日书甲》）

是是大凶（睡虎地竹简《日书甲》）①

从秦简和汉代帛书看，"是"成为系词最初可能发生在西部方言的口语中。大约到南北朝时，各地的书面语中普遍使用这个系词。

晋南北朝的文献中常见系词"是"，如：

余是所嫁妇人之父也。（《论衡·死伪》）

如以鬼是死人，则其薄葬非也。（《论衡·薄葬》）

张玄中、顾敷是顾和中外孙。（《世说新语·言语》）

南北朝时期用"以"，偶用"将"为介词构成处置式，同时出现"把"字句。《齐民要术》："先以鸡子黄涂之。"有意见认为"将""把"原本是动词，连动式中发生语法化。

古今汉语框架内的语法成分的替换最典型的是所谓"结构助词"的替换。自西周"之"成为表示属格等标记后，唐代用"底"宋代用"的"来替换。这种替换应跟书面语有密切关系的权威方言或通语的变化或交替有关。

七　词 的 历 史 演 变

词是语言的基本符号，语音是形式，词义为内容。如果说词是最小的、能够自由运用的意义单位，这个"自由"不如改成"独立"。一些构词成分来自单词的虚化，两者可并存。词的历史演变可以从语音、形态和词所指定意义三个方面的变化来讨论。

1. 词形的历史演变

（1）词形历史演变的一般情况

词由词根（词干）和形态成分构成。带黏着形态的词可以包含不止一个的语素，黏附在词上的可以是成音节或不成音节的前缀、后缀或中缀。屈折形态的一个词中语素的分界已消失，词根的形式较难区分。词形的历史演变包括词根和与词根结合的形态成分的变化，其中既有词根语音的历史演变，又有形态方式和形态成分的变化。

古英语或中古英语到现代英语词形和词义变化的例子，如：

古英语 mete"食物">现代英语 meat"食用的肉"。

古英语 dēor"野兽">现代英语 deer"鹿"。

古英语 hund"狗">现代英语 hound"一种猎犬"。

中古英语 bridle"小鸟、幼雏">现代英语 bird"鸟"。

中古英语 dogge"一种狗">现代英语 dog"狗"。②

---

① Xu Dan. Typological Change in Chinese Syntax, Oxford, 2006:34.

② 布龙菲尔德.语言论［M］.袁家骅，等译.北京：商务印书馆，1988：527.

古汉语到现代汉语北京话词形和词义变化的情况如：

"文"*m^wər>*m^wjən 文身的花纹>现代汉语 wən² "文章"，"纹"指"纹饰"。①

"房"*b^wjaŋ《说文》室在旁也侧面的卧室>现代汉语 faŋ² "房子"。

"晴"*sdjeŋ>*dzjeŋ《说文》雨而夜除星见也>现代汉语 tʃhiŋ² "天晴"。

"豆"*d^wo-s《说文》古食肉器也>现代汉语 təu⁵ "植物名"。

"燭（烛）"*tjok《说文》庭燎>现代汉语 tsuo² "照明物"。

（2）形态成分的历史演变

词的语音演变由辅音、元音以及音节其他语音演变规律的支配，形态成分的变化受类推的支配。古英语多数弱式动词的过去式是在原形后加 -ede、-ode 和 -de 等后缀，到了中古时期大约有三分之一的古英语的强式动词成为弱式动词（规则动词），-ed 成为弱式动词的后缀，后来 -ed 的 e 不发音。

古藏语复辅音的首辅音通常来自前缀，没有音节声调。没有声调的藏语方言仍有复辅音声母。现代藏语拉萨话等是有音节声调的语言，前缀脱落，复辅音简化。如：

	藏文	拉萨话	巴塘话	阿力克话
八	brgyad	cɛ¹³²	dzɛʔ⁵³	wdẓat
九	dgu	ku¹³	gʊ⁵³	rgə

"八"巴尔蒂语 rgyɑt，早期藏语 *g-brat，古汉语 *brat。

"九"巴尔蒂语 rgu，早期藏语 *r-gu，古汉语 *kju。

2. 词义的历史演变

（1）词义演变的一般情况

索绪尔把词所表示的意义称为"价值"。索绪尔说："在同一语言内部，所有表达相邻近的观念的词都是互相限制着的。"法语的"恐惧""畏惧""害怕"，只是由于它们的对立才有自己的价值。也有一些要素是因为同其他要素发生接触而丰富起来的。"因此，任何要素的价值都是由围绕着它的要素决定的。""梵语有三个数，而不是两个。'我的耳朵''我的眼睛''我的胳膊''我的腿'等都要用双数；认为梵语和法语的复数有相同的价值是不正确的。"②不同的语言概念范畴的分布不同，指定为对应关系的"价值"也不同，古、今语也是如此。

1）语词意义的历史演变

从历史看，语词表示的意义一段时间后往往有所变化。有的词原有的词义涵盖范围变小时，通常是概念的区分比原来仔细，原本一个词的所指用两个或多个词来说明。有的词可以从专名成为通名，有的词的引申所指可能取代原来的所指。

许多语言原本没有第三人称代词，通常用指示代词指第三者。第三人称代词"其"商代以后是指示代词，成为人称代词以后南方的读音不同，南北朝时写作"渠"。

汉语自商周以来许多基本词仍保留，有关自然事物的如"天、日、月、星、水、火、雨、雪、山、石、土、风、云"等，有关时令的"年、月、春、秋、旬、日"等。有关肢体的"首、足、面、目、鼻、口、耳、齿、止（趾）、甲、爪、血、肉、角"等，有关亲属称谓和人的"父、母、兄、弟、妻、妹、男、女"等，有关方位的，如"上、下、左、右、中"等。汉语不同时代的书面语和口语方言中表现出名词的基本词义较为稳定，语音形式的演变较为复杂。

甲骨卜辞"水"指洪水、发洪水，或为河流之通名，③早期的古汉语中仍以其为河流通名。"河"和"江"原本是专名，成为通名。

殷商甲骨卜辞中"亡"义为"无"，可带宾语。西周以后"亡"有"逃、丢失"义，"亡"义为"无"所替。战国

---

①　《考工记》："画缋之事……青与赤谓之文，赤与白谓之章。"到了汉代，"文章"指文艺作品。

②　索绪尔.普通语言学教程[M].高名凯，译.岑麒祥，叶蜚声，校注.北京：商务印书馆，2001：162.

③　徐中舒.甲骨文字典[M].成都：四川辞书出版社，2014：1183.

之后"亡"有"亡故"义。

古汉语"青"代表"蓝""绿"之类的颜色,有"青天""青草""青丝"这样的描述。现代汉语北方话中"青"的语义范畴被"蓝""绿""黑"所瓜分,构成"蓝天""绿草"和"黑发"这样的词。

古汉语"臭",原本是指"气味",包括"香气"和"臭气",后来仅指"臭气"。《易经·系辞》:"其臭如兰。"意思是说,它的气味(香)如兰花。

不同的语言对身体部位有不同的区分方式。一些南岛语"手"这个概念包括手臂,也有区分"手"和"臂"的。

2)语词意义的引申及其变化

比喻(trope)是词的转指,多数概念在比喻中利用现有的词来表达。

一系列不同范畴的比喻构成概念的投射,如表示空间关系的"上、中、下、前、后"等概念的基础上,构成时间的概念"上午、中午、下午""前半晌、后半晌"等。"头、脊、腰、脚"进一步构成"山头、山脊、山腰、山脚"等,许多语言都是如此。

中国台湾的泰雅语赛考利克方言把"人"叫作 səquliq,赛德克语叫作 seʔedaq,这两个称呼又分别是他们部落支系的名。邹语、邵语、雅美等支系也有相似的情况,其先民大约用这样的称呼把自己与其他生物或人群区分开来。部落和氏族支系的区分可避免近亲的婚姻,于是有了"人"这样的概念。一些语言"人"的称呼可能来自自称。

苗瑶语中如:

"人"苗语养蒿话 nɛ²,先进话 nen¹<*s-nen。对应于汉语"人"*njin。

"人"勉语江底话 mjen²,罗香话 mwan²,东山话 min²<*mʷjen。对应于瑶人自称:过山瑶 min²¹,盘瑶 jeu³¹ mjen³¹,东山瑶 bjao³¹min³¹,排瑶 dzao⁵³min⁵³。

东亚太平洋一些语言"人"的称呼在另外的语言中指"女人""妻子""男人""丈夫"等,可能与两个情况有关。一是不同支系的称呼成为"人"的称呼。二是部落时代氏族联姻,"人"的称呼专指"女人"或"男人"。由于一个氏族或部落既有年轻女子,又有年轻男子,在不同的情况下(母系或父系社会的不同,数个氏族或部落的交错关系的不同)就会有原本的支系名称分别成为"人""女人"或"男人"。"人""女人""男人"称呼在不同语言中是对应的。

"人"藏文 mi,达让僜语 me³⁵,兰坪普米语 mi<*mi。"女人"嘉戎语 tə mi<*mi。"男人"巴尔蒂语、拉达克语、卡瑙里语、塔米语 mi<*mi。古隆语 hmi<*s-mi。南亚语系的语言中"男人""女人"也都有叫作 mi 的。"女人"高棉语 me。"男人"佤语马散话 ʔa mɛiʔ,艾帅话 si meʔ,德昂语硝厂沟话 ʔi mai。

"男人"兼指"人",如阿伊努语 kur,查莫罗语 taotao,东斐济语 taŋane,汤加语和毛利语 taŋata,夏威夷语 kǎnǎka 等。

"脸"壮语武鸣话、西双版纳傣语、侗语 na³<*na-ʔ。"鼻子"藏语、拉达克语 snɑ,羌语支、彝缅语支的道孚语 sni,阿侬怒语 sɿ³¹nɑ⁵⁵<*sina。词根*na 在缅语支语言中或成为表示"鼻子"的前缀,如载瓦语 nǒ²¹phjo²¹,勒期语 nə³³khjɛp⁵⁵ 等。

词越早有,意义引申越远;引申的意义越是分歧,构词越为复杂,最早那个词原来的意义可能不为后世所知。如:

"火"古突厥语 ot,土耳其语 od<*ʔot。"柴"维吾尔语 otun,哈萨克语 otən,土耳其语 odun<*ʔotun。"烟"蒙古语 utɑː,东部裕固语 χdɑː<*quta。

"湖"哥特语 saiws<*sebʷs。"雨"吐火罗语 A swase<*sbʷase。"汤"中古荷兰语 sop,"面包蘸汤"拉丁语 suppa。"水"古突厥语 sub,图瓦语 suw,土耳其语 sivi<*subʷi。

"天"泰语 bon²,壮语武鸣话 bɯn¹<*ʔbon。"云"勉语罗香话 bwən⁵,东山话 hwan⁵<*ʔbʷan。"高的"仫佬语 foŋ¹,毛南语 voŋ¹<*ʔbʷoŋ。

"天"梵语 nabhas-。"云"拉丁语 nebula,希腊语 niphele,古斯拉夫语 nebo、nebes-,俄语 nebo,波兰语 niebo。"雾"德语 nebel。

（2）形态成分表示的语词意义

形态标记,如生命度、可数不可数、形状和性质等的语义区分是意义范畴的归纳,不同语言注重的范畴不同。

汉藏语较为普遍地发展出量词,可以附着于数词之后,也可以成为名词或动词的一种形状标记或动态的标记。许多语言并没有量词,用一个修饰性的名词来描述。

3. 新词的出现和旧词的替换

语词反映生活者自然环境和生活方式,不同宗教信仰、不同社会制度下的居民用不同的词来表达他们的思想。环境和制度的变化或改变,通常引起语词的变化。语言有着新词频繁出现、旧词渐遭废弃的历史,较长的一段时间之后有的核心词也可能被替换。

（1）新词的出现

语言中表示一个新的事物或新的概念,或进一步区分某概念,可引起新词的出现。新词可能是从另外的语言（或方言）借来的,也可以是利用原有的词根或词干派生,或利用构词法合成。

今天英语的许多词是古英语和中古英语时期先借拉丁语、丹麦语、法语的,然后在这些词的基础上又派生出更多的词来。英语 due 来自法语,duty、dutiful 等词是英语中派生出来的。中古英语借用了大量的法语词,借用的法语词在一段时间里可与英语词并用。最终是废弃一种用法,或并用中重新分工。如英语的 anda 曾与法语借词 envy "嫉妒" 在中古英语中并用,到了乔叟时代 anda 被废弃。法语词 beef "牛",借入英语后转指 "牛肉"。"火" 英语 fire,法语 flame, flame 到了英语里指 "火焰"。

汉语战国时 "頭" 指 "首","眼" 代 "目","船" 指 "舟","坟" 指 "墓" 等为常见。

"口" 这个词在诸方言中为 "嘴" 所取代,保留在 "口头" "口气" "口粮" "人口" 等词中。少数身体部位的叫法,古今无异,如 "背" "手"。也有一些是原词作为词根或合成词的一部分构成新词还用来指原来的部位。如,"鼻" → "鼻子","耳" → "耳朵","舌" → "舌头","眉" → "眉毛","发" → "头发","拳" → "拳头","膝" → "膝盖",等等。闽方言潮州话仍称 "目" "面" "鼻" "耳" "舌"。

（2）旧词的替换和废弃

旧语词可能因所指事物不再出现,或因事物区分的方式有所变化而废弃,也可能因新词的出现被替换。

古汉语中 "洗" 原本专指 "洗脚"。《说文》:"洗,洒足也。" 其他如《说文》:"浴,洒身也。" "澡,洒手也。" "沫,洒面也。" "沐,濯发也。" "浣,濯衣垢也。" 在今天汉语的口语中已见不到这样的分辨。"濯" 这个词在书面语里也极少使用,古汉语的 "洒" 现代不再用来表示 "洗" 了,成为 "灑" 的简化字。

甲骨文卜辞和周早期文献 "我" 通常作为第一人称代词的复数,后来和 "吾" 并用作为第一人称代词的单数形式。口语中 "我" 成为最常用的单数第一人称代词,"余" "予" "卬" 通常在现代口语和书面语里已不再使用。第二人称代词商周时期用 "尔",后来用 "汝",文字上也用 "女"。

汉语商周时期用 "歸" 表示女子出嫁。《方言》卷一:"嫁、逝、徂、适,往也。自家而出谓之嫁,由女而出谓嫁也。逝,秦晋语也。徂,齐语也。适,宋鲁语也。往,凡语也。" 后来 "嫁" 为常用词。

《方言》卷一:"党、晓、哲,知也。楚谓之党,或曰晓,齐宋之间谓之哲。" "晓" 本方言词,和 "知" 一样流通起来。

古汉语的 "首" 后来成为 "首脑" "首先" 等词的构词成分。"目",现代的多数方言中叫作 "眼" 或 "眼睛","目" 在 "目光" "目前" 等词中作为构词成分。古汉语 "面",在 "面子" "面孔" "路面" "正面" 等词中作为构词成分。"脸" 原本只用于女人（女人擦胭脂的地方）,现在的北方方言中代替了 "面"。

文献中可以看出旧词在废弃之前也往往和新词并存一段时间。

① 殷商甲骨文 "埶" * ŋjat-s,义为种植,后写作 蓺（艺）。《小雅·楚茨》:"自昔何为? 我艺黍稷。" "蓺" 引申指才艺,如《论语·子罕》:"吾不试,故艺。"

"植" 本指插门用的直木,后引申指种植。《淮南子·俶真训》:"夫天不定,日月无所载;地不定,草木无所植。"

"種(穜)",《说文》埶也,童声。"種"为"重"的派生词。

②《诗经》时代"遐"﹡gra 指"远",如《大雅·鸳鸯》:"君子万年,宜其遐福。"西周时也用"远(遠)"﹡gʷar-ʔ。如《小雅·杕杜》:"檀车幝幝,四牡痯痯,征夫不远。""遐"多为虚指。春秋以后仍继承该用法。

③《诗经》时代"迩(邇、尔)"﹡nir-ʔ 指"近",如《大雅·行苇》:"戚戚兄弟,莫远具尔。"也用"近"﹡gjər-ʔ,如《大雅·荡》:"小大近丧,人尚乎由行。"

古今汉语动词更替和词义的变化要比名词频繁得多,表达的意义中动词往往包含着主观的态度。如以北方方言为基础的现代汉语书面语中,"有"通常表示客观的拥有或事物的存在,"是"表示主观的判断或事物的属性。"没(有)"表示客观的否定,"不"表示主观上的否定。

殷商卜辞否定词比较复杂,如:

"弗"﹡pʷjət、"不"﹡pʷjəʔ 用法不同。"不"用于客观陈述语气,对已然或尚未发生的否定。"弗"用于非陈述语气,表示主观态度,义为不会,不可能。

"毋"﹡ma、"非"﹡pir,用于非陈述语气,表示不会。"非"在卜辞中可与"唯"对应表示强调的语气。如:允唯焚? 允非焚?(合34479)

"勿"﹡mʷjət 仍用于非陈述语气,表示主观态度,义为不应该,不要。

"未"﹡mʷjəd 为否定词较晚,用于客观陈述语气,大约在汉代,也许跟"勿"有词源关系。

今天我们习以为常的一些说法往往是后来才有的。

(3) 避讳及其他

语言中往往因避讳某些词不能用。社会组织处于比较原始状态时,图腾的名称不能说。中国古代皇帝名字所用的字不能随便用。"野鸡"古代叫作"雉",汉时的吕后名"雉",于是"野鸡"代替了"雉"。与性有关的、不雅的说法要回避,因此改了读法。如"笔"是全清声母的入声字,北方方言中应读作阴平,因避讳读上声。"尿"《广韵》奴弔切,这个字或作"溺",两字今读法不同。方言中"尿"也读作 sui,回避。

第四章　语言的接触

一　语言的接触和影响

19世纪时研究者发现印欧语相近的语支相似点最多,鉴于这种情况,史密特(Johannes Schmidt)提出"波浪理论"。这是对语言接触(language contact)的初步认识。他们不能解释标准语语音不规律现象,推断标准语是混合的,希望到远处的乡下去寻找符合规律的语音对应,调查的结果使他们感到失望。

我们知道,所谓的标准语、权威方言或书面语,有自己的语音、语法和词汇,在广为传播之前,它们也是在语言或方言的接触中发展起来的,即使确立了标准语的地位,它们仍受方言的影响。语言史包含着语言接触的历史。

通常双语人(或双方言人、多语人)是语言接触的媒介。

1. 语言的接触和语言成分的借用

(1) 词的借用和语音变化的传播

不列颠早期曾为罗马人所征服,斯堪的纳维亚人(主要是丹麦人)的入侵始于8世纪末,前后有3个世纪。11世纪开始不列颠又沦为诺曼人的殖民地达3个世纪。古英语的拉丁语、丹麦语借词,中古英语的法语借词多是显而易见的。英语后来还向有关的这些语言借词,不同历史时期的借词可以根据借入方和借出方的历史读法来区分。

斯堪的纳维亚人在持续的3个世纪中对古英语有较大影响。在这期间古英语向丹麦语借了许多词。如古英语的 sweostor "姐妹" 为古斯堪的纳维亚语的 syster(sister) 所取代,eagþyrel "窗户" 为古斯堪的纳维亚语所取代成为今天的 window,[1]古斯堪的纳维亚语的 sky 取代了古英语的 wolcen "天空"。英语的 starve "挨饿" 来自古英语的 steorfan "死亡",今英语的 "死亡" die 来自古斯堪的维亚语的 deya。

英语 street "街道" 这个词来自拉丁语 strāta "铺砌的道路"。这个词古撒克逊语 ˈstaːta,古高地德语 ˈstaːssa,古英语 streːt。德语的 aː 和英语元音 ɛː 的对应关系来自原始日耳曼语的 eː。古高地德语中日耳曼语音节中的 t 演变为 ss。英语这个词来自早期的日耳曼语,是英语迁入不列颠以前从古拉丁语借来的。[2]

通常方言间词的借用更为普遍。如19世纪方言地理学派着重调查了德语,另外还对意大利语、法语等的方言进行调查,他们的结论是无论根据语音还是词汇,很难严格地划出方言之间的界线。

方言之间的接触会造成语音演变的传播。索绪尔指出:"某一特殊事实的推广,不管它的界限如何,都需要时间,这一时间有时并且是可以计算出来的。例如由þ变d这种变化,交际曾把它扩展到整个大陆德国,起初是800至850年间在南方传播开来的,只有法兰克语除外。在这种语言里,þ仍然以软音ð的形式被保存着,到了后来才变成了d。"[3]

汉语历史上的权威方言、通语和书面语和其他方言之间总是有很密切的交流。如闽方言和南部吴方言的音系中原本没有 f-,书面语读作 f-的词,多读作 h-。由于读书音的传播,这些方言中有了 f-。譬如温州地区,"风"温州话 hoŋ¹,瑞安话、乐清话 foŋ¹。"法"温州话 ho⁷,瑞安话 fo⁷,乐清话 fa⁷。

---

① 古英语 eagþyrel "窗户" 意为 eye-hole "眼窝",古斯堪的维亚语 vindauga "窗户" 意为 wind-eye "风眼"。参见秦秀白《英语简史》第46页。
② 布龙菲尔德.语言论[M].袁家骅,等译.北京:商务印书馆,1988:557.
③ 索绪尔.普通语言学教程[M].高名凯,译.岑麒祥,叶蜚声,校注.北京:商务印书馆,2001:288.

（2）语法成分的借用

语言成分,词和语法成分的传播如波浪理论所解释的,像是池塘中石头子激起的水波,向外扩散。后来人们换了个说法,以语言特征迁移(transfer)说解释各种不同的语言特征的传播。

中古英语在借用法语词的同时,并把法语的一些构词成分也在英语中推广开来。如法语的后缀-age,-able,-ess,-ment,-ance 等成为英语的构词成分。汉语的"匠"作为借词在壮语武鸣话中,如"木匠"mok^{8}ɕiəŋ^6、"铁匠"ɕaːŋ^{6}tiət^7。在壮语靖西话中成了构词成分,"木匠"tsaːŋ^{6}mai^4、"铁匠"tsaːŋ^{6}lɛːk^7。①

语法结构相近的语言容易产生语法成分的借用,如分析型的侗台语,现代壮傣、侗水语支语言较多借用汉语语法成分"了""着""过"等。

（3）语言结构的借用

侗台语原本是修饰语在后的结构,因受汉语影响,较多地出现修饰语在前的结构。而汉语的南方方言中受侗台语等副词在动词之后语序的影响。北方方言说:"你先走啊!"有的南方方言说:"你走先啦!"北方方言叫"公鸡",有的南方方言叫"鸡公"。温州那边管"母牛"叫"牛娘",乐清那边管"母鸡"叫"鸡母娘"。

温州一带还管咸菜叫"菜咸",腌着吃的生鱼叫"鱼生",拖鞋叫"鞋拖"。最初的侗台语底层应是经数次语言和方言的转用之后在吴方言中仍有顽强的表现。

（4）不同程度的语言接触

美国学者托马森(Thomason)把语言接触分为四个等级:②

① 偶然接触　　——只有非基本词被借用;

② 强度不高的接触　　——功能词及较少的结构的借用;

③ 强度较高的接触　　——基本词和非基本词均可借用,中度的结构借用;

④ 高强度的借用　　——连续借用各类词,大量的结构借用。

语言接触的特殊情况是出现混合语(mixed language)。混合语往往是多语环境下以洋泾浜语为基础形成的,除了带有克里奥尔语的特征外,可能跟两种以上的语言相互作用有关。

（5）底层语言对目标语的影响

两种语言接触,其中一种的使用者可能放弃他们的母语,被放弃的语言称为底层语言。这个过程中,底层语言的使用者在语音、语法和词汇方面对被转用的语言(或叫作战胜的语言)可施加一定的影响,在转用的目标语中表现出不同的底层特点。

20世纪60年代拉波夫(William Labov)对纽约曼哈顿本地口音居民的语音进行调查。③本地居民读 car,four,board 这样的词时一些人的口音中带-r-(-r),另一些不带-r-,或用-h-代替-r-。调查表明是否带-r-口音与年龄、社会经济地位有密切关系。他发现:

① 40岁以上人中社会经济地位低的不带-r-,中高阶层的只有10%的人带-r-。

② 18~39岁的人群中,中高阶层的100%带-r-;社会经济地位低的阶层和中等偏低的不带;工人中只有百分之几的带。

③ 用-h-代替-r-主要是犹太人和意大利人。年龄的因素不很明显,60岁以上的更多一些。④

该研究说明语言的底层对形成社团方言的影响。

2. 语言接触的相关因素

语言接触中强势的一方有更大的影响力,双方所受的影响是不对等的。短期内一方对另一方的强烈影

① 张均如等.壮语方言研究[M].成都:四川民族出版社,1999:659.

② 吴福祥.关于语言接触引发的演变[J].民族语文,2007(2).

③ 拉波夫.拉波夫语言学自选集[M].北京:北京语言文化大学出版社,2001:63.

④ 拉波夫.拉波夫语言学自选集[M].北京:北京语言文化大学出版社,2001:64—65.

响和较长时期里一方对另一方的影响带来的影响也不同。

语言接触中,表达形式的传播受地理、行政或宗教辖区的界线、语言或方言的结构是否相近、文化的因素等的影响。

(1) 行政和地理因素的影响

语言成分往往以一定地区为中心向外传播,如宋代闽、客、吴、湘、粤和赣等方言分布在长江以南地区,黄河以北地区分布着北方的北部方言,居于政治文化中心河南一带的读书音一直影响着南北地区的读书音,并影响着它们的方言,这就是我们今天可以观察到的较早的文读。

汉语自商周到明清,权力中心的转移往往带来权威方言的交替,一段时间以后显示出权威方言对其他方言的影响,书面语主要流派的变化或交替。如东汉有长安音和洛阳音的不同,《说文》以当时的读书音为标准,区别的方音中包括许慎河南的家乡话。南京为南方宋齐梁陈四朝之都,《颜氏家训·音辞》中提到南北朝末期长江南、北地区的读音不同,隋代以《切韵》为标准。8 世纪前后,长安本地的官话和读书音以西北方言为基础,与洛阳地区的读书音不同。

布龙菲尔德说:"我们找到了一个地域的语言分区,不妨拿来同其他的隔离界线来互相比较。这种比较会显示出重要的方言分界是紧挨着政治界线并行的。显而易见,共同的政府和宗教,特别是同一政治单位内部互通婚姻的习惯,导致语言的相对统一。大致估计,在较古老的环境条件之下,政治疆域的改变在 50 年以内会引起语言的某种分歧,而在政治疆界已经取消之后,那些同悠久的政治界线相平行的同语线,会继续维持 200 年光景而绝少变动。"①

(2) 文化的因素

中古时代汉语词在越南语、朝鲜语和日语等语言中的扩散,二次世界大战以来英语词汇在全世界的扩散,皆因强势文化的推进。

法兰西人统治英国 3 个世纪,为英语带来许多法语词。清代满族人在京近 3 个世纪,北京话里的满语词较少,因为满语的使用者在入关 100 多年后就纷纷转用汉语,汉文化是强势文化。

强势文化的影响造成概念和观念的传播。概念的传播造成新的表达形式,microphone 叫作"话筒",computer 叫作"电脑",honey month 叫作"蜜月"。布尔什维克、布尔乔亚、苏维埃等俄语借词是一定观念下的概念的传播。

《周易·乾卦》中"天下文明"的"文明"本指"美好光明"。"文明"这个词中古时代进入日语,成为日语的汉字词。清末民国初年期间留日学者套用日语汉字词的意思,用中国的读法创造了"文明"等现代汉语词。②其他如,"文学""经济""封建""社会""精神""环境""革命"等。

3. 不同历史时期的接触关系

(1) 不同历史时期的接触带来的影响

侗台语历史上借用的汉语词,可分为三个主要层次。第一个主要层次是汉语上古时期(南北朝以前)的借词。这一时期的侗台语汉借词声调有的不能对应。如"五"龙州壮语的 ha^3 是上古末期汉语方言的借词,有清鼻音声母的特点,当来自 $^*s\eta a\mathord{?}$。武鸣壮语的 ηu^4 是中古借词。

第二个主要层次是唐宋时期,汉语对侗台语的影响较大,这一时期侗台语汉借词的声调和汉语词的四声有较为整齐的对应关系。壮傣、侗水语中古汉语借词的 A、B、C、D 调分别对应于汉语的平、上、去、入调,这是因为当时汉语平上去入 4 调的调值分别与壮傣、侗水共同语或不同语支祖方言 A、B、C、D 调的调值相近。南北朝和唐宋时期的侗台语的汉语借词如:

---

① 布龙菲尔德.语言论[M].袁家骅,等译.北京:商务印书馆,1988:427.
② 王力.汉语史稿(下)[M].北京:中华书局,1980:529.

1）"魂"*gʷən 平声（《说文》阳气也）。

"魂"泰语 khwan¹，壮语武鸣话 hon²，拉珈语 won²<*gʷon。

2）"客"*khrak（《说文》寄也）。

"客人"泰语 khɛːk⁹，壮语武鸣话 heːk⁷<*kheːk。

3）"箸"*dʷjas>*dʐo 去声（筷子）。

"筷子"泰语 thu⁵<*doᶜ。仫佬语 tsø⁶，毛南语 tso⁶<*dzoᶜ。

4）"市"*djə-ʔ>*ʐə 上声（《说文》买卖所之也，之省声）。

"买"泰语 sɯ⁴，壮语武鸣话 çaɯ⁴<*ʐəᴮ。

5）"刮"*kʷrat>*kjuat。"刮"泰语 khɔːt⁹<*khoːt。

6）"是"*dji-ʔ>*ʐi 上声（判断词）。泰语 tshai³，壮语龙州话 tsɯ⁶，邕宁话 ɬei⁶<*ʐiᶜ。

7）"樣（样）"*ljaŋ-s>*jaŋ 去声。

"样"泰语 jaːŋ⁵，壮语武鸣话 jiəŋ⁶，仫佬语 jaːŋ⁶<*jiaŋᶜ。

8）"疊（叠）"*diəp。"叠（被子）"布依语 tap⁸，侗语 təp⁷<*dəp。

9）"稱（秤）"*thjəŋ-s>*tshjəŋ 去声（量器也）。

"秤"泰语 tshaŋ³，壮语邕宁话 tsaŋ⁶。

10）"樹"*ʐuo 去声。

"直"版纳傣语 sɯ⁶，壮语邕宁话 ɬo⁶，柳江话 so⁶<*ʐoᶜ。

11）"剥"*prok（《说文》裂也）。

"剥"泰语 pɔːk⁹，版纳傣语 pok⁹，壮语邕宁话 poːk⁹，柳江话 poːk⁷<*pok。

12）"惡（恶）"*qak>*ʔak（坏）。

"凶恶"壮语龙州话 aːk⁷，武鸣话 ʔjaːk⁹，拉珈语 aːk⁹<*ʔak。

13）"雙（双）"*sroŋ>*sjoŋ 平声。

"二"泰语 sɔːŋ¹，壮语邕宁话 ɬoŋ¹，武鸣话 θoŋ¹<*sjoŋ。

14）"六"*ljuk。侗语 ljok⁸，仫佬语 lɔk⁸<*ljok。

15）"七"*tshit。版纳傣语 tset⁷，仫佬语 thət⁷。

16）"八"*prat。毛南语 pjaːt⁷，壮语武鸣话 paːt⁷，临高语 bat⁷<*pjat。

17）"九"*kju 上声。毛南语 cu³，壮语武鸣话 kou³，临高语 ku³<*kjuᴮ。

18）"十"*djəp>*ʐəp。毛南语 zip⁸，壮语武鸣话 çip⁸<*ʐəp。临高语 təp⁸<*dəp。

第三个层次是晚近的平话、粤方言和西南官话的借词，声调的对应情况与中古的不同。如"电灯"壮语武鸣话是 ten⁵tɯŋ⁶，与汉语西南官话的说法有对应关系。西南官话的阴平、阳平、上声和去声分别对应于壮语的第 6 调、第 2 调、第 3 调和第 5 调。①

（2）史前的语言接触的遗存

史前南岛语和侗台语曾有密切接触，推测分布于长江下游流域及华南沿海地区。以下几组词的对应可说明它们的接触情况。

1）"黑的"南岛语系卑南语 ʔud̪əd̪əm，邵语 maqusum<*ma-qud̪am。印尼语 hitam，亚齐语 itam，他加洛语 itim<*qitam。

"黑的"龙州壮语 dam¹，临高语 lam¹，侗语、仫佬语 nam¹，佯僙语 ʔnam¹，黎语通什话 dam³，布央语峨村话 ʔdam²⁴，古侗台语 *q-dam。

汉语"黕"*təm-ʔ，《说文》滓垢也，可能是汉语的侗台语借词。

2）"红的"卑南语 midaraŋ<*mi-daraŋ，布农语 madaŋχas<*ma-daŋ-。

"红的"壮语龙州话 deːŋ¹，版纳傣语 dɛŋ¹，古侗台语 *ʔ-deŋ。

---

① 曾晓渝.论壮傣侗水语古汉语借词的调类对应——兼论侗台语汉语的接触及其语源关系[J].民族语文,2003(1).

3）"红的"印尼语 merah，雷德语 hrah，亚齐语 mirah<* m-rah，米南卡保语 sirah<* sirah。"血"阿美语 ʔiraŋ。

"红的"侗语 ja⁵′<* rah。

4）"乳房"巴拉望语 tutuʔ，沙巴语 duduʔ。

"乳房"德宏傣语 ʔu¹tau³<* ʔutu-ʔ。

5）"疤"沙巴语 limpaʔ。

"疤"临高语 leu³，武鸣话 piəu³，毛南语 pjeu³<* l-pu-ʔ。

6）"看见、看"沙巴语 andaʔ<* ʔadoʔ。

"看见"水语 ndo³，莫语 djo³<* ʔdo-ʔ。

7）"沙子"萨萨克语 gəres，木鲁特语（Murut）agis，菲律宾的摩尔波格语 ogis。

"沙子"壮语柳江话 hje⁵，邕南话 hle⁶<* gles。

8）贡诺语（Kondjo）"泉水"timbusu<* ti-busu，"井"buhuŋ<* busu-ŋ。

"井"壮语、布依语 bo⁵<* ʔbus。

9）"猪"所罗门群岛劳语（Lau）boso，马林厄语（Maringe）bosu。

"猪"水语 mu̥⁵，伴偾语 məu⁵<* ʔ-bos。泰语 mu¹<* ʔ-bo。

10）"腮"木鲁特语 piŋas，他加洛语 pisŋi<* piŋis。

"腮"毛南语、仫佬语、侗语南部方言 ŋai⁶<* ŋis。

11）"老、旧的"泰雅语 mənəkis<* mənə-kis，所罗门群岛夸梅拉语 akʷas<* ʔakʷas。"祖母"雅美语 akəʃ<* ʔakəs。

"老"泰语 kɛ⁵，壮语柳江话 ke⁵，仫佬语 ce⁵<* kes。

"旧"壮语 ke⁵，毛南语 ce⁵<* kes。

（3）汉语和藏缅语的早期借词

夏商之时中原的部落以东夷、西羌之态势分布。商的后半期，一种分布于关中中部的当地文化开始崛起。周本居于西羌之地，先周中期至西周中期的周人的遗骨看来与火烧沟人、甘肃人关系较密切，即与黄河中上游地区的古藏缅人体质比较相近。羌是商的宿敌，周以羌等不同部落为盟推翻商王朝。西周和春秋时期西部地区古羌人的语言（藏缅语）对汉语有一定的影响。

包拟古说："汉藏之间大量的对应例子，有的可以解释作发生学上的关系。但是有部分可能是汉语广泛地从先藏语借词的结果。这些借词不一定都从同一时间进入汉语。"①

以下可能是汉语从藏缅语的早期借词：

1）周早期文献仍以"我"表示复数，单数用"余""予"。"吾"不见于商代的文献，见于周代《诗经》以外的文献。"吾"* ŋa"我"* ŋar 读法用法不同。

"我"藏文、马加尔语 ŋa，缅文 ŋɑɑ²。

2）"膊"* phak。"肩"藏文 phrag，嘉戎语 rpɑk<* r-pak。

3）"胃"* grəd，"肚子"藏文 grod。

4）"燔"* bʷjar>* bʷjan。《小雅·楚茨》："或燔或炙，君妇莫莫。""燔"，烤也。

"燃烧"藏文 ɦbar，夏河藏语 mbar<* m-bar。

5）"瀼"* s-naŋ（放在里面）。

"里面"藏文、博嘎尔珞巴语 naŋ，错那门巴语 neŋ，道孚语 noŋ<* naŋ。

6）"壤"* njaŋ-ʔ。"田地"藏文 rnaŋ<* r-naŋ。

7）"诞"* lan-ʔ（虚妄，《说文》词诞也）。藏文"犯错"lan。

8）"涤"* luk>* duk（《说文》洒也）。

① 包拟古.原始汉语与汉藏语[M].潘悟云,冯蒸,译.北京:中华书局,1995:52.

藏文"流淌、泻"lug,"注入"ldug、zlug<*s-luk。

9）"嬋（婵）"*djal>*ẓan市连切（《说文》婵娟,态也）。

藏文"安闲"dal、gdal。

10）"遑"*gʷaŋ。《邶风·谷风》:"我躬不阅,遑恤我后。""什么"藏文gaŋ<*gaŋ。

11）"雰"*phʷjaŋ。《邶风·北风》:"北风其凉,雨雪其雰。""雰",雨雪盛貌。

"雪"义都珞巴语poŋ⁵⁵,错那门巴语phom,博嘎尔珞巴语pam,坦库尔那加语pham<*pham。

二　语言接触引发的演变

1. 语言接触和语音的演变

（1）东南亚南岛语的语音演变

分布于东南亚的占语、加莱语、雷德语、哈罗伊语、扎德语、罗格莱语、回辉语和亚齐语等是南岛语系占语支的语言。回辉语分布于海南岛,宋时迁至此地,处于当地单音节词为主声调语言的包围中,晚近与当地的汉语方言有密切的接触。今回辉语成为与侗台语相近分析型语言——7个舒声调,2个促声调,有-n、-ŋ、-t、-k和-ʔ韵尾。①

古占语与古马来语相近,是古占婆国的语言。②占语支语言的语音与其他南岛语有较大的不同,有送气塞音和塞擦音与不送气的塞音和塞擦音的对立,在南岛语中是少见的。占语的送气塞音声母是*-h-与前面的塞音结合形成的。试比较:

	占语	加莱语	雷德语	亚齐语	印尼语
大腿	pha	pha	pha	pha	paha
苦	phiʔ	phɤʔ	phɤʔ	phet	pahit
知道	thau	thəu	thau	thɛə	tahu
年	thǔn	thun	thǔn	thon	tahun

占语的复辅音如,"针"占语dʒrum,印尼语dʒaram。占语一些双音节词的首音节完全失去。如"雨"占语dʒan,加莱语hədʒan;"风"占语ŋĭn,加莱语aŋĭn。③占语中有大量的孟高棉语借词,语音格局的变化也与孟高棉语的影响有关。

亚齐语分布在印度尼西亚的苏门答腊,与印尼语有密切的接触关系,有不少印尼语借词。亚齐语仍然保存着古南岛语用前缀和中缀构词的形态手段,如pɯ-是动词的使动前缀,tɯ-是动词不及物和非意愿式的前缀,mɯ-是不及物前缀,-ɯ-是把其他动词变成表示习惯或持续状态不及物动词的中缀,-ɯn-是派生名词的中缀。④其中pɯ-、mɯ-和-ɯn-应来自古南岛语的前缀和中缀。

回辉语在较短时期内从黏着语演变为分析语的合理的解释可能是:回辉语在当地语言的影响下单音节词增加得很快,更多地采用分析方式构词。同时也成为以音节声调区别意义的语言。分布在越南的占语支的雷德语相比之下变化稍慢,但也正在减少词的音节,让辅音和元音系统变得比较复杂。⑤语言的接触促使原来的形态结构更快地发生变化。

（2）藏语复辅音的演变

藏文相传是7世纪上半叶创制的,10世纪的正字法规定的拼写法代表当时的读音。古藏语有繁复的复辅

① 郑贻青.回辉话研究［M］.上海:上海远东出版社,1997.

② Graham Thurgood. From Ancient Cham to Modern Dialects: Two Thousand Years of Language Contact and Change. University of Hawai'i Press, 1999.

③ 占语引自Graham Thurgood 的 *From Ancient Cham to Modern Dialects*。

④ Darrell T.Tryon. Comparative Austronesian Dictionary, Part 1: Fascicle 1.

⑤ 雷德语与其他占语支语言的比较请参见 Graham Thurgood 的 *From Ancient Cham to Modern Dialects*。

音,没有音节声调。古藏语有二合复辅音 115 个,三合复辅音 71 个,四合复辅音 6 个。①藏缅语中拥有这一类复辅音的语言目前所知还有分布在克什米尔的拉达克语、四川的嘉戎语等,通常将它们划归藏羌语支,其繁复声母的形成与前缀的古黏着形态有关。就藏语而言,现代诸方言声母都已简化,藏羌语支的其他语言也基本如此。

现代藏语拉萨话等是有音节声调的语言。没有声调藏语方言仍有繁复的声母系统:②

	藏文	拉萨话	巴塘话	阿力克话
米	ɦbras	tʂɛ¹³²	ndʑɛ⁵⁵	mdʑi
八	brgjad	cɛ¹³²	dʑɛʔ⁵³	wdʐat

阿力克话没有声调,声母系统较为复杂。

拉萨话简化得最彻底。似乎越是处于语言或方言接触频繁的地区复辅音声母的简化越是迅速。这一点我们还可以从土耳其语和维吾尔语等的比较中看到,土耳其语的语音比维吾尔语的简单,没有小舌音,满语和通古斯语比较也是如此。

2. 语言接触和语法的演变

(1) 英语的接触和语法的演变

盎格鲁、撒克逊和朱特人为古日耳曼人的部落,英语是日耳曼语族西支的语言,原本分布在北欧沿海。大约在公元 449 年,渡海侵入不列颠。公元 8 世纪末开始,不列颠遭受以丹麦人为主的斯堪的纳维亚人的入侵,持续了 3 个世纪。不列颠的东北部建立了"丹麦区",为后来的英语带来一批斯堪的纳维亚语的词汇,包括许多地名。1066 年法国人入侵不列颠,此后 300 多年间,英国的国王都说法语,学校里和行政部门用法语,只有平民在用英语。到了杰弗里·乔叟之后,英国平民的通俗英语占了重要的地位,成为英语的权威方言。英语同斯堪的纳维亚人的语言和法语等的接触,不仅使英语吸收了来自这些语言的大量的词,而且使英语的形态大为简化。古印欧语的形态系统到了古日耳曼语时代已大为简化。古印欧语的 7 个格,在古日耳曼语中简化成 4 个。同语支的德语 1 000 多年以来形态也在简化,比起英语来简化的进程要慢得多。

语言形态的转换中常常伴随着语序的变化。古希腊语、拉丁语和梵语的子句在安排上有一致性,古印欧语的 OV 语序在它的一些后代语言中向 VO 语序演变,在北部的凯尔特语中转向 VSO 结构。从古英语到中古英语,从中古英语到近代英语,语序从 SOV 类型逐渐演变为 SVO 型,另一方面修饰语的语序也发生了变化,产生主题-述题型的结构。如古英语(AD 900)大约有 52% 的所有格修饰成分是前置的,到了中古英语(AD 1400)大约是 84.5%,到了现代英语的词组中修饰成分都是前置的。③

(2) 语言接触中汉语方言及苗瑶语语序的变化

1)西北汉语方言的特殊语序

现代汉语西北方言受藏缅语和阿尔泰语的影响出现有别于其他方言的情况,发表的论文有许多篇。就语序而言,如青海民和甘沟话采用 SOV 语序:④

你苞谷哈吃哩不吃?(你吃不吃玉米)

你媳妇儿哈阿会儿瞅了?(你什么时候找媳妇)

"哈"为宾格标记。双宾语句子的语序如:

你王老师哈这本书哈给上。(你把这本书给王老师)

2)苗瑶语语序的变化

古今汉语差比句式有这样的变化:⑤

① 黄布凡.藏缅语族语言词汇[M].北京:中央民族学院出版社,1992:629.
② 黄布凡.藏缅语族语言词汇[M].北京:中央民族学院出版社,1992.
③ Winfred P.Lehmann. Historical Linguistics:An Introduction[M]. New Fetter Lane, 1992.影印本.北京:外语教学与研究出版社,2002:244—245.
④ 杨永龙.青海民和甘沟话的语序类型[J].民族语文,2015(6).
⑤ 李云兵.论语言接触对苗瑶语语序类型的影响[J].民族语文,2005(3).

古代汉语　　A+形容词+"于"+B　　　　《左传·定公九年》:"君富于季氏。"

中古早期　　A+"比"+B+形容词　　　　《搜神记》(晋):"斗伯比父早亡。"

《齐民要术》:"谚曰:'顷不比亩善。'"

苗瑶语原有的差比句式如同古汉语,如:

黔东苗语　　A+形容词+介词+B　　　　nen⁵⁵ 省略

	nen⁵⁵	xhi³³	ç̧haŋ⁴⁴	vi¹¹(他比我高)
	他	高	过	我

后起的差比句式如同中古和近现代汉语,如:

布努语　　A+"比"+B+形容词	ntaŋ⁴¹	pi⁴³	pje⁴³	hiŋ³³(树比房高)
	树	比	房	高

3. 汉语方言中的文白异读

(1) 文白异读的形成

汉语方言文白异读的讨论主要为了求本字,是文字表达的需要。从语言学的角度看,文读的产生往往经历两个过程。第一个过程是本地读书人对于权威读书音的模仿,第二个过程是当地土语对当地读书音的模仿,依照方言的读音表达。

各地的读书音模仿某一种标准读书音,往往有差异。书面语的词可以进入口语流行起来,跟方言原有的说法有分工。

宋和元明时期读书音借入黄河以北和长江以南地区的方言中可以形成不同历史层次的文读。文、白读区分的是字音,决定字音的实际上是词和使用词的方言。

徐通锵先生曾说明,"文白异读的分布格局的基本特点是:黄河以北(北京、太原)和长江以南(苏州以下各方言点)有文白异读,而黄河、长江之间的广大中原地区没有文白异读"。[①]也就是说南北地区的文、白异读是中部地区读书音进入这些地区造成的。实际情况还需要进一步的讨论。

(2) 北京话中的文白异读

北京话的中古德韵字"贼"文读tsɤ²,白读tsei²,德韵字"北"文读po⁵,白读pei³。两者文读见于京剧戏文,白读为日常用法。这两个字的白读与济南、太原等地的说法一致,应是北方方言元明以来有共同源头的说法,文读来自稍晚的读书音。

北京话中古麦韵二等字"隔"文读kɤ²,白读tç̧ie¹。文读用于"隔开""隔离"这一类动词,白读用于"隔壁"。"隔"的文读和麦韵二等字"革",与武汉、成都等地的读法一致,也是后来才有的。北京话"隔"白读的声母有来自二等介音特点,如同湖南双峰话的白读kia²,跟"北"的白读不是一个层次的。

北京话入声字的读法经历了这样的变化:全浊的入声字读阳平,次浊的读去声。全清和次清有的读阴平,有的读上声。清入声字的文、白读的声调不同,读阳平和去声的是文读。[②]如"北"po⁵/pei³,"客"khɤ⁵/tç̧ie³,"塞"sɤ⁵/sai¹。清入声归去声,与《中原音韵》相同,应是宋元时期中原的读音传播造成的。直接的借词,必定按调值折合为当时北京口音的声调。清入声消失后读法的混乱局面其中包括直接借用的因素,其中保持去声可能是当地读书音转换的结果。

"我"北京话读uo³,原本还有ɤ³这样的说法。ɤ³这样的说法大约在20世纪初还分布于北京及郊区的密云、昌平等地。[③]北京话中"饿"读ɤ⁵,而河北固安等地"饿"和"我"都读uo韵。北京地区"我"ɤ³这样的说法应来自元明时期正式场合的说法。"我"的这两种说法按字音的来历说是文白异读,按词的来历说uo³来自河北话。

北京话文白异读的字(阴平、阳平、上声、去声分别用右上角上标的数字1、2、3、5表示)如:[④]

① 徐通锵.历史语言学[M].北京:商务印书馆,1991:385—387.

② 平山久雄.北京文言音基础方言里入声的情况[M]//平山久雄语言学论文集.北京:商务印书馆,2005.

③ 陈刚.北京话里的"我"及其变体[J].中国语文,1984(4).

④ 李荣.方言里的文白异读[J].中国语文,1957(4).

	文读	白读		文读	白读
嫩	nuən⁵	nən⁵	色	sɣ⁵	sai³
乱	luən⁵	lan⁵	脉	mo⁵	mai⁵
谁	ʂuei²	ʂei²	贼	tsɣ²	tsei²
脓	nuŋ²	nən²	北	po⁵	pei³
更	kəŋ¹	tɕiŋ¹	给	tɕi³	kei³
耕	kəŋ¹	tɕiŋ¹	薄	po²	pau²
隔	kɣ²	tɕie¹	落	luo⁵	lau⁵
熟	ʂu²	ʂou²	六	lu⁵	liou⁵

北京话一个字的文白异读可表现为声母、韵母和声调的不同。

① 平声字"更"kəŋ¹/tɕiŋ¹ 声、韵不同，入声字"隔"kɣ²/tɕie¹ 声、韵、调不同。

② 平声字"谁"ʂuei²/ʂei²，入声字"薄"po²/pau²，"落"luo⁵/lau⁵ 韵不同。

③ 入声字"北"po⁵/pei³，"客"khʃ⁵/tɕhie³，"塞"sɣ⁵/sai¹ 韵、调不同。

北京话"北"有 po⁵ 和 pei³ 两读，前者为文读，后者为白读。"北"中古德韵，北京话中这一韵的字可区分为两类，"得""德""特""克"等读 ɣ 韵，"北""贼""黑"等读 ei 韵，与其他各地北方方言的读法形成对应关系。

（3）文读和白读的层次

不同历史时期的文读最终可在当地的读书音和方言中形成不同历史层次的文读。北京话德韵字"北"文读为 o 韵，与陌韵字"迫""帛"等合流，是比德韵读作 ɣ 的文读更早的文读。

相对于文读而言的白读，也有不同的层次。温州话中"日"不同的词中有 ne⁸、ȵai⁸、ȵi⁸、zai⁸ 四种读法，"人"可分别读作 naŋ²、ȵaŋ²、zaŋ²。日母字的 n- 的读法来自它的古吴方言，ȵ- 来自古温州方言，z- 是后来的文读。

ne⁸ 是较为自由的语素，来自汉代的底层方言，闽方言也是如此。ȵai⁸、ȵi⁸、zai⁸ 局限少数复音词中。"今天"叫作 ki¹ne⁸（该日），"生日"叫作 sie¹ȵai⁸，"太阳的热气"叫作 ȵi⁸dəu²tshi⁵（日头气），"日本"读作 zai⁸paŋ³。ȵ- 来自唐代的北方方言，z- 来自宋以后的文读。

zai⁸ 只是声母按文读的规矩，韵和声调都与白读 ȵai⁸ 一样。z- 在温州话里原本是邪、从母字的声母。文读 zai⁸ 是当地通过读书音构成的。从权威方言到当地的文读，zai⁸ 这样的表达经历书面语读书音和本地话两次语音的转换。

文读通常以音系原有的形式来表现。无论多少文读的词代替了原有的白读词，语言或方言自身的语音系统只能按照自己的方式演变。温州方言的音系来自唐代的北方方言，是当时北方权威方言在该地原有底层方言的基础上演变出来的一种方言，即带本地口音的"普通话"。

"车"在温州话中可读作 tshei¹ 和 tsho¹。如农具"水车""风车"的"车"读作前者，是白读。"汽车""黄包车"的"车"读作后者，是文读，是近晚从北部吴语借来的读法。方言间的借用，亲属语间的借用，与非亲属语间的借用一样，同样是通过土语本身的音系来表达。无论有多少借词都是用土语当时的音系来表达。除非是使用者愿意放弃他的作为母语的本地话，转用外来的方言。

徐通锵说："历史比较法的一个先天弱点就是把所比较的材料统统纳入一个时间层次，构拟出来的原始形式也分不出时间上的先与后。"①我们看到的一些历史比较确实有这个毛病。

三　语言的接触和传播

1. 语言传播的方式

（1）语言传播的基本方式

语言的分化或流传有两种最普通的方式：

---

① 徐通锵.历史语言学[M].北京:商务印书馆,1991:353, 385, 410.

①　语言分处两处,随着人群的迁徙和时间的推移逐渐成为不同的方言或语言;

②　强势语言传播,把另一种语言改造成为自己的方言。

第一种方式索绪尔已说过,分化是因语言分处两地分别演变引起的。第二种情况就是语言的转用。

亚欧大陆相近语言成片连绵分布的格局应是农业发生之后的事。有了农业,人口迅速增加,农业地区的语言成为强势语言,在各自的区域传播。其中既有以分化形式的传播,也有语言"征服"方式的传播。如今夹在大语系语言之间的或分布于边远地区的,有的是古代语言的保留。如欧洲的巴斯克语、北极地区的因纽特语,日本的阿伊努语和库页岛上的鄂罗克语。

阿尔泰语系语言的民族,不少是游牧、渔猎者,他们最初的发展从考古看为始于距今八千年前种植小米的后洼文化。没有经历一定规模农业社会的澳大利亚土著的语言,巴布亚新几内亚的非南岛语系的语言,南美的印第安语,系属的划分相当困难。

古代语言的传播,先是经历氏族或部落的社会,定居之后有村庄或城邑。无论是母系或父系社会,必定不是单一语言或方言的社会。

在部落联盟时代,部落之间原本有不同的语言或方言,一种强势的语言(或方言)往往成为不同部落共同使用的语言。这种强势的语言可以是以某一种部落语为基础形成一种交际语。交际语也会在不同地区被改造,以缓慢的或跳跃的形式向外传播。

交际语不完全的学习带来不完全的交际语,其传播的结果是一些语言的基本结构相近,词汇的差别很大。

(2)部落交际语的传播

据 19 世纪的记录,分布在巴布亚的南岛语系语言莫图(Moto)语,有莫图、柯勒布努(Kelepunu)、阿罗玛(Aroma)、南岬(South Cape)、卡巴地(Kabadi)、玛伊瓦(Maiva)和莫图莫图(Motumotu)等方言。①到了 20 世纪,调查者发现莫图语可分为真莫图语(True Motu)和洋泾浜莫图语(Pidgin Motu)。前者的使用者有 1 500 人,后者已有 25 万人在使用(1987)。不久的将来真莫图语将会消亡。

19 世纪的莫图语诸方言"太阳"的说法来历不同,和其他南岛语可比较如下:

①　莫图语 dina<*di-na。

②　柯勒布努方言 haro<*qaro/印尼语 mata hari<*mata-qari。

③　阿罗玛方言 garo<*garo。

④　南岬方言 mahana/塔希提语 mahana。

⑤　卡巴地方言 akona<*ʔako-na/多莱语 keake<*ʔake-ʔake。

⑥　玛伊瓦方言 veraura<*bʷera-bʷera/马那姆语 amari<*ʔamari。

⑦　莫图莫图方言 sare<*sare/爪哇语 srəŋeŋe<*srə-ŋeŋe。

可见 19 世纪莫图语的诸方言并非一种原始语分化出来的,可能是此前的某一种部落交际语的传播使得形成较为相近的一些方言,又过了 100 多年原本的方言差异进一步消失。这种情况同样发生在蒙古语的不同方言土语中,也发生在汉语的方言土语中。也就是说,交际语对土语的改造往往使它们成为相近的方言或亲属语。

如蒙古语族语言的对应词:

	蒙古语	达斡尔语	土族语	东部裕固语
海	tɛŋgas	dɑlai	dɑliː	dɑliː(又 nuːr)
圆形	dugrɑg	tukuren	moɕloɡ	tøgørøg(又 ɕorɣi)

"圆形"的说法中,土族语、东部裕固语显示了自己的口音。

(3)语言传播的复杂情况

19 世纪 50 年代洛根(J.R. Logan)提出高棉语、孟语和占语等,也许还包括京语,有发生学关系。②后来洛

---

①　W.G. Lawes. Grammar and Vocabulary of Language Spoken by Motu Tribe(New Guinea). Sydney: Potter, 1896.

②　分布在越南和柬埔寨的占语支语言是南岛语系的语言,与印度尼西亚的亚齐语相近。

根等西方学者研究的范围陆续扩大,肯定蒙达语、尼科巴语和马六甲地区原住民的语言与孟高棉诸语有发生学关系。德国学者斯密特(W.Schmidt)1907 年命名这些语言为南亚语(Astro-Asiatic)。

分布于印度洋的尼科巴群岛上的尼科巴语是南亚语系独立的一支,大约 2 000 年前尼科巴人从大陆迁移至此。夏威夷大学的南亚语研究者劳伦斯·瑞德(Lawrance A.Reid)提到:"问题是令人迷惑的,为什么尼科巴语的形态与南岛语的如此相像,而它的词汇既不像南岛语,也不像本语系构拟出来形式?""结论大约是尼科巴语词汇的分歧与底层有关——尼科巴语最初的居民所讲的语言,既不是南岛语,也不是南亚语。"①

语言 A 和 B 接触可分别产生新的方言。语言的传播中有分化,有转用,又有相互的接触影响,情况将变得相当复杂。

假如语言 A 有 A₁、A₂、A₃ 等不同方言,语言 B 有 B₁、B₂、B₃ 等不同方言。两组语言在一个区域穿插接触互相影响,数千年乃至数万年之后可能出现几百种不同的语言,无论是语音或词汇,它们之间的关系复杂。这就是澳大利亚土著的语言、美洲印第安人的语言和巴布亚新几内亚非南岛语系语言显得特别复杂的原因。

不同时代的行政部门往往指定一种通用的语言和书面语,以便行使权力。读书音的演变与其政治、文化中心的权威方言关系密切,其特征向其他方言扩散。《汉书·艺文志》:"仓颉多古字,俗师失其读。宣帝时征齐人能正读者,张敞从受之。"

东汉经师对战国、西汉时期东部方言为基础作品读音的解释可以说明当时通语和读书音的分歧情况。东汉汝南人许慎(约 58—147)的《说文》以当时的读书音为标准,把不同的方音区别开来。如,"卸,舍车解马也。……读若汝南人写书之写"。

魏晋时中部方言仍为权威方言,唐代西部方言为权威方言。五代时西部方言又成为权威方言,读书音的标准是旧汴洛话的《切韵》,白话文书面语用字有时反映方言的变化。

2. 语言的底层

转用语言或方言的时候,被放弃的语言(或方言)保存下来的成分称为底层成分(substratum),被放弃的语言称为底层语言。底层语言对被转用的语言(或叫作战胜的语言)在语音、语法和词汇方面往往有较大影响,由于保留一些原有的观念在转用语言中表现出不同的表达方式。

(1)语言底层的特点

1)底层成分的表现和研究

印欧语的研究中早已有学者指出底层语言对印欧语的影响,如有关某分支语言特殊的语音以及可能有同样来历的语词。汉藏语的研究中较多提及的是汉语方言中非汉语成分,有借用的也有来自非汉语的底层成分。侗台语中的大量南岛语对应词,或视为底层成分,或认为是语言联盟、发生学关系的证据。

粤方言地区的普通话往往缺少舌尖塞擦音,吴方言包围中的普通话一般没有舌尖后塞擦音。两广地区的汉语方言中有较晚的侗台语底层。

浙江丽水的缙云、青田、云和、庆元,温州的永嘉、文成,台州仙居,金华永康等地帮端母字的声母分别读作带先喉塞音的浊塞音声母 ʔb-和 ʔd-。上海市区的老派,松江、奉贤、金山、嘉定等地的方言也是如此。永康、缙云等地 ʔb-、ʔd-为声母的鼻音尾字 ʔb-、ʔd- 又分别同化读作 m-和n-。②即可解释为原侗台语地区的侗台人转用汉语方言,便把他们的口音带到他们所说的汉语中来。

今天的吴方言区商周时代所使用的是汉语以外的语言。温州地区直到西汉初年,还是越人的地区,他们使用侗台语。到了晋代,温州与福建一样,是古吴语区,这种古吴语就是今天的闽方言的祖方言。大约到了唐代,温州才成为今天这样的吴语地区,有着当时吴语的语音,词汇中保留着古侗台语和古吴语的底层。唐

① Lawrance A.Reid. Mophology Evidence For Austric[J]. Oceanic Linguistics, Volume 33, no.2(Dec. 1994).

② 郑张尚芳.浙南和上海方言中的紧喉浊塞音声母 ʔb ʔd 初探[M]//吴语论丛.上海:上海教育出版社,1988 年.

宋以后温州话受北部地区的吴语影响较大，于是有了今天的这个样子。

2）观念带来的构词特点

南岛语、侗台语中较为普遍用"白天的眼睛"代指"太阳"，是观念传播的结果，另外还有南岛语底层词的存在。侗台语中较多来自古马来-波利尼西亚语的词。

侗台语中如：

水语 da¹wan¹<ˀ ʔda-ʔban（da¹"眼睛"，van¹"白天"）；

壮语武鸣话 ta¹ŋon²<ˀ taŋ-ŋan（眼睛-白天）；

黎语通什话 tsha¹van⁴<ˀ pla-ʔban（眼睛-白天）。

南岛语中如：

阿美语 tʃiɬal，邵语 tiɬað<ˀ til-ʔal（眼睛-白天）。

沙阿鲁阿语 taɬiaria，卡那卡那富语 taniarʉ<ˀ tali-ʔariʔa/ˀ tali-ʔaru（眼睛-白天）。

马都拉语 mata ari，印尼语 mata hari<ˀ mata-ʔari（眼睛-白天）。

侗台语来自南岛语的词，如：

① "阳光"老挝语 dɛːt⁹，德宏傣语 lɛt⁹，壮语武鸣话 dit⁷，临高语 lit⁷<ˀ ʔ-let。

"发光"沙玛语 illat<ˀ ʔilat。"光"鲁凯语 ləɖa。

② "星星"泰语 daːu²，壮语邕宁话 daːu¹′，莫语 ʔndaːu⁶<ˀ ʔ-du。

印度尼西亚罗地语（Roti）ⁿdu-k，所罗门帕马语（Paama）hitu<ˀ q-du。

南亚语系语言京语（越南语）"眼睛"kɔn¹mat⁷，"太阳"mat⁸jəːi²（眼睛-白天）。佤语、布朗语、克木语等，"眼睛""太阳"读法相近，也是这种语义关系。

许多语言"白天"的说法来自"太阳"，也有一些语言"太阳"直译的意思是"白天的眼睛"。

印欧语中也有类似的说法，如：

"太阳"梵语 divakarah<ˀ dibʷa-kara-q，字面意思是"白天-眼睛"。"白天"梵语 diva<ˀ dibʷa，波兰语 doba<ˀ doba。"恶神"古波斯语 daiva-，梵语 deva-，古教堂斯拉夫语 deivai<ˀ debʷa-。"宙斯神"希腊语 zeus<ˀ debʷus。

"太阳"拉丁语、丹麦语、西班牙语、葡萄牙语 sol，意大利语 sole，瑞典语、丹麦语 sol<ˀ sole。俄语 solntçe，捷克语 sluntse<ˀ solnike。拉丁语 soliculum。

"太阳"古教堂斯拉夫语 sluhuce<ˀ slu-quke，字面意思"天-眼睛"。"天"古教堂斯拉夫语 slunice<ˀ slu-nike（俄语、捷克语"太阳"）。"眼睛"如俄语、波兰语 oko，波兰语 utsho。

"夜里的太阳"代指"月亮"在早期东亚的语言中可能并不罕见。东亚太平洋语言中那些用"夜"或"夜晚"代指"月亮"，原本可能都是以"夜里的太阳"代指"月亮"。

日本阿伊努语"月亮"ɑntʃikɑrɑ-tʃhup<ˀ ʔatikara-tup，字面的意思是"晚上的太阳"。又叫 kunne-tʃup<ˀ kune-tup，字面意义是"黑暗-太阳"，kunne"暗、黑"。

"月亮"南岛语系的汤加语、夏威夷语 mahina，萨摩亚语 masina<ˀ ma-sina。早期的意思可能是"晚上的太阳"。"晚上"印尼语 malam，马都拉语 maləm，亚齐语 malam<ˀ malam。

（2）语言底层对语言演变的影响

语言或方言的转用在历史上经常发生，每一语系从早期的一组方言开始，它的扩张一定伴随着语言或方言的转用。被放弃的语言或方言往往对被采用的语言或方言有所影响，把它的一些成分保存在所采用的语言或方言中。

语言的习得分别与语音、词汇和语法三个系统有关。语言的转用中有完善习得另一种语言和不完善学习另一种语言的两种情况。不完善学习另一种语言的情况下，原来语言的特点会在新学的语言中得以出现。

古代部落之间的交际语成为一些人群的新的语言的时候，往往只是基本上被接受，原有语言的底层得以保留。这正是阿尔泰、南岛、南亚和汉藏诸语系诸语族语言大多保留自己的一些语音、词汇和语法特征的原因,而不能从原始方言同构的角度予以论证。

桥本万太郎先生在他的《语言地理类型学》中谈到,汉语的方言从南到北,方言中音节数量逐渐减少,声调数也减少,而北方方言中复音词较多。①

北方方言声、韵、调简化,复音词增加。汉语南、北方言的这些差别显然与底层有关。结构的演变是语言内部的事,但在外部的影响下,系统结构的某些支撑点的变化可能引起整个系统的变化。

北京话的轻声节拍南方方言中未见,有点儿像满语词的轻重音,有理由认为是这些语言影响的结果。

3. 洋泾浜语和克里奥尔语

洋泾浜语和克里奥尔语的形成也是语言接触的结果。

洋泾浜语或称为皮钦语(pidgin),其名称据说来自英语 business 的汉语读音,原本是指旧上海码头不会英语的人与洋人交往时编造的“英语”。现在我们用这个词来指不同语言的使用者在社会交际中约定的“语言”。洋泾浜语的词汇和语法较为简单,往往是社会地位较高的语言提供词汇而社会地位较低的语言提供语音和语法。

语言频繁接触的地区可能产生洋泾浜语,尤其是码头上和海员中,使用洋泾浜语的码头人或海员都有自己的母语。洋泾浜语的词汇和语法规则都较简单,不能算是真正的语言。越南的皮钦法语(Vietnamese Pidgin French),始于 20 世纪 60 年代,在越南军警中使用,1954 年法国人离开越南之后就没人说了。

克里奥尔语(creole)通常是在洋泾浜语的基础上,语法和词汇得以丰富和完整,进一步成为使用者母语的语言。②巴布亚新几内亚的托克皮辛语(Tok Pisin)是以英语词为基础的皮钦语,1982 年统计在那儿已有 200 万人以其为第二语言,5 万人以其为母语。

克里奥尔语常常描写为以某种(或几种)语言的词汇为词汇,以另一种语言的语法为语法的语言。菲律宾的查瓦卡诺语(Chavacano)是以菲律宾语的语法为一方,西班牙语词为另一方;斯里兰卡的克里奥马来语(Sri Lankan Creole Malay)的语法是斯里兰卡摩尔泰米尔语的,马来语的词汇;吉卜赛人的罗马尼语(Romani),印地语的语法,词汇来自欧洲不同语言;爪维语(Javino),爪哇语语法,西班牙语词汇;波丢语(Petjo),马来语语法,词汇来自荷兰语。

也有学者认为,克里奥尔语是某种语言的变体(variety),以英语为基础的克里奥尔语(English-based Creole)就是英语的变体,以法语为基础的克里奥尔语(French-based Creole)就是法语的变体。某地区受某种目标语(譬如说英语)的影响形成克里奥尔语,如果这种克里奥尔语进一步与目标语接触,与目标语相近,认为是经历了“去克里奥尔化”(decreolization)。③有的学者认为既然今天的克里奥尔语的存在与其他语言一样,那么语言除了来自方言的分化外,还可能来自古代的克里奥尔语。④

语言接触的特殊情况下可能出现混合语(mixed language)。混合语是多语环境下以洋泾浜语为基础形成的,除了带有克里奥尔语的特征外,两种以上的语言的作用比较明显。

克里奥尔连续流(creole contiuum)假说认为克里奥尔语在一定的阶段可向高层语靠拢,即经历“去克里奥尔化”。这样从洋泾浜语到克里奥尔语再到标准语,就形成了一个连续流。

古汉语词汇来历复杂,一些学者认为汉语原本是一种混合语,这样的认识是不妥的。日语和朝鲜语的词汇中多数借自中古以来的汉语,但语音、形态和句法仍保持原有的演变规则。英语也曾被认为是混合语,1 000 多年来形态较为简化,从 OV 型语言演变为 VO 型语言,多数的核心词仍没有被替换。

一些语言学家不承认有混合语和克里奥尔语。梅耶说:“我们却不能断定,在某些合适的情况下不会有真正的‘混合’。如果有一天我们遇到了这样的情形,语言学家的工作就很不容易了。我们现在之所以

① 桥本万太郎.语言地理类型学[M].余志鸿,译.北京:世界图书出版公司,2008:14—115.

② Theodora Bynon. Historical Linguistics[M]. Cambridge University Press, 1977:258.

③ R.L. Trask. Historical Linguistics[M]. Edward Arnold Publishers limited.影印本.北京:外语教学与研究出版社,2000:319.

④ R.L. Trask. Historical Linguistics[M]. Edward Arnold Publishers limited.影印本.北京:外语教学与研究出版社,2000:317—319.

能够用比较方法来建立一些语言的历史,是因为我们确信,每种新的系统都应该从一种单一的系统出发来解释。"①

混合语的研究始于 19 世纪 80 年代,20 世纪 50 年代以后出现研究的高潮。②

沙拉马卡语是苏里南丛林黑人的语言。这些黑人的祖先来自西非。18 世纪时他们反抗奴役逃入丛林。他们的这种语言以西非班图语的语法为语法,基本词来自英语,混有葡萄牙语和西非语言的词。西非班图诸语是南岛语那样的黏着语,有日语那样的开音节,有音节声调。于是沙拉马卡语的词也带音节声调,使用开音节。③

混合语研究方面解释上的分歧形成不同的理论流派。简单理论(simplification theory)的基本思想是认为洋泾浜语是简化了的高层语,从本质上说同父母跟子女说话时使用的幼儿语差不多。

普遍语法理论(language universals)主张混合语代表了人类语言的本质。各种自然语言的差别来自非本质的边缘语法,是在普遍语法许可范围内的变化。混合语扬弃了各种边缘语法,只留下普遍语法,所以各种混合语会有那么多的相似之处。④

4. 关于北京话的来历

(1) 北京的历史

宋代的北京曾是契丹人辽国的陪都南京。公元 1153 年开始成为金人的都城,更名为金中都,1267 年成为蒙古元大都,1368 年徐达北征后改名为北平府。当时朱元璋以应天府(南京)为都,并将居于大都的居民全部迁往河南开封。1371 年迁山西、河北、云南、浙西人至北平府,四年后北平居民有 32 万余人。⑤1421 年朱棣迁都北京。1644 年北京为清朝的都城,盛京为陪都。

八旗入京,最靠近城市中心的是满洲八旗,然后是蒙古八旗,最外层为汉军八旗。汉族、回族不能住在内城,只能住在外城。直至乾隆晚期(18 世纪末),汉族、回族才能住在内城。

清前期汉军八旗子弟学习城外通语,城外百姓模仿八旗子弟口音,满人官员学习汉人官员的明代官话,汉人官员也模仿满人官员的汉语,于是从清代开始北京本地话带有一些满人讲的汉语的特点。

(2) 北京话的特点

北京话的研究首先要区分北京本地话和普通话的不同,两者在语音、语法和词汇上有明显的不同。清末吴启太《官话指南》中的"官话"显然是当时口语性质的书面语,或者说书面语性质的官话。该书开宗明义,说:"京话有二,一为俗话,二为官话,其词气之不容相混,犹泾渭之不容并流。"⑥

北京话较早的文读当来自宋代中原官话。如"我""和""各""恶"文读都读作 ɣ,与成都等地读作 o 的一致。较晚的文读有的来自明代初年的南京话,王福堂先生已经予以说明。⑦如:

	择	册	色
北京话	tsɣ² 文/tʂai² 白	tshɣ⁵ 文/tʂ hai³ 白	sɣ⁵ 文/ ʂai³ 白
南京话	tsəʔ⁷	tshəʔ⁷	səʔ⁷

"择"(知组)、"册"、"瑟"(庄组)等字北京话的文读声母不卷舌,与精组的相同,它们借自明代的南京话。

东三省地名中称为"泡(子)"的不少,如辽宁有"泡子沿""干泡子",黑龙江有"海兰泡"。北京地名中早期称湖为"海(子)",如什刹海、中南海等。北京地名中还有不少称"泡子"的,如"泡子河""后水泡子""苇塘

---

①　A.梅耶.历史语言学中的比较方法[M].岑麒祥,译.王开庭,校订.北京:科学出版社,1957:69.

②④　石定栩.洋泾浜语及克里奥语研究的历史和现状[J].国外语言学,1995(4).

③　布龙菲尔德.语言论[M].袁家骅,等译.北京:商务印书馆,1988:585.

⑤　张清常.北京街巷名称史话[M].北京:北京语言文化大学出版社,1997:391.

⑥　吴启太.官话指南[M].杨龙太郎印,光绪七年.

⑦　王福堂.文白异读中读书音的几个问题[M]//语言学论丛(32).北京:商务印书馆,2006.

泡子""眼镜泡子""鸭闸泡子""团河宫后泡子""南宫后泡子"等。"泡"念送气平声。①

张清常先生说,北京"把湖泊叫做海、海子,始于辽金,定名于元明,成为特指的湖泊,此后北京不再给其他湖泊以海的名称"。②

林焘先生把北京话和东北官话放在一起,称为北京官话区。他说:"北京官话区以北京市为起点,从西向东,范围逐步扩大,形成西南狭窄,东北宽阔的喇叭形区域,包括河北省东北部、内蒙古东部和东三省的绝大部分。在这个人口达一亿以上的广大区域内,不但声韵系统基本相同,调类全同,而且调值全同或极近似,……"③这反映的是声调的读法,而不是音系。

(3)北京话的语音

11世纪中期的汴洛话全浊声母(浊塞音、浊塞擦音和浊擦音声母)已清化,平声的塞音、塞擦音浊声母变成送气的清音,仄声(上声、去声和入声)的变成不送气,入派三声。今河南等地的中原官话全清和次浊声母音节读作阴平,全浊声母入声并入阳平。

元代周德清(1277—1365)的《中原音韵》成书于1324年,大约以大都为依据,入声的情况是:全浊声母的入声并入阳平,次浊声母(鼻音和流音声母)的入声并入去声,清声母入声并入上声。

北京话白读反映的情况是,全浊声母入声并入阳平,次浊声母的并入去声,较少例外。全清和次清的白读主要分别读作阴平和上声。文读中清声母入声读阳平和去声。④北京普通话跟《中原音韵》的音系相近,有元代之后的文读。

俞敏、王福堂先生认为,北京清入声字受河北、山东一带方言的影响读作阴平。⑤

曹雪芹生活在19世纪的清代,读书音以江淮音为标准,《红楼梦》行文用词上有南派的风格,对话中基本上是北方话。用词也反映了这一时期东北话、山西话在北京活动的情况。八十回以后高鹗的文笔下北方话更多,红学研究中已有说明。

北京本地的土语与河北话的词汇关系密切,白读来自河北话,比河北话和北京普通话多一个形成于清代的儿化韵的系统,应是从明代北方官场口语系统发展而来,声调的读法受清代黑龙江话的影响。

东北官话声母的结构与胶辽官话更相近,日母字卷舌擦音声母不卷舌。

北京的京韵普通话和非京韵普通话是不同的社团方言,非京韵普通话不带儿化韵。它们的语音系统同样来自明代北方官场的口语,其源头是元代《中原音韵》系统的官话,跟河北话、东北话不同。这情况有点像杭州话,并不来自周边的吴语方言。

京韵普通话儿化音较少,应是受南方口音影响的结果。俞敏先生认为:"北京书音系统实际上是较早的北京音系。"⑥

清代以来北京的普通话和北京的本地话的声调的读法都受东北话的影响,天津和靠近天津地区的北京郊区声调的情况有所不同。

北京话词的来历复杂,如"我"现代北京话读 uo³,其他如"鹅俄娥蛾峨饿"都读 ɤ 韵,"我"ɤ³的说法符合这一系列的读法,20世纪初还分布于北京及郊区的密云、昌平等地。"我"uo³当来自河北话。⑦

北京本地话"跟前"叫"眼面前儿",石家庄"眼面前",天津"眼目前儿"。"打更"的"更",北京话和河北话的通常读法一样,为 tɕiŋ¹。

现代可以归入北京话的有京韵普通话(北京普通话)、非京韵普通话和北京本地话。中央台讲的是不带京韵普通话。北京本地话带儿化韵和轻声,土语词较多。如"起哄架秧子"即"起哄","打联联"("联"读阴

① 北京旧"泡子河"是通惠河城外的一段故道,沿河原有数个水注,就被叫作"泡子河"。
② 张清常.北京街巷名称史话[M].北京:北京语言文化大学出版社,1997:108.
③ 林焘.北京官话区的划分[J].方言,1987(3).
④ 平山久雄.北京文言音基础方言里入声的情况[M]//平山久雄语言学论文集.北京:商务印书馆,2005.
⑤ 王福堂.文白异读中读书音的几个问题[C]//语言学论丛(32).北京:商务印书馆,2006.
⑥ 俞敏.语音变化能不能用质变量变规律说明?[M]//俞敏语言学论文集.北京:商务印书馆,1999:220.
⑦ "我"说成 uo³,恐怕来自合口音,即原本方言中有 *ŋar 和 *ŋʷar 两种说法。

平）指"勾结"，"混不吝"指"胡来的"，"肝颤"指"害怕"，"吃挂落"指"受连累"，"挨撸"指"受训斥"。

北京话的复音词常以末音节的弱化为特征，称为"轻声"，可能是受满语的影响。

双音节词后节读轻声的，如萝卜、胳膊、叔伯、大夫等。

三个音节的词后两个音节读轻声，如上半截儿、下半截儿、眼面前儿（"面"念作轻声 m）、大拇哥儿、小拇哥儿、儿媳妇儿、大家伙儿等。

现代台湾通行的"国语"是光复以后摒弃日语推行的官话，与北京的普通话同出一源。

第五章 结构主义历史比较法的研究

一 语音的历史演变和解释

1. 语音演变的研究

结构主义历史语言学注重语音系统历史演变的解释,如日耳曼语辅音演变的解释,中古英语元音的链移的研究。语音历史演变的研究重点在观察系统的演变,个别的语音变化要求放到系统的变化中去研究它们的因果关系。

(1) 亲属语语音对应的观察

印欧语数词有较为复杂的语音对应关系,梅耶曾举梵语、古雅典希腊语、拉丁语和亚美尼亚语(亚尔明尼亚语)"一"至"六"数词的比较如:①

	梵语	希腊语	拉丁语	亚美尼亚语
一(阴性)	ékaḥ	hēs	ūnus	mi
(阳性)	ékā	mia	ūna	
(中性)	ékam	hen	ūnum	
二	d(u)vā	dyo	duo	erku
三	tráyah	trēs	trēs	erek′
四	catvāh	téttares	quattuor	čork′
五	páñca	pénte	quinque	hing
六	sát	heks	sex	vec′

"一"梵语 eka、ekaḥ,波斯语 aivaka-<*igʷaka-,粟特语 ēw<*egʷ,乌尔都语 aik<*ik。不同语族的说法或来历不同,如古英语、古弗里斯语 an,哥特语 ains,布列吞语 un,古教堂斯拉夫语 ino-,希腊语 enas,拉丁语 unus<*ona-s。阿尔巴尼亚语 një<*no。俄语 odin,波兰语 jedno<*odino。

"二"梵语 d(u)vā,阿维斯陀经 dva,和阗塞语 duva<*dubʷe。粟特语 əδu<*ədu。乌尔都语 du。阿尔巴尼亚语 dy<*du。古英语 twa,古弗利斯语 twene,古教堂斯拉夫语 duva,俄语 dva,拉丁语 duo<*duwe。

梅耶解释说,亚美尼亚语"二"erku 的读法表面看与希腊语的没有什么关系,实际上亚美尼亚语的 erk-与希腊语的 dw-有对应关系。如"怕"亚美尼亚语 erki-,希腊语 dwi-。"长"亚美尼亚语 erakar,希腊语 dwarón。亲属语之间这种差别很大但一致的对应关系显然不是借用造成的。

"三"古英语 þreo,古弗利斯语 thre,阿维斯陀经 thri,俄语、阿尔巴尼亚语 tri,古教堂斯拉夫语 trje<*tri,粟特语 əθre<*ətre,和阗塞语 dra-,拉丁语 tres,希腊语 trēs,赫梯语 teries<*teri-s,波兰语 troje、trojka。

"四"可能是从"三"发展来的,即"一"和"三"。拉丁语"四"quattuor<*kʷa-tʷor。希腊语 tessares<*kes-tares。

"八"法语 huit,意大利语 otto 和西班牙语 ocho,法语的 uit 与意大利语的 ott 及西班牙语的 och 等有对应

① A.梅耶.历史语言学中的比较方法[M].岑麒祥,译.王开庭,校订.北京:科学出版社,1957:4.

关系,如:

	法语	意大利语	西班牙语
夜	nuit	notte	noche
煮	cuit	cotte	—
乳	lait	latte	leche
事实	fait	fatto	hecho

比较表明意大利语的 otto 不能借自法语的 huit 和西班牙语的 ocho。

如果说一些语言有共同的来历,就是假定它们有过一种"共同语"。它们的历史是从共同语中分化出来的历史。

南岛语系的语言基本上缺少古代记录的文献,分隔两地的方言或亲属语的语音对应关系仍可用来说明它们的亲疏关系。如印度尼西亚语和其他马来语组语言"雨""鼻子"的说法有如下对应关系:

	印尼语	巽他语	爪哇语	巴塔克语
雨	hudʒan	hudʒan	udan	udan
鼻子	hiduŋ	iruŋ	iruŋ	iguŋ

"雨"布农语 χudan,卑南语 ʔudal,可见印尼语词首的 h-应来自早期南岛语的 *q-。

"鼻子"印尼语 hiduŋ,亚齐语 idoŋ,他加洛语 iloŋ,莫图语 udu(眼睛、鼻子),汤加语 ihu,应来自早期南岛语的 *qiʁoŋ。

"鼻子"壮语龙州 daŋ¹,临高语 lɔŋ¹,侗语 aŋ¹,佯僙语 ʔnaŋ¹,黎语保定话 daŋ¹(脸)应来自早期侗台语的 *ʔdoŋ。侗台语的说法来自类似古马来语的说法,大约是早期南岛语的说法分化之后的古马来语离开大陆以前的说法。侗台语的 *ʔdoŋ 来自 *q-doŋ,可能原本是两个音节的。

(2)语音的条件音变

1)古汉语声母的演变及其条件

古汉语"千"甲骨文♪(甲 2907)从"人"甲骨文Ϛ(甲 792)得声,声母差异甚大。白一平(Baxter)提出有以下演变的假设: *sn->s-hn->s-th->tsh-。[1]

古汉语 *sn-演变的例子:

① "人" *nin。"千" *snin> *tshin。

② "囟" *snir> *sin。"遷(迁)" *snil> *tshin,本从"囟"。

③ "心" *snəm。"沁" *sniəm> *tshiəm。

④ "西" *snəl> *siəl。"茜" *snəl-s> *tshəns(《说文》从艸西声)。

古汉语这一类演变通常以元音 *-i-和 *-ə-为条件。

古汉语 *sn-演变的第二类例子如:

① "丑"甲骨文ᔓ(燕 68) *snuʔ> *thuʔ。"羞" *snju> *sju。"扭" *nu。

② "慝" *snək> *thək。"匿" *njək。

以介音 *-j-的有无为条件。

2)蒙古语族语言早期词首 *p 的演变

蒙古语元音 u 的前面词首的 *p 多丢失,达翰尔语在元音 u 的前面演变为 x,东部裕固语对应的辅音演变为 χ,土族语和东乡语对应的辅音演变为 f。如:

	蒙古语	达翰尔语	土族语	东部裕固语
吹	uləːx	xuːlgu	puːle	piːle-
羽毛	əd	xudusu	foːdə	χødøn

---

① Willam H. Baxter. A handbook of Old Chinese Phonology[M]. New York: Mouton de Gruyter, 1992:223—224.

| 火绒 | uːl | xuɑːlj | fula | χuː |
| 栓 | ujɑx | xujɑːɡu | fujɑː | χiɑdʒ ɢur |

（3）复辅音演变的解释

高本汉认为古汉语"各""洛"谐声,它们的声母来自*kl-,后来的研究中大家逐渐认识到应来自*kr-。结合中古的读音,上推"各"为声符字上古有不同的读音:

"各""阁""格""胳"*krak 古洛切。

"愙(恪)"*khrak 苦各切(《说文》敬也)。

"略"*grjak>*rjak。"絡"*grak>*rak。

"路"*graɡ>*rah(《说文》道也)。

古汉语"庚""唐""康"有相同的声符,包拟古提出:"我们假定早期的*k-l->中古音 t-,早期的*kh-l->*hl-,然后变成中古音的 th-,而*g-l->*l-以后变成中古音的 d-。""为了与*kl-型区别开来,我暂时使用*k-l-型的写法来代表这一类。"①那么"庚"和以其声符的字拟音为:

"庚"*kraŋ 古行切(天干字)。

"康"*khlaŋ>*khaŋ《广韵》苦冈切(虚也)。

"唐"*glaŋ>*daŋ(《说文》大言也,从口庚声)。

苗语方言中有这样的一组词:②

	白	黑	狗	鹰
养蒿	l̥u¹	l̥ε¹	l̥a³	l̥aŋ³
腊乙坪	qwə¹	que¹	qwɯ³	qwen³
大南山	tl̥eu¹	tl̥o¹	tl̥e³	tl̥aŋ³

这一组词中黔东方言养蒿话的声母 l̥-与湘西方言腊乙坪话 qw-、川黔滇方言大南山话 tl̥-分别有对应关系。王辅世先生把这一组词的声母拟为*ql-。如苗语川黔滇方言罗泊河次方言野鸡坡话里"白"读作 qlo³¹⁽ᴬ⁾,"黑"qlaŋ³¹⁽ᴬ⁾等。养蒿话中原始苗语(或古苗语)的*-l-由于*q-的缘故成为清音,而在腊乙坪话中成为-w-。大南山话中塞音*q-由于*-l-的缘故成为 t-。

（4）语音特征的转移

声调语言声母的特征可演变为韵母的特征,声母和韵母的特征可演变为声调的特征。

中古开、合口的区分多与古汉语圆唇音的谐声一致,中古合口音可能来自上古的圆唇音。那么上古可能有圆唇塞音声母 pʷ、phʷ、bʷ、tʷ、thʷ、dʷ、kʷ、khʷ、gʷ、hʷ、qʷ(qhʷ)、ɢ,圆唇鼻音声母 mʷ、nʷ、ŋʷ,以及舌尖音以外的圆唇塞音与流音结合的复辅音。圆唇和非圆唇声母字音演变的不同如:

	上古音	中古音	北京话	苏州话
舍	*qlja-ʔ>*hljaʔ	*ʃjo	ʂɤ³⁴²	so
舒	*qʷlja>*hʷlja	*ʃjuo	ʂu	sʅ

音节的黏着形态成分可脱落,原有的形态特征转移到词根上,成为屈折形式。藏缅语中如:

	藏文	藏语拉萨话	藏语夏河话	缅文	仰光话
断	tɕhaɡ	tɕha⁵²	tɕhaχ	kjo³	tɕo⁵⁵
弄断	gtɕog	tɕa⁵²	htɕaχ	khjo³	tɕho⁵⁵

"棍子断了"的"断",在藏缅语中是自动词,"把棍子弄断"的"断"是派生的使动形式,藏文中以 g-为使动前缀。现代藏语拉萨话中这个词的使动前缀 g-已完全丢失,原来词根的声母由于前缀的影响从送气变成不送气还保留着。缅语用不送气和送气的声母表示自动和使动的对立。

① 包拟古.原始汉语与汉藏语[M].潘悟云,冯蒸,译.北京:中华书局,1995:267, 268.
② 王辅世.苗语古音构拟[M].东京:国立亚非语言文化研究所,1994:38.

（5）语音演变的分歧和古音的保存

1）语音演变分歧的研究

现代汉语诸方言来自南北朝时期的北方方言，此前的古方言已消失。从今方言的字音的分歧中我们可以看出中古早期到现代方言字音的历史演变。

如"昔"*sjek"夕"*zjek"习"*zjip"喜"*hji 中古音和现代方音的关系：

	昔	夕	习	喜
北京话	$çi^1$	$çi^1$	$çi^2$	$çi^3$
温州话	sei^7	zei^8	zai^8	$s \eta^3$
厦门话	$sɪk^7$	$sɪk^8$ 文读	sip^8	hi^3

"昔""夕""习"在温州话中保留中古的声母，"喜"在厦门话中仍保留中古的声母，"昔""夕""习"在厦门话中仍保留中古韵尾。

转换生成语法学派在这一点上有自己的看法。他们说，新语法学派和类型学派的模式（taxonomic model）认为每一种语音的变化会立即影响到词项的读音，他们的模式不是这样的。在转换生成学派看来，"基本表达（underlying representations）中的变化会随着作为重建过程的一部分的规则的附加而变化，实际上也无须全部发生变化。""词项形式的变化较慢。事实上是由于生成音系是非自主的（non-autonomous）。"[1]这种解释是合理的，因为有的例外确是语言规律以外的因素造的。

相距遥远差异甚大的语言，一些词在语音、语义上有对应关系，它们到底是发生学的对应还是后来的借用造成的，还是来自底层的遗存，是需要进一步的研究的。试比较日语和突厥语族的语言。

日语词首的 j-<*l-，可对应于突厥语族语言*d-或*l-。

	送走	世、代	行走	好
日语	jara-	jo	juki-	joçi
维语	jollɑ发送	jil 年	jygyr-跑	joχʃi

"遣られる"，日语"送走"。"发送"柯尔克孜语 dʒoldo-，哈萨克语 dʒoldɑ-<*dol-。

"跑"哈萨克语 dʒygir-，图瓦语 dʒygyry-<*dugu-ri。鄂伦春语 tʊkʃa-<*tuk-sa。

"年"日语 toçi<*toli。古突厥语、维吾尔语 jil，哈萨克语 dʒəl，图瓦语 dʒɣl，蒙古语、达斡尔语 dʒil<*dil。

"好"古突厥语 jeq，哈萨克语 dʒɑqsə<*deq-。中古朝鲜语 tjohta<*djoq-。

日语词根首辅音的舌根浊塞音跟突厥语族语言的对应，如：

"弯曲"日语 magaru<*ma-garu。土耳其语 eɣri，维吾尔语 ɛgri，哈萨克语 ijir，塔塔尔语 kɛkri<*qe-giri。土族语 gug‍uriː<*guguri。

"转圈"日语 guru-guru。"圆的"柯尔克孜语 tøgørøk，西部裕固语 doGər，东部裕固语 Gorɣi。"围墙"维语 qoruq<*qoru-q。

"困难的"日语 gota-gota。"困难的"西部裕固语 gudʒir<*gudi-ri。

日语的 w-跟蒙古语、突厥语的舌根塞音对应，如：

"腋"日语 waki<*gaki。"肋骨"撒拉语 GoχGɑ，图瓦语 eːkɣ<*Gekə。

"坐"日语 sɿwaru<*suɣa-ru<*suga-。（日语词根元音交换）"坐、居住"蒙文 sɑgu，蒙古语 suːx，达斡尔语 sɑugu，东乡语 sɑo-<*sagu。西部裕固语 tʂoGe-，东部裕固语 dʒoGGui-<*toge-。鄂伦春语 təgə，鄂温克语 təgə-<*togo。"跪"西部裕固语 tʃøk-<*tok。维吾尔语 jykyn-，哈萨克语 dʒykin-，撒拉语 juggun-<*dikun。

从日语同突厥语、蒙古语和满-通古斯语一些语音和形态的对应关系看，日语到底是不是要划归阿尔泰语系，还需要有进一步的研究。

---

① Theodora Bynon. Historical Linguistics[M]. Cambridge University Press, 1977:117.

2）语音演变的残留

有几种情况下读音可错过某演变规律的作用,成为例外。如草木虫鱼之名,官职名或地名等,可能保留原有的说法。

①"食"《广韵》乘力切,又羊吏切(汉代人名郦食其)。

"食"上古音的演变可能是 *gljək>*dʑək, *gljək-s>*ljəks(郦食其)。

②"射"《广韵》食亦切,又羊谢切(汉代官职名仆射)。

"射"上古音的演变可能是 *gljak>*dʑak, *gljak-s>*ljaks(仆射)。

古汉语的歌部字从上古到中古经历了 ar(l)→ai→a 的演变。温州话歌部字中古以后又经历了 a→o→u→ə 的演变,如"多"təu^1,"拖"thəu^1。"蛾"叫作 mai^2<*ŋʷar,"(祖)裸"叫作 lai^4<*ralʔ(《说文》祖也),"(痰)唾"读 thai^5<*thʷar(《说文》口液也),是汉代读法的遗存。同样的情况,"踝"北京话 huai。

温州话"拖"白读 tha^1,保留中古读法。"阿弥陀佛"中的"阿"读 o,是文读;"阿胶"中读 u。文读在其他方言中完成了演变又借进来,看起来像是该方言中演变后的不同层次。

形态成分的读音往往不同于词或词干音素的演变。试比较藏语、拉达克语、喜马拉雅语支的卡脑里语(Kanauri)、朗加斯语(Rangkas)的这几个数词:

	藏文	拉达克语	卡脑里语	朗加斯语
一	gtɕig	tɕig	id	tākā
六	drug	ɖug	ʈug	ʈuk
八	brgjad	giat	dʒjud	rai

可以推测,原来的藏缅语中塞音尾有清、浊的对立,现代喜马拉雅语支语言中仍有残存。分布在印度和尼泊尔的数种喜马拉雅语支的语言不但有-g 韵尾,还有-g 后缀,曼查底语是-gɑ。卡脑里语的动词-g 后缀来自第一人称代词 ŋa。如:

gɑ to-g　　　　　我是

kɑ to-n　　　　　你是

do to-ʃ　　　　　他是

喜马拉雅语支的其他语言如,卡纳斯语(Kanasi)"死"çig,林布语"去"pēg,仍有来自-g 后缀的韵尾。

(6) 语音的演变和互补的分布

语音要素的互补是指:有共同的来历的语音 A 和 B 中的 B 总是以 C 的出现为条件,那么 A 和 B 是互补关系。

李方桂先生认为上古有清鼻音和清的流音。他说:"上古时代来母也应当有个清音来配,这可以从来母字跟透母彻母互谐的例子看出线索,如獭 thât:赖 lâi,體 thiei:禮 liei……。""藏语的清边音,普通写作 lh-的,唐代译音多用透母来译,如 lha mthong 译作贪通……,因此我们也可以拟出下列两条演变律:

上古 *hl-(一、二、四等字)>中古透母 th-

上古 *hlj-(三等字)>中古彻母 ʈh-"

据宋代学者的汉语音韵学研究,字母"端透定泥"只有一、四等两类。字母"知彻澄娘",只有二、三等两类。一等"端透定泥"的声母构拟为 t-、th-、d-、n-,四等"端透定泥"的构拟为 ti-、thi-、di-、ni-,三等的"知彻澄娘"的构拟为 tj-、thj-、dj-、nj-,二等的"知彻澄娘"可能是 te-、the-、de-、ne-(圆唇的为 two-、thwo-、dwo-、nwo)。那么舌尖塞音声母的类型以等来区分,构成互补的分布。唐宋时期这种结构可以解释方言中不同字音的演变和可以据此推测较早前的来历。

2. 不同语音层次演变的关系

(1) 声韵调对应关系的解释

语音结构层次重叠,不同层次中的繁简互补。元音系统较为简单的,通常辅音系统较为复杂,或以复辅音的形式增加音节的区分。元音和辅音都比较简单的,如日语,词的音节数较多,弥补了音节较为简单的不足。

声调语言或方言之间有的读法往往差别很大。苗语的方言土语大多数是 8 个调,野鸡坡话是 4 个调。野鸡坡的每一个调分别与养蒿和大南山的两个调有对应关系。有的土语的声调比较复杂,但诸方言土语声调的对应关系是清楚的。[①]

苗语的中古汉语借词的声调在苗语诸方言中泾渭分明,根据它们与汉语中古声调的对应关系,古苗语的声调定为 A、B、C、D 四调分别和汉语中古的平、上、去、入诸调对应。古苗语的四个原始调在野鸡坡话中仍能保存,在养蒿和大南山话中分别因古声母的清浊分化为不同的调。于是标调的方式有两种,标实际的调值或标调类。8 个调的方言土语用单数表示古声母是清的,用双数表示古声母是浊的。

苗语诸方言都没有塞音韵尾,有简单的鼻音韵尾。如:[②]

	黑	日	虱子	问
养蒿	$l\varepsilon^1$	$nh\varepsilon^1$	$t\varepsilon^3$	$n\varepsilon^6$
腊乙坪	que^1	nhe^1	te^3	ne^6
大南山	tlo^1	no^1	to^3	no^6
野鸡坡	$qla\eta^A$	na^A	$ta\eta^B$	na^C
甲定	$tl\partial\eta^1$	$nh\partial\eta^1$	$t\partial\eta^3$	$n\partial\eta^6$

这些词的元音有一致的对应关系,韵尾的情况不同。野鸡坡话这一类韵的词当声母是鼻音时不带鼻韵尾,不是鼻音声母时带鼻韵尾。"黑"如苗语支炯奈语 $klaŋ^1$,畲语多祝话 $kjaŋ^1$。原始苗语、原始苗语支共同语这个词是有鼻音韵尾的。苗语这一韵的词原来都带鼻韵尾。野鸡坡话中由于鼻音声母的异化,"日""问"两词丢失了鼻音尾。

音节声调通常先作为音节其他语音特征的伴随特征,然后声调可趋向复杂化,反而使产生声调的那些特征简化或消失。总的说来,声调一旦产生,语言为了坚持声调的结构格局便要简化声韵结构格局。

语言接触中系统趋向简化,相对封闭中又趋向复杂化。结构层次重叠与层次中的复杂性互补。

(2) 复音词的演变

复音词演变为单音节词在许多语言中都可以见到。

重音在前的语言韵尾辅音和韵尾的元音易弱化脱落,而重音在词末的语言前一个音节的元音易弱化丢失。占语支语言音节的缩减引起语音系统极大的变化就是很好的例子。占语首音节的变化与重音在末音节有关。

羌语北部方言(麻窝话)有重音无声调,南部方言(桃坪话)有声调无重音。北部方言中复音词的末音节可以弱化,于是韵母脱落,声母成为韵尾,不同的韵尾有 44 个之多,其中 22 个是复辅音韵尾。[③]

北京话的儿化音,以屈折方式标记名词、方位词,或标记单音节动词。北京话儿化音来自"儿"(花儿、鸟儿),"日"(今日→今儿,明日→明儿),"里"(这里→这儿,那里→那儿),"了"(吃了→吃儿),最后的音素是 -ʅ。[④]"儿"原指"儿子",唐代才开始为指小后缀。大约在清代的中、晚期,后缀"儿"$^*ȵ$"里"$^*li$ 和"了"$^*l\gamma_{342}$ 弱化,合并为 $-\gamma_{342}ʅ$。两个音节合并为一个音节。

3. 不同语音类型演变的特点

语言可区分为单音节语言和多音节语言。阿德隆(Adelung)1806 年把语言区分为单音节和多音节两个类型,汉语被归入单音节语言。[⑤]

① 王辅世.苗语古音构拟[M].东京:国立亚非语言文化研究所,1994:3.
② 王辅世.苗语古音构拟[M].东京:国立亚非语言文化研究所,1994:58—59.
③ 孙宏开.羌语简志[M].北京:民族出版社,1981:7,33.
④ 李思敬.汉语"儿"[ɚ]音史研究[M].北京:商务印书馆,1994:92—106.
⑤ Winfred P. Lehmann. Historical Linguistics:An Introduction[M]. New Fetter Lane, 1992:96.

（1）单音节语言的演变

单音节词为主的语言在简化音节某些声母和韵母特征的同时，发展了音节的声调。汉藏语系和南亚语系的多数语言有区别意义的音节声调，语言声调的产生可以有不同的途径。汉藏语系和南亚语系某些相近的语言，有的有音节声调，有的没有音节声调，它们的比较是了解声调起源的一个重要途径。

汉语声调的产生与韵尾有关，白语声调的产生与元音的松紧对立有关，①佤语细允话声调的产生也与元音的松紧有关。②

汉语声调别义产生于南北朝，唐宋时代记录的是四声，从南北诸方言看一些方言中后来演变为八个调。现代汉语北方方言复音词较多，先是去声并没有像南方方言那样分阴、阳，已经分化的声调也趋于合并。南方方言中，如粤方言，不但保留阴入和阳入的对立，因元音分长短，入声还进一步分化。

（2）复音词为主语言的演变

复音词为主的语言当在现存的语言中占多数，如南岛语系的语言有数百种，只有分布在中国海南岛三亚地区的占语支的语言回辉语成为单音节词为主的语言。

回辉语据说来自马来西亚，史书记载宋时迁至此地，至今约10个世纪。回辉语早已与故土的其他南岛语失去联系，这么多年来主要与当地的汉语方言有密切的接触关系，今成为分析型的有声调的语言。在这样的环境中，双语人起了相当大的作用。现在的回辉人大多数是能说回辉语和汉语的双语人（他们往往通多种汉语方言）。③小聚居和多双语人这两个因素使回辉语变成不同于亚齐语和其他占语支语言的一种南岛语。

占语支的亚齐语分布在印度尼西亚的苏门答腊，与印尼语有密切的接触关系，有不少印尼语借词。亚齐语仍然保存着古南岛语用前缀和中缀构词的形态手段，如 pɯ- 是动词的使动前缀，tɯ- 是动词不及物和非意愿式的前缀，mɯ- 是不及物前缀，-ɯ- 是把其他动词变成表示习惯或持续状态不及物动词的中缀，-ɯn- 是派生名词的中缀。其中 pɯ-、mɯ- 和 -ɯn- 应来自古南岛语。

北京话的本地话，包括胡同里的北京本地话和带儿化韵的普通话，具有汉语南方方言不常见的两个特点，儿化韵和复音词的轻重音。北京本地话儿化韵是后一音节并入前一音节的现象。

20世纪50年代北京本地人普通话的韵母包括儿化韵，较为复杂，通常用-r代表儿化韵中的最后一个音素，北京口语中是-ɻ。以下是系统中所包括的儿化韵：

ɑr	er	or	ər
iɑr	ier		iər
uɑr		uor	uər	ur
üɑr	üer		üər
ãor	our	ãr	ə̃r	õə
iãor	iour	iãr	iə̃r	iõə

大约清代早期北京话的儿化韵已产生，来自"儿"（花儿、鸟儿），"日"（今日→今儿，明日→明儿），"里"（这里→这儿，那里→那儿），"了"（吃了→吃儿），不同性质的构词成分归并到了一起。④

二　形态和句法的历史比较

1. 形态类型的变化

（1）语言的形态类型

洪堡特把语言区分为孤立（isolating）、黏着（aggulutinative）和屈折（inflectional）三个类型。孤立语又叫作

①　吴安其.藏缅语的分类和白语的归属[J].民族语文，2000(1).
②　周植志.佤语细允话声调起源初探[J].民族语文，1988(3).
③　郑贻青.回辉话研究[M].上海：上海远东出版社，1997：1—14.
④　李思敬.汉语"儿"[ɚ]音史研究[M].北京：商务印书馆，1994：92—106.

分析语(analytic language)和词根语(root language)。在这个基础上后来又加上多式综合语(polysynthetic language),这样就有四种形态类型。

"世界上绝大多数(或许全部)语言并不确切地相当于这些类型中的某一种类型,而是在综合指标和融合指标上都介于两个极端之间。"①

萨丕尔指出,"严格地说,我们事先就知道不可能树立起有限的几个类型,就把世界上几千种语言和方言的特点都照顾到。就像人类的一切制度一样,语言也是花样万千,变幻多端的东西,难以妥当地贴上标签。哪怕类型的尺度分得再细致,还几乎一定会有许多语言必须经过一番修剪才能放进表格里去","语言的历史研究已经无疑地证明,语言不但是逐渐地改变,也是一贯地改变着的;它不自觉地从一种类型变向另一种类型,在世界上相隔很远的地区可以看到类似的趋势"。②

不同历史时期形成的形态形式共存于一种语言中,目前我们还没有发现单一态形式的语言。古英语是屈折型的语言,但仍包含着一些黏着形态的构词形式。汉语是分析型的语言,仍有一些屈折形态和黏着形态的变化形式。

(2) 形态类型的历史演变

萨丕尔把古藏语作为"综合(轻度)"的语言,现代藏语归入分析型。③他说:"语言处在经常改变的过程中,但是有理由假定它们会把结构中最基本的东西保持得最长久。如果我们举几大组在发生学关系上有关系的语言(或者说,用文献或比较方法证明是同源的语言),从这一组看到那一组,或者追溯它们的发展道路,我们不时会遇到逐渐的、形态类型上的改变。这也无足为奇,因为一种语言没有理由要永远保持它原来的形式。"④

古印欧语的屈折形态在后世不同的语言中都处于瓦解的状态。古日耳曼语的形态逐渐瓦解,古英语越来越失去屈折语的特点,分析型的特点也越来越明显。⑤有时语言从一种形态类型到另一种形态类型的演变往往要二三十个世纪或更长的时间,而英语在十几个世纪中成为有较多分析方式构词的语言。其过程主要是分析形式在一些语法范畴中不断地代替旧的形式。而德语相对来说比较保守。

语言现存的形态形式总是包含不同的层次,是历史的演变的结果。如英语动词的不规则变化可以追溯到古日耳曼时代。现代汉语的一些动词、名词和形容词以声调的不同来区别,这就是所谓的四声别义。四声别义的源头可追溯至古汉语的形态。

中古时期英语的屈折形态逐渐消失,现代英语有的名词的复数不规则形式是中古英语的遗留。-en 是中古英语南部方言名词复数后缀,有的保留至今。如:oxe/oxen, child/children。

希腊语的动词原本都有将来时,到了拜占庭时代这类将来时的形式消失,为其他的形式所代替。希腊语动词都有完成体形式,是后来才发展起来的,大约到古雅典时代才完成,此后又逐渐丢失,现代希腊语中完全丢失。⑥

法语的 il est"他是",ils sont"他们是",je fus"我曾经是"与拉丁语的 est, sunt, fuī 相符,可以证明"法语是由拉丁语变来的一种新形式"。法语和拉丁语形容词阴性和阳性的分别都是任意规定的,法语"新"neuf (阳性)和 neuve(阴性)与拉丁语"新"nouus 及 noua 有对应关系。⑦从古拉丁语到现代罗曼语族诸语,比较研究可指出它们的各种演变情况。

形态类型的相近往往不能作为发生学关系的证明。正如梅耶所指出的:"虽然习惯常常使某种类型保持得很久,甚至在这个类型趋于整个废弃的时候,还留下一些痕迹,可是我们却不大能利用这些共同的类型来

① 伯纳德·科姆里.语言共性和语言类型[M].沈家煊,罗天华,译.北京:北京大学出版社,2010:54.
② 萨丕尔.语言论[M].陆卓元,译.陆志韦,校订.北京:商务印书馆,1997:108—109.
③ 萨丕尔.语言论[M].陆卓元,译.陆志韦,校订.北京:商务印书馆,1997:130—131.
④ 萨丕尔.语言论[M].陆卓元,译.陆志韦,校订.北京:商务印书馆,1997:127.
⑤ 以斯瓦迪什 200 核心词词项对应的现代英语词为统计对象,单音节及单音节词根的词占近九成.
⑥ A.梅耶.历史语言学中的比较方法[M].岑麒祥,译.王开庭,校订.北京:科学出版社,1957:42.
⑦ A.梅耶.历史语言学中的比较方法[M].岑麒祥,译.王开庭,校订.北京:科学出版社,1957:23.

证明一种'语言的亲属关系',因为类型常常有以不等的程度逐渐趋于完全消失的趋势,比方各个印欧系语言的历史里就有过这种现象。"①过去有人拿汉语、侗台语和苗瑶语形态类型的相近以及侗台语和苗瑶语的中古汉语借词为证据解释它们的发生学关系是不对的。

历史上的某一形态形式终止之后,往往为其他形式所取代,后来语言中通常仅仅保留它们的残存形式。

如汉语中有的平声为形容词去声为动词,从形态学的角度看是以屈折形式表示语法意义。如果去声来自上古的 *-s,即原本以黏着形式把形容词变为动词。后来随着韵尾的简化,*-s 丢失,黏着形式就只剩下一些残存。

实词演变为虚词,大体是音节弱化。从虚词到黏着成分,其倾向是省略辅音或弱化形态成分中的元音。当屈折形态代替黏着形态时便发生了融合。复音词的弱化音节受节律变化的制约,有的语言中受元音和谐律的约制。当声调成为形态特征时,又受声调结构和这个结构演变的制约。当某一类的演变较多发生的时候,语言的类型可能逐渐地发生变化。

2. 形态、词法和句法的历史关系

索绪尔指出:"形态学、句法和词汇学的互相渗透,可以用一切共时态事实都具有根本相同的性质来加以解释。它们之间不可能有任何预先划定的界限。"②

(1) 形态和句法的历时关系

语言的形态类型是会变化的,汉藏语中的变化较为明显。

上古末期以来,汉语的形态简化,逐渐成为较为典型的分析型语言。中古早期开始句法上有了较大的变化。上古末期和中期,汉语陆续出现语法虚词"了""着""过",是原本黏着和屈折形态衰落之后语法表达的需要。

我们看一下汉语持续体的变化。汉末以前,汉语的持续体有两种表示方式,动词以浊音声母表示持续状态,还有"在"。汉末以后"着(著)"表示持续体。

古汉语以浊音声母表示动词的持续状态,如:

① "庇" *pjir-s(庇护),"毗" *bjir(附也,辅助)。
② "属" *tjok(连接、跟随),*djok(依附)。
③ "卷" *kʷran-ʔ(卷曲),"踡" *gʷran(腿卷曲)。
④ "禁" *krəm-s(《说文》吉凶之忌也),"噤" *grəm-s(口闭也)。

古汉语"在"作为表示存在的动词,也作为表示时间、地点及范围的介词,表持续体的如:

《周颂·闵予小子》:"闵予小子,遭家不造,嬛嬛在疚。"

《左传·哀公二十四年》:"以寡君之在行,牢礼不度,敢展谢之。"

《吕氏春秋·开春论》:"君子在忧,不救不祥。"

"着"字本字为"著",本义为显露,先秦文献中已有引申为附着、记录、命令等义,写作"著",意为"附着"。汉末开始虚化,表示持续态,如:

《论衡·雷虚》:"今钟鼓无所悬著……如必有所悬著……"

表持续体这个"着(著)"在今北部吴方言中记为"仔",也可视其为黏着成分。

表示完成体的"了"在先秦两汉的文献中尚未出现,在南北朝的白话书面语文献中突然多了起来。唐五代之后表示动作完成体的"过"多了起来。

(2) 词法和句法的历时关系

历时语法关注句法、词法和形态旧范畴的消失和新范畴的产生,以及它们新语法成分的产生和旧的语法

① A.梅耶.历史语言学中的比较方法[M].岑麒祥,译.王开庭,校订.北京:科学出版社,1957:19—20.
② 索绪尔.普通语言学教程[M].高名凯,译.岑麒祥,叶蜚声,校注.北京:商务印书馆,2001:188.

成分的凝固及其残留。

印欧、汉藏语系诸语经过漫长的历史时期之后,可能成为完全不同类型的语言,它们的词法和句法对应范畴也有较大的差别。英语原本是 SOV 语序的语言,后来逐渐演变为 SVO 型的语言,连带着名词的修饰语一律前置于所修饰的名词。随着语言主要语序类型的变化,同时可能发生连带的语序类型的变化。有所谓"昨天的句法是今天的词法"的说法。

从古代汉语到近代汉语,再从近代到现代,汉语的词法结构在变化,句法的结构也在变化,向着主题优先更为明显的方向发展,古汉语纯词法范畴的问题后世或成为句法或词组范畴的问题。

殷商卜辞语序较复杂,主语有在句末,否定句中作为宾语的人称代词有前置也有不前置的。"叀"放在问句宾语的前面,为前置宾语的标记。否定句代词做宾语前置于动词是正常语序。

甲骨文中既有"商受年"语序,又有"受年商"这样的句子。代词作为宾语前置,否定句中宾语不是代词亦可前置。

殷商卜辞直接用数词与名词结合表示名词的数量。数词可置于名词前也可置于名词之后。如:

"甲戌卜贞翌乙囗于祖乙三牛。"(陈 30)

"壬申卜贞王田囗往来亡灾隻白鹿一狐二。"(前 2.29.3)①

甲骨文献中少数情况下还出现"羌百羌""狐十又五狐"这样的形式。西周和春秋时代汉语量词和数词构成的结构放在被修饰的名词后面。如:"孚戎车百乘一十又七乘。"(多友鼎)"不稼不穑,胡取禾三百廛兮。"(《诗经·魏风·伐檀》)这种结构与度量衡等单位词构成的名数量结构相同。不过上古时期最为常见的仍是数词直接修饰名词的结构。春秋以后汉语的数量结构逐渐前置于名词,到了中古以后数量名序成为汉语的常见语序。

关于殷商卜辞主语在句末这样的特殊语序,沈培总结说:"出现比较特殊的语序的卜辞主要有师组、午组、子组和历组卜辞,这些卜辞的时代都比较早,其中相当一部分卜辞与宾组卜辞共存过一段时间。但是,上述那些比较特殊的语序在宾组卜辞中几乎没有见到,其他晚于宾组的卜辞也没有见到。"②

萨丕尔说:"英语的屈折形式越来越少,词本身的形式越来越不足以表达造句关系,句子里的位置就逐渐接管了原来不属于它的功能。"③古藏语、古汉语同样经历了这样的过程。

3. 形态和句法的历史拟测

不同语言语法范畴的意义表达差异甚大,各自形态、词法和句法范畴的表达往往互补。就历时看,形态范畴的内容可成为词法范畴的内容,词法范畴的内容可成为句法范畴的内容,句法范畴的内容也可成为词法范畴的内容。

梅耶指出:"我们要确定一种古代共同语的存在,必须在所比较的语言中尽量找出这种古代语言的那些被保存下来的特性。因此应当研究这种语言的各个成分的作用是怎样的,因为它们并不是以同等的程度保存下来的,也不是以同样的方式保存下来的。""虽然习惯常常使某种类型保持得很久,甚至在这个类型趋于整个废弃的时候,还留下一些痕迹,可是我们却不大能利用这些共同的类型来证明一种'语言的亲属关系',因为类型常常有以不等的程度逐渐趋于完全消失的趋势,比方各个印欧语言的历史里就有过这种现象。"④

(1)印欧语形态和句法的历史拟测

梅耶说:"由此常常可以看到,古代系统的一般性质是保持得很久的。比方在共同印欧语里,每个词本身都带着它在句中的功用的符号,名词和动词有很明显的区别;而在现代各个印欧系的语言里,名词和动词的

---

① 徐中舒.甲骨文词典[M].成都:四川辞书出版社,2014:78,1080.

② 沈培.殷墟甲骨卜辞语序研究[M].台北:文津出版社,1992:221.

③ 萨丕尔.语言论[M].陆卓元,译.陆志韦,校订.北京:商务印书馆,1997:146—149.

④ A.梅耶.历史语言学中的比较方法[M].岑麒祥,译.王开庭,校订.北京:科学出版社,1957:19,20.

区别都还依然是明显的。"①

1）印欧语形态的历史拟测

印欧诸语形态的历史比较说明它们的形态承自屈折形态的共同语,葆朴认为印欧语的屈折形式来自更早时期的黏着形式。②

勒曼（Winfred P.Lehmann）在他的《印欧语语言学的理论基础》中有对于古印欧语名词格系统的解释。他认为,原始印欧语的早期阶段名词的屈折形式远较根据梵语、希腊语和其他语言综合构拟的格系统简单。前印欧语（Pre-Indo-European）中名词只有有生命和无生命两类,它们性范畴的表示也是很有限的。如赫梯语主格和宾格的复数形式只是附加后缀-s,早期的吠陀文献中单复数形式也是不作严格区分的。第三人称后缀是后来发展的结果。梵语的名词甚至有比较级和最高级的不同。如 vīrátara"较男人", vīrátama"最男人"。而赫梯语的形容词倒没有这一类后缀,这说明古印欧语形容词的比较级是后来才发展起来的。形容词性的屈折变化情况不同。古拉丁语单数的宾格、复数的主格和宾格的形容词词干有阳性和阴性的辅音屈折变化。赫梯语一些词项的形容词和名词可以变换。前印欧语区别性形容词的三种性标记应来自稍晚的原始印欧语。③

古希腊语和梵语有三种相似的形态:主动态（active voice）、被动态（passive voice）和中间态（middle voice）。主动态表示主语的行为影响到另外的人或事物,被动态表示主语是承受行为的,中间态表示主语的行为作用于自身。如希腊语 théromai"我暖和自己",赫梯语 unuttat"她打扮自己"。

黎俱吠陀经文（Rig-vedo）中的:vāyúr yuŋkte róhiyā ráthe"瓦尤把（自己）褐色的马套上他的车"。文中没有出现"自己的"这样的字样,动词中间态表示了这个意思。

谢米列尼认为古印欧语第一人称中间态的后缀是-ai,第二人称是-soi,第三人称是-toi。在后来的日耳曼语中古印欧语中间态的意义用代词来表示,英语是反身代词。④

语言类型学的研究和赫梯语的发现为古印欧语和原始印欧语的构拟提供了新的思路。赫梯语的中间态和完成体的相似性,动词的第一人称单数形式有-mi 和-hi 两种变化,每一种变化都有主动态和被动态,每一种态中都有现在时和简单过去时及祈使语气的形式。其他人称的复数形式的变化稍简单。古印欧语的中间态也是后来才发展起来的。

2）印欧语句法的历史拟测

句法的历史比较和语言句法类型的普遍特点是原始语句法构拟的依据。在亲属语的句法和形态的比较中,我们寻找原始语留下的句法形式的残余,在句法类型学和历史句法学的基础上构拟原始语的句法。⑤

在语言形态的转换中常常伴随着语序的变化。古希腊语、拉丁语和梵语的子句在安排上有一致性,古印欧语的 OV 语序在它的一些后代语言中向 VO 语序演变,在北部的凯尔特语中转向 VSO 结构。

（2）汉藏语的形态特点

古汉语名词、代词和数词的形态较简单,动词有相对复杂的形态变化。藏语与古汉语比较,两者在语法范畴的构成上有较大的不同,词根和某些形态成分仍有一定的对应关系。大约 1 000 年中藏语的变化比较大,从一种有较多黏着形式的语言成为拉萨话那样用音节声调区分意义的分析形态为主的语言。

1）汉藏语的前缀

古汉语、藏缅语和古侗台语动词前缀*s-表示使动,可把名词变成动词。苗瑶语前缀*s-表示使动,也表示独一无二和有生命的事物。动词的使动前缀*s-也保留于南亚、南岛、阿尔泰和印欧语的一些词中,身体部位词的名词前缀*s-保留于因纽特语、汉藏语以及南岛、南亚语的一些词中,应是早期东亚语言中流行的。我

① A.梅耶.历史语言学中的比较方法[M].岑麒祥,译.王开庭,校订.北京:科学出版社,1957:25.
② A.B.捷斯尼切卡娅.印欧语亲属关系研究中的问题[M].劳允栋,译.岑麒祥,校订.北京:科学出版社,1960:29.
③ Winfred P. Lehmann. Theoretical Bases of Indo-European Linguistics[M]. New York：Routledge, 1996:227.
④ Winfred P. Lehmann. Theoreticl Bases of Indo-European Linguistics[M]. New York：Routledge, 1996:183—184.
⑤ Winfred P. Lehmann. Theoreticl Bases of Indo-European Linguistics[M]. New York：Routledge, 1996:208—209.

们不好把它作为汉藏语系的创新。

汉藏语系语言动词前缀 *m-表示自动,东亚乃至欧洲的语言中普遍存在自动词前缀 *m-,①同样不能把该形态现象作为汉藏语系的创新。*p-、*k-表使动,在东亚其他语系的语言中也有所出现。

*g-(*gʷ-)为动词的完成体及形容词标记,可以作为汉藏语的特征。

早期汉语的形态面貌可能与古藏语这样的语言相近,从上古末期开始汉语逐渐成为分析语,这与汉语词汇复音化的进程是同步的。古汉语的 *s-前缀可表示使动、主动,把名词、形容词变为动词。

①“繹”*lak(《说文》抽丝也)。“釋”*s-lak(《说文》解也)。(使动)

②“甗”*ŋar(炊具)。“献(獻)”*s-ŋar-s>*hjans(甗盛牲品供奉)。(名变动)

③“登”*təŋ(《说文》上车也)。“升(昇)”*s-tjəŋ(《说文》日上也)。(主动)

④“淋”*krəm(以水沃也)。“渗”*s-krəm-s(《说文》下漉也)。(引起某状态)

2）汉藏语的中缀

汉语的中缀 *-r有使动和使名词成为动词,表示突出、分开等功能。

①“分”*pʷjən。“颁”*p-r-an。(使动)

②“躬”*kʷəm>*kʷoŋ。“隆”*kʷ-r-əm>*proŋ>*roŋ。(突出)

③“名”*mjeŋ。“命”*m-r-eŋ-s。(名词成为动词)

④“行”*gaŋ 义为“道路”。*graŋ(<*g-r-aŋ)动词,义为“行走”。(名词成为动词)

3）汉藏语的后缀

汉藏语不同语族语言有动词后缀 *-s、*-g 和 *-ŋ,名词后缀 *-ʔ(*-q)、*-n。

古汉语的 *-s后缀有派生动词的功能。如:

①“道”*lu-ʔ(道路),“導”*lu-s(《说文》导引也)。

②“滴”*tik(《说文》水注也,从水啻声);“適、擿”*s-tik(掷)。《邶风·北门》:“王事适我,政事一埤益我。”

③“帚(箒)”甲骨文 𝕐(乙 586)*spju-ʔ>*tjuʔ(《说文》粪也);“掃(埽)”*s-pu-s>*sus(《说文》弃也)。

④“王”*gʷjaŋ,*gʷjaŋ-s(使成王、称王)。

⑤“子”*skə-ʔ。“孳”*skə-s。“字”*sgə-s>*dziəs(生育、养育)。

汉语、侗台语、苗瑶语和部分藏缅语(彝缅语)今天的声调来自古四声。其中的两个古声调可能分别来自早期的后缀 *-ʔ 和 *-s,但仍无足够的证据可以推测两者皆来自早期的汉藏语。-ʔ 后缀在今天部分南岛语系马来支的语言中也常见。它们可能是这些语言分布在黄河和长江流域时期的语言区域性特征。

名词后缀 *-n 除了在南岛语、阿尔泰语中可以观察到,在非洲、南亚和澳大利亚原住民的语言中也存在。

早期印欧语有小舌音,*-r 为人称复数后缀,*-t 为动词后缀。汉藏语的使动后缀 *-t 仍有可能是早期亚欧某古老语言的特点。

4）汉藏语的屈折形态

古汉语清声母和浊声母的对立中,清音表示使动,或使形容词、名词成为动词。另外还有浊音表示动词的完成体、持续体和不自主。古藏缅语有浊声母为不及物动词,清声母为及物动词的对立。这一类情况还需要有进一步的研究。

古汉语、藏缅语、侗台语和苗瑶语都有元音的屈折变化,如 *-o-、*-e-或 *-a-表示使动(及命令式)或把名词变成动词,可以作为汉藏语的特征。

古汉语的屈折形态包括清和浊,送气和不送气,圆唇和非圆唇的对立。如:

①“見”*kan-s,“現”*gan-s,“看”*khan-s,“觀(观)”*kʷan。

“见”《说文》视也,甲骨卜辞中为“有所见”“巡视”等义。卜辞“王见不允祸”(卜 202)中“见”义为显露,为不自主动词。清音声母为自主动词,浊声母为不自主动词。

“看”(《说文》睎也),送气表示主动。

---

① 吴安其.亚欧语言基本词比较研究(第一卷)[M].北京:中国社会科学出版社,2017.

"覵"(《说文》谛视也),圆唇表示自主。

② "割"*kat,"界"*krat-s。"介"*krat-s,"夬"*kʷrat-s。

"割"*kat(《说文》剥也)。"契"*khiat-s(契刻)。送气表使动。

"界"*krat-s(《说文》境也)。*-r-表两分,*-s表使动。

"介"*krat-s(《说文》画也)。

"夬"*kʷrat-s(分决)。圆唇表完成。

③ "圍"*gʷjər。"暈"*gʷjər-s。"軍"*kʷjər。"喗"*m-gʷjər>*ŋʷjən。

"圍"*gʷjər(《说文》守也)。

"暈"*gʷjər-s(日月气也),动词转为名词。

"軍"*kʷjər(《说文》圜围也),清声母使动。

"喗"*m-gʷjər>*ŋʷjən 牛殟切(《说文》大口也)。*m-表自动态。

汉藏语、南岛和南亚语中圆唇辅音、小舌音有所分布。汉藏语送气塞音和不送气塞音的对立应是早期语音演变的结果,又跟形态有关,送气和不送气的,清和浊的对立是形态变化的重要手段。

古东亚语言名词前缀有 *ʔa-、*ʔi-、*ʔu-, *ta-(*ti-、*tu-)等,后缀有 *-n(*-ŋ)、*-t、*-s 等。动词前缀 *m-表自动,*s-、*-s 表使动,中缀 *-li-表示重复或"分开"。形容词有前缀 *ma-、*la-、*ga-(*g-、*G-)、*da-等,后缀 *-ma(*-m)和 *-l 等。①汉藏诸语名词前缀 *q-、*qa-(*ʔa-),应是东亚古语的遗存现象。

(3) 汉藏语句法的历史拟测

藏缅语较为普遍的有 SOV 语序,少数语言,如白语和克伦语为 SVO 语序。汉语自西周以来表现为 SVO 语序,但从早期的殷商看,早期汉语可能是 SOV 语序。

殷商卜辞以 SVO 语序为主,仍保留 SOV 和 VSO 语序。卜辞中既有"商受年"这样的句子,也有"受年商"这样的句子。

卜辞中介词短语通常可以前置于谓语,也可以后置。

"叀"放在问句宾语的前面,为前置宾语的标记。

否定句代词做宾语前置于动词是正常语序,宾语不是代词时也有这种现象。

商周时代的汉语已是单音节词为主,跟周边语言比较,汉语的单音节词往往对应于一些语言的复音词,据此可推测早期汉语可能是复音词为主。古汉语的前缀和后缀既有成音节的,也有不成音节的,如同今天藏羌语支的一些语言。

侗台语是 SOV 语序,但通常名词的修饰语在名词的后面。苗语为 SOV 语序,指示词、形容词、动词为修饰语在被修饰语之后,勉语名词的修饰语在前。

古英语和古汉语修饰语和被修饰语词序的变化发生在句子语序的变化之后,那么,可能侗台语和苗瑶语也是如此,早期汉藏语句子的语序可能是 SOV。

三 词的历史比较

1. 词的历史

(1) 语源和词源

历史比较语言学所说的"同源词"(cognate, cognate words)也指"同根词",指同一语系中有共同来历的词,借词在尚未完全确定之前可称之为对应词。一个词从开始使用就隐藏着所属语言的语音、形态和语义的特征。当一个词借入另一种语言,就需要服从该语言的语音、形态和语义的特点。

语言的历史和词的历史有密切的关系,词源的比较可以发现语词在不同语言中的历史,以及从一个区

---

① 吴安其.亚欧语言基本词比较研究(第一卷)[M].北京:中国社会科学出版社,2017.

域向另一个区域传播的情况。基本词的意义引申越远,引申的意义越是分歧,最早的意义可能不为后世所知。

印欧语"云""雾""天"等的词源关系如:

"云"拉丁语 nebula,古斯拉夫语 nebo、nebes-,希腊语 nephos、nephele,威尔士语 niwl,希腊语 mynnepho<*mu-nebo。"天"梵语 nabhas-。"雾"梵语 nábhs,德语 nebel,拉丁语 nebula,希腊语 nephélē。

"云"梵语 megha。"烟"威尔士语 mwg,亚美尼亚语 mux<*muk。英语 smok,荷兰语 smook,德语 schmauch<*sk-muk。"蒸熏"希腊语 smugenai。

"云"俄语 tjma,"雾"tuman。"烟"梵语 dhumah,古教堂斯拉夫语 dymu,古波斯语 dumis、立陶宛语 dumai。

印欧语"土""地""田野"等的词源关系如:

"土、地"古英语 land、lond,哥特语、古弗里斯语 land,波兰语 la̜d<*lad。"荒芜的土地"古教堂斯拉夫语 ledina。"田野"德语 feld,荷兰语 veld,英语 field<*pʷelod。

"地"希腊语 tʃhora<*gora。"田野"梵语 adʒra,希腊语 agros<*agra。"黏土"葡萄牙语 argila,意大利语 argilla<*ar-gila。

"土"意大利语、葡萄牙语 terra,梵语 dhara<*dera。"陆地"梵语 deʃe<*dere。"较低的"梵语 adhara-<*adara-。

"土、地"阿尔巴尼亚语 tokë<*toke。"低的"亚美尼亚语 tshatʃr<*dak-r。

影响较大的语言或方言可以一次又一次地向其他语言或方言传播自己的说法。由于相邻的方言或语言的转播,一个新词可能传播到很遥远的语言中去。当两个相隔非常遥远的语言(甲、乙语),某些词有一致性,而它们中间的语言却没有这些词,我们可以推测,这是早期词汇扩散的结果。如果这两种语言不曾相邻,它们中间的那些语言必定是传播的媒介,更多地保留着分别与甲语和乙语相近的词。

(2)词的比较和词源的考证

1)词义的对应

早期的人们没有"人"或"人类"这样的概念,这个分类上的概念是后来认识中产生的,这一点可以从许多语言有关"人"的表达又同时表示别的概念中得到启发。如中国台湾地区的泰雅语赛考利克方言把"人"叫作 səquliq,赛德克语叫作 seʔedaq,这两个称呼又分别是他们支系的名称,邹语、邵语、雅美等支系也和关于"人"的说法一致,其先民大约用这样的称呼把自己与其他生物或人群区分开来。由于通婚和人群之间的竞争后来有了"人"这样的概念,表达的词通常有三个主要的来源,"女人""男人"和支系的称呼。南岛语多数支系和部分南亚语居民的支系都把"人"叫作 qu(ʔu)或 qi(ʔi),有的支系的名称是在 qu(ʔu)或 qi(ʔi)前、后再加标记。

"人"侗台语仡央语支语言,拉基语 qu²¹。南亚语系语言,布朗语胖品话、巴塘话 ʔu⁵¹<*ʔu。中国台湾地区的南岛语邹语 tsou,卡那卡那富语 tsau,卑南语 t̪au,雅美语 tao<*ta-ʔu。①邵语 θaw,巴则海语 saw<*ta-ʔu。②

"人"泰雅语赛考利克方言 səquliq,赛德克语 seʔedaq<*sequ-。-liq 和-daq 是后缀。泰雅人"人"的称呼可能来自一个自称为*qu-(ʔu)的人群。

一些语言"血"可派生指"红色""健康的",并可指"流血""恐惧"等。

"血"和"红"的词源关系如:

①"血"藏文 khrag。汉语"赫"*hrak。《诗·邶风·简兮》:"赫如渥赭,公言锡爵。""赫",赤也。

②"血"中国台湾地区巴则海语 damu。"红色"东部斐济语 damudamu。(南岛语)

③"血"匈牙利语 ver,"红色"匈牙利语 vörös、piros。

"血"和"怕、恐惧"的词源关系如:

①"血"藏文 khrag。"怕"藏文 skrag,缅文 krɔk。

---

① *ta-分布于南岛语,可能是人群或氏族自称的前缀。

② 邵语 θ-和巴则海语 s-<*t-。参见吴安其《南岛语分类研究》,商务印书馆 2009 年版,第 168 页。

② "血"柬埔寨文 loːhɣt<*lolot。"怕"户语 lat³³，佤语艾帅话 lhat<*lat。（南亚语）

③ "血"毛利语、汤加语 toto。"怕"巴厘语 dʒədʒəh<*dedeq。（南岛语）

2）词的对应和考证

稻作农业在华南的出现可追溯到湖南南端湘江流域道县距今 10 000 年前的稻谷的遗存。河南舞阳遗址的不同时期（共分三期）遗址中都有大量稻谷遗存，其年代约为距今 8 800 年至 7 700 年，与长江中游的彭头山文化年代相近。经鉴定为栽培水稻。遗址中还有旱地作物粟等。①东亚、东南亚稻米、小米等农作物名称的对应关系甚是复杂，反映较早前随着农业的发展一些词的传播。

"稻子"武鸣壮语 hau⁴，泰语 khau³，古侗台语 *gluʔ。汉语"稻"古音 *gluʔ。京语（越南语）luə⁵<*ʔlus。栽培稻起源于亚洲的野生稻，可能起源于中国南方。"米"波斯语 gɣrytʃ<*gurus。"稻子"拉丁语 Oryza，英语 rice，丢失了首辅音。

"稻子、米"藏文 fibras。"稻子"苗语川黔滇方言大南山话 mpla²，勉语标敏方言东山话 blau²<古苗瑶语 *bla，印尼的萨萨克语 bəras，印度尼西亚语 beras（稻米）有词源关系。

"米"怒苏怒语 me³³me³¹，白语 sɿ³³me³³（糯米）。汉语"秏"古音 *sme，稻属（见《说文》）。

"米"德宏傣语（hau³）saːn¹，壮语武鸣话（hau⁴）saːn¹，拉哈语 saːlˡˡ（大米），古侗台语 *sal。②"旱稻"维吾尔语 ʃal，据说来自梵文，仍有可能来自东亚。

"小米"泰雅语 tərakis，邹语 tonəʔu<*tərak，博嘎尔洛巴语 tajak 读法相近。

"小米"藏文 khre，景颇语 ʃã³³kji³³<*sə-kri。南亚语系的语言，如布兴语 si kɔi，德昂语南虎话 khɑi<*s-kri。

不同地区的南岛语，南岛语和侗台语一些词的对应也有历史意义。

"榕树"中国台湾地区的南岛语鲁凯语 daralapə，排湾语 daralap，阿美语 tʃalamaj ʔukəʃaj，泰雅语 ʃawił。所罗门群岛劳语 dala，新喀里多尼亚哈拉朱乌语 duru，塔希提语 ʔōrā。这个词与"香蕉"一词的情况一样，鲁凯语与遥远的语言，劳语等读法相近。

"竹子"鲁凯语 baləbala，邵语 qawał<古南岛语 *qa-balal。泰语、龙州壮语 phai⁵，武鸣壮语 pla²，黎语 bai¹（竹排）<古侗台语 *ʔ-blal(r)。

"鬲" *krik，三足中空，是鼎以后流传于长江南北的炊具，起源于 4 000 多年前的关中地区。后来"鬲"随着商文化传入长江南岸。"锅"壮语 ɣek⁷，毛南语 chik⁷<*krik。

"锅"傣语 mo³<*ʔmoʔ。"锅"南亚语系布兴语 mɔ，印度尼西亚萨萨克语 kəmeʔ。这一词早期所指可能是"砂锅"。

2. 借词和借词层次的区分

借词（loan word）通常是根据另一种语言或方言的说法为自己增加的说法。每一个词有自己约定读法用来区别概念。音译词或音译的语素的形式是我们特别感兴趣的。词的"借用"最容易被人们误会的是"借"的含义，这是一种"隐喻"，是指具有可与"物件"借用比拟的关系，实际上是语言符号的模仿。"物件"的借用并不改变物件的外在形式，词的借用就不同。

（1）借词的语音特点

贷方语言或方言的说法一旦进入了一种语言或方言，则用该语言或方言的语音来表示。贷方词的某个音借入方不具备时，借入方以相近的音来表示。如，汉语"客"成为壮语不同方言土语的借词时它们的声母不同，壮语龙州话中为 kheːk⁷，武鸣话 heːk⁷，龙胜话 keːk⁹ 等。这是因为龙州话塞音有送气和不送气的对立，武鸣话和龙胜话没有送气塞音。

---

① 严文明.我国稻作起源研究的新进展[J].考古,1997(9).

② 越南的拉哈语,是侗台语仡央语支的语言,仍保留着-l 韵尾。如,"心"lul⁵,"新"maːl²,"嘴"mul³,"虱子"mdal²,"花"baːl²,"大米"saːlˡˡ等。

不同历史时期的借词可以根据借入方和借出方历史上的读法来区分。英语 street"街道"这个词来自拉丁语 strāta"铺砌的道路"。这个词古撒克逊语′staːta,古高地德语′staːssa,古英语 streːt。德语的 aː 和英语元音 ɛː 的对应关系来自原始日耳曼语的 eː。古高地德语中日耳曼语音节中的 t 演变为 ss。英语这个词来自早期的日耳曼语,是英语迁入不列颠以前从古拉丁语借来的。[①]

东汉以来佛教的传播为汉语带来许多源于佛教思想的词,譬如说"一刹那""造化""造孽"等等。汉末至隋唐,大量佛经翻译作品的语法和用词对后来的汉语书面语有较大的影响。

南北朝时期开始日本就学用汉字,借用汉语词,唐代借得更多。日语和朝鲜语中的汉语词有半数以上。清末民国初年期间中国留日者套用日文汉字词的意思,用汉语的读法用于汉语。如:"文明""文化""文学""封建""经济""社会""精神""环境""民族""革命"等。如《周易》:"汤武革命,顺乎天而应乎人。""革命"的原意是"变革天命",今天汉语中的"革命"是指推翻政权、彻底改革。没人按日语的写法把信纸改成"手纸",真心说成"下心"。

19 世纪末和 20 世纪初外来文化的影响也给汉语带来许多词,为了表达新的概念,如"沙发""芭蕾"等。就是现代汉语书面语的文法也受五四以后翻译作品的影响。

日语中的汉字分"音读"和"训读"。音读就是借词的读法,不同时代的日语汉借词所用的汉字可相同,读法不同。

汉语中古从母字读作 *dz-,高元音的定母和澄母字读作 *dj-,借入日语读作 dz-或 dʒ-,如"座谈"dzadan、"图、头"dzu、"地狱"dʒigoku、"蒸汽"dʒoːki。

汉语邪母字中古读作 *z-,"蛇""邪"现代日语读作 dʒa,"蛇行"读作 dʒakoː 或 dakoː,来自汉语南方方言,从、邪不分。

汉语禅母字读作 *zj-,现代日语如"是非"dzehi。

汉语日母字读作 *nʐ-,日语如"若干"dʒakkan、"弱国"dʒakkok。中古日语 *z->dʒ-。公元四五世纪时日语 *dz-、*dʒ-已存在,*z-、*dz-当可交替。

中古汉语的方言的入声音节通常带-p、-t 和-k 韵尾,而日语的音节没有这样的韵尾,于是日语中的入声汉语借词增加一个音节。日语吴音来自公元五六世纪的汉语南方方言(今闽方言的祖方言),这一时代的汉借词如:"脚"kaku、"斫"syaku、"戟"gyaku 等。

东亚"铜"的出现大约在距今 4 000 多年前,"铁"的普及要晚 2 000 年。这两种金属的应用和名称的出现晚于语系的形成。试比较它们的说法:

①"铜"土耳其语 bakir,塔塔尔语 baqər,西部裕固语 bɑhGər< *baGir。达斡尔语 geːgin(红铜),鄂伦春语 gijin< *gerin。中古朝鲜语 kuri< *guri。

②"黄铜"西部裕固语 Gula,东部裕固语 Goːlo,哈萨克语 qola< *gula。蒙古语 guel,达斡尔语 gɑulj,蒙古语布里亚特方言 guːliŋ< *guli-ŋ。"剑"西部裕固语 Gələş< *gələs。

③ 汉语"铜" *loŋ 大约是战国时代才有的说法,此前称为"金"。

"铜"藏文 zaŋs,道孚语 bzaŋ< *b-laŋ-s。德昂语硝厂沟话 mʌ loŋ< *ma-loŋ。

"铜"匈牙利语 garas,芬兰语 kupari,分别来自亚洲和欧洲的语言。也就是说青铜时代的匈牙利语和芬兰语可能分处欧、亚两地。

突厥语族和蒙古语族语言"铁"的说法有共同的词源,满-通古斯语和朝鲜语有另外的词源。如:

①"铁"土耳其语、哈萨克语 demir,维吾尔语 tømyr,撒拉语 dimur< *demur。蒙古语 temər,东部裕固语 temər,土族语 tumər< *temər。

②"铁"满文 sele,锡伯语 səl,赫哲语 sələ,鄂伦春语 ʃələ,鄂温克语 ʃəl< *sele。

③"铁"中古朝鲜语 sø,朝鲜语铁山话 sswɛ< *slege。

"铁"藏文 ltçags< *l-sjeks。错那门巴语 lek⁵³,博嘎尔珞巴语 çak< *sleg。佤语孟贡话 lek̥,德昂语茶叶箐话 lɛk̥⁵⁵< *slek。壮语龙州话 lik⁷,西双版纳傣语 lek⁷< *slek。

①　布龙菲尔德.语言论[M].袁家骅,等译.北京:商务印书馆,1988.

④ 汉语"铁（鐵）"，上古音 *qlit> *hlit> *thiet 天结切（《说文》黑金也，古文鐵从夷），演变读为 *hlit 时用以"失"声符的"鉄"来表示。

"铁"临高语 het^7、仫佬语 khɣət^7、毛南语 chit^7，来自古侗台语 *hlit。与上古末期汉语的说法相近，应是那个时代的借词。

（2）借词的语义特点

借入方往往把借词的语义调整在一定的范围内，避免与自己词汇中原有某词的语义重合。如布央语有自己的数词，从汉语借用的数词局限在表示月份和日期等的范围内。① 借词有时也喧宾夺主，占了主要的地位，把该语言原有的词排挤到次要的位子上去，或完全排挤掉。核心词中也有这种情况。譬如说，"太阳"这个词在唐时的汉语中只是"日"的别名，大约到了宋代才进入基本词汇。② 汉语南方吴方言和湘方言中"太阳"取代了"日""日头"成为核心词的一部分。

借词最容易分布在与新的文化有关的词语范围内。20 世纪中期，中国南方和北方不同的语言大约都借用"人民公社""大队""生产队"这样的汉语词，汉语方言中往往拥有这一类词新的文读形式。

（3）借词的形态特点

借词形态方面的特点是，借入方会把附着于借词上的形态成分作为借词的一部分借过来，或在借词的读法上添上自己的形态标记。英语从俄语借了 bolshevik"布尔什维克"以及它的复数形式 bolsheviki，另外又按照自己的方式派生了复数形式 bolsheviks，两种复数形式并用。英语中有许多来自法语的词，带着法语的形态特点，又按英语的方式派生新词。③ 朝鲜语和日语中汉语词当动词用时仍照它们的办法把汉借词当作词根，加上动词后缀。如朝鲜语"变化"读作 pjən-hata，pjən 即汉语"变"，-hata 义为"做"。

中古英语借用法语词的同时，把法语的一些构词成分也在英语中推广开来。如法语的后缀-age，-able，-ess，-ment，-ance 等成为英语的构词成分。

汉语的"匠"作为借词在壮语武鸣话中，如"木匠"mok^{8}ɕiəŋ^6、"铁匠"ɕaːŋ^{6}tiət^7。在壮语靖西话中成了构词成分，"木匠"tsaːŋ^{6}mai^4、"铁匠"tsaːŋ^{6}lɛːk^7。④

3. 跨语系的对应

早期的人群迁徙可造成那些相隔遥远语言仍有一些语词对应，一些基本词的历史比起传统历史语言学所认为的语系的历史还要悠久。对词汇和形态跨语系对应研究的不足，可能造成对后来语言历史的误会。

（1）亚欧语言词和形态的对应

亚欧大陆虽有种种阻隔，数万年以来两地的人群有过多次重要的迁徙。如末次冰期气候骤变，乌拉尔地区欧洲的人群来到东西伯利亚，成为古北亚语言的组成部分，并南下。这一时期东西伯利亚的人群先后迁至美洲。欧亚两地的语言经历了末次冰期的迁徙，词源对应关系成大致相连的三段：从北欧、乌拉尔地区、蒙古到东西伯利亚和日本列岛，从黑龙江流域、朝鲜半岛到台湾岛，从台湾岛、马来半岛到新几内亚岛，相邻地区语言的对应词较多。至于澳大利亚土著的语言的基本词，又与东亚内地的语言有密切关系。⑤

由于末次冰期期间和结束之后人群的大规模迁徙，一个地区的语言中一些词项有数个不同词源的存在，在形成语系之后形成跨语系的复杂对应关系。

1）人

一些语言"人"的称呼来自氏族或部落的称呼，另外的语言中可指"女人""妻子"或"男人""丈夫"等，应

① 小坂隆一，周国炎，李锦芳.仡央语词汇集［M］.贵阳：贵州民族出版社，1998：77—79.
② 王力.汉语史稿（下）［M］.北京：中华书局，1980：495—496.
③ 布龙菲尔德.语言论［M］.袁家骅，等译.北京：商务印书馆，1988：572—573.
④ 张均如.壮语方言研究［M］.成都：四川民族出版社，1999：659.
⑤ 吴安其.亚欧语言基本词比较研究（卷一）［M］.北京：中国社会科学出版社，2017.

是早期氏族婚姻的遗留。"人""男人""女人"等说法只有少数的一些语支的语言才有基本一致的说法。

①"人"鄂伦春语、鄂温克语 bəjə<*bərə。

"女人、妻子"土族语 beːrə、东乡语 biəri<*beri。"媳妇"蒙古语 bər,达斡尔语 bəri<*bəri。汉语"妣"*pirs。

"人"古法语 persone、拉丁语 persona<*perso-。"男人"立陶宛语 výras,拉丁语 vir、哥特语 wair,古英语 wer,古爱尔兰语 fer<*bʷira。"英雄"梵语 vīras<*bʷira-。古英语 wer 后来被 man 所取代。

匈牙利语"人"ember,"男人"ember、ferfe、ferj,"丈夫"ferj。

②"人"藏文 mi,达让僜语 me³⁵,兰坪普米语 mi<*mi。道孚语 sme<*s-mi。"女人"嘉戎语 tə mi<*mi。"人"日语 mita<*mi-ta。①

2）舌头

亚欧语言中"舌头"与"语言""词"等有词源关系,"舔"等动词有的是"舌"的同根派生词。

①"舌头、语言"古突厥语、维吾尔语 til,土库曼语 dil,图瓦语 dʏl,西部裕固语 dəl。南岛语系语言,印尼语 dilah,巴拉望语、摩尔波格语 dilaʔ。

②"舌头"满文 ileŋgu,锡伯语 iliŋ,赫哲语 iləŋgu,鄂伦春语 iŋŋi,鄂温克语 iŋi<*ʔiligi。"口水"满文 sileŋgi,锡伯语 ҫiliŋ。

"舌头"拉丁语 lingue。"舔"古撒克逊语 likkon,哥特语 bi-laigon,古爱尔兰语 ligi-m(我舔)。"词"希腊语 logos,俄语 slova、波兰语 słowo。

3）眼睛

①"眼睛"满文 jasa,锡伯语 jas,鄂伦春语 jɛːʃa<*ʔila。因纽特语 ije<*ʔile(复数 ijet)。"眉毛"古突厥语、土耳其语、维吾尔语 qaʃ,哈萨克语 qas<*qal。

"太阳"土耳其语 gyneʃ<*gun-ʔel,字面意思"白天-眼睛"。

"眼睛"法语 œil、意大利语 ojo<*ole。古爱尔兰语 suil<*su-ilo。

②"眼睛"阿伊努语 ʃik<*sik。"眉毛"蒙古语 xɵmsəg,图瓦语 kɵmysgɛ,土族语 kumosgo<*komu-səgе,字面意思"毛-眼睛"。

"眼睛"赫梯语 sakuwa<*sakʷua,"看见"哥特语 saihwan。

4）鼻子

"鼻子"的说法或与另一些语言的"脸""嘴""鼻涕"等对应。

①"鼻子"藏文、拉达克语 sna,道孚语 sni,阿侬怒语 sŋ³¹na⁵⁵<*s-na。

"脸"壮语武鸣话、西双版纳傣语、侗语 na³<*naʔ。

"脸、嘴、鼻子"梵语 aːna。

②"鼻涕"藏文 snabs,缅文 hnap,却域语 sna⁵⁵pɔ⁵⁵。

"鸟嘴、鼻子、脸"古英语 nebb,古挪威语 nef<*neb。"鼻子吸进"英语 snuff,荷兰语 snuffen<*snub。

5）嘴

①汉语"吻"*mət。"嘴"柬埔寨语 mɛcc<*mot。

"嘴"丹麦语 mund,荷兰语 mond,古英语 muþ(嘴、门)<*mud。

"鼻子"希腊语 myte<*mute。

②"鸟嘴"维吾尔语 dumʃuq,撒拉语 dumdʒux<*dum-。

南岛语系"鸟嘴"布昂语 timu,毛利语 timo。

"嘴"赫梯语 ʃtamar<*stoma-,阿维斯陀经语 staman(狗的嘴)。

"喉咙、胃"拉丁语 stomachus,14 世纪早期英语"胃"stomak。

6）牙齿

一些语言"牙、齿"和"咬""嚼"等词有词源关系。

---

①　*-ta 后缀可能来自东亚的语言,我们在南岛语、朝鲜语中可以找到它的存在。

①"牙齿"蒙古语书面语 ʃidü，达斡尔语 ʃid，蒙古语都兰方言 ʃide<*side。

"吃"清代蒙文 ide-、蒙古语 idə-、达斡尔语 idə-<*ʔide-。

"吃"英语 eat、古撒克逊语 etan、古挪威语 eta。

②"牙齿"印尼语 gigi，亚齐语 gigɔə。因纽特语 kigut<*kigu-t。（-t 复数后缀）

"嚼"古英语 ceawan、中古德语 keuwen<*kekʷe-，波斯语 javidan<*gekʷi-。

"腭"古英语 ceace、cece，中古低地德语 kake<*kake。

7）腹

汉语"腹"*pʷjuk。"腹"缅文 bok，嘉戎语 tə pok。

南岛语系"身体"巴厘语、萨萨克语 awak<*ʔabʷok，"男根"邹语 boki<*boki。"胸"邵语 paku。"肺"那大语 boka，锡加语 bokaka，他加洛语 baga?。

南亚语系语言"肚子"佤语艾帅话 vaik，德昂语硝厂沟话 văik<*bak。"肠子"布朗语 viek⁴⁴<*bʷek。

"肚子"瑞典语 buk、丹麦语 bug、荷兰语 buik<*buk。

"胸"梵语 vakʃa<*bʷak-sa。"乳房、胸"拉丁语 pectus，pectoris（所有格）<*peg-。

8）地神和土地

"土神"藏文 ya-ma<*la-，"神"lha。"神仙"史兴语 gɪ³³ɬa⁵⁵<*gi-la。

南岛语系"土、地"东部斐济语 gele，西部斐济语 gʷele<*gʷele。

"地下的精灵"阿卡德语 galas。

"黏土"葡萄牙语 argila、意大利语 argilla<*ar-gila。

9）播种和种子

汉语"播"*pʷar-s（《说文》种也，一曰布也）。"播种"爪哇语 ŋabar<*na-bar。

"种子"希腊语 sporos，"播种"希腊语 speiro、西班牙语 sembrar。

"大麦"拉丁语 far、古挪威语 barr，古英语 bærlic<*bar-。

"种子"赫梯语 warwalan<*bʷar-bʷalan，阿尔巴尼亚语 farë<*bʷaro。

这一类跨语系的对应词有很多，可以说明亚欧大陆早期人群的迁徙和语言之间的密切关系。这一类对应关系的解释往往突破我们现有关于语言发生学关系的认识。

从今天亚洲、欧洲和非洲的大陆词的分布看，原本可能有多个源头，后来的人群迁徙和语言接触留下的词源关系构成两条主要的词源关系链：非洲、欧洲到北亚；从非洲到中东、到南亚和东亚太平洋地区，又从东亚到欧洲词的对应关系。

（2）亚欧语言语音和形态的对应

圆唇塞音与非圆唇辅音的对应关系可以说明早期的东亚和欧洲的语言有 pʷ、bʷ、kʷ、gʷ 圆唇塞音。东亚边缘地区语言的词源关系、语音和形态特征恰巧说明它们是从末次冰期以前开始的语言扩散的结果。

尽管现存的东亚太平洋语言只有少数有小舌音，可以推测早期的阿尔泰、南岛、汉藏、南亚和印欧语有小舌音，早期的东亚语也是如此，语音的对应关系可以证明这一点。

早期形态的共同底层在东亚太平洋的语言中有许多体现，如名词前缀 *ʔa-、*ʔi-、*ʔu-等的残存，尚不能确定是否为早期东亚语言的主格标记。东亚语言中分布较广的凝固于词根的 *-al-、*-ur-应是早期中缀的残存。

前缀 *ʔa-、*ʔi-、*ʔo-、*ʔu-在南亚语和另外的一些语言中表现为使动前缀，应是稍晚才有的。印第安语、俄语和阿拉伯语的屈折特征也应该是后来发展的。

动词的使动前缀 *s-保留于汉藏、南亚、南岛、阿尔泰和印欧语中，身体部位的名词前缀 *s-保留于因纽特语、汉藏语以及南岛、南亚语的一些词中，应是早期东亚语群的语言所流行的。

（3）亚欧语言对应的解释

关于汉藏人和印欧人接触的关系，蒲立本是这样叙述的："据文献记载，汉代中原人发现的尔羌或婼羌

(Re Qiang)很可能就是藏缅人。他们居住在新疆的一些绿洲小国(Oasis State)的南部,沿丝绸之路往南穿过楼兰、和阗和莎车,即靠近西藏北部边境(胡尔斯艾维和罗艾维1979:80,85,96,103)的地方。在当时,新疆的绿洲小国为印欧人所盘踞,西南的和阗和喀什噶尔(Kashgar)为伊朗人所占,而吐火罗人(Tocharian)则居住在从喀什到吐鲁番的塔里木盆地的北部边缘,东南直到楼兰。那里也有其他一些游牧民族,如月氏、乌孙和康居。他们生活在绿洲居民的东北部和西部,很可能他们也说吐火罗语。""公元前第三世纪末的汉藏人和印欧人的接触,当然和这两个语系的发生学关系毫不相关。但是,如果汉藏人在公元前五千纪或更早时期就已经生活在新疆一带,他们就有可能和金帕塔所提出的从中亚西部进入黑海地区的原始印欧人有过接触。"①中原的麦子、马等大约是夏商时代从中亚输入中原的,蒲立本的这一段描述可以解释其背景。

末次冰期期间的著名的山西沁水下川文化距今2.4万至1.6万年。其晚期以种类繁多的细石器为主,也有沿袭早期的粗大石器,为采猎经济。北亚、东北亚(包括日本、朝鲜)和北美的一些与之基本相同的细石器文化,出现的时代较晚。前仰韶文化中保留的细石器文化因素中有与之相似的一面。②下川文化是华北和东北亚末次冰期期间该文化独立性的标记。人类体质学和考古说明,距今1.8万年前的山顶洞人已显示出蒙古人种的基本特征。

在距今2万年左右之时,黄河上游已经有欧洲奥瑞纳一类文化的迁入,如陕西的水沟洞文化。裴文中先生认为:"在西伯利亚境内,已发现旧石器时代晚期之遗物,与欧洲奥瑞纳文化者及马格德文化者,均相似。""分布于亚洲之北部及欧洲之中北部,成为一独立之系统。时间前进,此系统之文化更向中国境内移动。"③由于来自欧洲经中西伯利亚到达东西伯利亚的人群的融入,包括黑龙江下游在内的北亚地区的情况与辽河流域的不同。

4 000年前印欧人较多进入中国西北地区。直到今天,尤其是新疆地区的居民具有更多西方人的特征,是古代中亚和新疆地区的人群融合的结果。青铜时代三星堆遗址中高鼻深目的人像、塔克拉玛干沙漠中三四千年前的印欧人遗址都提示了这一时期自西往东的文明传播。小麦原产于西亚,大约4 000年前传至新疆,见于孔雀河流域的考古遗址。

目前亚、欧语言的相似和语言成分的对应,可以说明欧洲、中亚和东亚语言的史前交流关系,尚不能说明这些语言是一个原始"欧亚语系"分化的结果。20世纪90年代格林伯格(Joseph Harold Greenberg)曾提出"欧亚语系"(Eurasiatic languages)的假说。

2013年英国雷丁大学进化生物学家马克·帕格尔(Mark Pagel)等比较了欧洲和亚洲几个语系的一些词,在美国《国家科学院院刊》(PNAS)上发表《跨越欧亚的极为保守的词指向的祖语》一文提出,大约1.5万年前的一种语言分裂为7种不同的语言,后来又继续分裂成欧洲和亚洲的几千种语言。欧亚语言的词源和语源要比这一设想复杂得多,历史也要悠久得多。

四　语言的发生关系

1. 早期的语言及其分化

语言的系统总是处于旧结构瓦解和新结构发展和完善的过程中,迄今为止我们还没有发现一种音系结构完全对称、形态和句法形式单一的语言。经典历史语言学设想原始语有着语音和形态上的完整结构,后来亲属语不同的特征来自原始语。

语言的存在至少有数万年,今天世界的语言格局是最近1万年来农业发生人口繁荣地域局限的结果。如果今天某一语系语言的共同祖语也只是几千年或1万年前如同今天的一种普通的语言,由于在最近数

---

①　蒲立本.汉语的历史和史前关系[M]//王士元主编.汉语的祖先.北京:中华书局,2005:308.
②　石兴邦.下川文化研究[C]//庆祝苏秉琦考古五十五年论文集.北京:文物出版社,1989.
③　裴文中.中国细石器文化略说[M]//中国史前时期之研究.上海:商务印书馆,1948.

千年的语言传播中不同支系的亲属语通常带有不同的底层特点,那么关于原始语的简单设想便是不妥。

（1）早期语言的分化

索绪尔的结构主义认为分化是因语言分处两地分别演变引起的,但很快人们就认识到强势语言通常使另一种语言成为自己新方言的底层。

布龙菲尔德讨论过这样的情况:"假使外来移民在语言上被孤立了,假使他的文化水平很低,而尤其是,假使他跟一个言语不同的人结婚,那么他也许完全停止使用他的母语,甚至于逐渐失掉灵活运用它的能力。英语变成他唯一的语言了,虽然他还说得很不完全;到了他的孩子们一代,英语却变成他们的母语。孩子们最初讲英语也许带些外来特点,但是跟外界接触以后很快会得到完全的或者近乎完全的纠正。""假使征服者为数不多。或者,特别是,假使他们没有携带他们的妇女,那么这样的结局是很可能的。""劣势语言可以继续存在而优势语言趋于消亡。""仿佛优势语言也曾受了劣势语言的影响。最清楚的例证是智利的西班牙语。智利土著人民勇猛善战,西班牙士兵不得不异乎寻常地大量增援,随后定居下来,同土著女子结婚。跟拉丁美洲的其余部分相反,智利丢了它的印第安语,只说西班牙语了,这儿的西班牙语在语音上不同于拉丁美洲其余地方(统治的上层阶级)所说的西班牙语。不同的特点大概来自被西班牙语替代了的土著语言;据推测,第一代异族通婚的子女从母亲学得了不完善的发音。"①

今天我们依照历史语言学理论划分的语系的扩展和支系的形成总是伴随着语言的转用。不同的支系往往带有不同的底层成分,也带有它们在后来发展中与其他语言接触形成的不同特点。忽视不同分支语言的创新和后来的语言接触关系带来的特点的研究,导致语言比较中亲属语言的分歧不能得到合理的解释。

由于印欧语的扩展,欧洲的巴斯克语成为一种遗存的语言,它的一些成分成为一些印欧语的底层成分。类似的情况还有日本的阿伊努语和库页岛上的鄂罗克语。

没有经历一定规模农业社会的澳大利亚土著的语言,巴布亚新几内亚的非南岛语系的语言,南美的印第安语,发生学关系的研究遇到困难。

早期交际语不完善学习和底层语言的影响可能造成不同语族语言的差异甚大,甚至有一些意见完全否定传统的系属划分。如关于汉藏语和阿尔泰语的系属划分,学术界的意见最为分歧。有的否定的意见是有道理的,尤其是那些以不同语言的共时特征的一致为证据,代替历史比较的做法,是不合适的。

（2）古代的语言以及它们的迁移

人类社会的近亲通婚必定带来遗传疾病不利于种族的延续,史前社会的条件下要逃脱氏族消亡的命运只能与其他群体结合,这一情况摩尔根在《古代社会》一书中已经说得很清楚。东亚古代的氏族和部落的社会中使用不同语言或方言的人群通婚,应是最普通的情况。早期人类生存于不同氏族或不同部落交错和相互通婚的状态,不同语言或方言的接触,观念上的相互影响和词的大量借用一定是难免的。

我们先有氏族、部落、部落联盟,后有现代观念的民族。交际语在诸民族语形成的过程中可以说起了决定性的作用。交际语对土语的改造使它们成为相近的方言或亲属语,也有一些人群不能完善地学习交际语,语音系统的复制不完善便成为不同的口音。

在不同氏族或不同部落交际语的传播中精通自己原来的方言和熟悉交际语的双语人起到关键的作用,他们往往在一定的圈子里讲一种以自己原来的方言或母语为基础的交际语。

古代人群大规模的迁徙带来的结果是相隔遥远的语言的词有成套基本词的对应,相邻的语言通常在文化词方面较多一致。人群缓慢迁徙,则带来语言或方言的逐渐推移。一个区域内相邻村寨的居民常使用相近但有一定差异的方言土语,相隔越远差异越大。

我们推测末次冰期结束之后阿尔泰语主体形成于今内蒙古地区,其分化的方言与其他语言结合形成突厥、蒙古、满-通古斯、朝鲜和日语等阿尔泰语系的语言。相邻的语言接触,如突厥语和蒙古语,蒙古语和满-

---

①　布龙菲尔德.语言论［M］.袁家骅,等译.北京:商务印书馆,1988:570—578.

通古斯语,满-通古斯语和朝鲜语,朝鲜语和日语等分别有更多的相似特点。

今天仍然在使用的蒙古语族的各语言比较相近,这些语言是 12 世纪开始的蒙古语的传播造成的,诸语显然带有各自不同的底层。

(3) 语言和环境

语言反映说话人的自然环境。原始社会的居民对他们的环境以及与他们赖以生存的对象都有极细致的观察和用词上的分辨。古代使用汉语的居民对于"洗"有很仔细的区分,当承自早期的社会。今天的南岛语还是这样。原始社会的语言,"只适于表现直接围绕着他们的那些东西","以极大的准确性来区分身体内外的部位,各种动物和植物","但是要在他们那里寻找用于植物、动物、颜色、声音、性别、种等等的抽象概念的词,则是徒劳的"。[1]普米语兰坪话中动物的鸣叫分辨得很仔细,马嘶、牛叫、羊叫、狗吠、虎啸、狼嚎、猫叫、鸡啼等都用不同的词。随着社会文明的发展,抽象的概念用得越来越多。

"铜"在中国古代也叫作"金",大约在 4 000 多年前开始出现在黄河流域。"铁"的冶炼始于春秋时期。"铜"这个词的出现大约是战国时期。这一类的历史知识对词汇的比较是很有用的。用"铜"和"铁"这样的读法来说明汉藏语系不同语族的同源关系是不合适的,因为在它们原本还没有这样的说法。

(4) 语言起源地的解释

语言既然是负载信息的符号,它们的存在取决于使用语言的人群。与之相关的是它们在历史的某一阶段分布于何地,是什么样的人群在使用。

近年来的意见认为原始印欧语是公元前 3 500 年至公元前 2 500 年的语言,有库尔干(Kurgan)、安纳托利亚(Anatolian)和亚美尼亚(Armenian)三处起源的说法。遗传学研究表明欧洲居民的一些重要的遗传特征是从中东向西扩展的。[2]早期印欧语可能是乌拉尔南下的部落和早期中亚部落的"交际语",西传的过程中为其余欧洲的部落所接受,原来分布在欧洲的语言成为她们的底层,不同支系语言的许多基本词来源不同。

索绪尔批评早期的印欧语语言学家所犯的错误是设想斯拉夫人、日耳曼人、科勒特人是"一群群从同一蜂窝里飞出来的蜜蜂;这些土民离乡背井,把共同印欧语带到了各个不同的地区"。"波浪理论使语言学家大开眼界。他们明白了就地分裂就足以解释印欧语系语言的相互关系,不一定要承认各民族已经离开各自的原地。"[3]

据说,萨丕尔的意见是:"语言最歧异地区就最可能是该语族的起源地。"[4]一些学者对此深信不疑。

一个语系或一个语族复杂的差异往往是后来形成的。我们知道早期的一种语言分化为地域方言,并分别与其他不同的语言接触,或以不同的语言作为它们的底层,可以使得它们有较大的差别。

至于说"语言最歧异地区就最可能是该语族的起源地",我看这个"最可能"应改为"有可能"。譬如说古汉语,商代分布于黄河中下游地区,但目前汉语方言分歧最大的地区是闽方言区。藏缅语起源于黄河中游和上游,但甘青地区目前主要分布着藏语的方言。云南是藏缅语最复杂的地区,分布着彝缅、景颇等不同语支的语言。史前某种早期语言的发源地往往是早期农耕文化的发源地,后来这个地方可能被别的什么语言所覆盖。而由于地理上的原因,一批一批的外来移民可能沉淀在某交通不便之处,这一处就成为"语言最歧异地区"。福建靠海多山,闽方言区在福建。云南多山,往西的通道难走,藏缅语分歧最多的地区是云南。

2. 亲属语言差异的解释

语言演变的历史中,语音、语法和词汇三个系统各自独立地发生变化,又互相影响。不同亲属语在经历了相当长的历史演变以后,它们的系统大多差别很大。

① 列维-布留尔.原始思维[M].丁由,译.北京:商务印书馆,1994:164—165.
② L. L.卡瓦利-斯福扎,F.卡瓦利-斯福扎.人类的大迁徙[M].乐俊河,译.北京:科学出版社,1998:191.
③ 索绪尔.普通语言学教程[M].高名凯,译.北京:商务印书馆,2001:292.
④ 李壬癸.台湾南岛民族的族群与迁移[M].新竹:常民文化事业股份有限公司,1997:90.

梅耶强调了系统比较的重要。他说:"比较方法既然是建立语言史的唯一方法,因此,一种语言只要是孤立的,就没有历史可言。""就系属已经确定并且按照一定方法研究过的各组语言来说,对它们进行比较的办法,就是在它们之间构拟出一种原始的'共同语'来。这并不是提出语言之间一些局部的相符合之处,语言里头每一项事实都是一个息息相关的整体的一部分。我们不应当把一件琐碎的事实和另一件琐碎的事实拿来比较,而应当把一个语言系统和另一个语言系统拿来比较。"①

(1) 关于历史阶段和语言演变层次的解释

语言的历史比较是解释语言历史的基础,对每一个阶段语言的构拟(reconstruction)是解释亲属语结构分歧一种方法。

梅耶指出:"在用比较方法构拟出的原始'共同语'事实上有证据的语言之间,可以有一种或几种过渡的'共同语'。比方在印欧语和各个罗马族语言之间,就夹着一种很大的'共同语',即'共同罗马语',普通叫作'大众拉丁语'(latin vulgaire);同样,在印欧语里,哥特语、古高德语、古英语和古北欧语之间,也曾有过一种'共同语',即'共同日耳曼语'。这'共同日耳曼语'在事实上还没有得到证据,它的存在是根据许多有系统的创新假定的。这些过渡阶段使解释工作容易了许多。"②

早期印欧语历史比较中忽略了 2 000 多年前希腊文明和古罗马文明传播中词汇的传播,缺少对借词的剔除,后来的印欧语词源学弥补了这一点。结构主义历史语言学的历史比较具有较为完备的游戏规则和解说,可是实际对于语系、语族或语支等不同层面上的划分学术界往往持有不同的意见。

(2) 比较的方法

同源对应关系的建立应从最相近的方言开始比较研究,比较过程中逐层的构拟作为解释的基础,研究不同时期亲属语的各种历史演变。南岛语、藏缅语、侗台语和苗瑶语,不分历史层次的语音"大排档"式的比较(罗列相关亲属语的所有音位的比较)相当流行。一些较晚才有的借词往往容易被选中,已说明语音之间的对应关系。

谭博夫(Otto Dempwolf)是最早对南岛语进行较为全面的比较和构拟的学者,1920—1938 年间公布了一系列南岛语的研究成果。在他早期的研究中涉及 92 种美拉尼西亚语,1920—1929 年间他的研究中共出现了143 种南岛语。他自称属于新语法学派,不属于结构主义。③他从 400—500 种南岛语中挑选了 3 种,即印度尼西亚语、多巴巴塔克语(Toba Batak)和达雅克语(Ngadyu Dayak),用以构拟南岛语。④他的构拟尽管也参考了其他的一些语言,但他认为挑选三种语言足以构拟原始南岛语。当时他还不知道中国台湾地区的南岛语的情况,研究有较大的局限性。太平洋东部岛屿上的南岛语常丢失辅音尾,谭博夫的构拟多采用印度尼西亚语的形式。现在我们知道谭博夫这种构拟是很初步的,认为只用三种语言就足以构拟原始南岛语的认识也是不对的,就好像用河南话对山东话,看似严谨,其实不能说明问题。

还有一种是被称为"远程构拟"的方法。"远程构拟"的方法是寻找关系甚远语言之间的词的对应关系。这种方法在目前的比较中较为常见,有一定的参考价值,但容易出错。

方言或语言的创新可以是语音、形态和词汇方面的,相邻的方言经常有密切的接触关系,创新的扩散便不可避免。语法成分和词的借用使这一类的创新难以辨认。即使是根据语音的判断,也可能有问题,如汉语北方方言晚唐浊上变去的词作为文读借到一些南方方言中,可能影响我们对这些方言历史的判断。语音的变化受到整个系统的约束,并对整个语音系统有影响。只有追溯跟系统有关的语音上的创新才有意义。语音上的创新在相近方言中的扩散过程中受诸方言语音结构的限制。

中古汉语北方方言有浊的塞音和浊的塞擦音,从中古汉语北方方言分化出来的吴、湘、粤、赣、客家及今天的北方方言有的土语中还保存这一类浊的塞音和塞擦音,我们不能以此为条件来划分方言,只能以是否在

---

① A.梅耶.历史语言学中的比较方法[M].岑麒祥,译.王开庭,校订.北京:科学出版社,1957:11.
② A.梅耶.历史语言学中的比较方法[M].岑麒祥,译.王开庭,校订.北京:科学出版社,1957:14.
③ Otto Christian Dahl. Proto-Astronesian[M]. Studentlitteratur Curzon Press, 1977.
④ 谭博夫用德语 Uraustronesisch 表示原始南岛语。

历史上有过共同的历史演变作为划分方言的依据。

3. 发生学关系的对应

我们要区分两类不同的语音对应关系——发生学的对应关系和非发生学的对应关系。发生学的对应关系是亲属语或方言的同源词或同源词根之间的语音对应关系。没有发生学关系的语言之间除了借用,往往还有巧合的对应。这种对应与系统对应无关,牵强的解释则没有说服力。发生学关系的对应中更重要的是那些看似无关,但实际上是经历了复杂的语音演变仍保持的对应关系。"两种语言之间相符的事实愈特殊,这个相符之点的证明力量就愈大。"①

汉藏语历史比较中,词根的对应要考虑词根语音的历史演变和形态的情况。汉语、藏缅语、侗台语和苗瑶语历史关系的探讨,牵涉到对它们各自的语音、形态历史的探讨,以及早期词根的对应的解释。

(1)同源词的对应

语言的词无非有三个来历:承自史前的祖语,或是借词,或是后来的创新。诸语系最初的扩张(或分化)发生在史前,当时的社会形态、生产方式和人们的思维方式与现在的有很大的不同,随着社会和环境的变化各自的词汇也分别发生变化。

试比较南岛语不同支系语言的一组动词及布拉斯特构拟的原始南岛语的形式:

	吃	喝	呕吐	吹	哭
泰雅语	qan-iq	nəbuw	putaq	ziʔup	ŋilis
布农语	maun	χud	mutaχ	maip	taŋis
鲁凯语	kanə	uŋul	uta	iʔi	tubi
印尼语	makan	minum	muntah	məniup	taŋis
汤加语	kai	inu	lua	ifi(风吹)	taŋi
马绍尔语	mʷʌŋæ	irāk	mmʷɔc	pæl	caŋ
原始南岛语	*kaen	*mimah	*utaq	*ʃiup	*tsaŋis

今南岛语一些支系语言的动词的记录形式常带着前缀、后缀或中缀,如使用 m-前缀等。我们首先要把现代的词根形式和前、后缀等区别开来。"吃"泰雅语带着-iq 后缀,布农语、印尼语带着 ma-前缀,古动词前缀*ma-在马绍尔语这个词中残留为 mʷʌ-。排湾语"吃"ʔəman, -əm-是动词的中缀,词根是 ʔan。原始南岛语"吃"的词根应是*qen,布拉斯特构拟中的*ka-应是古前缀的遗留。汤加语的 kai 已丢失-n。我们通过比较在弄清语音历史变化的情况下把现代方言或语言的词根上所凝固的古代的形态成分区别出来才能构拟原始南岛语的词根。

"喝"原始南岛语的形式应是*inum,是"水"*num 的派生词。布拉斯特把原始马来-波利尼西亚语的"喝"拟为*inum,"水"拟为*danum。泰雅语"喝"的古词根当为*num, -b-<*-m-。汤加语丢失-m。

"呕吐"印尼语 muntah,爪哇语 mutah,巽他语 utah, -h<*-q。布农语-χ<*-q。汤加语的 lua 与斐济语、瓦努阿图的拉加语(Raga)"呕吐"lua 等对应。

"吹"鲁凯语 iʔi<*ipi 。②马绍尔语 pæl 可与分布在印尼的芒加莱语"吹"pūr 比较,是古南岛语"风"*bali(布拉斯特拟)派生词*ibali 的遗存。汤加语丢失-l,古前缀*i-凝固在词里。泰雅、布农和印尼诸语的这个词有同源的词根,鲁凯、汤加和马绍尔语的这个词有同源的词根。

"哭"原始南岛语*t-ŋis,如卑南语 maʈaŋis, ma-是现代的前缀。鲁凯语的 tubi 另有来历。

同源词来自共同语,在各自的语言中经历语音、形态和意义的演变。由于演变的不平衡,有的对应是显而易见的,有的则不易察觉。认识到这一方面的复杂情况,历史比较则更多地把基本工作集中在语音和形态历史演变的研究中。内部构拟成为推测语音和形态历史的必不可少的过程。

---

① A.梅耶.历史语言学中的比较方法[M].岑麒祥,译.王开庭,校订.北京:科学出版社,1957:23.
② 如"火"鲁凯语 aʔuj,卑南语 apuj。

　　亲属语的同源词来自共同的祖语,分化后在不同的语言中分别经历各自不同的历史演变。亲属语之间的借词,借入前参与贷方的语音和形态的演变(包括构词特征的变化),不能参与借方的演变。借入后参与借方的语音和形态的演变,不能参与贷方的演变。参照借方和贷方语音和形态的历史,同源词和借词是可以区分的。不同历史层次的借词在借方和贷方中的历史不一样,也是可以区分的。

(2) 印欧语辅音对应的研究

　　根据日耳曼语、希腊语、拉丁语和梵语等的对应情况,后来的印欧语学者为原始印欧语构拟了 $^*k^w$、$^*g^w$、$^*g^wh$,诸语中塞音(和擦音)的对应,如:[1]

　　原始印欧语的 $^*p$、$^*b$、$^*bh$ 分别演变为日耳曼语的 f、p、b,对应于梵语的 p、b、bh。也就是说当时的研究者认为梵语在这一类的读法中还保存着原始印欧语的形式。

原始印欧语	$^*p$		$^*b$		$^*bh$	
希腊语	anepasiós	表兄弟	—		nephélē	雾
拉丁语	nepōs	孙子	trobá	建筑物[2]	nebula	雾
梵语	nápat	后代	treb	房子[3]	nábhs	雾
日耳曼语	nefa	侄子	θaurp	村庄	Nebel	雾

　　原始印欧语的 $^*t$、$^*d$、$^*dh$ 分别演变为日耳曼语的 θ、t、d,对应梵语的 t、d、dh。

原始印欧语	$^*t$		$^*d$		$^*dh$	
希腊语	phrátēr	同族人	édomαi(我将)吃		eruthrós	红色
拉丁语	frāter	兄弟	edō	(我)吃	ruber	红色
梵语	bhrátā	兄弟	ád-mi	(我)吃	rudhirás	血色
日耳曼语	broθar	兄弟古英语	etan	吃古英语	rēad	红色

　　原始印欧语的 $^*k$、$^*g$、$^*gh$ 分别演变为日耳曼语的 h、k、g,对应梵语的 k、g、gh。

原始印欧语	$^*k$		$^*g$		$^*gh$	
希腊语	déka	十	agrós	田野	stékhō	攀登
拉丁语	decem	十	ager	田野	vestīgium	足迹
梵语	dásá	十	ájras	平原	strighnoti	攀登
日耳曼语	taihun	十古英语	æcer	田野	steigan	攀登

　　原始印欧语的 $^*k^w$、$^*g^w$、$^*g^wh$ 演变为日耳曼语的 g、q、w,对应梵语的 k、j、ž。

原始印欧语	$^*k^w$		$^*g^w$		$^*g^wh$	
希腊语	lúkos	狼	érebos	地狱	nípha	雪
拉丁语	lupus	狼	—		nivis	雪
梵语	vrkas	狼	rajas	云	snāežaiti	下雪
日耳曼语古英语	ylga	母狼	riqis	黑暗古英语	snāw	雪

　　古高地德语、哥特语 b 与梵语 bh 的对应关系和构拟的原始印欧语的 $^*bh$。如:

	古高地德语	哥特语	梵语	古印欧语
带来	beran	bairan	bhar-	$^*bher-$
连接	—	bindan	bandh-	$^*bhendh$
牙齿	kamb	—	jambhas	$^*gombho-$

4. 同根词

(1) 印欧语的同根词

---

① Winfred P. Lehmann. Historical Linguistics:An Introduction[M]. New Fetter Lane, 1992:148.

② 立陶宛语。

③ 古威尔士语。

印欧语的同根词在不同语言中的形式可以看出早期有可数和不可数的区分,可数名词有复数后缀*-t。名词加前缀*s-可派生为动词。

1)词根*bʷi"水",派生词有"喝"等。

"水"梵语 ambu、apaḥ<*abu。"啤酒"古斯拉夫语 pivo<*pibʷo。

"喝"拉丁语 bibere,西班牙语、葡萄牙语、意大利语 beber<*bibe-,梵语"喝"pibh,"使喝"pibantu。

"喝"希腊语 pino,波兰语 pitʃ,俄语 pitj,捷克语 pit<*pi-。

"喝"阿尔巴尼亚语 pi<*pi。法语 boire<*bo-。

"面包蘸汤吃"古法语 super<*supe-。

2)词根*puti"吐",派生词有"口水"。

"吐"希腊语 ptyo<*puti-。古英语 spitten<*spite-。拉丁语 sputare<*spute-。

"口水"英语 spit。

3)词根*do"牙齿",派生词有"吃"。

"牙齿"古英语 toð,古弗里斯语 toth,古爱尔兰语 det<*dot。梵语 danta,希腊语 odontos,拉丁语 dent,立陶宛语 dantis。

"牙齿"粟特语 δandǎk<*dada-,(复数)δanδyt<*dadi-。

"吃"古英语 etan,中古荷兰语 eten,古挪威语 eta,古弗里斯语 ita<*eda。梵语 ad-mi,哥特语 itan,希腊语 edomenai、edomai,赫梯语 eːd。

4)词根*ore"耳朵",派生词有"听见、听"。

"耳朵"古英语 eare,古挪威语 eyra,丹麦语 øre<*ore。拉丁语 auris,阿维斯陀经 usi(双耳)<*ore-。西班牙语 oreja,葡萄牙语 orelha<*ore-。

"听见、听"古英语 heran,古弗里斯语 hora,古挪威语 hejra<*qera。

日耳曼语的"听见、听"*ore 是"耳朵"的派生词,派生可能发生在日耳曼语以外的语言中,再进入日耳曼语。

5)词根*ligʷe"舌头",派生词有"舔""语言、词"。

"舌头"拉丁语 lingue<*ligʷe。

"舔"古撒克逊语 likkon,哥特语 bi-laigon,古爱尔兰语 ligi-m(我舔)。

"词"希腊语 logos<*logʷo-。俄语 slova,波兰语 słowo<*slogʷo。

(2)汉藏语的同根词

20 世纪汉藏语的研究中,侗台语和苗瑶语的中古汉借词往往作为发生学关系的证据,带来许多误会。如果我们对汉藏诸语形态的历史有一定的认识,研究应该会往前推进一步。

汉藏语亲属语早期的同根词语音演变分歧大,派生和意义的引申也有各自的情况。早期的同根词通常有派生词和意义的引申词,孤零零的词往往有可能是借词。

试比较汉语、藏缅语、侗台语和苗瑶语几组同根词的情况。

1)词根*laŋ 义为"宽",引申指"久",派生动词义为"放开""飞扬"等。

① 汉语

"易"*ljaŋ,《说文》一曰长也,开也。

"羕"*ljaŋ>*zjaŋ、*ljaŋ,《说文》水长也。

"暢"*q-laŋ-s>*thaŋs,长也,《玉篇》通也、达也。"揚"*ljaŋ,《说文》飞举也。

"颺"*ljaŋ,《说文》风所飞扬也。"翔"*g-ljaŋ>*zjaŋ(《说文》回飞也)。

② 藏缅语

"宽"藏语夏河话 jaŋ mo<*ljaŋ-。"长"达让僜语 kɑ³¹lɯɯŋ⁵⁵。

"释放"独龙语 sɿ³¹ laŋ³¹ u³¹<*si-laŋ-。

③ 侗台语

"宽"壮语武鸣话 kvaːŋ⁶laŋ⁶<*gʷaŋ-laŋ-s。

"久"老挝语 hɯŋ¹,壮语邕宁话 daŋ²,水语 tjaŋ¹<*k-leŋ。拉珈语 caŋ²<*g-leŋ。

"敞开"壮语邕宁话 plaŋ⁵,水语 plaːŋ⁵<*p-laŋ-s。

"掀开"壮语邕宁话 pluːŋ³,毛南语 pəːŋ³<*p-ləŋ-ʔ。

"放"仫佬语 laːŋ⁶,壮语武鸣话 çoŋ⁵<*s-laŋ-s。

④ 苗瑶语

"宽"苗语先进话tlaŋ³,勉语罗香话 kwaŋ³,勉语大坪话 kjaŋ³<*qʷlaŋ-ʔ。

"放(走)"苗语养蒿话 çaŋ⁵,吉卫话 tçaŋ⁵,布努语瑶里话 sẽ⁵<*sleŋ-s。

2) 词根 *kaŋ 义为"光",引申义为"光明""清楚的"等。

① 汉语

"光" *kʷaŋ,《说文》光明意也。"景" *kjaŋ,《说文》光也。

"煌" *gʷaŋ>*ɣʷaŋ,《说文》辉也。"晃" *gʷaŋ-ʔ,明也。

"炯" *gʷieŋ,《广韵》火明貌,《说文》光也。

② 藏缅语

"光"独龙语 gɑŋ⁵³。

"清楚的"波拉语 khjɔ̃⁵⁵<*khjoŋ。"灯盏"藏文 koŋ po。

③ 侗台语

"阳光"泰语 sɛːŋ¹,水语 çaːŋ¹<*skjaŋ。毛南语 cheːŋ¹<*khjeŋ。

"亮"水语 qaːŋ¹,毛南语 caːŋ¹<*kjaŋ。

④ 苗瑶语

"亮"苗语养蒿话 faŋ²,枫香话 qwoŋ²<*ɢʷoŋ。

"光亮"勉语江底话 gwjaŋ¹,大坪话 vjaŋ¹<*ʔgʷjeŋ。

3) 词根 *tuk 义为"啄",派生词义为"拾取""捶打""痛"等。

① 汉语

"啄" *tʷuk,《说文》鸟食也。

"叔" *s-tʷjuk,拾取。"督" *tʷuk,《说文》一曰目痛也。

"琢" *tʷuk,《说文》治玉也。

② 藏缅语

"啄"藏语阿力克话 ntok<*m-tok。"捡"景颇语 thaʔ³¹<*thak。

"踢"博嘎尔珞巴语 duk。

③ 侗台语

"啄"毛南语 tjɔk⁷<*tjok。傣语德宏话 sak⁷<*s-tok。

"捶"侗语 çok⁷<*s-tjok。

"啄"壮语武鸣话 toːt⁷,布依语 sot⁷<*s-tot。

④ 苗瑶语

"啄"苗语养蒿话 tçu⁷,吉卫话 ntçu⁷,畲语多祝话 tju⁷<*ʔ-tjuk。

"嘴"勉语罗香话 dʑut⁷,樔子话、览金话 ɖut⁷<*ʔdjut。

如同丹麦语言学家拉斯克在他的《古代北方语或冰岛语起源的研究》中所说的:"一种语言,无论它怎样混杂,只要构成这种语言的基础的最重要、最具体、最不可少和最原始的词跟其他语言的词是共同的,那它就与其他语言一起属于同一个语族。"

第六章　印欧语的比较

1863 年德国语言学家奥古斯特·施莱赫尔提出语言谱系理论,他把印欧语比喻为一棵树,树干是"母语"(原始印欧语),支干是印欧语诸分支。施莱赫尔的学生史密特(Johannes Schmidt)发现,印欧语系任何两支语言之间都能找出特殊的相似点,地理上相近的特殊相似点最多,他以"波浪理论"予以解释。

1927 年在赫梯语中发现了索绪尔设想的印欧语丢失辅音的残留,内部构拟法(internal reconstruction)成为历史比较中一个有效的方法。

近年来又有新的设想,认为古印欧语有圆唇辅音和非圆唇辅音的对立,对格里姆和维尔纳的语音对应规律再作修改。印欧语的研究经历了 100 多年,仍有许多问题值得探讨。我们先从几个语族内部以及它们之间的情况开始讨论,然后再讨论它们的发生学关系。

一　日耳曼语的比较

公元前 250 年至公元 250 年,日耳曼人的部落分布在欧洲的北海、莱茵河和易北河一带。古日耳曼语有西支、东支和北支三个支系。

德国学者雅各布·格里姆主要从事日耳曼语的历史研究,1819—1837 年期间出版了四卷本的《德语语法》,1848 年出版了两卷本的《德语史》。格里姆深受拉斯克的影响。他在拉斯克的基础上根据自己的研究提出了著名的"格里姆定律"。日耳曼语和其他印欧语辅音的对应规律得到了较为合理的解释。

人们设想有个原始日耳曼语,它分化为古日耳曼语的不同支系,其亲缘关系为:

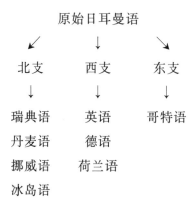

原始日耳曼语

北支　　西支　　东支

瑞典语	英语	哥特语
丹麦语	德语	
挪威语	荷兰语	
冰岛语		

1. 日耳曼语的语音

格里姆定律(Grimm's law)认为原始印欧语的 *p、*t、*k 演变为古日耳曼语的 f、θ、h, bh、dh、gh 分别成为古日耳曼语的 v、ð、ɣ, b、d、g 分别成为古日耳曼语的 p、t、k。[①]维尔纳认为原始印欧语的清塞音 p、t、k 只有位于词首或重读元音之后的古日耳曼语中演变为 f、θ、h,而其他位置上的 p、t、k 演变为 b、d、g。后来的学者原始印欧语构拟了 *kʷ、*gʷ、*gʷh,认为从原始印欧语到古日耳曼语有这样的演变:[②]

---

① 高地德语中发生第二次演变,如英语 open/德语 offen,英语 eat/德语 essen。

② Theodora Bynon. Historical Linguistics[M]. Cambridge University Press, 1977:83.

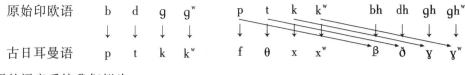

古日耳曼语的语音系统我们拟为：

辅音

p	b	f	m			w
t	d	þ	n	r	l	s	z
k	g	h	ŋ			j
kʷ	gʷ	hʷ			

单元音

	i		u		ī		ū
		e		o		ē		ō
			a				ā

复元音

| | ei | | oi | | | iu | | ou |
| | | ai | | | | au |

根据日耳曼和梵语塞音的对应关系,笔者认为可假定古印欧语有小舌音,塞音有清、浊对立,圆唇和非圆唇的对立。对应关系如:

	唇塞音				齿塞音			舌根音			
日耳曼	p	f	b	w	þ	ð	t(tʷ)	d(dʷ)	h(k)	kʷ	g	gʷ
梵语	p	p	bh	v	t	t	d	dh	k	k	g(gh)
古印欧语	p	pʷ	b	bʷ	t(tʷ)		d(dʷ)	q(k)	kʷ	g	gʷ

词首、词中、词末的辅音,形态成分的辅音,演变的途径有所不同,产生新的音位或合并。如古英语和日耳曼语的 þ 和 ð 是 t 的分化,ð 通常在弱读的位置上,古高地德语、中古荷兰语中为 d。

（1）日耳曼语的唇辅音

古英语、古日耳曼语和古印欧语辅音的对应关系可作如下说明。

1）古英语 f- 来自古日耳曼语 *f-,古印欧语 *pʷ-

古英语 f- 如格里姆定律,与拉丁语、梵语等 p- 对应。如:

① "脚"英语 foot,法语 pied,意大利语 piede,亚美尼亚语 fut,希腊语 podi。

"脚跟"哥特语 fōtus,梵语 pad-< *padi。

② "流、溪流"古英语 flowan,中古荷兰语 vlojen,古挪威语 floa< *pʷlo-。

"洪水、溪流、流水"拉丁语 flumen。"流"拉丁语 fluere< *pʷlu-。

③ "五"古英语、古撒克逊语 fif,哥特语 fimf< *pʷingʷ。

拉丁语 quinque、法语 cinq,亚美尼亚语 hing< *pʷingʷ。

立陶宛语 penke,梵语、阿维斯陀经 pantʃa,乌尔都语、粟特语 pantʃ< *panka。

④ "鱼"古英语 fisc,中古荷兰语 visc,哥特语 fisks,拉丁语 piscis。

⑤ "满的"古英语 full,古弗里斯语 ful,哥特语 fulls。

"多的"希腊语 polus。"更多、多"拉丁语 plus< *polu-。

⑥ "远"古英语 feorr,古高地德语 ferro,古挪威语 fjarre,哥特语 fairra。

"更远"梵语 parah,"外面的"赫梯语 para,"越过"希腊语 pera。

⑦ "七"古英语 seofon,阿维斯陀经 hapta,波斯语 haft,梵语 sapta,塔吉克语 χaft。

2）部分古英语 p- 来自古印欧语的 *p-

① "弄干净"英语 purge,古法语 purgier,拉丁语 purgare<*purga-。

② "门、大门"古英语 port,希腊语 porta,拉丁语 porta(城门、通道)。

③ "包在一起"英语 pack,中世纪拉丁语 paccare<*paka-。

④ "皮、去皮"古英语 pilian。"去毛"拉丁语 pilare<*pila。

⑤ "拉"古英语 pullian。"推、打击"拉丁语 pulsare。

⑥ "哭泣"英语 weep,古挪威语 op,古高地德语 wuef。"生气"梵语 kopa。

3）部分古英语 p-来自古印欧语的 *b-

部分古英语 p-如格里姆定律,来自古日耳曼语 *b-,古印欧语的 *b-。如:

① "头、头发"古英语 polle,"头"中古荷兰语 pol<*bole。

"头"希腊语 kephali<*ke-bali。"头发"梵语 bālɑh。

② "苹果、水果"古英语 æpple,古弗里斯语 appel,古挪威语 eple<*able。

"苹果"立陶宛语 obuolys,古爱尔兰语 ubull。"水果"梵语 phala<*bala。

③ "尘土"古挪威语 dampi。"蒸汽"古高地德语 damph<*dabi。

"烟"乌尔都语 dhuwaːn<*dhubʷa-。"火焰"粟特语 δβān<*dbʷan。

4）古英语 b-来自古日耳曼语 *b-,来自古印欧语 *b-或 bʷ-

古英语 b-如格里姆定律所说的与梵语 bh-对应,实际可与梵语 b-或梵语 v-对应。

① "兄弟"古英语 broþor,古弗里斯语 brother,哥特语 bróþar<*broter,梵语 bhrater,古波斯语、阿维斯陀经 brātar-,拉丁语 phrater,希腊语 frater。

② "球"古英语 beal,古高地德语 ballo<*balo。"圆"梵语 valaja<*bʷalaga。

③ "绑"古英语 bindan,古挪威语、古弗里斯语 binda<*bida。"系上"梵语 badh。

④ "肩、臂"古英语 bog,古高地德语 buog(指骨)<*bog。

"手臂、肩"梵语 bhuja<*buga。"前臂"希腊语 pakhys<*pagu-。"手臂"粟特语 βāzā<*bʷaga。

5）日耳曼语 b 对应于梵语 bh

格里姆定律说明古日耳曼语 b 对应于梵语 bh。

① "肩、臂"古英语 bog,古高地德语 buog(指骨)<*bog,梵语 bhuja<*buga。

② "肘"德语 ellbogen,古英语 elnboga,中古荷兰语 ellenboghe,古高地德语 elinbogo<*elin-bogo-n(臂-曲)。"卷曲"梵语 bhuga。

③ "雾"德语 nebel,"雾"梵语 nábhs,"天"梵语 nabhas-。

（2）日耳曼语的齿辅音

1）古英语 þ-与拉丁语、梵语等 t-对应,来自古印欧语的 *t-

① "这"古英语 þes,古挪威语 þessi,荷兰语 deze。

希腊语 ayto, oytos<*ato-。梵语 etaːm̥<*eta-。俄语 ɛta、波兰语 ta<*eta。

② "拇指"古英语 þuma,高地德语、古弗里斯语 thumo。

③ "地、土、干地"古英语 eorþe,古弗里斯语 erthe,古高地德语 erda<*erda。

④ "大腿"古英语 þeh,古弗里斯语 thiach,荷兰语 dij。

⑤ "树"古英语 þreo,古弗里斯语 thre,梵语 dru,拉丁语 tres。

⑥ "三"古英语 þreo,古弗里斯语 thre,阿维斯陀经 thri<*tri,梵语、俄语、阿尔巴尼亚语 tri,古教堂斯拉夫语 trje<*tri,拉丁语 tres,希腊语 treis,赫梯语 teries<*teri-s。

⑦ "渴"古英语 þurst,古高地德语 durst,梵语 triʃna。

⑧ "你"古英语、哥特语 þu,古高地德语 du,乌尔都语 to teː,和阗塞语 te。

2）古英语 ð,日耳曼语 t,对应于梵语 t

① "森林"古英语 hæð。"森林、木头"古爱尔兰语 ciad,布列吞语 coet<*kad。

② "羽毛"古英语 feðer,古高地德语 fedara,中古荷兰语 vedere,希腊语 ptero。

③"翅膀"（复数）古英语 feðra,古高地德语 fedara,中古荷兰语 vedere。

"飞"希腊语 peto,梵语 pat。

④"之后"古英语 sið。"自从"德语 siet。"迟的"哥特语 seiþus。"慢的"乌尔都语 ahista<˚aqista。

3）古英语 t(tʷ)-来自古日耳曼语˚d(dʷ)-,与拉丁语、梵语等 d-对应

①"吃"英语 eat,古撒克逊语 etan,古挪威语 eta。

②"牙齿"古英语 toð,古弗里斯语 toth,古爱尔兰语 det。

梵语 danta,希腊语 odontos,拉丁语 dent,立陶宛语 dantis。

③"尾巴"古英语 tægel,古挪威语 tagl(马尾),哥特语 tagl(毛发)。

"割掉动物的尾巴"古英语 dok。

④"岩石山、高的"古英语 torr。"石头"梵语 adri。

⑤"二"古英语 twa,古弗利斯语 twene<˚dʷe-。"加倍"古挪威语 tvinna<˚dʷina。

"两根搓成的线"古英语 twin,荷兰语 twijn<˚dʷin。

"二"古教堂斯拉夫语 duva,俄语 dva,拉丁语 duo,希腊语 duo,梵语 dvau,阿维斯陀经 dva,和阗塞语 duva<˚dubʷe。

⑥"转"古英语 turnian,希腊语 treno<˚tʷure-,波兰语 odwrotçitʃ<˚odoroki-。

"缠绕"威尔士语 dirwyn<˚diru-,"旋转"troi<˚tro-。

辅音丛中日耳曼语 t 并没有成为 d,如：

"攀登"日耳曼语 steigan,梵语 strighnoti。

4）古英语 d-,古印欧语的˚d-或 dʷ-

①"门"古英语 duru(单数)、dura(复数),古弗里斯语 dure,古高地德语 turi,亚美尼亚语 duɽ,俄语 dverj,希腊语 thyra(形容词)<˚dura,波兰语 drzwi<˚drui,阿尔巴尼亚语 derë<˚dero。

②"滴"（名词）古英语 dropa,古挪威语 dropi,高地德语 tropfen<˚dro-。

"漏"希腊语 diarreo<˚dare-。

③"分开、分配"古英语 dælan<˚dala-,俄语 delitj,波兰语 dʑielitʃ<˚deli-。

"山谷"古英语 dale,古高地德语 tal,古教堂斯拉夫语 dolu<˚dalo。

④"水"古英语 wæter,古高地德语 wazzar<˚uadʷor,威尔士语 dwfr<˚dʷupʷr,梵语 udra-,希腊语 ydor,赫梯语 waːtar。

⑤"尘土"古挪威语 dampi。"蒸汽"古高地德语 damph<˚dabi。

"烟"乌尔都语 dhuwaːn<˚dhubʷa-。"火焰"粟特语 δβān<˚dbʷan。

5）日耳曼语 d 对应于梵语 dh

①"绑"古英语 bindan,古挪威语、古弗里斯语 binda<˚bida。"系上"梵语 badh。

②"乳房"（兽）古英格兰语 ūder,梵语 ūdhar。

③"红的"古英语 read,古挪威语 rauðr,波兰语 rudy<˚rudi。"血色"梵语 rudhirás。

④"之下"古英语 under,古高地德语 untar,古弗里斯语 undir<˚udar。

"较低的"阿维斯陀经 athara-,梵语 adhara-。

（3）日耳曼语的舌根辅音

1）古英语 c-可来自日耳曼语˚k,古印欧语˚g-(˚ɢ-)

①"母牛"古英语 cu,古弗里斯语 ku,希腊语 bous,梵语 gau<˚gʷa。

②"黏土"英语 clay<˚glai,葡萄牙语 argila,意大利语 argilla<˚ar-gila。

③"嚼"古英语 ceawan,中古德语 keuwen<˚ɢekʷe-,波斯语 javidan<˚ɢegʷi-。

④"我"古英语 ic,古挪威语 ek,哥特语 ik,赫梯语 uk,拉丁语、希腊语 ego,丹麦语 jeg<˚egʷe。

⑤"烟"古英语 smec,英语 smok,荷兰语 smook<˚smug,威尔士语 mwg,亚美尼亚语 mux<˚muk。"蒸熏"希腊语 smugenai。"有雾的"希腊语 omikhle。

⑥"膝盖"古英语 cneo,赫梯语 genu,梵语 dʒanu,希腊语 gony<˚geno。

"跪"古英语 cneowlian,中古低地德语 knelen<˚geno-lan。

辅音丛中日耳曼语的 k 并没有成为 g,如:

"鱼"古英语 fisc,中古荷兰语 visc,哥特语 fisks,拉丁语 piscis。

2)日耳曼语 g-可来自˚gʷ-,梵语 gh-

①"你们"古英语 ge(主格),古弗里斯语 iuwe<˚igʷe,意大利语 voi<˚gʷi,俄语 vɨ,波兰语 wy<˚gʷi,亚美尼亚语(主格)jez<˚ge-l。

②"好的"古英语 god,古挪威语 goðr,古哥特语 goþs,德语 gut,荷兰语 goed,古教堂斯拉夫语 godu(愉快之时)<˚gʷodu,俄语 godnɨj<˚god-,希腊语 agathos。

③"神"古英语 god,古挪威语 guð,梵语 huta-(求保佑)<˚gʷuda。

④"获得、猜到"古英语 geta,古教堂斯拉夫语 gadati(猜、假设)。

⑤"攀登"日耳曼语 steigan,梵语 strighnoti。

⑥"烟"古英语 smec,荷兰语 smook<˚smug。"云"梵语 megha。

3)古英语 c-可来自˚k-,cw-来自˚kʷ-

古英语 c-对应于日耳曼语˚k,古印欧语˚k-。

①"蟹"古英语 crabba,古挪威语 clabbi<˚klabi。"善抓的"东部英格兰语 cliver。"爪子,抓、挠"低地德语 krabben,荷兰语 krabelen。"抓住"古英语 grippen<˚grip-。——古英语清浊交替以区别名词和动词。

②"肩"古英语 sculdor,古弗里斯语 skoldere,中古荷兰语 scouder<˚skol-dere。

③"擦"英语 scrub。"刮、擦"古挪威语 skrapa,丹麦语 schrapen。

④"皮"古英语 scinn,古挪威语 skinn<˚skin。"皮肤"亚美尼亚语 maʃk<˚ma-ski。"皮口袋"希腊语 askos<˚asko。

⑤"皇后、女人、妻子"古英语 cwen,古挪威语 kvaen,哥特语 quens,亚美尼亚语 kin(女人)<˚kʷen。

⑥"活的、(心思)活的"古英语 cwic,古挪威语 kvikr<˚kʷik。

(4)日耳曼语的 h-

1)日耳曼语的 h-可来自古印欧语的˚q-或˚χ-

格里姆定律,古英语的 h-可来自古印欧语的˚k-。古英语 h-可对应于东部语族语言的 h-或 s-,来自古印欧语的˚q-或˚χ-。

①"手"古英语 hond,古英语 handa(复数),古弗里斯语 hand,哥特语 handus,古挪威语 hönd<˚qoda。"肘"西班牙语 codo,法语 coude。

②"天"古英语 heofon<˚qebʷon。"上面、高"古高地德语 oban,德语 oben。

③"历史"英语 history。"编年史、历史、故事"古法语 estorie,"故事"拉丁语 historia。"知识"希腊语 historia<˚qi-stori。

④"马"古英语、古弗里斯语 hors,古高地德语 hros,荷兰语 ros<˚qoros。

"跑、流"希腊语 reo<˚re-。[①]"来"赫梯语 uezzi<˚u-eri。

⑤"白"古英语 hwit,古挪威语 hvitr,哥特语 hveits,梵语 svetah<˚hʷita-。

⑥"听见、听"古英语 heran,古弗里斯语 hora,古挪威语 hejra<˚qera。

"耳朵"古英语 eare,古挪威语 eyra,丹麦语 øre,拉丁语 auris,希腊语 aus,阿维斯陀经 usi(双耳)<˚ore-,西班牙语 oreja,葡萄牙语 orelha<˚orela。

日耳曼语的"听见、听"˚ʔera 是"耳朵"的派生词,其派生可能发生在日耳曼语以外的语言中,再进入日耳曼语。

古拉丁语中的 c 原本读作 k,通俗拉丁语中 e、i、y、æ、œ 等元音前读作了 s、ts、tʃ 等。英语中来自拉丁

---

① ˚-o、˚-zo、˚-no 等为希腊语动词后缀。

语和法语的 c-读 s-或 k-,如 cent、court 等。

2）古英语 h-来自 * k-

格里姆定律,古英语 h-可来自印欧语 * k-。

① "头"古英语 heafod(顶端),高地德语 houbit,梵语 kaput-,拉丁语 caput。

② "高的"古英语 heh,古弗里斯语 hach,荷兰语 hoog,古挪威语 har< * kagra。

"小山"古挪威语 haugr,立陶宛语 kaukara。

③ "全部"古英语 hal,古挪威语 heill,古教堂斯拉夫语 cel。

④ "热的"古英语 hat,古弗里斯语 het,古挪威语 heitr,哥特语 heito,希腊语 kaytos< * kato-。

⑤ "未煮的"古英语 hreaw,古撒克逊语 hra,古挪威语 hrar。

"新鲜的"希腊语 kreas< * kra-。

⑥ "角"古英语 horn,哥特语 haurn,荷兰语 horen,希腊语 karnon。

3）古英语 hw-来自 * kʷ-

① "什么"古英语 hwæt,古高地德语 hwaz,古弗里斯语 hwet。

"谁、哪一个"拉丁语 quod。

② "谁"古英语、古弗里斯语 hwa,古高地德语 hwer,哥特语 hvo< * kʷa,阿维斯陀经 ko,梵语 ka:,阿尔巴尼亚语 kjë< * ke。"谁、哪一个"拉丁语 quod< * kʷod。

③ "轮子"古英语 hweogol,古挪威语 hvel,古弗里斯语 hwel。

④ "转"古英语 hweorfan< * kʷor-pan。"卷起"梵语 puṭi:karoti< * puti-karo-。

（5）例外

格里姆定律说明古日耳曼语 b、d、g 对应于梵语 bh、dh、gh,例外的情况如:

① "漂浮"古英语 flotian,古挪威语 flota< * pʷlo-,梵语 bhela。

② "头、头发"古英语 polle。"头、顶"中古荷兰语 pol< * bole。"额"梵语 bhalam。

③ "轻的"古英语 leoht,中古荷兰语 licht。"轻的、快的、细小的"梵语 laghuḥ。

梵语浊送气可表示使动,如:

① "水"梵语 ambu、apaḥ< * abu-。"喝"梵语 pibh。"使喝"梵语 pibantu。

② "手斧、小刀"梵语 savadha:。"断"梵语 bhidh。

2. 日耳曼语的形态

古日耳曼语 6 个格,现代日耳曼语简化为 4 个格,动词式从 5 个演变为 3 个。

（1）日耳曼诸语动词的形态

古日耳曼动词分为强式和弱式两类,强式动词即不规则动词,弱式动词即规则动词。

以下是日耳曼语族瑞典语、丹麦语、荷兰语、德语和英语 5 组强式动词的原形、过去式和过去分词的比较:

瑞典语	丹麦语	荷兰语	德语	英语
komma	komme	comen	commen	come(来)
kom	kom	kwam	kam	came
kommit	kommet	gekomen	gekommen	come
finna	finde	vinden	finden	find(找到)
fann	fandt	vond	fand	found
funnit	fundet	gevonden	gefunden	found
flyga	flyve	vliegen	fliegen	fly(飞)
flög	fløj	vloog	flog	flew

flugit	fløjet	gevlogen	geflogen	flown
rida	ride	rijden	reiten	ride(骑)
red	red	reed	ritt	rode
ridit	redet	gereden	geritten	ridden
se	se	zien	sehen	see(看见)
såg	saa	zag	sah	saw
sett	set	gezien	gesehen	seen
sjunga	synge	zingen	singen	sing(唱)
sjöng	sang	zong	sang	sang
sjungit	sunget	gezongen	gesungen	sung

（2）日耳曼语名词的性、数和格

古英语的名词分阴性（feminine）、阳性（masculine）和中性（neuter），有单数和复数的区别，格有 4 个：主格、宾格、与格和所有格。名词的单数、复数和格的不同用后缀表示。现代英语名词仅残留着少数古代名词单、复数的区分形式，没有格的区分。德语显然保留得多一点：

		日子	水	舌头	熊
古英语					
单数	主格	daeg	waeter	tunge	bear
单数	宾格	daeg	waeter	tungan	beran
单数	与格①	daege	waetere	（同上）②	（同上）
单数	所有格	daeges	waeteres	（同上）	（同上）
复数	主格	dagas	waeter	（同上）	（同上）
复数	宾格	dagas	waeter	（同上）	（同上）
复数	与格	dagum	waeterum	tungum	berum
复数	所有格	daga	waetera	tungena	berena
德语					
单数	主格	Tag	Wasser	Zunge	Bär
单数	宾格	Tag	（同上）	（同上）	Bären
单数	与格	Tag(e)	（同上）	（同上）	（同上）
单数	所有格	Tages	Wassers	（同上）	（同上）
复数	主格	Tage	Wasser	Zungen	（同上）
复数	宾格	Tage	Wasser	（同上）	（同上）
复数	与格	Tagen	Wassern	（同上）	（同上）
复数	所有格	Tage	Wasser	（同上）	（同上）

古盎格鲁-撒克逊人的语言中，表达格变化的音节形式简化，格变系统大致完整。

（3）日耳曼诸语后缀、前缀比较

以下是日耳曼语族瑞典语、丹麦语、荷兰语、德语和英语后缀及前缀的比较：③

---

① 动词的间接宾语。

② "同上"指与上一行的 tungan 一样。

③ Frederick Bodmer. The Loom of Language[M]. London：George Allen & Unwin Ltd., 1955：272.

	英语	瑞典语	丹麦语	荷兰语	德语
名词后缀	(king)-dom	-dom	-dom	-dom	-tum
	(write)-er	-are	-er	-er	-er
	(father)-hood	-het	-hed	-heid	-heit
	(warn)-ing	-ing	-ing	-ing	-ung
	(kind)-ness	-ness	—	—	-nis
	(friend)-ship	-skap	-skab	-schap	-schaft
形容词后缀	(wish)-ful	-full	-fuld	-vol	-voll
	(hell)-ish	-isk	-isk	-isch	-isch
	(life)-less	-lös	-løs	-loos	-los
	(lone)-ly	-lig	-lig	-lijk	-lich
	(losth)-some	-sam	-som	-zaam	-sam
	(dust)-y	-ig	-ig	-ig	-ich, -ig
形容词前缀	un-(kind)	o-	u-	on-	un-
副词后缀	(home)-wards	—	—	-waarts	-wärts
	(like)-wise	-vis	-vis	-wijze	-weise
动词前缀	be-(hold)	be-	be-	be-	be-
	for-(bid)	för-	for-	ver-	ver-
	fore-(see)	före-	fore-	voor-	vor-
	mis-(take)	miss-	mis-	mis-	miss-

古英语的形容词也像名词那样地变化,与被它们修饰的名词在性、数、格上保持一致。

3. 英语的历史

盎格鲁、撒克逊和朱特人原本分布在北欧沿海,为古日耳曼人的部落。大约在公元449年,他们趁罗马人在不列颠诸岛势力衰弱之机,渡海侵入不列颠。到了公元6世纪末,诸岛上的凯尔特人几乎灭绝。此时的古英语已有不同的方言,使用日耳曼人的茹尼克文(Runic)。

从盎格鲁等部落渡海到不列颠岛算起,英语的历史有1 500多年。①

古盎格鲁-撒克逊语中名词有性、数、格的变化,分阴性、阳性和中性。名词的性是随意规定的。如"太阳"sunne,是阴性的;"女孩"mægden,是中性的。名词的复数形式相当复杂。"书"的单数形式为bōc,复数形式为beek。名词有主格、所有格、与格和宾格。形容词也像名词那样地变化,与被修饰的名词在性、数、格上保持一致。动词分为强式和弱式两类,强式动词即现代的不规则动词,弱式动词即现代的规则动词。到了中古时代,英语的东中部方言成为标准英语的基础,有三分之一的强式动词成为弱式动词,名词的性已摆脱了古英语的随意性,到了14世纪时-(e)s已成为表示名词复数的主要形式,名词的与格、宾格的词尾变化形式渐消失,只保留所有格词尾的变化。中古后期,形容词基本上失去性、数、格及人称的屈折变化。②公元10世纪的英语文献中VO语序比OV语序稍少,公元12世纪时还是如此,公元13世纪以后情况有了较大的变化。到了中古英语结束后的15世纪、16世纪时,英语中的OV语序就很少见了。③

二　罗曼语的比较

古拉丁语最初是意大利半岛中部西海岸拉丁部族的语言。由于古罗马的强盛,罗马人的古拉丁语在并

---

① 公元450年—1150年为古英语时期,1150年—1450年为中古时期,1450年以后为近代英语时期。

② 秦秀白.英语简史[M].长沙:湖南教育出版社,1983:25—39,70—71.

③ Paul J. Hopper, Elizabeth Closs Traugott. Grammaticalization [M]. Cambridge University Press.影印本.北京:外语教学与研究出版社,2001:60.

存的方言中占主导地位,公元前 5 世纪成为罗马共和国官方的语言。从那时至公元五世纪的 1 000 年中随着罗马人的扩张,拉丁语广为传播。5 世纪西罗马帝国灭亡,此后的另一个 1000 年中古拉丁语作为教会的语言在欧洲有很大的影响。中古拉丁语成为教会统治下的宗教、文化和行政方面的语言。各地的通俗拉丁语演变成不同的方言,成为罗曼语族的法语、普罗旺斯语、意大利语、西班牙语、葡萄牙语、卡塔兰语及罗马尼亚语等语言。

从古典拉丁语到通俗拉丁语以及罗曼语族的诸语,是通俗的口语得以传播和成为权威方言的过程。

拉丁字母产生于公元前 7 世纪,其基础是源于希腊字母的伊特拉斯坎字母。现存的最早的古拉丁语文献是公元前 600 年的石刻碑铭和公元前六世纪金属搭扣上的刻字,拼写法从右往左。

1. 罗曼语的语音

(1) 拉丁语的语音

K 本是古拉丁语的字母,后来几乎都被 C 所取代。Y 只用来表示希腊语借词,Z 也只用来表示借词。古拉丁语中的 C 原本读作 k,罗马帝国后期的通俗拉丁语中的 C 在 e、i、y、æ、œ 等元音前读作了 s、ts、tʃ 等。

古拉丁语 jŭgum "(两头牛的)牛轭",对应于拉丁语 iugum,希腊语的 ζυγόν,梵语 yugam。古拉丁语 j 对应于梵语和哥特语的 j,其音值当为 ˟j。

古拉丁语、拉丁语 qu-,对应于梵语 č-和 k-。如"谁,什么"拉丁语 quis, quid;梵语 kas, čid。"五"拉丁语 quinque,梵语 pañča,哥特语 fimf,立陶宛语 penki。古拉丁语 qu-<˟kʷ-。古拉丁语的 k 既为 c 所取代,原本这两个字母可能代表两个不同的音。

早期古拉丁语的语音系统构拟为:

辅音

p	b	f	v	m	w
t	d	s	n	r	l
k	g	h			j
kʷ					

单元音

	i	u	ī	ū
	e	o	ē	ō
		a		ā

复元音:au　ai　iu　oi　ou。

罗曼语和梵语塞音的主要对应为:

	唇塞音				齿塞音			舌根塞音			
罗曼语	p	pʷ	b	f(v)	t	t(tʷ)	d(dʷ)	h(s)	kʷ	g	gʷ
梵语	p	p	bh	b(v)	t	d	dh	k	k	g(gh)	
古印欧语	p	pʷ	b	bʷ	t(tʷ)		d(dʷ)	q(k)	kʷ	g	gʷ

(2) 罗曼语唇音的对应

1) 清唇音的对应

① "倒(水)"法语 purer,拉丁语 purare<˟pura-,梵语 puːrajati<˟pura-。

② "脚跟"拉丁语 pedis(所有格),梵语 pad-。

③ "乳房、胸"拉丁语 pectus<˟pek-。"胸"梵语 vakʃa<˟bʷak-。

④ "五"拉丁语 quinque<˟pʷikʷe,梵语 pantʃa<˟peke。

⑤ "满的"法语 plein,拉丁语 plēnus,梵语 plātas<˟ple-。

⑥ "花"拉丁语 flos(主格)<˟bʷlo-,梵语 aboli。

⑦"烤"古法语 frire,拉丁语 frigere,梵语 bhrjjati。

2）浊唇音的对应

①"男人"拉丁语 vir<*b^{w}ira。"英雄"梵语 vīras。

②"爱、性的欲望,美丽、迷人"拉丁语 venus。"渴望"梵语 vanas-。

③"风"拉丁语 ventus-,梵语 vatah,阿维斯陀经 vata-。

④"甜的"古英语 swete,拉丁语 suavis。梵语 svaːdus。

⑤"旋转"拉丁语 volvere<*b^{w}olb^{w}e-,梵语 valate<*b^{w}ala-。

"球"古英语 beal,古挪威语 bollr,古高地德语 ballo<*balo。

⑥"飞"法语 voler,西班牙语 volar,意大利语 volare。"快"梵语 babila<*bila。

⑦"喝"拉丁语 bibere,西班牙语 beber<*bibe-。梵语"喝"pibh,"使喝"pibantu。

"啤酒"古斯拉夫语 pivo<*pib^{w}o。

⑧"云"拉丁语 nebula,希腊语 niphele,古斯拉夫语 nebes-。"天"梵语 nabhas-。

（3）罗曼语齿音的对应

1）清齿音的对应

①"星星"希腊语 astra,拉丁语 astrum<*astro-,梵语 star-。

②"薄的、细的"拉丁语 tenuis,"薄的、瘦的"梵语 tanuh<*tenu。

③"风"拉丁语 ventus-,梵语 vatah,阿维斯陀经 vata-。

④"三"拉丁语 tres,希腊语 treis,赫梯语 terie,梵语、俄语、阿尔巴尼亚语 tri。

⑤"土"葡萄牙语、意大利语 terra,梵语 dhara。

2）浊齿音的对应

①"神"拉丁语 deus。"恶神"古波斯语 daiva-,梵语 deva-。

②"牙齿"拉丁语 dent,梵语 danta,希腊语 odontos。

③"变硬"拉丁语 durare<*dura-。"硬的"梵语 dur。

④"二"拉丁语 duo,希腊语 duo,梵语 dvau,阿维斯陀经 dva<*duwe。

⑤"给"西班牙语、葡萄牙语 dar,意大利语 dare,梵语 daː。

⑥"分开"拉丁语 dividere<*di-b^{w}ide。(*di-"离开")"断"梵语 bhidh。

"手斧、小刀"梵语 savadhaː。

⑦"炉灶"拉丁语 aedēs(后来指"房子"),梵语 edha-(木柴)。

⑧"脚跟"拉丁语 pedis(所有格),梵语 pad-。

（4）罗曼语舌根音的对应

1）清舌根音的对应

①"皮革"拉丁语 corium,梵语 caːrma。

②"头"拉丁语 caput,西班牙语 cabezə,梵语 kaput-。

③"夜里"拉丁语 nox,希腊语 vύξ,梵语 nak。

④"那"拉丁语 que<*k^{w}e,希腊语 ekeinos<*eki-。

⑤"谁、哪一个"拉丁语 quod<*k^{w}od,

"什么"古英语 hwæt,古高地德语 hwaz,古弗里斯语 hwet<*k^{w}ad。

⑥"小船"拉丁语 barca,中古法语 barque<*bark^{w}e,阿尔巴尼亚语 varkë。

例外的有拉丁语 qu-<*p^w-,如:

"五"拉丁语 quinque,法语 cinq,亚美尼亚语 hing<*p^{w}ing^w,古英语、古撒克逊语 fif,哥特语 fimf<*p^{w}ing^w,立陶宛语 penke。

2）浊舌根音的对应

① "喉咙"拉丁语 gula,意大利语 gola。"喉咙、脖子、吞咽"梵语 gala。

② "胖的"法语 gras,意大利语 grasso。"重的"拉丁语 gravis,梵语 guruh。

③ "指甲、爪子"拉丁语 unguis<*ungʷis。"指甲"梵语 nakha。

④ "膝盖"法语 genou,赫梯语 genu,希腊语 gony,梵语 dʒanu。

⑤ "亮的、光"拉丁语 lucidus<*luki-。"光"梵语 lagha-。

⑥ "轻的"法语 leger,西班牙语 ligero,意大利语 leggero<*lege-。

"轻的、快的、短的、细小的"梵语 laghuḥ<*lagu-。

2. 罗曼语的形态

（1）罗曼语动词的形态

拉丁语的动词有不同的变化形式。如动词 canto"唱":

	陈述语气	虚拟语气
现在时	canto	cantem
将来时	cantabo	—
未完成时	cantabam	cantarem
完成时	cantavi	cantaverim
过去完成时	cantaveram	cantavissem
将来完成时	cantavero	—

拉丁语第一人称动词陈述式完成时以 *-i 结尾,如:

	现在时	完成时
我收集	colligo	collegi
我拣	carpo	carpsi
我放	pono	posui
我跑	curro	cucurri

古拉丁语的将来时和将来完成时的变化形式在伊比利亚拉丁语中失去,保留了未完成时的形式。伊比利亚拉丁语的后代语言西班牙语和意大利语比较:

	拉丁语	法语	西班牙语	意大利语
现在时				
我爱	amo	j'aime	amo	amo
你爱	amas	tu aimes	amas	ami
他爱	amat	il aime	amat	ama
我们爱	amamus	nous aimons	amamos	amiamo
你们爱	amatis	vous aimez	amáis	amate
他们爱	amant	ils aiment	aman	amano
未完成时				
我曾爱	amabam	j'aimais	amaba	amavo
你曾爱	amabas	tu aimais	amabas	amavi
他曾爱	amabat	il aimait	amaba	amava
我们曾爱	amabamus	nous aimions	amábamos	amavamo
你们曾爱	amabatis	vous aimeiz	amabais	amavate
他们曾爱	amabant	ils aimaient	amaban	amavano

（2）罗曼语名词和代词的形态

拉丁语的名词有主格、宾格、所有格、与格、离格(夺格)和呼格等六个格,如:

	主格	宾格	所有格	与格	离格
玫瑰(单数)	rose	rosam	rosae	rosae	
主人(单数)	dominus	dominos	domini	domino	domino

方位格在古拉丁语中已经由离格来表示,它的屈折形式仅保留在一些地名中。

拉丁语名词主格和非主格(间接格)的单、复数形式仍用屈折形式表示,如:

	单数		复数	
	主格	间接格	主格	间接格
月亮	luna	luna	lune	luna(s)
马	caballu(s)	caballu	caballi	caballo(s)
狗	cani(s)	cane	cane(s)	cane(s)

古拉丁语中人称代词很少出现,如"我""我们"等人称的主格形式由动词的词尾来表示。拉丁语及它的后代语言人称代词的形式如:

第一、二人称代词

	法语	葡萄牙语	西班牙语	意大利语	拉丁语
我(主格)	je	eu	yo	io	ego
(宾格)	me	me	me	mi	me
(与格)					mihi
你(主格)	tu	tu	tu	tu	tu
(宾格)	te	te	te	ti	te
(与格)					tibi
我们(主格)	nous	nós	nosotros	noi	nos
(宾格)	nous	nos	nos	ci	nos
(与格)					nobis
你们(主格)	vous	vós	vosotros	voi	vos
(宾格)	vous	vos	os	vi	vos
(与格)					vobis

第三人称代词

	法语	葡萄牙语	西班牙语	意大利语
他(主格)	il	êle	él	egil, esso
(宾格)	le	o	le(或 lo)	lo
(与格)	lui	lhe	le	gli
她(主格)	elle	ela	ella	ella, essa
(宾格)	la	a	la	la
(与格)	lui	lhe	le	le
他们(主格)	ils	êles	ellos	essi, loro
她们(主格)	elles	elas	ellas	esse, loro
他们(宾格)	les	os(或 los)	los	li
她们(宾格)	les	as(或 las)	las	le
(与格)	leur	lhes	les	loro
他(们)自己	se	se	se	si①

---

① "她(们)自己"和"它(们)自己"与"他(们)自己"同。

（3）罗曼语形容词的形态

古拉丁语的形容词和分词如同古英语,根据所修饰名词性、数、格的分别而有所分别。如形容词 bonus "好"和 tristis"坏":

	bonus			tristis		
	阳性	阴性	中性	阳性	阴性	中性
主格单数	bonus	bona	bonum	tristis	tristis	triste
宾格单数	bonum	bonam	bonum	tristem	tristem	triste
主格复数	boni	bonae	bona	tristes	tristes	tristia
宾格复数	bonos	bonas	bona	tristes	tristes	tristia

现代罗曼语形容词比较级有规则和不规则的变化。规则变化的,如:

	拉丁语	法语	西班牙语	意大利语
热	calidus	chaud	cálido	caldo
较热	calidior	plus chaud	más cálido	più caldo
最热	calidissimus	le plus chaud	el más cálido	il più caldo

不规则变化的,如:

	拉丁语	法语	西班牙语	意大利语
好	bonus(-a, -um)	bon(-ne)	bueno(-a)	buono(-a)
较好	melior	meilleur(-e)	mejor	migliore
最好	optimus	le meilleur	el mejor	il migliore
大	magnus	grand(-e)	grande	grande
较大	major	plus grand	más grande	più grande
最大	maximus	le plus grand	el más grande	il più grande

三　希腊语的比较

公元前 2000 年,古希腊人从巴尔干半岛来到希腊本土和爱琴海岛屿,公元前 9 世纪前后的荷马史诗以古希腊语的方言写成。公元 4 世纪,希腊语形成以阿提卡方言为基础的交际语,成为该语族唯一传世的语言,其他古方言或古语消失。

1. 希腊语的语音

现存最早的古希腊语文献是公元前 15 世纪用克里特岛线形文字 B 记录的。古希腊字母的采用不晚于公元前八九世纪,古希腊文是在腓尼基字母的基础上增加了几个字母构成 24 个字母的文字,字母的读音基本沿用原腓尼基字母的读音。根据与拉丁字母的对应,可看出增加了 4 个辅音字母,ξ、φ、χ 和 ψ。[1]

希腊语的字母

单辅音字母　β Δ γ ζ θ κ λ μ ν π ρ σ ς τ φ χ

复辅音字母　ξ ψ

元音字母　　α ε η ι ο υ ω

希腊语的塞音可分别与其他印欧语的塞音对应。这些对应中包括希腊语和拉丁语不同时期的借词,及其他不同时期印欧语从希腊语的借词。早期希腊语可能和古日耳曼语一样,有圆唇和非圆唇的对立。

有意见认为原始印欧语 *p、*b、*bh 可对应于古希腊语的 p、b、ph(φ)。[2]

---

① 周有光.世界文字发展史[M].上海:上海教育出版社,2003:371.

② Winfred P. Lehmann. Historical Linguistics:An Introduction[M]. New fetter Lane, 1992:148.影印本.北京:外语教学与研究出版社,2002.

（1）唇塞音

唇塞音 p、ph（φ 转写为 ph 或 f）和 b 三分，p、ph 可对应于梵语 bh。

1）希腊语 p-可对应梵语、日耳曼语的 p-、b-

①“父亲”希腊语、拉丁语 pater，梵语 pitar。

②“漂浮”希腊语 pleo<*ple-，古英语 flotian，古挪威语 flota<*pʷlo-。

③“屁股”希腊语 pyge<*pige。“肚子”瑞典语 buk，丹麦语 bug，荷兰语 buik。

④“前臂”希腊语 pakhys。“手（臂）”希腊语 patʃus。梵语 bāhu-，古高地德语 buog（指骨）<*bagu。“手臂、肩”梵语 bhuja<*bugja。“手臂”粟特语 βāzā<*bʷaga。

2）希腊语 ph-可对应梵语 b-（bh-），日耳曼语的 b-

①“眉毛”希腊语 ophrys<*o-bru-s。“额、眉毛”古英语 bru。

②“蛇”希腊语 ophis<*obis，“毒蛇”古希腊语 ophis，意大利语 biscia<*biska。

③“飞”希腊语 pheylo<*belo。“飞走”古希腊语 aphintamai，法语 voler，意大利语 volare<*bʷole-re。

④“水果”希腊语 phroyto<*bro-。拉丁语 fructus<*bruk-。

⑤“死”古希腊语 apoθniske<*a-pʷeda-，阿尔巴尼亚语 vdes<*bʷdes。

⑥“前臂”希腊语 pakhys<*pagu-。“手臂、肩”梵语 bhuja。“手臂”梵语 bahus。

⑦“漂浮”希腊语 pleo，古英语 flotian，古挪威语 flota，梵语 bhela。

3）希腊语 ph-（φ）对应梵语 bh-，日耳曼语的 b-

①“烤”希腊语 phrygrin，古希腊语 phruge，梵语 bhrjjati。

“亮的、闪光的”古英语 bryht，古挪威语 bjartr，哥特语 bairhts<*bareg-。

“每月的第一天”和阗塞语 beraji<*beragi。

②“同族人”希腊语 phrater，“兄弟”拉丁语 frāter，梵语 bhrā́tā。

③“鬼”希腊语 phansmo，意大利语 fantasma<*bat-sma。

“鬼、恶魔”梵语 bhuːta<*buta。“鬼”乌尔都语 bhoːt。

④“肚脐”希腊语 omphalos，梵语 nabhila<*na-bhila。

⑤“熊”希腊语 φerei，梵语 bharati，古英语 bera，古高地德语 bero，古挪威语 björn。

⑥“臼齿”希腊语 gomphos，“牙齿”梵语 gambhas。

⑦“云”希腊语 nephos、nephele，拉丁语 nebula，古斯拉夫语 nebo、nebes-，威尔士语 niwl。“雾”德语 nebel，拉丁语 nebula。“雾”梵语 nábhs，“天”梵语 nabhas-。

4）希腊语 b-对应梵语 bh-，日耳曼语的 b-

①“圆”希腊语 bole。“球”古英语 beal，古挪威语 bollr，古高地德语 ballo<*balo。

②“走”希腊语 badizo<*badi-。“去”拉丁语 vado<*bʷado。

③“脖子”希腊语 rberkos<*r-berbʷo-s。“风管、喉”希腊语 pharynx。

“胡子、下巴”西班牙语、意大利语 baraba。

④“背”希腊语 bathas。“西”高地德语 abend<*a-bed。

⑤“颚”希腊语 symboyles，“嘴”古弗里斯语 snavel，“额”梵语 bhālam<*bhala-。

⑥“重的”希腊语 baros，乌尔都语 bhaːri<*bari，wazni<*bʷar-。“多的”（不可数）梵语 bhuːri<*buri。

⑦“真的”希腊语 beros<*bero-，俄语 vernij<*bʷernu-。

⑧“沙盘”拉丁语 abacus，希腊语 abax（计算用桌）<*abaku-。

5）希腊语 b-对应日耳曼语的 f-

①“扔”（n.）希腊语 bole。“落下”古英语 feallan，古挪威语 falla<*pʷola。

②“看见”希腊语 blepo。“看见、假设”俄语 polagatj<*polaga-。

（2）齿音

舌尖塞音三分 t、d 和 θ（转写为 th）。

印欧语 ˚t、˚d、˚dh 可对应于古希腊语的 t、th(θ)、d。

1）希腊语 t 对应罗曼语、斯拉夫语等的 t

①"坟"希腊语 tymbos<˚tuba-,拉丁语 tumba,意大利语 tomba。

②"现在"(adv.)希腊语 tora,波兰语 teraz<˚terar。

③"声高"希腊语 tonos。"声音、声调、重音"古法语 ton,拉丁语 tonus。

④"三"希腊语 treis,古教堂斯拉夫语 trje,拉丁语 tres,梵语 tri。

⑤"抖"(n.)希腊语 tromos。"抖动、震颤的"拉丁语 tremulus。

⑥"胸、乳房"希腊语 sterno<˚s-der-。"胸、胸铠"拉丁语、希腊语 thorax(thorakos 所有格)<˚dora-。"乳房"(兽)古英格兰语 ūder,梵语 ūdhar。

2）希腊语 θ(th)可对应日耳曼语等的 d

①"神"希腊语 θeos,古希腊语-θeos,俄语 idon,赫梯语 idolize<˚ido-lire。"灵魂、精灵"俄语 duşa<˚dusa。"鬼"波兰语 dux<˚dus。

②"香草"希腊语 minθe,古英语 mint,古高地德语 minza,拉丁语 mintha<˚mida。

③"烧"希腊语 aiθo,古希腊语 aiθis(分词),拉丁语 aedēs。

④"好的"希腊语 agaθos,古希腊语 ágaθos,古英语 god,古挪威语 goðr,古哥特语 goþs,德语 gut,荷兰语 goed,古教堂斯拉夫语 godu(愉快之时)<˚godu。

⑤希腊语"石头"liθori。"对应的界石"古希腊语 ānθoros。"石头"梵语 adri。

3）希腊语 θ(th)对应梵语 dh

①"腐烂的"希腊语 saθros<˚sadro-。"土"意大利语 terra,梵语 dhara<˚dera。

②"烧"希腊语 aitho,aestus,梵语 edha-。

③"红的"希腊语 eruthros<˚erudro-s。"红色"古希腊语 éreuθima<˚erudi-。"红的"古英语 read,古挪威语 rauðr,波兰语 rudy<˚rudi。"血色"梵语 rudhirás。

4）希腊语 d 对应斯拉夫语等的 d,日耳曼语 t(d),梵语 d、dh

①"漏"希腊语 diarreo。"滴"(n.)古英语 dropa,古挪威语 dropi。

②"借出、给"希腊语 dido<˚dido。"给"梵语 dadati,意大利语 dare<˚da-。

③"剥皮"希腊语 derein<˚dere-。"分开"古英语 teran。

④"牙齿"希腊语 donti,梵语 danta,和阗塞语 dantaa-,粟特语 danda,立陶宛语 dantis,法语 dent,意大利语 dente。

⑤"对的"希腊语 dikaios<˚dika-,梵语 adhikaːraḥ<˚adhikara-。

⑥"二"希腊语 duo,古英语 twa,古弗利斯语 twene,古教堂斯拉夫语 duva,俄语 dva,拉丁语 duo。

⑦"橡树"希腊语 drys。"树、木头"古英语 treo,古弗里斯语,古挪威语 tre,梵语 dru<˚dero。"木头"阿尔巴尼亚语 dru。

（3）舌根音

古印欧语 ˚k、˚g、˚gh 可对应于古希腊语的 k、g、kh(χ)。

1）希腊语 k 可对应日耳曼语 h,梵语 kh。

①"山"希腊语 kolonos,拉丁语 collis,古英语 hyll,哥特语 hallus(岩石)。

②"指甲、爪子"希腊语 onyx<˚onuks,拉丁语 unguis。

"指甲"梵语 nakha,乌尔都语 nakhun<˚nakhu-。

③"吃掉"古希腊语 katéde。"吃"梵语 khaːdati。

2）希腊语 kh 可对应日耳曼语等的不同舌根音

①"爪子"希腊语 khele,中古拉丁语 chela,亚美尼亚语 magil。"指甲"古英语 nægl,古挪威语 nagl。"蹄、爪子"拉丁语 ungula。

②"高兴"(名词)希腊语 khara。"高兴"(形容词)阿尔巴尼亚语 gëzuar<˚geru-ar。

③ "硬的"希腊语 khalenos。"硬皮"拉丁语 callus<˚kalo-。

3）希腊语 g 可对应日耳曼语等的不同舌根音

① "我"拉丁语、希腊语 ego，丹麦语 jeg<˚egʷe。

② "女人"古希腊语 gunȧ，希腊语 gune。"女人、妻子"希腊语 gunaika<˚guna-ika。"女人"古波斯语 genna<˚gina，梵语 janis、阿维斯陀经 jainiʃə（妻子）<˚ganis。

③ "巨大的"希腊语 megas，拉丁语 magnus，梵语 mahaː<˚mega-。

4）希腊语 g 可对应梵语 gh

"蒸熏"希腊语 smugenai。"烟"威尔士语 mwg。"云"梵语 megha。

5）圆唇舌根音的特殊音变

① "牛"希腊语 boūs<˚gʷo-s。"母牛"乌尔都语 gaːeː，梵语 gau。

"母牛"古英语 cu，古弗里斯语 ku<˚gʷu。

② "心"希腊语 tharos<˚gʷaro-。梵语 hr̩daya，粟特语 ɣarδē<˚garde-。

③ "温暖的"希腊语 thermos，拉丁语 formus<˚gʷorm-。

古英语 wearm<˚gʷarm。"热的"乌尔都语 garam，和阗塞语 garam-。

（4）小舌音

早期希腊语应有小舌塞音 ˚q 和 ˚ɢ，分别演变为现代的 ʔ（或消失）和 h。

① "血"希腊语 aima<˚qa-ima。拉丁语 haemo-，法语 hemo-借自古希腊语。

② "对面"希腊语 anta<˚qa-ta。赫梯语 hanti<˚qati。

③ "天、太阳"希腊语 elios<˚qelo-s。"天"意大利语、西班牙语 cielo<˚qelo。

④ "蜘蛛网"希腊语 hyphe<˚ɢʷebe。古英语 webb。

⑤ "肝"希腊语 hepar<˚ɢepar。

⑥ "年、季节"希腊语 hora<˚ɢora。"年"古英语 gear，古高地德语 jar，古弗里斯语 ger，哥特语 jer<˚gjer。

⑦ "甜的"希腊语 hedys<˚ɢedo-。"甜的"亚美尼亚语 khaʁtshr<˚gagd-。"香的"梵语 gandha<˚gada。

（5）擦音

1）h

古希腊语 h-如在数词中所表现的，承自早期希腊语 ˚h-，可能来自早期印欧语 ˚q-。

① "六"古希腊语 heks，拉丁语 sex，英语 six。

② "七"古希腊语 hepta，阿维斯陀经 hapta，梵语 sapta。

③ "百"古希腊语 hekaton，古英语 hundred，古挪威语 hundrað，拉丁语 centum。阿维斯陀经 satem，梵语 satam。

2）s

① "胸、乳房"希腊语 sterno<˚s-der-。"胸、胸铠"拉丁语、希腊语 thorax。

② "播种"希腊语 speirö<˚s-bero。"种子"阿尔巴尼亚语 farë<˚bʷaro。

③ "滴落"希腊语 stalazo<˚s-dala-。"滴落、退回"波兰语 odwołatʃ<˚odola-。

④ "白的"希腊语 aspros<˚a-spro-。梵语 supra。

⑤ "一"希腊语 eis<˚es，赫梯语 as，吐火罗语 sas、se。

（6）早期希腊语的圆唇音

① "脚"希腊语 podi<˚pʷedi。法语 pied，意大利语 piede，亚美尼亚语 fut。

② "死"古希腊语 apoθniske<˚a-pʷedi-。阿尔巴尼亚语 vdes<˚bʷdes。

③ "怕"希腊语 phoboymai<˚bʷobʷo-。波兰语 obawiatʃ<˚obabʷa-。

④ "火"希腊语 pyr<*pʷir。英语 fire,德语 feuer,荷兰语 vuːr<*pʷir。

⑤ "欺骗"希腊语 dolos<*dʷolo-。威尔士语 twyllo<*tʷul-。

⑥ "狗"希腊语 kyon、阿尔巴尼亚语 kyen<*kʷan。赫梯语 suwana<*sugʷana。

⑦ "我"希腊语 ego<*egʷe。古英语 ic,古挪威语 ek,哥特语 ik,赫梯语 uk<*ekʷ。

⑧ "白天"希腊语 mora<*mʷora,赫梯语 siwaz<*sibʷar。

2. 希腊语的形态

　　古典希腊语(公元前5世纪至公元前4世纪)是黏着语,名词有主格、属格、呼格、间接受格和直接受格,阴性、阳性和中性,单数、复数和多数的区分。动词有主动态、被动态和中间态(返身态),现在时、将来时、未完成时、不定过去时、完成时和过去完成时的变化。以下借助与亲属语的比较,分析希腊语中包含的古形态成分。

(1) 希腊语名词的前缀和后缀

1) 名词前缀 *a-、*o-

早期希腊语名词前缀 *a-、*o-,如:

① "田野"希腊语 agro-s,梵语 adʒra<*agra。"地"希腊语 tʃora<*kora。

② "表兄弟"希腊语 anepasi-os。"后代"梵语 nápat。"孙子"拉丁语 nepōs。

③ "名字"希腊语 onoma,古英语 nama,拉丁语 nomen,梵语 naːma。

④ "肚脐"希腊语 omphalos<*o-balo-s,梵语 nabhila<*na-bila。

⑤ "眉毛"希腊语 ophrys<*o-bru-s。"额、眉毛"古英语 bru。

2) 名词后缀 *-s

早期印欧语 *-s 表示生命体(生格),古希腊语中成为 *-os 主格后缀。

① "天、太阳"希腊语 helios<*qelo-。"天"意大利语、西班牙语 cielo<*qelo。

② "坑、池"希腊语 lakkos<*lako-。"湖"古法语 lack,拉丁语 lacus(池、湖)。

③ "计算用桌"希腊语 abax<*abaku-。"沙盘"拉丁语 abacus。

④ "心"希腊语 tharos<*daro-,粟特语 δɽʒi<*duri。

⑤ "颚"希腊语 symboyles<*subole-。"额"梵语 bhaalam<*bala-。

⑥ "脖子"希腊语 rberkos。"脖子"亚美尼亚语 paranotʃ<*para-nok。

⑦ "喉咙、食道"希腊语 stomatʃos,拉丁语 stomatʃus<*stomako-。

⑧ "前臂"希腊语 pakhys<*pagu-。"手臂、肩"梵语 bhuja<*buga。

⑨ "指甲、爪子"希腊语 onyx,拉丁语 unguis<*ungi-。"指甲"梵语 nakha<*naga。

⑩ "肌肉"希腊语 kreas。"肌肉、肉"意大利语、西班牙语 crane<*kra-。

其他:

① "皮口袋"希腊语 askos<*asko-。"皮"古英语 scinn,古挪威语 skinn<*skin。

② "皮肤、树皮"希腊语 phlaoios。"剥皮"古英语 flean、pillian,古挪威语 fla,中古荷兰语 vlaen<*bʷla。

③ "种子"希腊语 sporos,"播种"希腊语 speiro。

④ "虮子"希腊语 konidos<*konid-,古英语 hnitu,俄语 gnida。

⑤ "尾巴"希腊语 arros<*aro-,古英语 ærs,古高地德语、古挪威语 ars。

⑥ "坟"希腊语 tymbos<*tubo-,古法语 tombe,拉丁语 tumba,意大利语 tomba。

⑦ "指环、圆"希腊语 gyros<*guro-。

⑧ "词"希腊语 logos<*logo-。"舌头"拉丁语 lingue<*ligʷe。

3) 名词后缀 -no、-ne、-n

① "胸、乳房"希腊语 sterno<*ster-。"乳房"和阗塞语 ttʃijsa<*tira。

② "前臂"希腊语 olene,拉丁语 ulna。"肩"亚美尼亚语 uln<*ule-na。

③ "肺"希腊语 pleumon,拉丁语 pulmo。

④ "角"希腊语 karnon<*karen-,古英语 horn,哥特语 haurn,荷兰语 horen。

⑤ "蟾蜍"希腊语 phryne<*bru-。"蛙"阿尔巴尼亚语 bretkosö。

⑥ "小动物"希腊语 melon<*melo-。"小的、少的"俄语 malenikij<*male-,波兰语 małe<*male。

⑦ "草"希腊语 gkazon,俄语 gazon<*garo-,乌尔都语 ghaːs<*gras。

⑧ "斧子"希腊语 axine<*aksi-ne,古英语 æces,古弗里斯语 axe<*aki-s。

4)名词后缀-a

① "心"希腊语 kardia<*korde-。"心"拉丁语 cordis<*kordi-s(生格)。

② "(沼泽地)鸟"希腊语 elea<*ele-。

③ "舌头、语言"希腊语 glossa。"单词"拉丁语 gloss。

5)名词后缀-ro、-ra

① "飞"希腊语 peto,梵语 pat。"羽毛"希腊语 ptero,古英语 feðer。

② "高兴"(v.)希腊语 gaio,古法语 joie<*gai-,(n.)希腊语 khara<*ga-ra。

(2) 形容词的前缀和后缀

1)前缀 ma-、me-和 mi-

① "长的"希腊语 makros<*ma-kro-。"大的"法语 gros。

② "光滑的"希腊语 malakos<*ma-lako-。古英语 slike。

③ "高的"希腊语 megas<*me-gas。

④ "少的"希腊语 merikoi<*me-riko-。

⑤ "小的、少的、短的"希腊语 mikros<*mi-kro-。"很短的"梵语 atʃira<*akira。

2)前缀 a-和 e-

① "钝的"希腊语 amblys<*a-blu-,英语 blunt,古挪威语 blundra<*blud-。

② "薄的、瘦的"希腊语 adynatos<*a-duna-tos,梵语 tanuh<*tanu-。

③ "黑的"希腊语 agrios<*a-gri-,梵语 kriʃna<*kris-。

④ "软的"希腊语 apalos<*a-palo-。"弱的"梵语 durbala<*dur-bala。

⑤ "好的"希腊语 agathos,古教堂斯拉夫语 godu(愉快之时),古英语 god,古挪威语 goðr,古哥特语 goþs。

⑥ "红的"希腊语 eruthros<*e-rudir-。"血色"梵语 rudhirás<*rudhir-as。

3)后缀-os 和-s

① "长的"希腊语 makros<*ma-kros。"远"(副词)makria<*ma-kra。

② "坏的"希腊语 kakos<*kaka-。"丑的"kakakamemenos<*kaka-meno-。

③ "病的"希腊语 kakkos<*kako-。"病的"阿尔巴尼亚语 kekj<*kak-。

④ "弯曲的"希腊语 skolios<*skolo-。

⑤ "胖的"希腊语 patʃhys<*pagi-。"美的"阿尔巴尼亚语 bukur<*buk-。

⑥ "苦的"希腊语 pikros、pageros<*pigero-。

⑦ "强壮的"希腊语 geros。"强的、严格的"俄语 gruvɨj<*gru-。

⑧ "香的"希腊语 eyodes<*ode。"嗅"立陶宛语 uodziu<*ode。

⑨ "黑的"希腊语 agrios<*agri-,梵语 kriʃna<*kris-。

⑩ "声音的"希腊语 geros。"词"梵语 gira。

其他如:

① "真的"希腊语 beros<*ber-,俄语 vernɨj<*bʷernuj-。

② "干燥的"希腊语 pheros<*ber-os。"烧、烤"俄语 vɨzigatj<*bʷiri-ga-。

③ "有病的"希腊语 kakkos<˚kako-。"病"kako。

④ "旧的"希腊语 gerikos<˚geri-。"旧"(n.)gria、geros。

⑤ "白的"希腊语 aspros<˚aspr-,梵语 supra。

⑥ "红的"希腊语 eruthros<˚erudir-os。"血色"梵语 rudhirás<˚rudhir-as。

4)后缀-nos、-tos

① "近的"希腊语 kontinos<˚koti-。"近于"(介词)konta<˚kota。

② "红的"希腊语 kokkinos<˚koki-,阿尔巴尼亚语 kukj<˚kuki。

③ "绿的"希腊语 prasinos<˚prasi-。"绿的、新鲜的"俄语 svezˌij<˚sbʷeri-。

④ "空的"希腊语 adieianos<˚adiea-。

⑤ "硬的"希腊语 khalenos<˚khale-。"硬皮"拉丁语 callus<˚kalo-。

⑥ "细的、薄的"希腊语 leptos<˚lep-。"弱的、脆的"波兰语 slaby<˚slabi-。

⑦ "薄的、瘦的、细的"希腊语 adynatos<˚aduna-。"纤细的"俄语 tonkij<˚ton-。

5)后缀-mus、-mos

① "硬的"希腊语 drimys<˚dri-mus。"硬的"法语 dur、意大利语、西班牙语、葡萄牙语 duro。"变硬"拉丁语 durare<˚dura-。

② "细的"希腊语 kalligramos<˚kali-gram-。

③ "钝的"希腊语 apotomos<˚apoto-,法语 obtus<˚obtu-。

(3) 动词的前缀和后缀

1)˚s-前缀

˚s-为早期印欧语使动前缀,希腊语中后随浊塞音清化。如:

① "播种"希腊语 speirö<˚s-bero。"种子"阿尔巴尼亚语 farë<˚bʷaro。

② "杀"希腊语 skotono<˚s-kotu-no,梵语 hantum。

③ "滴落"希腊语 stalazo<˚s-dala-zo。"滴落、退回"波兰语 odwołatʃ<˚odola-。

④ "吹"希腊语 sphrizo<˚s-bri-zo,意大利语 soffiare,拉丁语 flare。

2)˚a-前缀

早期印欧语动词前缀˚a-仍见于希腊语。

① "爱"(动词)希腊语 agano<˚a-gano。"女人"希腊语 gune。

② "感觉"希腊语 aggizo<˚a-giro。"知道"梵语 gjaː<˚gra。

③ "感觉"希腊语 aphe<˚a-be,西班牙语 saber,意大利语 sapere<˚sabo-er。

④ "听"希腊语 akroemai<˚a-kre-。"听见、听"古英语 heran,古弗里斯语 hora,古挪威语 hejra<˚kera。

⑤ "触摸"希腊语 akoymno<˚a-kom-。

⑥ "死"古希腊语 apoθniske<˚a-pʷedi-,阿尔巴尼亚语 vdes<˚bʷdes。

3)前缀 i-、e-

① "站"希腊语 istamai,和阗塞语 stā-<˚sta。"使它站"拉丁语 stet<˚ste-t。

② "吃"希腊语 edonti<˚edoti。"牙齿"梵语 danta,希腊语 donti。

③ "去"希腊语 pegaina<˚pega-i-na。"跑"波兰语 biegatʃ、俄语 biegatj<˚bega-。

④ "浸泡"希腊语 empotizo<˚epoti-。"沉"希腊语 buthizo<˚budi-。

⑤ "触摸"希腊语 eggizo<˚e-gi-,乌尔都语 tʃoːna<˚ko-。

4)后缀-zo

˚-r 为早期印欧语动词后缀,古希腊语中演变为-zo。如:

① "知道"希腊语 gnorizo<˚gno-ri-zo,吐火罗语 A gnorizo<˚gnori-。"知道"乌尔都语 janana<˚gana-。

② "吹"希腊语 sphrizo<˚sbri-zo,西班牙语 soplar,葡萄牙语 soprar,意大利语 soffiare,拉丁语 flare。

③ "跪"希腊语 gonatizo<˚gona-ti-zo。"膝盖"希腊语 gony。

④ "沉"希腊语 buthizo<＊budi-zo。"浸泡"希腊语 empotizo<＊epoti-。

⑤ "走"希腊语 badizo<＊badi-zo。"去"拉丁语 vado<＊bʷado。"脚"法语 pied，意大利语 piede，希腊语 podi。

⑥ "摇"希腊语 trantazo<＊trata-zo，古教堂斯拉夫语 treso<＊tre-。

⑦ "滴（落）、漏"希腊语 stazo<＊sta-zo。"落"梵语 asta<＊a-sta。

⑧ "滴落"希腊语 stalazo<＊stala-zo。"滴落、退回"波兰语 odwołatʃ<＊odola-。

⑨ "擦、磨"希腊语 trizo<＊tri-zo。"擦"波兰语 trzetʃ<＊tre-。

⑩ "缠绕"希腊语 koyrdizo、khordizo<＊gordi-zo。俄语 krutitj<＊kruti-。

"转"希腊语 gyrizo<＊giri-zo。

其他如：

"照耀"希腊语 gyalizo<＊gali-zo，古法语 glisa，古丹麦语 glisse。

5）后缀-no

① "拿"希腊语 lambano<＊laba-。

② "拿"希腊语 pairno<＊par-no。"持"阿尔巴尼亚语 mbaj<＊m-bar。

③ "劈"希腊语 katakopto<＊kata-kop-no。"斧子"亚美尼亚语 katshin<＊kadi-n。

④ "躺"希腊语 strono<＊stro-no。"躺"阿尔巴尼语 gënjeʃtër<＊geni-stor。

⑤ "喝"希腊语 pino，俄语 pitj，捷克语 pit<＊pi-，阿尔巴尼亚语 pi。

⑥ "吐"希腊语 phtyno、ptyo，古英语 spitten，拉丁语 sputare<＊sputa-。

⑦ "死"希腊语 pethaino<＊peda-no，阿尔巴尼亚语 vdes<＊bʷdes。

⑧ "杀"希腊语 skotono<＊skotu-no，梵语 hantum。

⑨ "想"希腊语 krino<＊kri-no。"心"意大利语 cuore，法语 cœur，拉丁语 cor，古荷马史诗 χῆρ<＊kor。

⑩ "压"希腊语 siderono<＊sidero-no，阿尔巴尼亚语 ʃtrydh<＊stru-。

其他如：

① "刮"希腊语 xyno<＊ksu-no。"擦"梵语 kaʃ<＊kas。

② "转"希腊语 treno<＊ture-，波兰语 odwrotçitʃ<＊odoroki-。

6）后缀-ro

① "洗澡"希腊语 loyro<＊lo-ro。"洗"阿尔巴尼亚语 laj<＊la-。

② "压"希腊语 presro<＊pres-ro，拉丁语 pressare。

③ "接近"（v.）希腊语 plesiaro<＊plesia-ro、（ad.）plesion<＊plesio-。

7）后缀-o

① "飞"希腊语 peto，梵语 pat、patati。

② "跑、流"希腊语 reo<＊re-。"去"西班牙语、葡萄牙语 ir。

③ "震动"希腊语（v.）seio<＊se-、（n.）seismos<＊ses-。

④ "漂浮"希腊语 pleo<＊ple-。"洗"pleno<＊ple-。

⑤ "扔"希腊语 peto<＊pet-。"扔、射、戳"和阗塞语 bid-<＊bid。

8）后缀-mo 和-mai

后缀-mo 和-mai 表示自动或不自主。

① "抖"希腊语 tremo。"摇、颤抖"俄语 drozatj<＊drora-。

② "挑选"希腊语 protimo<＊proti-，梵语 vṛiṇute<＊bʷrinu-。

后缀-mai：

① "怕"希腊语 phoboymai<＊bobo-mai，波兰语 obawiatʃ<＊obabʷa-。

② "爱"希腊语 eromai<＊ero-。

③ "来"希腊语 erokomai<＊eroko-。

④ "来"希腊语 ginamai<＊gina-。"去、离开"古英语、古高地德语 gan<＊gan。

⑤ "站"希腊语 istamai，和圆塞语 stā-<˚sta。

9）后缀-in

后缀-in 表示使动。

① "焙"希腊语 phogein<˚boga-，古英语 bacan，古挪威语 baka。

② "烤"希腊语 phrygrin<˚brigre-，古法语 frire，拉丁语 frigere。

③ "增加"希腊语 autʃhein<˚age-。"生长"亚美尼亚语 adʒel<˚age-。

④ "剥皮"希腊语 derein<˚dere-。"分开"古英语 teran。

（4）代词的格标记-s

① "我们"希腊语 emeis<˚emi-s，拉脱维亚语 mēs。

② "你"希腊语 sy<˚su。"你的"sos<˚so-s。

③ "这"希腊语 ayto、oytos<˚ato-，梵语 etaːm̩<˚eta-。

早期印欧语的˚-s 对应于后来印欧语的主格，也成为所有格的标记。

（5）屈折变化

① 希腊语"坟"tymbos，"埋"thabo。

② 希腊语"脚"podi，"走"badizo<˚badi-。

四 印欧语的比较研究

1. 印欧语比较研究的历史

荷兰学者兰伯特·邓·卡德(Lambert Ten Kate)18 世纪初将峨特语、德语、荷兰语、古英语和冰岛语的语法结构作比较，发表了《峨特语和低地德语间的共同性》。1786 年英国学者威廉·琼斯在"亚洲学会"上宣读题为《三周年》的论文时说："梵语的动词词根和语法形式，同希腊语和拉丁语有着十分密切的关系——不可能是偶然产生的巧合。"1816 年，弗朗兹·葆朴发表了《论梵语动词变位系统与希腊语、拉丁语、波斯语和日耳曼语的互相比较》。后来他还出版了《梵语、禅德语、阿尔明尼亚语、希腊语、拉丁语、立陶宛语、古斯拉夫语、哥特语和德语的比较语法》。

葆朴假定印欧语的词最初都是由单音节的词根构成的，印欧语名词的变格形式中包含着动词词根与代词词根的结合，动词的人称词尾是人称代词主语的后缀化。他以梵语为出发点，在比较中努力追溯古印欧语语法形式的发展过程和来历。

1818 年，丹麦语言学家拉斯克发表了他较早时写成的《古代北方语或冰岛语起源的研究》。他认为"语法对应是亲属关系和起源共同性更为可靠得多的标志"，"跟其他语言相混杂的语言是极少或者更确切些说是从来也不模仿那种语言的变格和变位形式的，但相反地却宁肯失去自己固有的变格和变位形式"。另外他又强调基本的词汇，他说："一种语言，无论它怎样混杂，只要构成这种语言的基础的最重要、最具体、最不可少和最原始的词跟其他语言的词是共同的，那它就与其他语言一起属于同一个语族。"在语音方面，他所强调的"字母转换的法则"就是我们今天所说的语音对应关系。拉斯克的原则在今天看来仍然是有意义的。

有关斯拉夫语的研究中，俄国学者沃斯托克夫(А.Х.Востоков，1781—1864)在 1820 年出版了《论斯拉夫语》。在这部著作里他确定了斯拉夫语和俄语的历史分期，阐明了古俄语同波兰语、塞尔维亚语的关系。后来他在《鲁勉采夫博物馆俄罗斯和斯拉夫抄本记述》(1842)中明确地划分了保加利亚语、塞尔维亚语、俄语和乌克兰语。在斯拉夫语的研究中作出杰出贡献的还有米克洛施(F.Miklosich，1813—1891)，主要著作有 1852—1874 年间出版的四卷本《斯拉夫语比较语法》。斯列兹涅夫斯基(И.И.Срезнвский，1812—1880)1849 年出版了《论俄语史》。在他去世后的 1893 年出版了他的三卷本的《古俄语词典资料汇编》。①

　　遗传学研究表明欧洲居民的一些重要的遗传特征是从中东向西扩展的。②早期印欧语有小舌音，*ŋ-不出现在词首，*-r为人称复数后缀和*-t为动词后缀等接近于阿尔泰语的特点。古印欧语西传的过程中为其他欧洲的部落所采用，原来分布在欧洲的语言如高加索语系的语言和巴斯克语等成为它们的底层，不同支系语言的许多基本词来源不同。

　　特鲁别茨科伊（Trubetzkoy）解释说："印欧语言的发源并非一日之功，而是一个持续的漫长过程。正如语言中的其他元素，印欧语言结构是历史发展的产物。原则上印欧语言的每一个分支都有自己的演化方向，然而，它们的大体方向是一致的。如果我们在印欧语与非印欧语演化方向之间作横向比较，就能看到一些有趣的现象。在印欧语言尚无历史明证的最早期阶段，至少有三种以上的塞音发音方法。而在印欧语有历史明证的阶段，就只剩下两种了"。根据语言的特征，他认为非印欧语系的语言中，乌拉尔-阿尔泰语系、高加索语系及地中海语系的语言与印欧语接近，"最初的印欧语方言最有可能发源于芬兰-乌戈尔语族与高加索语系交界的地方。"③

2. 印欧语的语音

　　格里姆认为原始印欧语p、t、k分别成为古日耳曼语f、θ、h。维尔纳认为原始印欧语p、t、k位于词首或重读元音之后的古日耳曼语中演变为f、θ、h，而其他位置上的演变为b、d、g。

　　早期印欧语方言中圆唇辅音和非圆唇辅音的对立应比较普遍，不仅有圆唇的唇塞音和舌根塞音，还有圆唇的舌尖音。古印欧语 *pʷ 演变为日耳曼语f-，拉丁语、梵语等p-；*bʷ-成为赫梯语、日耳曼语w-，拉丁语、梵语、斯拉夫语v-。

（1）印欧语的浊塞音的对应

1）日耳曼语等浊塞音和梵语浊送气塞音的对应

　　格里姆定律说原始印欧语bh、dh、gh分别成为古日耳曼语b、d、g。以下例子日耳曼语、罗曼语和希腊语中对应的是浊塞音，支持格里姆定律。

　　①"雾"德语nebel，拉丁语nebula。

　　"云"希腊语nephos、nephele，拉丁语nebula，古斯拉夫语nebo、nebes-，威尔士语niwl。"雾"梵语nábhs，"天"梵语nabhas-。

　　②"臼齿"希腊语gomphos<*gobo-。"牙齿"梵语gambha。

　　③"重的"希腊语baros，乌尔都语bhaːri<*bari。"多的"（不可数）梵语bhuːri<*buri。

　　④"乳房"（兽）古英格兰语ūder，梵语ūdhar。

　　⑤"红的"古英语read，古挪威语rauðr，波兰语rudy<*rudi。"血色"梵语rudhirás。

　　⑥"对的"希腊语dikaios，梵语adhikaːraḥ<*adhikara-。

　　⑦"攀登"日耳曼语steigan，梵语strighnoti。

2）梵语浊送气塞音和其他印欧语的对应

　　①"烤"梵语bhrjjati，古法语frire，拉丁语frigere，希腊语phrygrin。

　　②"鬼、恶魔"梵语bhuːta。"鬼"阿尔巴尼亚语fantazmë<*bʷata-rmo，希腊语phansmo，意大利语fantasma<*bat-sma。

　　"敌人"古英语feond，古挪威语fjandi，哥特语fijands<*bʷidi。

　　③"额"梵语bhaːlam，阿尔巴尼亚语balle。

　　④"土"梵语dhara，意大利语、葡萄牙语terra。

　　① 威廉·汤姆逊.十九世纪末以前的语言学史［M］.黄振华，译.北京:科学出版社，1960:71—78.
　　② L.L.卡瓦利-斯福扎，F.卡瓦利-斯福扎.人类的大迁徙［M］.乐俊河，译.北京:科学出版社，1998:191.
　　③ 特鲁别茨科伊.关于印欧语言问题的设想［M］.邹一帆，译//石锋，张洪明主编.语言学译林.北京:世界图书出版公司，2013.

⑤ "白"梵语 ∫ubrataː。"白的"希腊语 aspros,阿尔巴尼亚语 bardhë。

⑥ "木柴"梵语 edha-。"篝火"古高地德语 eit。

"炉灶、房子"拉丁语 aedēs、aestus。

⑦ "云"梵语 megha。"烟"威尔士语 mwg,亚美尼亚语 mux。

⑧ "泥罐"梵语 ghata。"煮"阿尔巴尼亚语 gatim<*gati-m。

⑨ "轻的、快的、短的、细小的"梵语 laghuh。

"轻的"古英语 leoht,中古荷兰语 licht,拉丁语 levis。

3) 其他印欧语的浊塞音跟梵语浊塞音的对应

① "词"威尔士语 gair<*gar。"声音的"希腊语 geros。

"词"梵语 gira。"语言"梵语 girh。

② "恶神"古教堂斯拉夫语 deivai<*debʷa-。

"神"梵语 deva<*debʷa。"白天"梵语 divasa、diva<*dibʷa。

③ "火"拉丁语 ignis,立陶宛语 ugnis<*ugnis,梵语 ɑgni,帕拉克利特语(Prakrit) ɑggi,班加利语(Bengali) ɑgun。

(2) 印欧语的小舌音

1) 小舌音的对应

中亚波斯语支的塔吉克语(Tajike)保留着小舌擦音 χ、ʁ 和舌根擦音 h、ɣ 的对立,分布于中国新疆维吾尔自治区东伊朗语支的萨里库尔语(Sarikoli)有小舌音 q、ɢ 和舌根音 k、g 的对立。这些语言中小舌音和舌根音的对立并非后来发展起来的,倒是日耳曼语、拉丁语中一些有规律的对应关系可以说明早期印欧语有小舌音和舌根音的对立。

根据"百"首辅音的读法,印欧语区分为 K 类和 S 类:古英语 hundred,古挪威语 hundrað,希腊语 hekaton,拉丁语 centum。阿维斯陀经 satem,梵语 satam,萨里库尔语 sad,古教堂斯拉夫语 suto。其他的对应关系如:

① "太阳"希腊语 helios、elios,古教堂斯拉夫语 sluhuce<*slu-quke。

② "白"古英语 hwit,古挪威语 hvitr,哥特语 hveits,梵语 svetah。"照耀"古教堂斯拉夫语 sviteti,立陶宛语 sviesti。

③ "居住地、村子"古英语 ham。"村子"哥特语 heim,希腊语 kome。"家里的仆人"古教堂斯拉夫语 semija。

④ "听"古英语 hlysnan,古高地德语 hlosen。"听见"希腊语 klyo。"听见自己的叫声"拉丁语 cluere。"听、听见"古教堂斯拉夫语 slusati,俄语 sliṣatj,波兰语 słutshatʃ。"听、服从"(第三人称单数)梵语 srosati。

⑤ "七"阿维斯陀经 hapta,波斯语 haft,梵语 sapta,塔吉克语 χaft,萨里库尔语 ɯvd,瓦罕语 ɯb,古教堂斯拉夫语 sedmi,威尔士语 saith,古英语 seofon。

⑥ "睡"俄语 spatj,波兰语 spatʃ<*qupa-,阿维斯陀经 hufsa-,粟特语 ufs。

或许阿维斯陀经"七""睡"首辅音的读法未演变为 s-。有的意见将原始印欧语"七"构拟为 *septm̥(Sihler 1995),那么我们就要选择 *h 和 *s 在古印欧语的方言中有交替这样意见。在难以抉择的情况下,传统的做法把 *h 区分为 *h₁、*h₂ 和 *h₃ 等的办法,把不同历史层次的表现投射于一个平面上。

我们假设古印欧语方言小舌音 *q、*χ 演变为舌根擦音 *h 或 s,波斯语支的塔吉克语中保留为 χ,萨里库尔语保留为 χ 或丢失。

① "百"阿维斯陀经 satem,梵语 satam,拉丁语 centum<*χed-,古英语 hundred,古挪威语 hundrað<*χad-red(百-数目),希腊语 hekaton<*χekad-。

② "八"阿维斯陀经 a∫ta,梵语 astau,塔吉克语 χa∫t,萨里库尔语 woxt,希腊语 okto,古教堂斯拉夫语 osmi,古英语 eahta<*aqta。

③ "太阳"萨里库尔语 χer<*Ger,粟特语 ɣwr-<*gur。"亮的"梵语 andʒor<*agor。"白天"法语 jour,意

大利语 giorno<˚gor-。

˚ɢ>h 或 k：

①"听"古英语 hlysnan，古高地德语 hlosen<˚qlose-，萨里库尔语 ʁoul<˚ɢul。"耳朵"威尔士语 clust<˚qlus-，吐火罗语 klots<˚klo-。"听见"希腊语 klyo。

②"转"古英语 hweorfan<˚kʷor-pan，希腊语 gyrizo<˚giri-，萨里库尔语 ʁerd<˚ɢer-，和阗塞语 gesti<˚gert。①

③"咳嗽"古英语 coughen，中古高地德语 kuchen，萨里库尔语 qeχt<˚qeɢ-。

④"喝"赫梯语 egʷ，吐火罗语 A jok<˚igʷ。"吃"萨里库尔语 χig<˚qig。

早在日耳曼人西迁、古希腊语和古拉丁语对周边语言有所影响之前，古印欧语的方言在不同底层的基础上已成为不同的语言，并互相影响。

2）拉丁语 c-对应于古英语的 h-或 c-

拉丁语 c-对应于古英语的 h-或 c-的，可来自古印欧语˚q-或˚χ-。如：

①"英雄"拉丁语 heros，古法语 heroe，英语 hero。"半神"希腊语 heros。

其他的词源关系如："人们"巴斯克语 herri<˚qeri。

②"头"拉丁语 caput，中古法语 caboce，西班牙语 cabezə<˚qa-pʷede，梵语 kaput-。古英语 heafod（头顶），高地德语 houbit，古弗里斯语 haved。

③"拿"拉丁语 captura。"抓、追逐"俗拉丁语 captier<˚qapt-，英语 capture。"追逐"希腊语 epidioko<˚epido-ko。

④"房子"意大利语、西班牙语 casa，古英语、古弗里斯语 hus<˚qusa。

"一家之主、男性房主"古英语 husband<˚qus-band。

⑤"国王的院子"拉丁语 cohors<˚qa-kor-，古法语 cort，古英语 court。

古拉丁语中的 c 原本读作 k，通俗拉丁语中 c 在 e、i、y、æ、œ 等元音前读作了 s、ts、ʧ 等。

3）印欧语的˚q-成为日耳曼语˚h-

①"天"古英语 heofon，古挪威语 himmin<˚qebʷon。"上面、高"古高地德语、撒克逊语 oban，德语 oben。

②"头"高地德语 houbit，古弗里斯语 haved，古英语 heafod（头顶），梵语 kaput-，拉丁语 caput，中古法语 caboce，西班牙语 cabezə<˚qa-pʷede。

③"英雄"拉丁语 hero，希腊语 heros<˚qero-。

④"马"古英语、古弗里斯语 hors，古高地德语 hros，荷兰语 ros<˚qoros。

⑤"听见、听"古英语 heran，古弗里斯语 hora，古挪威语 hejra<˚qera。②

⑥"历史"英语 history。"编年史、历史、故事"古法语 estorie。"故事"拉丁语 historia。"知识"希腊语 historia<˚hi-stori。"注视"古英语 starian、古高地德语 staren<˚star-。"正确的"格鲁吉亚语 stshɔri<˚sdori。

⑦"百"古英语 hundred，古挪威语 hundraðˇ<˚qat-red（百一数目），哥特语 hund，布立吞语 kant，阿维斯陀经 satam，梵语 satem，古教堂斯拉夫语 suto。

古印欧语的˚χ-和˚q-在古印欧语的不同方言中合并于˚h-和˚k-，如同古突厥语的小舌塞音在土耳其语中合并于舌根音。小舌音原本可能广泛分布于亚欧地区语言中，印欧语系和汉藏语系语言中较早开始合并于舌根音或丢失，今在北亚、太平洋和南亚地区的语言中为常见。汉藏语系的水语、羌语支语言，藏语和白语的少数方言，印欧语系伊朗语族和高加索语系的个别语言中仍保留，亚非语系语言的喉壁音和部分喉塞音当来自小舌音。

---

① H.W.Bailey. Dictionary of Khotan Saka[M]. Cambrige University Press, 1979：90.

② "耳朵"古英语 eare、古挪威语 eyra、丹麦语 øre、拉丁语 auris、希腊语 aus、阿维斯陀经 usi（双耳）<˚ore-。西班牙语 oreja、葡萄牙语 orelha<˚orela。日耳曼语的"听见、听"˚ʔera 是"耳朵"的派生词，其派生可能发生在日耳曼语以外的语言中，再进入日耳曼语。

（3）印欧语的圆唇辅音

原始印欧语 ˚kʷ、˚gʷ、˚gʷh 分别演变为日耳曼语 g、q、w，对应于梵语 k、j、ž。①

原始印欧语	˚kʷ		˚gʷ		˚gʷh	
希腊语	lúkos	狼	érebos	地狱	nípha	雪
拉丁语	lupus	狼	—		nivis	雪
梵语	vrkas	狼	rajas	云	snāežaiti	下雪
日耳曼语	ylga	母狼②	riqis	黑暗	snāw③	雪

过去的研究中可能忽略印欧语 bʷ，印欧语中还可能发生过 ˚gʷ-成为 ˚bʷ-的演变。

早期印欧语方言中发生过 ˚bʷ 和 ˚pʷ 演变为 ˚v 和 ˚f，在稍晚的诸语较少保留 ˚bʷ 和 ˚pʷ。早期印欧语方言的 ˚v 可演变为 w，日耳曼语中的 w 对应于拉丁语、梵语和斯拉夫语的 v。古印欧语 ˚bʷ-可演变为赫梯语、日耳曼语 w-，拉丁语、梵语、斯拉夫语 v-。赫梯语、日耳曼语的 w-。古印欧语的方言中 ˚bʷ、˚gʷ 可以演变为 w，˚u 可擦化为 w，及早期的 ˚w(˚v)，三个来历。以下例说明 ˚bʷ、˚gʷ 可演变为 w：

1）古印欧语的 ˚bʷ-

① "罪犯"古英语 wearg<˚bʷarg。

"狼、非法"古挪威语 vargr，"狐狸"冰岛语 vargur。

"痛苦"古教堂斯拉夫语 vragu，俄语 vrag，立陶宛语 vargas<˚bʷarag-。

② "翅膀"古英语 wenge，古挪威语 vængr，丹麦语 vinge<˚bʷige。

"鸟"亚美尼亚语 havkh<˚qabʷg。"猎鹰"俄语 kobec。

③ "树"古英语 widu，古高地德语 witu，瑞典语 ved，古爱尔兰语 fid<˚bʷedu。

"柳树"丹麦语 vidje，古高地德语 wida<˚bʷida。

④ "男人"古英语 wer，哥特语 wair，立陶宛语 výras，拉丁语 vir<˚bʷira。

"丈夫"粟特语 wir<˚bʷir。"英雄"梵语 vīras<˚bʷira-。

⑤ "吹"古英语 wajan<˚bʷala-。"风"立陶宛语 vijas<˚bʷila-s。

⑥ "弱的、软的"古英语 wac，古挪威语 veikr，中古荷兰语 week<˚bʷek。"小的、少的"亚美尼亚语 phokhr<˚bog-。"薄的"巴斯克语 bakan。

⑦ "河"英语 river。"河、河边、河岸"古法语 riviere<˚ribʷere。"没盐的"古英语 fersc，古弗里斯语 fres<pere-(可能指河水是淡的)。

⑧ "胸"梵语 vakʃa<˚bʷak-sa。"肚子"瑞典语 buk，丹麦语 bug，荷兰语 buik。"乳房、胸"拉丁语 pectus、pectoris(所有格)<˚peg-。

⑨ "狗"赫梯语 kuwas<˚kubʷa-s, kuwana<˚kubʷa-na。阿维斯陀经 spa。古伊朗高原米提亚语(Median) sobaka。俄语 sobaka。

2）古印欧语的 ˚gʷ-

① "温暖的"古英语 wearm，亚美尼亚语 jerm<˚ger-m，拉丁语 formus，希腊语 thermos<˚gʷorm-。

② "我们"古英语 we，古挪威语 ver，古高地德语 wir，哥特语 weis<˚gʷe-r。

"我"古英语 ic，古挪威语 ek，哥特语 ik，赫梯语 uk，拉丁语、希腊语 ego，丹麦语 jeg<˚egʷe。

③ "风"古英语 wind，威尔士语 gwjnt，布立吞语 gwent<˚gʷet，梵语 vatah，阿维斯陀经 vata-，拉丁语 ventus-<˚gʷeta-，赫梯语 huwantis<˚qugʷati-。

④ "酒"古英语 win，威尔士语 gwin，古爱尔兰语 fin，希腊语 oinos，古教堂斯拉夫语 vino，立陶宛语 vynas<˚gʷin。

⑤ "羊毛"古英语 wull，古高地德语 wolla，威尔士语 gwlan<˚gʷula。古教堂斯拉夫语 vluna，拉丁语 vellus

---

① Theodora Bynon. Historical Linguistics[M]. Cambridge University Press, 1977:83.

② 日耳曼语和古冰岛语。

③ 古英语。

（未剪下的）<＊gʷelu-。

⑥ "好"（副词）古英语 wel，古撒克逊语 wela，古教堂斯拉夫语 vole。"更好的"威尔士语 gwell<＊gʷele。

⑦ "蛇"葡萄牙语 cobra，古法语 guivre，拉丁语 vipera<＊gʷi-bra。（这个例子中＊gʷ-连带随后元音的演变，成为法语 v）

（4）印欧语词首＊u

① "水"古英语 wæter，古高地德语 wazzar<＊uador，赫梯语 waːtar，梵语 udra-，希腊语 ydor<＊udor。"水"古教堂斯拉夫语 voda，古波斯语 wundan，古挪威语 vatn<＊uada-。"波浪"拉丁语 unda。

② "根、药草"古英语 wyrt<＊urt-。"根"哥特语 waurts，波兰语 zrodło<＊rod-lo。

③ "滚"英语 wheel，希腊语 kylo，波兰语 wkulatʃ<＊ukula-。

④ "希望"（动词）古英语 wyscan，古高地德语 wunsken，丹麦语 ønske，古挪威语 æskja<＊uen-ski。

（5）印欧语塞音的对应

19 世纪格里姆等学者对原始印欧语塞音系统的设想主要建立在梵语塞音构成的基础上，难免顾此失彼。如公元前六七世纪古梵语的塞音是清、清送气、浊和浊送气四分，是不能忽视的。

后来的学者在部分肯定以前的结论的基础上提出原始印欧语应该有圆唇塞音。以简明扼要的方式说明亲属语、古今语语音的对应是必要的，如果不考虑早期语言的一些语音要素，亲属语之间一些主要的语音对应的解释会有很大的困难。我们假定古印欧语塞音有清、浊对立，圆唇和非圆唇的对立，有小舌音。日耳曼、罗曼语、希腊语和梵语塞音的主要对应可归纳为古印欧语唇、齿和舌根塞音四分的结构，取消了浊送气塞音的假设。

	唇塞音				齿塞音				舌根音			
日耳曼	p	f	b	w	Þ	ð	t(tʷ)	d(dʷ)	h(k)	kʷ	g	gʷ(w)
罗曼语	p	p(f)	b	v	t	t	d(dʷ)	d(dʷ)	h(s)	kʷ	g	gʷ
希腊语	p	pʷ	φ	bʷ	t	t	θ(d)		h(k)		kh	g
梵语	p	p	bh	v	t	t	d	dh	k	k	g(gh)	
古印欧语	p	pʷ	b	bʷ	t(tʷ)		d(dʷ)		q(k)	kʷ	g	gʷ

3. 古印欧语的形态

（1）古印欧语名词的格系统

梵语名词有阳性、阴性和中性，单数、双数和复数，体格、业格、具格、为格、从格、属格、依格和呼格的变化。动词的变位包括单数、双数和复数，有第一、第二和第三人称的不同，有现在时、未完成时、完成时、不定过去时、将来时和假定时，主动态、中间态和被动态等。[①]梵语和古拉丁语、古日耳曼语都是屈折型的语言。根据吠陀梵语、波罗的诸语和斯拉夫语的格系统，人们假定原始印欧语的名词有 8 个格。现代德语的 4 个格与原始印欧语格的关系为：[②]

印欧	呼格	主格	宾格	属格	离格	工具格	与格	方位格
	↘	↙	↓	↘	↙	↘	↓	↙
德语		主格	宾格		属格		与格	

赫梯语的发现为古印欧语的构拟提供了新的思路。赫梯语与印欧语其他语言不一致的成分一直受到研究者的注意。赫梯语的三种情况是很重要的：缺少主格的屈折变化；名词的复数形式不太发展；名词复数的间接格（所有格、与格和方位格）都用-as 后缀，也出现在单数的所有格上。复数的另外两个格（离格和工具格）跟单数的相同。

---

① 中国大百科全书总编纂委员会《语言文字》编辑委员会.中国大百科全书·语言 文字[M].北京:中国大百科全书出版社,1988:75.

② Theodora Bynon. Historical Linguistics[M]. Cambridge University Press, 1977:60.

赫梯语名词变格的"缺陷"也许是古印欧语克里奥尔化的结果,处于向屈折形式发展的早期阶段,可是梨俱吠陀经(Rig-Veda)中名词复数的间接格也缺少变化。古印欧语的屈折形态在后世不同的语言中都处于瓦解的状态。如古日耳曼语形态已开始逐渐瓦解,古英语和中古英语越来越失去屈折语的特点,分析型的特点也越来越明显。①

当初葆朴就认为印欧语的屈折形式来自更早时期的黏着形式。②梅耶认为在印欧语屈折形态以前,"许多词干都只由一个词根构成;这就显出语言的古代状况,即每一个词根不加后缀便可以作为词干。由此可见,每一个词根就是一个词,既可以有名词的意义,又可以有动词的意义,大致好像英语的 love'爱'一样。"③

勒曼(Winfred P.Lehmann)在他的《印欧语语言学的理论基础》中对古印欧语名词格系统的形成有进一步的解释。他说,许多学者假设原始印欧语的早期阶段名词的屈折形式远较根据梵语、希腊语和其他语言综合构拟的格系统简单。从类型上说,这是一种主动态的语言,名词区分为有生命的和无生命的。名词的施动格带 *-s,受事格带 *-m,表示无生命事物的名词只有受事格,如赫梯语缺少无生命名词的主格形式。在主动态的语言中无生命名词充当主语时动词只能用非主动态。

他认为前印欧语(Pre-Indo-European)中名词只有有生命和无生命两类,它们性范畴的表示也是很有限的。如赫梯语主格和宾格的复数形式只是附加后缀-s,早期的吠陀文献中单复数形式也是不作严格区分的。前印欧语的名词只有 4 个标记:

* -s 标记有生命的施动者

* -m 标记无生命的目标或受动

* -h 标记集合名词

* -ø 即无标记形式,由分词或语调控制其词汇意义

-s 对应于后来印欧语的主格,也成为所有格的标记。-m 对应于后来的宾格和无生命名词与静态动词共同使用时的主格。吠陀经文中的双数和复数用以名词为基础的短语和词尾表示。这表明印欧语的格系统是经过扩充的。表示地点的 *-bh-来自后缀。希腊语的后缀-phi< *-bh-和 *-i,用于名词的单数和复数,对应于其他语言的所有格和与格。也就是说,希腊语的-phi 原本只具有间接格的意义。而在原来的基础上进一步形成的是梵语工具格的复数标记-bhis,与格和离格的复数后缀-bhyas,工具格、与格和离格的双数结尾-bhyām。如果说一些语言中发生了所谓的格形式丢失,梵文中的连读说明情况正好相反。赫梯语的材料说明前印欧语格范畴的区分是逐步扩展的,而不是残留。④

(2)印欧语名词的复数后缀

古印欧语流行两类复数后缀, *-ra 和 *-ta。

日耳曼语"翅膀"的复数后缀:

古英语 feðra,古高地德语 fedara,中古荷兰语 vedere<古日耳曼语 *pʷeda-ra。古英语 ð,日耳曼语 t,对应于梵语 t,印欧语"飞"希腊语 peto,梵语 pat,词根 pat。

罗曼语"鬓"的复数后缀:

"鬓"拉丁语 tempus(单数),tempora(复数),古法语 temple(复数转单数)。*-ra 为复数后缀。同根词如"额"希腊语 metob< *me-teb,"顶点"古英语 top,"端点"古荷兰语 topp、古弗里斯语 top。

伊朗语支"手"的复数后缀:

"手"阿维斯陀经 zasta-,古波斯语、和阗塞语 dasta-,粟特语 δost< *gʷas-ta。(*-ta 古复数后缀)"手指"阿尔巴尼亚语 giʃt< *gis-t。(*-t 古复数后缀)

斯拉夫语"肺"的复数后缀:

"肺"古教堂斯拉夫语 plusta(复数)< *plus-ta。"肺"拉丁语 pulmo,希腊语 pleumon。

①　以斯瓦迪什 200 核心词词项对应的现代英语词为统计对象,单音节及单音节词根的词占近九成。

②　A.B.捷斯尼切卡娅.印欧语亲属关系研究中的问题[M].劳允栋,译.岑麒祥,校订.北京:科学出版社,1960:29.

③　A.B.捷斯尼切卡娅.印欧语亲属关系研究中的问题[M].劳允栋,译.岑麒祥,校订.北京:科学出版社,1960:170.

④　Winfred P.Lehmann. Theoretical Bases of Indo-European Linguistics[M]. New York: Routledge, 1996:223—226.

（3）古印欧语的动词

印欧语的动词系统是最早被描述的。葆朴比较了希腊语、拉丁语和梵语的动词,认为梵语保留了祖语的特点。奥斯瓦尔多·谢米列尼认为梵语的三种态,主动态、中间态和被动态,每一种都有 7 个时式:现在时、未完成体、完成体、不定过去时、过去完成体、将来时和假定时。[①]

与希腊语和拉丁语比较,赫梯语动词的第一人称单数形式有-mi 和-hi 两种变化,每一种变化都有主动态和被动态,每一种态中都有现在时和简单过去时及祈使语气的形式。其他人称的复数形式的变化稍简单。

赫梯语-mi 对应于梵语和希腊语的-mi、-si 和-zi,-zi 是条件音变。对应于-hi 的分别是-hi、-ti 和-i。联系喉音理论(laryngeal thoery)可将它们构拟为 *-h、*-th 和 *-ø。

在主动态的语言中,词的构成是主要的。动词有主动态和静态两类。主动态的动词是行为动词,如"放""扔"等,静态的动词如"考虑""知道"等。其屈折形式首先表现在体上,然后才是式,没有被动态的表述。

前印欧语的动词单数的后缀有这样两组:

主动态动词	静态动词
*-m	*-ho
*-s	*-tho
*-t	*-o

主动态动词后缀加 *-i 成为 *-mi、*-si 和 *-ti,为陈述语气简单过去时的后缀,演变为赫梯语的-mi 后缀。静态动词的后缀加 *-i 成为赫梯语的-hi。静态动词的后缀加 *-a 成为 *-ha、*-tha 和 *a,加 *-i 成为 *-hai、*-thai 和 *ai。*-r 与 *-i 的结合在卢维语中成为后缀 *-hari、*-thari 和 *ari。[②]

古印欧语动词原本像汉语和日语的动词那样,没有人称的标记,它们的人称标记是后来才发展起来的。词尾的比较表明早期的印欧语可能没有数和人称标记,复数和双数的人称词尾显然是在单数标记的基础上构成的。

最古老的人称标记保留在梵语的现在时、不定过去时和将来时的系统中,吠陀经文文献中就更清楚了。梨俱吠陀经文中:动词"给"dā 的第一、第二和第三人称简单形式为 dām、dās 和 dāt。当时,式成为动词系统的范畴后,-i 就进一步成为标记人称的后缀。试比较梵语和希腊语动词"给"单数第一、第二和第三人称现在时和未完成体的构成:

	现在时		未完成体	
	梵语	希腊语	梵语	希腊语
第一	dádāmi	dídōmi	ádadhām	edídoun
第二	dádāsi	dídōs	ádadhās	edídous
第三	dádāti	dídōsi	ádadhāt	edídou

这说明原始语中开始时用词尾-m、-s 和-t 表示人称的不同。

试比较原始印欧语 *woyd-"知道"在梵语、希腊语和赫梯语中单数第一、第二和第三人称完成体的读法及构拟的原始印欧语和前印欧语的后缀:

	梵语	希腊语	赫梯语	原始印欧语	前印欧语
第一	véda	oîda	sak-hi	-ha	-h
第二	véttha	oîstha	sak-ti	-tha	-th
第三	véda	oîde	sak-(k)i	-e	-ø

-e 是原始印欧语的后缀,前印欧语第三人称单数是无标记的-ø。

吠陀经、希腊语、古拉丁语和赫梯语复数第一、第二和第三人称的后缀为:

---

① Winfred P.Lehmann. Theoretical Bases of Indo-European Linguistics[M]. New York: Routledge, 1996:161.

② Winfred P.Lehmann. Theoretical Bases of Indo-European Linguistics[M]. New York: Routledge, 1996:217—219.

	吠陀经	希腊语	古拉丁语	赫梯语①
第一	-mas(i)	-men/mes	-mus	-weni
第二	-tha(na)	-te	-tis	-teni
第三	-nti	-nti	-nt	-ntsi

第三人称后缀是后来发展的结果。诸语复数的完成体后缀更能说明这一点：

	吠陀经	希腊语	古拉丁语	赫梯语
第一	-má	-men	-mus	-weni
第二	-á	-te	-stis	-teni
第三	-úr	āsi	-ērunt	-ntsi

赫梯语使用与前一表相同的后缀。②

（4）古印欧语的形容词

梵语的名词甚至有比较级和最高级的不同。如，vīrátara"较男人"，vīrátama"最男人"。而赫梯语的形容词倒没有这一类后缀，这说明古印欧语形容词的比较级也是后来才发展起来的。形容词性的屈折变化情况不同。古拉丁语单数的宾格、复数的主格和宾格的形容词词干有阳性和阴性的辅音屈折变化。赫梯语一些词项的形容词和名词可以变换。③

4. 词的交叉对应

20世纪30年代布拉格学派的特鲁别茨科伊(Trubetzkoy)根据语词的借用情况认为："所有印欧语言都由同一语言分化而来的设想便不能令人们信服了，因为印欧语的祖先可能原本不一样，只是通过长时间的互相接触与借用才有今天相似的面貌。"④从词的来历看确实如此，甚至形态成分也可以借用。我们要把发生学关系的证据和接触造成相似性区分开来。从印欧诸语语音系统的对应看，它们应有共同的来历，分歧是可以解释的。印欧语的历史不是简单地不断分化。比如，人称代词较少相互借用，在印欧诸语之间分歧较大，另外一些基本词也是如此。

（1）人称代词

印欧语第一人称代词的形式可归为五类：*egʷe 和 *ga，*mi 和 *me，*ni、*no 和 *na，*es，*adam。

1）*egʷe 和 *ga

"我"古英语 ic，古挪威语 ek，哥特语 ik，赫梯语 uk，拉丁语、希腊语 ego，丹麦语 jeg<*egʷe，俄语、波兰语 ja<*ga，梵文 aham<*aka-。

"我们"古英语 we，古挪威语 ver，古高地德语 wir，哥特语 weis<*gʷe-r。

2）*mi、*me 和 *ma

"我"主格、宾格：威尔士语 mi。

与格、宾格：古英语 me，古弗里斯语 mi<*mi-，古高地德语 mir<*mi-r，古教堂斯拉夫语、拉丁语、希腊语 me，俄语、波兰语 mnie<*mne，希腊语 emena，阿尔巴尼亚语 më<*mo，(所有格)mi。词根为*mi。

主格：僧伽罗语 mama，词根为*ma。

所有格：古英语、古弗里斯语、古高地德语 min，古挪威语 minn。词根为*mi。

所有格：俄语 moj，波兰语 moje<*mo-，希腊语 mou，亚美尼亚语 im<*imi。

宾格：拉脱维亚语 mani。

动词第一人称后缀：梵语、斯拉夫语、希腊语-mi。

---

①　赫梯语中 m 在后高元音后变成 w，i 前 t 变成了 ts。
②　Winfred P.Lehmann. Theoretical Bases of Indo-European Linguistics[M]. New York：Routledge, 1996：173—175.
③　Winfred P.Lehmann. Theoretical Bases of Indo-European Linguistics[M]. New York：Routledge, 1996：227.
④　特鲁别茨科伊.关于印欧语言问题的设想[M].邹一帆,译//石锋,张洪明主编.语言学译林.北京：世界图书出版公司,2013.

3）*ni、*no 和 *na

"我们"（主格、宾格）拉丁语 nos,古爱尔兰语、威尔士语 ni。

"我们"（宾格）梵语 nas,赫梯语 naʃ,阿维斯陀经语 na<*na-s。

4）*es

"我"主格:亚美尼亚语、拉脱维亚语 es<*es。

5）*adam

"我"古波斯语 adam,阿维斯陀经 azam<*adam。

印欧语不同分支语言第一人称代词单数的主、宾格（或后缀）,第一人称代词复数的主格和第二人称的形式:

	第一人称单主格	第一人称单宾格	第一人称复主格	第二人称单主格
日耳曼	*ekʷ、*egʷe	*mi	*gʷe-r、ni	*tu
赫梯语	*ekʷ	-mu	*nas	-du
希腊语	*egʷe	me	*emi-s	*su
拉丁语	*egʷe	me	nos	*tu
斯拉夫	*ga	me	*mu	*tu
梵语	*aka	mām	*gʷare-	tvam
古波斯	adam	manā	*gʷare-	tuvam
亚美尼亚	*es	*ini	*men-g	*du
阿尔巴尼亚	*une	*une	*ne	*to

梵语、古波斯语第一人称复数主格形式的词根为 *gʷa,对应于日耳曼语、希腊语和拉丁语等的第一人称单数主格形式的词根。

威尔士语"我"除了 mi,还有 myfi、fi 和 i 等不同说法,其中包括早期方言的遗存。其 innau<*ina-u, min-nau<*mi-inau,可能与芬兰-乌戈尔语的说法有词源关系。

印欧语诸支系是在不同语言的基础上形成的。欧洲其他语系语言相关的情况如:

① 高加索语系格鲁吉亚语

"我"（主格、宾格）mɛ<*me。"你、你们"（主格、宾格）ʃɛn<*sen。

② 高加索语系车臣语

"我"sʷɔ<*so,（所有格）sajn。"你"hʷɔ,（所有格）hjajn。

③ 巴斯克语

"我"ni,（所有格）ni-re。"你"hi、i。

④ 芬兰-乌戈尔语系匈牙利语

"我"sze<*se, ego<*egʷe。"你"te。

⑤ 芬兰-乌戈尔语系芬兰语和爱沙尼亚语

"我"mina,爱沙尼亚语 mina<*mi-na。

"你"芬兰语、爱沙尼亚语 sina<*se-。

（2）"人"的说法

一些语言"人"的说法对应于另外的语言"女人""妻子"或"男人""丈夫"的说法,应是早期氏族婚姻文化的遗留。印欧语"人""男人""女人"等说法、人称代词、"火"等的主要说法,各有数个不同的词源,可以推测印欧语诸支系是在不同语言的基础上形成的。早期印欧人曾在某一地区共同生活,放弃自己语言的人群把自己的词带进通用的语言。十进位数词的一致是后来形成的。

印欧语"人"的说法主要有以下四种:

1）*perso 和 *bʷira

"人"古法语 personne,拉丁语 persona<*perso-。

"男人"立陶宛语 výras,拉丁语 vir,哥特语 wair,古英语 wer,古爱尔兰语 fer<*bʷira。

2）*manu

"人、英雄"古英语 mann。"男人、雄性"阿维斯陀经 manu-,梵语 manuh<*manu-。

3）*atom 和 *dam

"人"希腊语 atomo。"妻子"赫梯语 dam。

4）*neri 和 *nari

"男人"梵语 nara,希腊语 aner,威尔士语 ner,亚美尼亚语 ayr,阿尔巴尼亚语 njeri<*neri。"女人"梵语 nari。

（3）"火"的说法

1）*pur

希腊语 pyr,英语 fire,德语 feuer,荷兰语 vuːr,亚美尼亚语 hur<*pur。

2）*ugnis 和 *aguni

拉丁语 ignis,立陶宛语 ugnis<*ugnis。梵语 ɑgni,帕拉克利特语（Prakrit）ɑggi,班加利语（Bengali）ɑgun<*aguni。

3）*dagu 和 *daga

古爱尔兰语 daig<*dagu。"燃烧、烧热"梵语 dahati,立陶宛语 degù。

和圚塞语 dajä<*daga。（火焰）

4）*ada

波斯语 ātɑʃ<*ada-s。"烧"希腊语 aitho,拉丁语 aedēs（最初指"炉灶"后指"房子"）aestus,梵语 edha-（木柴）,古高地德语 eit（篝火）<*ade-。

5）*rar

阿尔巴尼亚语 zjarr<*rar。"烧、炙"俄语 ʐetɕj<*re-。"烧"拉丁语、意大利语 ardere,西班牙语、葡萄牙语 arder<*ar-de-。

6）*angel 和 *gole

盖尔语 aingeaḷ<*angel。俄语 golenie<*gole-ni。

（4）"水"的说法

1）*agʷa

"水"西班牙语、葡萄牙语 agua,意大利语 acqua,拉丁语 aqua<*agʷa。

"喝"赫梯语 egʷ。

2）*udor 和 *ulora

"水"梵语 udra-,希腊语 ydor<*udor,赫梯语 waːtar,古英语 wæter,古高地德语 wazzar<*uador,阿尔巴尼亚语 ujëra<*ulora。

"水"威尔士语 dwfr<*dʷur。

3）*uadan

"水"古教堂斯拉夫语、俄语 voda,古波斯语 wundan,古挪威语 vatn<*uadan。

4）*abu

"水"梵语 ambu、apaḥ<*abu,波斯语 ab。

（5）"天"的说法

1）*agʷa

"天"意大利、西班牙语 cielo<*qelo。"天、太阳"希腊语 helios<*qeli-。

2）*sugl

"太阳、天"古英语 swegl<*sugl,阿尔巴尼亚语 kjiell<*kel。

3）*nebo

"天"梵语 nabhas-。"云"拉丁语 nebula、希腊语 niphele,古斯拉夫语 nebo、nebes-,俄语 nebo,波兰语 niebo。"雾"德语 nebel。

4）*qepon

"天"古英语 heofon,古挪威语 himmin<*qepon。

"上面、高"古高地德语、撒克逊语 oban,德语 oben。

5）*selu-

"天"古教堂斯拉夫语 slunice<*slu-nike,哥特语 sail<*selu-。

6）*aɡur

"天"亚美尼亚语 skyuɾ<*skur,威尔士语 awyr<*aɡur。

（6）"太阳"的说法

1）*qubʷər

"太阳"阿维斯陀经 hvar-<*qubʷari,粟特语 xuwər-<*qubʷər。

"白天"赫梯语 siwaz<*sibʷar。

2）*dibʷa

"太阳"梵语 divakaraḥ<*dibʷa-kara-q,字面意思是"白天-眼睛"。

"恶神"古波斯语 daiva-,梵语 deva-,古教堂斯拉夫语 deivai<*debʷa-。

"神"拉丁语 deus,希腊语 theos。"宙斯神"希腊语 zeus<*debʷus。

"白天"梵语 divasa、diva<*dibʷa,波兰语 doba<*doba。

3）*suna

"太阳"古英语 sunne,古高地德语、撒克逊语 sunna,哥特语 sunno<*suna。

4）*sole

"太阳"拉丁语、丹麦语、西班牙语、葡萄牙语 sol,意大利语 sole,瑞典语、丹麦语 sol<*sole,俄语 solntçe,捷克语 sluntse<*solnike,拉丁语 soliculum。

5）*qelo

"太阳"威尔士语 heulo,布立吞语 heol,希腊语 helios、elios<*qelo-s。

"眼睛"法语 œil,意大利语 ojo<*ole。

6）*del

"太阳"阿尔巴尼亚语 diell<*del。

7）*areɡʷ

"太阳"亚美尼亚语 arev,areɡ<*areɡʷ。

"太阳"的说法中包含着一定的观念,这些观念跟东亚史前的观念比较一致(太阳视为白天的眼睛),似乎说明早期印欧语的主要支系是从东往西传播的。

（7）"月亮"的说法

1）*mis

"月亮"古爱尔兰语 mi,威尔士语 mis,亚美尼亚语 amis<*mi-s。

2）*ma-

"月亮"阿维斯陀经 ma,波斯语 mah。

希腊语 mene,古挪威语 mani,古英语、古弗里斯语 mona,古高地德语 mano<*ma-。

古斯拉夫语 meseci,立陶宛语 menesis<*mene-sis。

3）*lu-

"月亮"希腊语 selene,拉丁语、意大利语、古教堂斯拉夫语 luna,阿尔巴尼亚语 hënë,亚美尼亚语 lusin。

4）*idu

"月亮"梵语 indu<*idu。

"满月"梵语 amalendu<*a-mal-indu,字面意思"满的-月亮"。

（8）"星星"的说法

1）*estro-

"星星"梵语 star-,希腊语 astra,古高地德语 sterro,古弗里斯语 stero,拉丁语 astrum<*astro-,赫梯语 ʃitar<*sitar,拉丁语、意大利语 stella,法语 étoile,西班牙语 estrella<*estro-la。

梵语"星星"nakʃatra<*nak-satra,意思是"夜里的星星"。"夜里"梵语 nak,希腊语 νύξ,拉丁语 nox。

"星星"古挪威语 stjarna,瑞典语 stjerna,哥特语 starino。

2）*sgʷegr

"星星"古教堂斯拉夫语、俄语 zvezda,立陶宛语 žvaigžde<*sgʷegr-da,波兰语 gwiazda<*gʷer-da。

3）*luq

"星星"（复数）古普鲁士语 lauxnos<*luq-nos,阿尔巴尼亚语 yll<*ul。

"光"拉丁语 laux。"亮的、光"拉丁语 lucidus<*luki-。

（9）"地"的说法

1）*lad

"土、地"古英语 land、lond,哥特语、古弗里斯语 land,波兰语 la̦d<*lad。

"荒芜的土地"古教堂斯拉夫语 ledina。

"田野"德语 feld、荷兰语 veld、英语 field<*pe-lod。

2）*erda

"地、土、干地"古英语 eorÞe,古弗里斯语 erthe,古高地德语 erda<*erda。

3）*agra

"地"希腊语 ʧhora<*gora。"田野"梵语 adʒra,希腊语 agros<*agra。

"黏土"葡萄牙语 argila,意大利语 argilla<*ar-gila。

4）*dere

"陆地"梵语 deʃe<*dere。"土"意大利语、葡萄牙语 terra,梵语 dhara<*dera。

"较低的"梵语 adhara-<*adara-。

5）*sole

"地、地方,屎、脏"英语 soil,"泥泞的地方"古法语 soille<*sole。

6）*toke

"土、地"阿尔巴尼亚语 tokë<*toke。"低的"亚美尼亚语 tshatʧr<*thjak-r。

印欧语的第一和第二人称代词可与非印欧语系的欧洲语言格鲁吉亚语、巴斯克语和芬兰-乌戈尔语的人称代词有着交错对应关系。早期印欧语有不同的底层语言。

如果我们从今天的语词、形态方面的比较,推测数千年前语系以及语族形成的历史,不得不着重考虑语言传播的方式。

5. 关于印欧语的谱系分类

印欧语通常区分为 K 类和 S 类两个大语群:K 类语群有罗曼、日耳曼、凯尔特、希腊、吐火罗、安纳托利亚、阿尔巴尼亚和亚美尼亚等语族的语言。S 类语群有印度-伊朗、波罗地和斯拉夫等语族的语言。

吐火罗语和赫梯语分属不同的语族,进一步的研究可以说明 K 类语群的吐火罗语、赫梯语和日耳曼有较为相近的关系。从词的初步比较看,赫梯语历史上与阿尔巴尼亚语、亚美尼亚语和古希腊语有过一定的接触关系。

（1）赫梯语和吐火罗语

试比较赫梯语一些词的对应关系:

"我"uk<*ik^w。古英语 ic,哥特语 ik<*ik。

"你"-du。古英语、古挪威语、哥特语Þu,古高地德语 du。

"水"watar。古英语 wæter,古高地德语 wazzar。

"火"pahhur。英语 fire,德语 feuer,荷兰语 vuːr。

"风"huwantis<*qug^{w}ati-。威尔士语 gwjnt,不立吞语 gwent<*g^{w}et。

"晚上"nekut-。"夜"古英语 niht,高地德语 naht。

"乳房"tētan<*tet-an,古英语 titt<*tit。

"狗"suwana<*sug^{w}ana。希腊语 kyon,阿尔巴尼亚语 kyen<*k^{w}en。

"花"alil。"花"阿尔巴尼亚语 lule,希腊语 louloudi<*lolo-。

"种子"warwalan<*b^{w}ar-b^{w}alan。阿尔巴尼亚语 farë<*b^{w}aro。

"来"uezzi<*u-eri。阿尔巴尼亚语 eja<*era。

"吃"eːd。哥特语 itan,希腊语 edomai,梵语 ad-mi。

"烧"war-<*b^{w}ar-。亚美尼亚语 varvel<*b^{w}ar-,高地德语 brinnan<*bere-na。

"宣称"shakja-。"说"古英语 secgan,古高地德语 sagen,古挪威语 segja<*siga-。

"外面的"para。"远"古英语 feorr,古高地德语 ferro<*pare。"越过"希腊语 pera。

"一"as。希腊语 eis<*es。

吐火罗语大约在公元前的某一时期从印欧语的故乡来到中国的西域,分化为吐火罗语 A 和吐火罗语 B。前者又称东吐火罗语,分布于焉耆,故称焉耆语;后者又称西吐火罗语,即龟兹语,分布于古龟兹国。吐火罗语用婆罗米字母书写,使用于公元 6 至 8 世纪。据史料记载,唐贞观十五年吐火罗国为西突厥人所灭。

吐火罗语$_A$与赫梯语、日耳曼语比较接近,如:

"我们"wes。古英语 we,古挪威语 ver,古高地德语 wir,哥特语 weis<*g^{w}e-r。

"你"te(中性)。古英语、古挪威语Þu,古高地德语 du,亚美尼亚语 du<*du。

"你"se(阳性),saː(阴性)。希腊语 sy<*su。

"谁"kus。赫梯语 kuiʃ,阿尔巴尼亚语 kuʃ<*kus。

"这"se(阳性),saː(阴性),te(中性)。古英语Þes,古挪威语Þessi,荷兰语 deze<*te-si。

"眼睛"ak。亚美尼亚语 atʃkh<*ag,古英语 ege,瑞典语 öga。

"眉毛"pɨrwaːn<*puru-an。古英语 bru,古挪威语 brun,德语 braune<*bru-。

"耳朵"klots<*klo-k。威尔士语 clust<*klus-。"听"古英语 hlysnan。

"膝盖"kanwen(复数)。赫梯语 genu<*geno,古英语 cneo<*kno。

"月份"men̥e。"月亮"希腊语 mene,古挪威语 mani,古英语、古弗里斯语 mona,古高地德语 mano<*mane。

"神"n̥kat、n̥akate<*na-kate。古英语 god,古挪威语 guð<*guda。

"牛"ko。"母牛"古英语 cu,古弗里斯语 ku。

"鱼"laks。"三文鱼"古英语 læx,中古德语 lahs<*laks。

"名字"n̥om。古英语 nama,古高地德语 namo,希腊语 onoma,拉丁语 nomen,梵语 naːma<*namo。

"来"kɨm-。古英语 cuman,古弗里斯语 kuma,哥特语 qiman<*kim-。

"喝"jok<*ik^w。赫梯语 eg^w。

"织"waːp<*b^{w}ap。"编织"古英语 wefan,古挪威语 vefa<*b^{w}eb^{w}a。

"喂奶"malk。古英语 melcan,古高地德语 melchan<*melgan。

"笑"(分词)simimaːm。丹麦语 smile,瑞典语 smila<*smila。

"多的"makiː。中古英语 mutʃel<*mukel。

"新的"ɳu。古弗里斯语 nie,波斯语 nau,希语腊 neos<*neo-。

"一"sas。赫梯语 as,希腊语 eis<*es。

赫梯语、吐火罗语有日耳曼语那样的喉辅音的演变。古印欧语首辅音*gʷ-,日耳曼语*w-,赫梯语、吐火罗语 w-。如:

①"我们"古波斯语 vajam,梵文 vajam,阿维斯陀经 vajēm<*gʷare-,古英语 we,古挪威语 ver,古高地德语 wir,哥特语 weis<*gʷe-r。吐火罗语ₐ wes。

②"烧"古教堂斯拉夫语 goriti-<*gʷori-,赫梯语 war-。

③"母牛"乌尔都语 gaːeː,梵语 gau。(非圆唇首辅音)

"母牛"古英语 cu,古弗里斯语 ku。"牛"吐火罗语ₐ ko。

④"我"拉丁语、希腊语 ego。

古英语 ic、哥特语 ik<*ik,赫梯语 uk<*ikʷ。

吐火罗语唇塞音和舌尖塞音与日耳曼语的演变不同。古印欧语*t-,日耳曼语*Þ(*θ-),赫梯语 t-。如:

①"三"古英语Þreo,古弗利斯语 thre,拉丁语 tres,希腊语 treis,梵语 tri,阿维斯陀经 thri,赫梯语 teries<teri-s。

②"你"乌尔都语 to teː<*tote,和阗塞语 te,古英语、古挪威语、哥特语Þu,古高地德语 du,赫梯语-du。

古印欧语*pʷ-,日耳曼语*f-,赫梯语 p-。如:

①"火"英语 fire,德语 feuer,荷兰语 vuːr,赫梯语 pahhur,希腊语 pyr,亚美尼亚语 hur<*pur。"炉子"阿尔巴尼亚语 furrë<*pure。

②"远"古英语 feorr,古高地德语 ferro<*pare。"外面的"赫梯语 para。"越过"希腊语 pera。

(2) 亚美尼亚语和阿尔巴尼亚语

亚美尼亚语、阿尔巴尼亚语和希腊语在印欧语的分类中它们分别为不同语族,它们有许多对应词。如:

"我"(宾格)阿尔巴尼亚语 më<*mo,(所有格)mi。"我的"亚美尼亚语 im<*imi。

"我"(主格、宾格)阿尔巴尼亚语 unë<*une。"我"(宾格)亚美尼亚语 inj<*ini。

"你们"亚美尼亚语(主格)jez<*ge-l。"那"希腊语 ekeinos<*eki-。

"男人"希腊语 aner,亚美尼亚语 ayr<*anir,阿尔巴尼亚语 njeri<*neri。

"火"希腊语 pyr,亚美尼亚语 hur<*pur。"炉子"阿尔巴尼亚语 furrë<*pure。

"月亮"阿尔巴尼亚语 hënë,亚美尼亚语 lusin。

"土、地"阿尔巴尼亚语 tokë<*toke。"低的"亚美尼亚语 tshatʃr<*thjak-r。

"石头"阿尔巴尼亚语 guri<*guri,亚美尼亚语 khar<*gar。

"风"希腊语 aeras<*era-,阿尔巴尼亚语 erë<*ero。

"脖子"希腊语 rberkos<*r-berk-,亚美尼亚语 paranotʃ<*para-nok。

"手臂"亚美尼亚语 jeɾk<*gerk。"手臂、翅膀"阿尔巴尼亚语 krah<*kraq。

"手指"意大利语 dito。"指甲、爪子"阿尔巴尼亚语 thua<*dua。

"狗"希腊语 kyon,阿尔巴尼亚语 kyen<*kʷen。

"熊"亚美尼亚语 arj,阿尔巴尼亚语 ari。

"蛙"阿尔巴尼亚语 bretkosö。"蟾蜍"希腊语 phryne<*bru-ne。

"跳蚤"希腊语 psylla,阿尔巴尼亚语 pleʃt<*ples-t。(*-t古复数后缀)

"花"阿尔巴尼亚语 lule,希腊语 louloudi<*lolo-。

"树的丛根"希腊语 riza<*rira。(*-ra古希腊语中演变为-za)"根"阿尔巴尼亚语 rrënjë<*reni。

"木头"阿尔巴尼亚语 dru。"橡树"希腊语 drys。

"坟"阿尔巴尼亚语 varr<*b^{w}ar，亚美尼亚语 dambaran<*dam-baran。"埋"阿尔巴尼亚语 varros< *b^{w}aros。

"晚上"阿尔巴尼亚语 mbrëmje<*mro-mre。"黑的"希腊语 mayros<*maro-。

"后面"阿尔巴尼亚语 prapa<*pra-pa，希腊语 piro、opiro。

"之上"阿尔巴尼亚语 sipër<*sipor。"上、越过"（介词）希腊语 uper。

"吐"阿尔巴尼亚语 pëʃtyj<*pos-tur。"呕吐"亚美尼亚语 phsxel<*bus-。"吹"希腊语 physo<*buso。

"说、说话、告诉"阿尔巴尼亚语 them<*dem。"嘴、谈话"希腊语 stoma。

"拿"亚美尼亚语 vertshnel<*b^{w}erd-。"捡"阿尔巴尼亚语 mbledh<*bled。

"死"阿尔巴尼亚语 vdes<*b^{w}des，希腊语 pethaino<*peda-。

"来"阿尔巴尼亚语 eja<*era。"跑"希腊语 reo<*re。

"想"阿尔巴尼亚语 mend, mendoj<*med-，亚美尼亚语 mtatʃel<*mda-。

"压"阿尔巴尼亚语 ʃtrydh<*stru-，希腊语 siderono<*sidero-。

"摇"阿尔巴尼亚语 troʃis<*trosis，希腊语 trantazo<*tra-taro。

"丢失"阿尔巴尼亚语 humbas<*qubas。"漏"亚美尼亚语 hosel<*pose-。

"漏"阿尔巴尼亚语 dal。"滴落"希腊语 stalazo<*s-tala-。

"编"阿尔巴尼亚语 palë<*palo。"编织"希腊语 plekein。

"寻找"希腊语 epizeto<*epire-，阿尔巴尼亚语 pres。

"照耀"阿尔巴尼亚语 fërkoj<*b^{w}erko-。"烤"希腊语 phrygrin<*brige-。

"流"阿尔巴尼亚语 valëviten<*b^{w}alob^{w}i-。"漂浮"希腊语 pleo<*p^{w}lo-。

"流"希腊语 kylo<*kilo，阿尔巴尼亚语 gëlon<*gelo-。

"洗"阿尔巴尼亚语 laj<*la-。"洗澡"希腊语 loyo、loyro<*lo-。

"悬挂"希腊语 aparto<*apar-，阿尔巴尼亚语 var<*b^{w}ar。

"高兴的"阿尔巴尼亚语 gëzuar<*geru-。"高兴"希腊语 khara<*gara（名词）。

"长的"希腊语 makros<*ma-kros，阿尔巴尼亚语 gjatë<*gra-。

"坏的"希腊语 kakos<*kaka-，阿尔巴尼亚语 kekj，亚美尼亚语 tsar<*kja-。

"病"希腊语 kako<*kako。"病、错误"阿尔巴尼亚语 kekje。

"小的"阿尔巴尼亚语 vogël<*b^{w}oge-。"小的、少的"亚美尼亚语 phokhr<*bog-。

"近"阿尔巴尼亚语（形容词）afërt<*ab^{w}or-，亚美尼亚语 merj<*meri。

"长的"阿尔巴尼亚语 gjatë<*gra-，希腊语 makros<*ma-kro-。

"短的"希腊语 kontos<*koto-，阿尔巴尼亚语 mangët<*ma-got。

"高的"阿尔巴尼亚语 pirë<*piro，亚美尼亚语 barjr<*bari-。

"圆"阿尔巴尼亚语 kjark<*krark。"缠绕"希腊语 koyrdizo<*kord-。

"好的"阿尔巴尼亚语 bujar<*bur-，亚美尼亚语 bari<*bari。

"亮的"亚美尼亚语 paytsar<*palkja-。"热的"阿尔巴尼亚语 flaktë<*b^{w}lak-。

"苦的"阿尔巴尼亚语 hidhët<*qido-，亚美尼亚语 ktsu<*ktu。"肝"希腊语 sykoti<*si-kote。

"酸的"阿尔巴尼亚语 tharët<*daro-。"苦的"亚美尼亚语 daɾn<*dar-n。

"酸的"阿尔巴尼亚语 athët<*ado-，亚美尼亚语 ththu<*dudu-。

"红的"希腊语 kokkinos<*koki-，阿尔巴尼亚语 kukj<*kuki。

"绿的"希腊语 prasinos<*prasi-。"草"阿尔巴尼亚语 bar。

"新鲜的"希腊语 kreas<*kra-。"绿的"阿尔巴尼亚语 gjebër<*gre-bor。

"饱的"阿尔巴尼亚语 velët<*b^{w}elo-。"多的"希腊语 polus<*polu-。

"气味、香气"阿尔巴尼亚语 erë<*ero。"甜的气味"希腊语 aroma<*aro-。"嗅"希腊语 ozon<*oro-。

"硬的"阿尔巴尼亚语 fortë<*b^{w}or-，亚美尼亚语 bard<*bar-。

"慢的"阿尔巴尼亚语 avaſtë＜*abʷas-。"胖的"亚美尼亚语 hast＜*pas-。

"重的、丑的"阿尔巴尼亚语 kekj。"重的"亚美尼亚语 tsanr＜*kjan-。

"薄的、细的"阿尔巴尼亚语 hollë＜*qole。"细的"希腊语 kalligramos＜*kali-gra-。

"那"阿尔巴尼亚语 ajo＜*aro,亚美尼亚语 or。

语音演变的对应关系,如:

古印欧语*t-,日耳曼语*Þ-(*θ-),希腊语 t-,阿尔巴尼亚语 t-,亚美尼亚语 d-。如:

① "你、你们"阿尔巴尼亚语 të＜*to,希腊语定冠词 to。

"你"亚美尼亚语 du＜*du,古英语Þu,古高地德语 du＜*tu。

② "懒的"阿尔巴尼亚语 dembel,希腊语 tempeles＜*tepele-。

③ "四"阿尔巴尼亚语 katër＜*katire,希腊语 tessares＜*tes-tares。

④ "五"阿尔巴尼亚语 pesë,希腊语 pente＜*pete。

古印欧语*d-,日耳曼语*t-,希腊语 th-,阿尔巴尼亚语、亚美尼亚语 d-。如:

① "门"阿尔巴尼亚语 derë,希腊语 thyra(形容词)。

② "外"亚美尼亚语 durs。"排除"古英语 utian。"上、外"阿维斯陀经 uz-。"以外"古教堂斯拉夫语 izu＜*idu。

③ "屁股"亚美尼亚语 azdr,西班牙语 cadera＜*kadera。

古印欧语*d-,日耳曼语*t(*tʷ-),希腊语 d-(*dʷ-),阿尔巴尼亚语 d-,亚美尼亚语 k-。如:

① "橡树"希腊语 drys。"树、木头"古英语 treo,古弗里斯语,古挪威语 tre,梵语 dru＜*dero。"木头"阿尔巴尼亚语 dru。

② "二"亚美尼亚语 erku＜*er-tʷu。希腊语 duo＜*dʷuo。

古英语 twa,古弗利斯语 twene。古教堂斯拉夫语 duva,俄语 dva、拉丁语 duo。

③ "劈"阿尔巴尼亚语 ndryſoj＜*driso-。"切割"亚美尼亚语 ktrel＜*k-tre-。"(我)剥皮"亚美尼亚语 terem。"剥皮"希腊语 derein＜*dere-。

亚美尼亚、阿尔巴尼亚语和希腊语应有过密切的历史关系。

印欧不同语族语言词的交叉对应说明早在他们分居不同地区之前有过在相邻地区密切交流的历史。

(3) 威尔士语与非印欧语系语言的对应词

威尔士语(Welsh)是印欧语系凯尔特语族的语言,大约公元前 5 世纪时已分布于英格兰。公元 7 世纪盎格鲁-撒克逊人入侵,使用威尔士语的盖尔人渐退至威尔士山区。

威尔士语字母来历的推测:

① h-＜*χ-、*q-、*s-;

② w＜*bʷ、*gʷ、*u;

③ chw-＜*qʷ-、*gʷ-。

威尔士语和巴斯克语词的对应:

"你们"chwi 即 xwi＜*qʷi。"你"巴斯克语 hi＜*qi。

"男人"gŵr＜*gur。巴斯克语 gizon＜*giro-n。

"鼻子"trwyn＜*tru-n。巴斯克语 sudur＜*su-dur。

"手指"bys＜*bus。"前臂"巴斯克语 beso。

"母牛"buwch＜*buq。巴斯克语 behi＜*beqi。

"熊"arth＜*ʔard。巴斯克语 hartz＜*qard。

"翅膀"asgell＜*asgel。巴斯克语 hegal＜*qegal。

"路"heol＜*qel。巴斯克语 kale。

"外面的"allanol＜*ala-。"边"巴斯克语 albo、alde＜*al-。

威尔士语和高加索语系语言词的对应:

"云"威尔士语 cwmwl<*kumul。"烟"格鲁吉亚语 khvamli<*gʷamli。

"蝴蝶"威尔士语 pilli-pala。格鲁吉亚语 pepela,利兹语 parpali,车臣语 polla。

"尾巴"威尔士语 cwt<*kut。格鲁吉亚语 khudi<*gudi。

"回答"威尔士语 ateb。格鲁吉亚语 tavdɛbɛba<*tabʷ-debe-。

"滴落、漏"威尔士语 diferu<*dipʷe-。"丢失"印古什语 dov<*dobʷ。

"挑选"威尔士语 dewis<*debʷ-。"寻找、打猎"格鲁吉亚语 dzɛbna<*deb-。

"平分"威尔士语 ysgar<*usgar。"劈"格鲁吉亚语 ʧhɛra<*gera。

"长的"威尔士语 hir<*sir。"远的"格鲁吉亚语 ʃɔrs<*sor-。

"低的"威尔士语 isel<*is-,格鲁吉亚语 susthi<*sus-。

"脏的"威尔士语 brwnt<*bru-,格鲁吉亚语 gasvrili<*gas-bʷri-。

"弱的"威尔士语 egwan<*egʷa-,格鲁吉亚语 uɣɔnɔ<*ugo-。

威尔士语的这些词当来自渡海以前与欧洲其他非印欧语系语言接触时借用,或是底层词。有的词在亚洲和非洲的语言中也有对应的说法。如:

①"蝴蝶"拉丁语 papilio,法语 papillon。"飞"法语 voler,西班牙语 volar,意大利语 volare<*bʷole-,希腊语 pheylo<*belo,巴斯克语 erabilli<*era-bili。

"翅膀"印尼语 sajap<*salap。"羽毛"罗图马语 lalɔvi<*lalobi。"飞"马京达瑙语 lelap,卡乌龙语 jap<*lap,西部斐济语 ðaβu<*labu。(南岛语系语言)

"翅膀"加龙语 alap,博嘎尔珞巴语 a lap。(汉藏语系语言)

②"尾巴"拉丁语、意大利语 coda<*koda,柬埔寨文 kɔnduj<*kodur,(南亚语系语言)

卡乌龙语 kut<*kut,罗维阿纳语 pikutu<*pi-kutu。(南岛语系语言)

③"回答"藏文 ɦdebs<*m-debs,汉语 *təbs(對),满文 dʒabu-<*dabu,斯瓦希里语-jibu<*ɖibu。"返回"科伊科伊语 dawa。(非洲的语言)①

---

① 吴安其.亚欧语言基本词比较研究(第一卷)[M].北京:中国社会科学出版社,2017.

第七章 汉藏语的历史比较

一两万年前的东亚人口稀少,语言零星分布,其中包括来自中亚、西伯利亚和南亚的语言,是形成汉藏、南岛、南亚和阿尔泰诸语系的前身。

新石器早期气候转暖,东亚出现了农业。考古发现距今八九千年的黄淮平原上的舞阳贾湖文化遗址,其文明连续性有 1 500 年,是目前所知东亚最早的农业文明的遗存。①该地区种植水稻和小米,使用带支架的釜和三足类炊具,遗存的龟壳上契刻有类似文字的符号。后来的黄河下游地区和长江中下游地区的其他几支前仰韶文化与之比较有不少共同之处。稍晚的山东地区的后李文化、西河文化,安徽的薛家岗文化亦与之相近。裴李岗文化的早期相当于贾湖的晚期文化,聚落规模小于贾湖,后来发展为著名的仰韶文化。

人类体质学和考古说明,距今 18 000 年的山顶洞人已显示出蒙古人种的基本特点。复原的贾湖人的样子与今长江、黄河中下游地区居民的长相较相似。②可以推测黄淮平原可能是早期汉藏人的故乡。

一 汉 语 史 的 讨 论

1. 汉语的不同历史阶段

汉语的历史通常区分为上古、中古、近现代三个时期。上古汉语简称古汉语,是商周至两汉黄河、长江中下游流域的一些相近的方言,共同的源头是商周以前的早期汉语。古汉语南方方言群今已消失,现代汉语诸方言的共同的源头是汉末的北方方言。

王力先生的汉语史分期意见是:公元 3 世纪以前为上古期,公元 3 世纪至 4 世纪为过渡阶段;公元 4 世纪至 12 世纪为中古期,12 世纪至 13 世纪为过渡期;13 世纪至 19 世纪为近代;20 世纪为现代。③

周祖谟先生的汉语史分期意见是:④

上古前期:商代至西周末,公元前 771 年前

上古后期:东周至秦汉,公元前 770—公元 219 年

中古时期:魏晋南北朝时期,公元 220—588 年

近古时期:隋唐五代和北宋,公元 589—1126 年

近代:南宋至“五四”,公元 1127—1919 年

(1) 古汉语

商王朝存立于距今约3700 年至3100 年之间,约 600 年历史。商曾多次迁都,盘庚迁都于殷,商人称此地为大邑商,今称殷墟,在今河南北边的安阳。

从殷墟墓地的发掘看来,大邑商的居民有不同来历,当时的权威方言应是贵族的语言。大邑商是殷商时代的政治文化中心,陕西一带的汉语为西部方言。

---

① 20 世纪 90 年代的考古研究认为东亚最早的栽培稻起源于湖南道县,有距今 12 000 多年的遗存为证据。这一时期之后气候逐渐变暖,距今 8 000 年时黄河流域的气候相当于今长江流域的气候,水稻的栽培逐渐向北方发展,小米的大规模种植甚至发展到辽河流域。

② 河南省文物考古研究所.舞阳贾湖[M].北京:科学出版社,1999.

③ 王力.汉语史稿(上)[M].北京:中华书局,1980:35.

④ 周祖谟.文字音韵训诂论集[M].北京:北京大学出版社,2000:6—13.

周王姬姓,源于姬水(今陕西武功县渭河的支流),起于岐山(宝鸡东北)。《周颂·时迈》:"我求懿德,肆于时夏,允王保之。"周于中原之外,称中原为"夏"。周灭商后以镐京(今西安西部)为都城3个世纪。周成王(姬发之子)即位建新都成周,周人活动的重心向中部地区转移。周平王公元前770年即位,避戎人,成周改名洛邑,史称春秋。

西周时期的西部方言分布于先周旧地,中部方言为殷商故土,东部为齐鲁方言。

西部方言特点之一为脂、微分立,见于《大雅》《周颂》《豳风》等,有相承关系的《秦风》中大体如此。《小雅》脂、微混押为少数,可能受中部地区口语的影响。中部地区的作品,《邶风》脂、微混押,《桧风》脂、微分立。东部方言春秋时代仍有脂、微不分,如《商颂》脂、微混押,《齐风》有混押,也有分押。《曹风》脂、微分立。脂、微分立是先周时代西部方言的创新,春秋时传播至中部方言和东部方言。①

西周时期号称有八百诸侯,应有很多不同的语言和方言,西部方言带有藏缅语的底层,南方方言获得南方语言的底层。《论语》所谓的雅言应该是承自商周的官话和书面语。

古汉语的雅言往往给各地的方言带去字的文读,当地往往有自己的读书音系统,直至唐宋时代仍是如此。古汉语的传播实际上是口语和书面语两个方面的传播,以及相互之间的影响。

春秋战国时期大体上可区分东部、中部、西部和南部四大方言。齐、鲁、燕为东部方言,赵、魏、韩和宋为中部方言,秦为西部方言。楚地分布的南部方言与中部方言的关系比较密切,西汉时亦大抵如此。周祖谟先生根据扬雄《方言》和汉代另外一些文章中的表现,把这一时期的方言分为七个区:秦晋、陇冀和梁益,周郑韩、赵魏和宋卫,齐鲁、东齐和青徐,燕代、晋北和燕北,陈楚和江淮之间,南楚,吴越。②

到了东汉时期,长江以北地区的方言用词的差别渐缩小。据周振鹤、游汝杰研究,《说文》中"提到次数最多的区域是'楚',共23处,这说明当时楚方言的差异可能是最明显的;其次是'秦'19次(不包括秦晋并提的5次)……再是'齐'16次,也是很突出的。"③

汉代末年及三国之时,北方有董卓"尽徙洛阳人数百万口于长安"。北人大批南下分别建立蜀和吴的地方政权。西晋之后又有东晋在淮河以南建立王朝,建都建康。此时北人南迁,新的吴方言代替了汉时的吴方言。"兰陵郡和东莞郡本来都在今山东境内,后来因为居民迁居今江苏常州一带,于是在该地侨置南兰陵郡和南东莞郡。部分中原人民迁入福建,所以福州被改名为晋安,泉州被改名为晋江。""甘肃和陕西北部的人民迁移至四川及陕西的汉中,四川境内的侨置县皆在金牛道(即南栈道)附近,所以金牛道应是陕甘人南下的通道。"④

(2) 中古汉语

汉末之后西晋建都洛阳(220—316年),东晋都建业(南京)。这一时期人口流动,打破中原地区原来东、西方言的格局,也改变了南、北方言的格局。从郭璞为扬雄《方言》所作的注中可以看出来,晋时以函谷关为界东西两边汉语方言的差别已经比较小。新的吴方言代替了汉时的吴方言,覆盖了今吴、闽方言区。

这一时期开启了南、北两个权威书面语格局。陈寅恪先生如是评说这一段语音史:"江左二百余年来,乃侨人统治的世宇,当时侨人以操洛阳正音标异于南人,洛生咏遂得见重于江表。此后北语、吴语成为士、庶阶级的表征,洛阳旧音的保守,自必因此而愈坚固。而中原地区则几经大乱,洛阳的音辞,经二百年嬗蜕变化,到魏孝文帝迁洛,禁断胡语,一从正音之时,已非永嘉之旧。颜之推以为南方士族的语音更胜于北方朝野,是以洛阳旧音为标准,比较而言。"⑤

就方言而言,《切韵》作者陆法言评四方之音:"吴楚则时伤轻浅,燕赵则多伤重浊,秦陇则去声为入,梁益则平声似去。"

今吴、湘、赣、客家和粤诸方言的音系追溯起来与《切韵》音系相当接近。吴方言内部的差别不是单纯的

①　桧国在今河南密县一带,东周初年为郑所灭。曹在今山东西南菏泽市定陶区一带,公元前489年为宋所灭。《曹风》多为春秋作品。
②　周祖谟.汉代的方言[M]//周祖谟语言学论集.北京:商务印书馆,2001:369.
③　周振鹤,游汝杰.方言与中国文化[M].上海:上海人民出版社,1997:101.
④　游汝杰.中国文化语言学引论[M].北京:高等教育出版社,1993:102,103.
⑤　万绳楠整理.陈寅恪魏晋南北朝史讲演录[M].合肥:黄山书社,1987:340.

内部分化。一方面是内部的分化,另一方面是北边的方言波浪式地向南推进,造成南北吴方言的较大差异。

北宋以汴梁(今开封)为政治、经济和文化的中心,汴梁话是权威方言。公元 1008 年在《唐韵》基础上修订《广韵》,为朝廷科考的读音标准。

1039 年丁度等奉敕完成兼顾《广韵》读书音和方音的《集韵》。

北宋期间北方方言全浊声母清化,韵类较南北朝和隋唐的多有简化。北宋邵雍著有《皇极经世书声音》,①周祖谟先生据此作《宋代汴洛语音考》。周先生的结论是:"……宋代汴洛方音与《广韵》大异。要言之:论声与《中原音韵》二十母相近。论韵则同摄之一二等读为一类,三四等读为一类,其读音盖不出开齐合撮四呼,与元明以降之音相近。论声调则上声浊母已读为去。"②

元代周德清的《中原音韵》和卓从之的《中州音韵》被认为是两种声韵系统相同的韵书,王力先生认为它们代表的是元大都的语音。③

(3) 近现代汉语

明代和清前期,书面语的南方流派占优势,1710 年钦定的《康熙字典》仍以《字汇》为蓝本。《康熙字典》规范的读音是南京音。北京话中较晚的文读来自南京话,王福堂先生已予以说明。④

明清两代南、北权威方言不同。北方是通行于北方地区的官话,南方是通行于江淮地区的官话。明代朝鲜方面拿北京话作为标准音,直至清末传到朝鲜的东北读书音或官话才与今东北话相近。

明清时期汉语方言的两个最重要的传播是西南官话覆盖了云贵地区,兰银官话覆盖了西北地区。粤方言从广东向广西传播,在广西被称为白话。闽南话向台湾传播。

汉语方言界通常把汉语方言划分为吴、湘、粤、闽、客家、赣和北方七大方言,以北京话中的非京韵普通话为标准。

2. 汉字和汉语

(1) 汉字的历史

甲骨文是距今 3 000 多年古汉语的文字,发现的早期金文比甲骨文更早。

商代金文的"獲(获)" (父癸爵),写实刻画。周金文"獲" (禹鼎),图形简化为线条。"王"甲骨文 (乙 3217) (续甲),金文 (成王鼎)部分笔画仍用早期的写法。

商代的汉字是表意、表音和形声三类符号混合的系统。有的表意字旁加注声符以区别字音,假借字旁加注意符(形符、义符)以区别意义,这两类字都发展为形声字。殷商之后一些形声字声符被替换,或分化,原来的形声字反成异体字。

甲骨文的声符和形声字,如:

① "専" (林 1.28.7),"傳" (后 2.7.13)。

② "羊" (甲 231),"祥" (续甲),"姜" (乙 3130)。

③ "大" (佚 393),"汰(汱)" (乙 2035)。

④ "成" (甲 3048),"盛" (后 2.24.3)。

⑤ "用" (铁 116.1),"通" (京津 3135)。

⑥ "尹" (前 7.32.3),"伊" (甲 828)。

⑦ "白" (佚 962),"柏" (佚 195)。

表意和形声并存的字,如:

---

①　邵雍,河北范阳人,字尧夫,谥号康节,生于北宋真宗大中祥符四年,即公元 1011 年,后随父移居共城,晚年隐居。卒于神宗熙宁十年,即公元 1077 年。

②　周祖谟.宋代汴洛语音考[M]//汉语音韵论文集.北京:商务印书馆,1957.

③　王力.汉语史稿(上)[M].北京:中华书局,1980:308.

④　王福堂.文白异读中读书音的几个问题[C]//语言学论丛(第三十二辑).北京:商务印书馆,2006.

① "得" 〔图〕(甲 2418),〔图〕(前 5.29.4)。

② "御" 〔图〕(前 6.6.3),〔图〕(燕 72)。

③ "往" 〔图〕(铁 1.2),〔图〕(后 1.14.8)。

④ "逐" 〔图〕(甲 3339),〔图〕(佚 977)。

西周和春秋用籀文,不同地区的写法出现较大的分歧。

① "令"甲骨文〔图〕(乙 3121)金文〔图〕(孟鼎),跪受令形。

春秋开始出现"令"加"口"的"命"〔图〕(竞卣)。

② "新"甲骨文〔图〕(后 2.9.1),从辛、斤,为"薪"本字,又用作"新旧"之"新"。

"新"金文〔图〕(师汤父鼎)〔图〕(王束新邑鼎)从"亲",《说文》"亲"声。

③ "福"甲骨文〔图〕(铁 34.4)金文〔图〕(士父钟)〔图〕(邾大宰钟)〔图〕(周乎卣)。

④ "車"甲骨文〔图〕(京津 2821)金文〔图〕(兮甲盘)〔图〕(父己車鼎)。

⑤ "齊"甲骨文〔图〕(乙 992),"霁"甲骨文〔图〕(乙 971)。

"齊(齐)"〔图〕(齐仲盘)〔图〕(齐仲簋)〔图〕(齐陈曼簠)〔图〕(陈侯午錞)。

甲骨文一字表多词、多义为常见,派生词大多数不用另外的字表示,西周以后往往用形声字或另外的写法来表示。

西周晚期和春秋时期秦人用籀文,战国时代秦的文字就有自己的特点,秦灭六国,统一为秦篆,或称小篆,俗体为隶书。①

隶书中"泰""奉""春""奏""秦"等字头原本不同,省并、变形为一。此前,"泰"从"大"得声,"奉"从"丰"得声,"春"从"屯"得声,"奏"从"中"得声。"秦"〔图〕上半部同"春"。

战国时期的文字有两个主要的特点。一是分歧迭出,二是形声字大量增加。历史上的汉字为了增加区别特征,附加语音和语义的信息,向着繁复的方向发展,也有一些字趋于简化。

汉初的正字法较为严格,如《汉书·艺文志》:"汉兴,萧何草律,亦著其法……吏民上书,字或不正,辄举劾。"东汉末年出现楷书。

(2) 汉语的形声字

许慎六书造字中的"形声",即"谐声"。谐声字由声符和意符构成,兼顾区别音、形和义。

李方桂先生说,上古发音部位相同的塞音可以互谐。②形声字的声符用表示构成该字的时代该声符或相同或相近的读音。同一声符的字从殷商到两汉,其承传有以下特点:

① 同部位的,发音方法不同可谐;

② 形态变化不妨碍声符的沿用;

③ 早期的形声字沿用,后来的语音演变不妨碍声符的沿用。

(3) 汉字的假借

商周时汉语一字常代表多个词。一字代表的数个词中,最早表示(或约定俗成)那个词的字为本字,后来用的算是借用。后来形声字对词的区分越来越细,出现另外一种借用,就是用一个原本表示另外的词的字来代替应该用的字。"立、位"战国前一字,分别读为 $^*\text{grəp} > ^*\text{rəp}$ 和 $^*\text{g}^\text{w}\text{rəp-s} > ^*\text{ɣ}^\text{w}\text{rəps}$,后或混用。这样就有了"本有其字"和"本无其字"两种借用。

"本无其字"的"假借",如"何"甲骨文〔图〕为人扛斧或锛之形,后来成为疑问专用字,又借"荷"为"负荷"之"荷"。"要"金文〔图〕(要鼎),《说文》身中也。"要"又读去声,为"要害"义,当为身中的"要"的引申义,于

① 裘锡圭.文字学概要[M].北京:商务印书馆,1988:67.

② 李方桂.上古音研究[M].北京:商务印书馆,1980:10.

是身中义的"要"另为"腰"。

古代原本表河流水体专名的字用来表示别的词,或本为表他义的字用来作河流水体专名的字。如"沫沮温涂淹漾浪涝漆汝"等。

"本有其字"的"假借",如"常"假为"尚",《商颂·殷武》:"莫敢不来享,莫敢不来王,曰商是常。"《小雅·节南山》"有实其猗","猗"*qral 即"阿"*qal(《说文》大陵也)。当时是音同或音近的假借。

《论语》最初是战国早期孔子的弟子和再传弟子的回忆录,有口语特点。①经历了 200 多年,西汉时有不同版本。西汉末年以原来鲁国流传的版本为基础,张禹(卒于公元前 5 年)编成今本《论语》最早的底本,即《张侯论》。1973 年出土于西汉中山怀王刘脩墓的定州简《论语》稍早于《张侯论》,所存者与《张侯论》差异不大,假借字较多,也有一些脱漏和错写的字,可能原抄本接近《鲁论语》。

定州简《论语》:

《为政》"有佴且格","佴"*njə-s 即"耻"*snə-ʔ。

《里仁》"无谪也,无莫也","谪"*trik 即今本"适"*stik。

《公冶长》"乘泡浮于海","泡"*phru 今本"桴"*bju。

《雍也》"赉而殿","赉"*pʷjər(勇也)今本"奔"*pʷər。

《述而》"黑而识之","黑"*smək 今本"默"*mək。

《泰伯》"埶信好学","埶"*dʷjuk 今本"笃"*tʷuk。

《子罕》"迷"*mir 今本"彌"*m-nir>*mir。"夫子循循然善牖人","牖"*ljuʔ 今本"诱"*ljuʔ(引导)。

《先进》"黾子侍则","黾"*mlanʔ>*mjanʔ 今本"闵"*mrənʔ。"师也辟,由也喭","喭"*sŋjans 今本"喭"*ŋrans。

《宪问》"臧武仲以房求为后于鲁","房"今本"防"。

《季氏》"友辨年","辨年"今本"便佞"。

《阳货》"玉白云乎哉","白"*brak 今本"帛"*prak(《说文》缯也)。

《子张》"夫子之员","员"*gʷjən 今本"云"*gʷjən(《广韵》言也)。

3. 语音演变的历史

(1) 中古音

汉语中古音的研究主要依据隋代陆法言的《切韵》和宋代《广韵》的反切用字,根据今方言的读音我们可以构拟反切所表示的读音。传统音韵学以宋人总结的"字母""唇、舌、齿、喉、舌齿"等为名,为声母分类。

高本汉(Bernhard Karlgren)构拟的中古声母系统为:②

p	ph	bh	m		
(帮)	(滂)	(並)	(明)		
t	th	dh	n		l
(端)	(透)	(定)	(泥)		(来)
ʈ	ʈh	ɖh	ɳ		
(知)	(彻)	(澄)	(娘)		
ts	tsh	dzh		s	z
(精)	(清)	(从)		(心)	(邪)
tʂ	tʂh	dʐh		ʂ	
(照二)	(穿二)	(床二)		(审二)	
tɕ	tɕh	dʑh	ɲʑ	ɕ	ʑ
(照三)	(穿三)	(床三)	(日)	(审三)	(禅)

---

① 如"子曰:近者说,远者来。""近""远"对举在这一时期的作品中少见。

② 高本汉.中上古汉语音韵纲要[M].聂鸿音,译.济南:齐鲁书社,1987:28.

k	kh	gh	ŋ	x	ɣ
（见）	（溪）	（群）	（疑）	（晓）	（匣）

ʔ
（影）

喻母拟为零声母。

《切韵》193 韵，《广韵》206 韵，不计声调的分别，共是 61 韵类，92 韵。

传统音韵学把中古韵区分为阴、阳、入大三类。现代语言学解释大体上是：阴声韵不带辅音韵尾，阳声韵带鼻音韵尾，入声韵带塞音韵尾。阴声韵和阳声韵又区分平声、上声和去声。

高本汉构拟的中古音为后来的学者所肯定。元音的构拟各家的分歧较大，高本汉的构拟包括 16 个单元音，王力为 10 个单元音。

中古早期平上去入四个声调，唐代不同的方言因声母的清浊而四声分化。

今北京话有阴平、阳平、上声和去声四个声调。其来历为：中古平声分化为阴平和阳平，上声分化为阴上和阳上，阳上跟没有分化的去声合并。入声分化后又分别归入阴平、阳平、上声和去声。

（2）中古声母的上古来历

诸家大抵以中古音为依据，参考古汉语谐声、假借、押韵和异文的情况构拟上古的声母和韵类。近年来诸家基本同意古汉语有 -r- 和 -l- 两类复辅音声母，古汉语的 *lj- > 中古的 j-，即中古的喻四（余母）来自上古的 *lj-。

宋代音韵学字音分为四等，等的区分当据其读书音元音的不同。结合今方言的字音，推测当时读法应与元音张口度和介音有关。现代音韵学的研究认为，其中二、三、四等的不同包括介音的不同。二等介音 *-e-（*-o-），或接近于 *-e-（*-o-），三等介音为 *-j-。四等介音为 -i-。

1）唇塞音声母

隋唐时代的两个唇塞音系列为：*p-、*ph-、*b- 和 *pj-、*phj-、*bj-。

宋代"帮滂并"母为 *p-、*ph-、*b-（一二四等），叫作重唇音。"非敷奉"母为 *fj-、*fhj-、*vj-（三等）叫作轻唇音。它们来自古汉语的唇塞音，也有来自唇塞音和流音构成的复辅音声母。

2）舌尖塞音声母

宋代"端透定"声母有一、四等，"知彻澄"有二、三等。

一等"端透定"拟为 *t-、*th-、*d-，四等"端透定"拟为 *ti-、*thi-、*di-，三等的"知彻澄"拟为 *tj-、*thj-、*dj-，二等"知彻澄"可能是 *te-、*the-、*de-（圆唇的为 two-、thwo-、dwo-）。

三等的"知彻澄"母主要来自中古早期"端透定"母和三等介音的结合。

谐声的情况说明，"端透定"母和三等的"知彻澄"母可来自古汉语同一类的舌尖塞音，另外来自上古舌根塞音的复辅音声母。如：*kl- > *t-，*khl- > *th-，*gl- > *d-。

透、彻母又有：*sl-、*hl- > *th-。

3）舌尖塞擦音声母

宋代的舌尖塞擦音声母有一、四等的"精清从"，分别为 *ts-、*tsh-、*dz-。

二等的"庄初崇"分别为 *tʂ-、*tʂh-、*dʐ-。

高本汉以来许多学者认为中古的舌尖塞擦音来自古汉语的舌尖塞擦音，从战国以前的相关的谐声和假借看不支持这样的假设。

"精清从"一类古汉语除内部的互谐，还可与二等的庄组，端组（*t-、*th-、*d-），见组（*k-、*kh-、*g-），心母（*s-）以及余母（*l-）有谐声关系。我们假定它们可来自上古的四类复辅音声母：*sk-、*skh-、*sg-，*st-、*sth-、*sd-，*sp-，*kl-、*khl-、*gl-。

声母 *sk-、*skh-、*sg- 可演变为舌尖塞擦音，一些谐声字中古属心母。它们大约在战国晚期演变为舌尖塞擦音。如：

兹 *skjə> *tsjə	丝 *skjə> *sjə①	慈 *sgjə> *dzjə
澡 *ske-ʔ> *tseʔ	喿 *ske-s> *ses	操 *skhe> *tshe
蚤 *sku-ʔ> *tsuʔ	骚 *sku> *su	慅 *skhu-ʔ> *tshuʔ
借 *skjak-s> *tsjaks	昔 *skjak> *sjak	错 *skhak-s> *tshaks
猲 *sqjak> *hjak	舄 *skjak> *sjak	舄 *skhjak> *tshjak(鹊)②

精、见组谐声的字中古保留舌根音声母。如：

①“井”*s-keŋ-ʔ> *tseŋʔ 子郢切,“姘”*s-gjeŋ-s> *dzjeŋs,“耕”*kreŋ 古茎切。

②“浃”*s-kap> *tsap 子协切,“夾(夹)”*krap 古洽切。

③“造”*s-guq> *dzuʔ,“告”*kuk,“嚳”*khuk。

声母 *st-、*sth-、*sd-可演变为舌尖塞擦音,谐声关系如：

厜 *st^{w}jar> *ts^{w}jar	垂 *d^{w}jar> *ʑuar	诿 *t^{w}ar-s
精 *stjeŋ> *tsjeŋ	晴(姓) *sdjeŋ> *dzjeŋ	醒 *stjeŋ-ʔ> *sjeŋʔ
戚 *sthjuk> *tshjuk	寂 *sdjuk> *dzjuk	督 *t^{w}uk

精、端组谐声,中古保留舌尖音的还有：

①“揣”*sth^{w}rar-ʔ> *tshruarʔ,“端”*t^{w}ar> *t^{w}an,“剬”*t^{w}jan、*t^{w}an 旨兖、多官切,“瑞”*sd^{w}jar> *dʑuars。

②“青”*stheŋ> *tshieŋ(《说文》从生、丹),“靘”*theŋ 丑郑切。

③“哉”*stə> *tsə,“戋”*stə,“載”*stəs,“戴”*təs。

*sp-演变为舌尖塞擦音,如：

①“眨”*sprap> *tsrap,“乏”*b^{w}jap。

②“秭”*spil-ʔ> *tsilʔ,“姊”*spil> *tsil。

清母另外有：*sn-> *tsh-。

二等的“庄初崇”母中古为 *tʂ-、*tʂh-、*dʐ-,大约来自上古晚期的 *tsr-、*tshr-、*dzr-,上古中期的 *skr-、*skhr-、*sgr-,*str-、*sthr-、*sdr-等。

4）舌面塞擦音声母

三等的“章昌船”母中古为 *tɕ-、*tɕh-、*dʑ-。③这一系列除内部的互谐,还可与端、见组字谐声。大约上古晚期的 *tj-、*kj-成为中古 *tɕ-(照三),*t-成为中古端、知母。上古晚期的 *kj-有上古早期 *klj-的来历。

《切韵》区分船、禅母。大约中古早期不同方言中船、禅母的合并已陆续发生。现代北方方言船、禅母的平声中为塞擦音,上、去声为擦音(入声中也只有个别的,如“植、殖”为塞擦音声母),王力先生认为这种演变 14 世纪时已经完成。④

5）禅母

李方桂先生拟为 *ź-。俞敏《后汉三国梵汉对音谱》中的材料说明上古晚期禅母与余母的读法相近,都用来译梵文的 j-。⑤南北朝时期的《字林》《玉篇》船、禅不分。⑥《切韵》船、禅有别,大约其他方言中船、禅母多已合并。

禅母的主要来历是上古中期的 *dj-和 *lj-,与船母关系密切。

西周 *g-lj->春秋 *lj-> *ʑ-(禅母),*glj->战国时代的 *dʑ-(船母)。谐声中如：

①“视”*g-ljirs> *ljirs> *ʑirs(禅母),“示”*gljirs> *dʑirs(船母)。

---

① “丝”道孚语 doŋ skə,扎坝语 tu^{33} ʂkə< *-skə。

② “鹊”*skhak,“喜鹊”藏文 skya ga。

③ 陆志韦、蒲立本等把船、禅的中古音分别拟为 *ʑ-和 *dʑ-,和高本汉的大致相同。

④ 王力.汉语史稿(上)[M].北京：中华书局,1980：117.

⑤ 俞敏.后汉三国梵汉对音谱[M]//俞敏语言学论文集.北京：商务印书馆 1999：12.

⑥ 周祖谟.魏晋音与齐梁音[M]//文字音韵训诂论集.北京：北京大学出版社,2000.

② "墅"＊g-lja-ʔ＞＊ẓaʔ（禅母），"纾"＊glja＞＊dẓa（船母）。

吴、湘、粤、客等方言平声禅母字通常是擦音。平声禅母字"垂"的声母北方方言中通常读塞擦音。去声禅母字"睡"南、北方言中通常读做擦音，个别方言（闽方言厦门话）白读为塞擦音。

"视、示"的声母诸方言中通常读做擦音，个别方言（湘方言双峰话）读做塞擦音。

入声禅母字"十"＊djəp＞＊ẓəp，南北方言中通常读擦音，个别方言（厦门话）白读为塞擦音。

侗台语"十"大约是上古晚期的汉语借词，如：

毛南语 zip⁸，壮语武鸣话 çip⁸＜＊ẓip，临高语 təp⁸＜＊dəp。

苗瑶语"十"大约是中古早期的汉语借词，大约来自古湘方言。如：

苗语养蒿话 tçu⁸，勉语江底话 tsjop⁸＜＊dzjop。

6）舌根塞音声母

中古"见溪群"母构拟为＊k-、＊kh-、＊g-，除了来自上古的舌根塞音＊k-、＊kh-、＊g-，小舌塞音＊q-、＊qh-、＊ɢ-，其余来自上古这两类塞音和流音构成的复辅音声母。

7）心母和邪母

中古心、邪母分别为＊s-和＊z-。

＊s-除了来自古汉语的＊s-，其余来自 s 构成的复辅音。

＊z-来自战国和西汉之时的＊slj-、＊glj-、＊sgj-和 sdj-。①

如"绪"＊sdʷja＞＊zjua 徐吕切，谐声字"書"＊stʷja＞＊hʷja 商鱼切，"楮、褚"＊thʷa-ʔ 丑吕切，"煮（鬻）"＊tʷa-ʔ。

8）书母

中古书母只有三等，为＊çj-＞＊ş-。

俞敏先生《后汉三国梵汉对音谱》所示，中古的书母"尸""舍"等字用来对梵文的ś，书母的读法可能接近çj-。②

中古书母有上古早期＊slj-、＊sŋj-、＊qlj-（＊qʷlj-）、＊snj-、＊stj-（＊stʷj-）等来历。如：

"始"＊sljə-ʔ＞＊hljəʔ＞＊çɭʔ。谐声字"胎"＊slə＞＊thə。

"勢"＊sŋjat-s＞＊çjats 舒制切。谐声字"褻"＊sŋjat＞sjet 私列切（《说文》私服）。

"舒"＊qʷlja＞＊hʷlja＞＊çjua。谐声字"舍"＊qlja-ʔ＞＊hljaʔ＞＊çjaʔ。

"手"＊snjuʔ＞＊hjuʔ＞＊çjuʔ。谐声字"杽"＊snuʔ＞＊thuʔ 敕九切（《说文》械也）。

"叔"＊stʷjuk＞＊hʷjuk。谐声字"督"＊tʷuk，"裻"＊tʷuk 冬毒切。

9）晓母和匣母

中古晓、匣母分别拟为＊x-（＊h-）、＊ɣ-（＊ɦ-）。晓母字四等俱全，分开口和合口，上古末期分别为：＊h-、＊hr-、＊hj-、＊hʷ-、＊hʷr-、＊hʷj-。

我们推测战国之前的古汉语有小舌塞音＊q-、＊qh-、＊ɢ-，中古晓、匣母可来自小舌音，那么它们的谐声中包括舌根塞音、小舌塞音声母的两类字音。除了来自古汉语舌根塞音＊x-（＊h-）、＊g-，还来自小舌塞音＊qh-、＊ɢ-，其余可来自这两类塞音构成的复辅音声母，可跟舌尖、舌根和小舌塞音声母字谐声。

上古的清鼻音声母可演变为中古晓母，如：

"墨勿亡每蔷微"与"黑忽兦悔薨徽"，后者声母为＊hm-。声母的演变可能是＊s-m-＞＊hm-＞＊h-。也有＊sŋ-＞＊h-的，如：

"甗"＊ŋar（炊具），"獻（献）"＊s-ŋjar-s＞＊hjans（牲品供奉）。

"御"＊ŋʷjas（驱马），"卸"＊s-ŋja-s＞＊hjas 司夜切（《说文》舍车解马）。

匣母有一二四等，同为舌根音的群母为三等，③两者互补。中古＊g-（群母）只有三等，跟匣、云母互补分

---

① 梅祖麟认为邪母来自上古＊lj-，郑张尚芳认为有＊lj-和＊sɢ-两个来源。

② 俞敏.后汉三国梵汉对音谱［M］//俞敏语言学论文集.北京：商务印书馆，1999.

③ 群母只有个别字属四等，故通常认为群母只有三等。

布。从后汉三国时期佛经看,群母字多用来译 g-,匣云母字多用来译 v-。①

吴方言和闽方言的读音中,匣母诸等仍有读如群母的字音。从南北朝时期的反切和上古谐声看群、匣应有共同的来历,即古汉语的 *g-和 *ɢ-(以及两类塞音构成的复辅音声母)。

10)喻母

中古喻母为舌根塞音声母 *j-,三等称"喻三"(或称云母),四等称"喻四"。"喻三"与匣母有共同来历,"喻四"又称余母或以母,来自上古晚期的 *lj-,以及早期由 *-lj-构成的复辅音声母。

11)流音声母

中古来母 *l-来自中古早期和上古的 *r-(演变时间在公元四世纪和公元五世纪),以及由-r-构成的复辅音声母。

12)喉塞音声母

中古影母为喉塞音声母 *ʔ-,来自上古舌根塞音 *ʔ-和小舌塞音 *q-,以及这两类塞音和流音构成的复辅音声母。

13)唇鼻音声母

中古明、微母 *m-、*mj-,除了分别来自古汉语的 *m-、*mj-,其余来自 m 和流音及舌尖鼻音构成的复辅音。

14)舌尖鼻音声母

宋代的"泥娘日"母分别为 *n-、*nj-、*ȵʑ-,泥、娘来自上古的 *n-,日母来自古汉语 *nj-,另外来自 n 和流音及唇鼻音构成的复辅音。

15)舌根鼻音声母

中古疑母 *ŋ-,除了来自古汉语的 *ŋ-,其余来自 ŋ-和流音构成的复辅音。

(3)上古声母的构拟

古汉语的声母和中古汉语的声母有比较大的差别。李方桂先生的上古声母系统为:②

p	ph	b	hm	m	
t	th	d	hn	n	l, r
ts	tsh	dz		s	
k	kh	g	hŋ	ŋ	h
kw	khw	gw	hŋw	ŋw	
ʔw				hw	

他为上古增添的复辅音声母有:

pr	phr	br	mr
		brj	
tr	thr	dr	nr
trj	thrj	drj	nrj
tsr	tshr	dzr	sr
tsrj	tshrj	dzrj	srj
kr	khr	gr	ŋr	hr
kwr	khwr	gwr	ŋwr	hwr
		gwrj	

今方言和中古汉语塞音上推,古汉语三分:p、ph、b,t、th、d,k、kh、g、q、qh、ɢ,对应的圆唇塞音也是

---

① 俞敏.后汉三国梵汉对音谱[M]//俞敏语言学论文集.北京:商务印书馆,1999.
② 李方桂.上古音研究[M].北京:商务印书馆,1980:21.

如此。我们把商周时代汉语声母辅音的基本系统假设为：

p　　ph　　b　　m

t　　th　　d　　n　　l　　s　　z　　r

k　　kh　　ɡ　　ŋ　　　　　　h　　ɦ　　j　　w

q　　qh　　ɢ

ʔ

商周汉语的复辅音声母的首辅音相当一部分来自古前缀，也有一些复辅音来自声母和中缀 *-r-的结合。

《春秋·桓公十二年》："秋七月丁亥，公会宋公、燕人盟于谷丘。"《左传》："公欲平宋、郑。秋，公及宋公盟于句渎之丘。"战国地名"句渎" *kaslok 即《春秋》"谷" *klok。大约春秋之时的字音中仍然可能夹杂着带成音节前缀的读法，成音节的前缀可与后面的词根的声母复合为新的复辅音声母，用字仍与以前的相同。这两种字音，带成音节前缀的(*C-C-)和单音节的，后来的演变不同。

根据谐声的情况，可以推测古汉语的复辅音声母(*CC-)主要可区分为 *Cl-、 *Cr-和 *sC-三类，它们的形成与早期汉语和古汉语的前缀和中缀有密切关系。 *tl-、 *tʷl-、 *tr-, *tʷr-这样复辅音声母大约出现于春秋之后。

商周时期塞音和-l-和-r-构成的基本复辅音有：

*pr-、 *phr-、 *br-、 *kr-、 *khr-、 *gr-、 *hr-, *qr-、 *qhr-、 *ɢr-；

*pl-、 *phl-、 *bl-、 *kl-、 *khl-、 *ɡl-、 *ɢl-；

*mr-、 *nr-、 *ŋr-, *ml-、 *nl-、 *ŋl-。

*s-构成的复辅音有 *sp-、 *sph-、 *sb-、 *sk-、 *skh-、 *sg-、 *sn-、 *sm-、 *sŋ-, *sr-、 *sl-等。 *s-可与塞音复辅音再构成三合复辅音。

上古有圆唇塞音声母 pʷ、phʷ、bʷ、tʷ、thʷ、dʷ、kʷ、khʷ、gʷ、hʷ、qʷ(qhʷ)、ɢʷ，圆唇鼻音声母 mʷ、nʷ、ŋʷ，及舌尖音以外的圆唇塞音与流音结合的复辅音。

（4）中古介音的来历

1）三等字的介音

中古介音 *-j-的来历有不同的解释，有意见来自长元音，也有意见来自短元音。罗杰瑞先生认为来自喉壁音-ʕ-，白一平和沙加尔采用罗杰瑞的喉壁音说。包拟古把汉藏语的-j-区分为原生和次生两类。[①]不能设想中古三等的 *-j-是中古早期或汉末时从别的什么音一下子变来的。

温州话中文白读的差异说明有的-j-是后起的，如：

① "鱼"有 ŋ²、ŋøy² 和 ȵy² 不同说法，北边的乐清话又说成 ȵi² 和 ȵiʔ⁴。温州话 ŋ²、ŋøy² 为白读，ȵy² 为文读。苏州话的白读也是 ŋ²，文读为 jy²。一等字"苏"温州读 søy¹，乐清话读 sɿ¹。

② "疑"有 ŋ²、ȵi² 两读。前者见于"疑心"，白读；后者见于"怀疑"，文读。

③ "女"有 na²、ȵy⁴ 两读。前者义为"女儿"，白读；后者为男女之"女"，文读。

④ "日"可读为 ne⁸、ȵai⁸。前者义为"日子"，白读；后者为生日之"日"，文读。

⑤ "反"可读为 pa³、fa³。前者为白读，后者为文读。

"猪"温州读 tsei¹，厦门话白读 ti¹。中古端、知互补，古汉语同，因中古早期北方方言中 *-j-的加入分化。

中古三等字的反切中有一类不同于其他三等的反切，称为重纽三等，来自 *-rj-。

2）二等字的介音

中古二等字的介音，来自古汉语的 *Cr-以及 *-r-中缀。

3）四等字的介音

中古四等字的介音 *-i-，有两个来历。来自上古末期的 *-i-和 *-j-。

如余母（喻四）的"也"，北京话 jɛ，苏州话白读 jia，温州话白读 a，厦门话 ia，来自中古 *jo（羊者切）和上古

---

①　包拟古.原始汉语与汉藏语[M].潘悟云,冯蒸,译.北京:中华书局,1995:189.

末期的 *ja。

　　从方言看,四等韵 *-i-介音的分布,文读的多于白读,因此有的可能是中古才增生的。

　　4)合口字的介音

　　中古音分开合,合口音有 *-w-介音,我们解释为主要来自古汉语的圆唇辅音。

(5) 上古的元音和韵部

　　上古的元音和韵部可以从不同时期不同地区的韵文、谐声中得到它们的分类,结合中古韵的分类和现代方言的读法推测实际音值,不是一个一个历史层次上推的结果。不同时代读书音押韵的对应关系包括元音和韵尾演变,可发现因方言影响的分歧,这些不同时代的分歧是可以解释的,可说明它们有一定的传承关系。

　　1)元音的构拟

　　李方桂为古汉语构拟了a、ə、i、u 4元音的系统,蒲立本构拟了两个元音的系统。王力、包拟古、郑张尚芳、白一平认为上古汉语为6元音。

　　2)《诗经》用韵的分析

　　《诗经》是西周到春秋数百年间不同方言背景的读书音写成的,同类自押归为部。韵相近混押,通常认为是宽、严不同。另外也反映两个时期不同地区书面语的差别,其中又因为文体和语体的不同用韵有宽、严不同。

　　《大雅》中如《文王》《大明》《绵》《棫朴》等为周人在庙堂上对祖先功绩的歌颂,用词和文体比较保守,用韵严谨。《小雅》为西周以及东周早期的作品,用词比较接近口语,用韵也宽一些。

　　中古韵区分为有阴声韵、阳声韵和入声韵三类,古汉语的情况不同。古汉语的阴声韵中包括流音尾韵,有 *-r、*-l 两类韵尾的不同。不能拿春秋、战国和两汉的押韵修改《大雅》时代的音系,只能用来说明音系演变的情况。

　　《诗经》有“去入通押”,即去声的阴声韵字可与入声押韵。可区分为两种情况:

　　① 歌、月,脂、质,微、物押韵。

　　② 鱼、铎,宵、药,支、锡,之、职,侯、屋,以及幽、觉、屋押韵。

　　为了解释阴声韵字与入声押韵,高本汉假定古汉语有-p、-t、-k 与-b、-d、-g 两类。李方桂先生认为入声韵有-p、-t、-k、-kw 尾,阴声韵为-b、-d、-g、-gw 尾,《诗经》时代阴声韵尾 *-b 已演变为 *-d 。[1]

　　是否可以设想《诗经》时代韵尾 *-d 和 *-g 的分布为:

　　① 月、质、物三部中古去声又可与歌、微、脂部押韵的,韵尾为 *-d,方言中或为 *-ð。

　　② 鱼、宵、支、之、侯、幽韵部押韵的,中古去声的铎、药、锡、职、屋、觉诸部韵尾是 *-g(*-ks);中古去声此时与铎、药、锡、职、屋、觉诸部押韵的鱼、宵、支、之、侯、幽部字可带后缀 *-g。

　　3)韵的构拟

　　王力先生构拟古汉语的 6 元音系统和 29 韵部:[2]

	-k	-ŋ	-i	-t	-n	-p	-m
a	鱼	铎	阳	歌	月	元	盍	谈
e	支	锡	耕	脂	质	真		
ə	之	职	蒸	微	物	文	缉	侵
ɔ	侯	屋	东					
o	宵	沃						
u	幽	觉	(冬)					

　　从《诗经》西周作品看,鱼、宵、支、之、侯、幽诸部的字可独立押韵,故这一时期的通行书面语为 6 元音,拟

---

① 李方桂.上古音研究[M].北京:商务印书馆,1980:33, 36.

② 王力.王力文集第十卷(汉语语音史)[M].北京:中华书局,2014.王力先生认为后来从侵部中分出冬部。

为 a、e、i、ə、o、u,西周时代 30 韵部为:

	-ø	-l(-r)	-m	-n	-ŋ	-p	-t(-d)	-k(-g)
a	鱼	歌	谈	元	阳	叶	月	铎
e	宵				耕			药
i	支	脂		真			质	锡
ə	之	微	侵	文	蒸	缉	物	职
o	侯			冬	东			屋
u	幽							觉

这一时代鱼、宵、支、之、侯、幽六部可因韵尾*-q、*-ʔ和*-s的不同构成次类,带后缀*-g的可与元音相同的带*-k(*-g)韵尾的入声字押韵。

入声韵有清塞音尾*-p(*-ps)、*-t(*-ts)和*-k(*-ks),浊塞音尾*-d和*-g。

阳声韵带韵尾*-ʔ或*-s的,并不单独入韵,不构成次类。

春秋时期书面语鱼、宵、支、之、侯、幽六部的元音为:a、eu、e、ɯ、o、u。其他诸韵部中的元音 e、i、ə 也相应随之变化。

4)流音韵尾

古汉语可设想有*-r、*-l两类流音韵尾,理由有三:

① 古汉语歌、月,脂、质,微、物可协韵,甚至可谐声。东汉以前的古汉语中歌微脂三部应皆有与*-t、*-d 读音相近的辅音韵尾。

② 西周时有的字跟流音尾押韵,春秋的作品中与鼻音尾字押韵,或不同地区的作品中分别与流音韵尾和鼻音韵尾押韵,不能以鼻音尾增生或形态变化解释。

③ 古藏文代表的藏语有*-r、*-l两类流音韵尾,一些古汉语流音尾的词和有两类流音尾的藏语词分别对应。

上古早期流音尾字的谐声关系可区分为以下两类:

*-l 韵尾类"皮罷般單果可左干我可雟臸戈果為咼丸多加亏丏委雁化宜憲瓦徙沙瑣羅連嘼危難那炙炭离免奂夗敦先希西火艮開鬼罪回乖衰畾佳微屖次棄豖豊履齊師死尹"等。

*-r 韵尾类"采耑段朵垂它也前坐亘禾泉袁旨象厂鷹卧麗麻盧鮮殷斤幾軍夋韋馗示本文尾匕衣飛非卉畏威哀妥燹旨癸几皆氏矢尸私晉米尼爾凶妻"等。

5)鼻音韵尾

商周时期的汉语有-m、-n、-ŋ 三类塞音韵尾,其中-n、-ŋ 韵尾可来自后缀。从谐声和又音看少数鼻音韵尾和塞音韵尾有交替。一些*-ŋ 韵尾的字和*-n 韵尾的字押韵。

谐声中唇鼻音和唇塞音韵尾的交替如:

① "厭(厌)"*qam>*ʔiam、*ʔiap(厌魅),"壓(压)"*ʔrap。

② "埝"*s-nəm-s>*tiəms 都念切(《方言》卷十三,下也);*nəp>*niəp 奴协切(《集韵》益也、培也)。

谐声中*-n 和*-ŋ 通常是区分的,但也有交替的情况,多为带流音的耕部字。如:

① "辛"*s-kin>*sin,"骍"*s-keŋ>*seŋ。

② "圜"*gʷran,"彄"*gʷreŋ 户萌切。

③ "匀"*gʷljin>*ljuin 羊伦切,"趄"*gʷleŋ>*gʷjeŋ 群清切。

④ "羥"*khren,"茎(茎)"*greŋ。

(6) 中古声调的来历

法国学者奥德利古尔(A.G.Haudricourt)1954 年提出汉语的去声对应于越南语的问声(清声母)或跌声(浊声母),上声对应于越南语的锐声(清声母)或重声(浊声母)。古汉语去声和上声的音节借到越南语中分别读作两类,每一类由于声母的清浊又分别归入两个声调。越南语与它的亲属语——其他孟高棉语比较表明,问声和跌声来自*-s,锐声和重声来自*-ʔ。因此设想汉语读作去声的音节借入越南语时带*-s韵尾,上声

带 *-ʔ 韵尾。奥氏的假设半个世纪来基本上得到学术界的肯定。

目前国内外音韵学界的主流观点是中古四声起源于南北朝时期,与上古韵尾相关。中古平声来自上古阴声韵和单纯的鼻音韵尾,上声来自 *-ʔ 韵尾(包括带 *-ʔ 的鼻音韵尾),去声来自 *-s 韵尾(包括带 *-s 的鼻音韵尾),入声来自 *-p、*-t、*-k 韵尾。*-s 韵尾可能在上古末期演变为 *-h。

4. 形态的历史

早在 1934 年,沃尔夫(Wulff)就提出古汉语有中缀 *-l-,蒲立本(Pulleyblank)表示赞同他的意见。① 沙加尔在《上古汉语词根》中提出古汉语有 *s-、*N-、*m-、*p-、*t-、*k- 和 *q- 等前缀,*-r- 中缀,*-s、*-ʔ、*-ŋ 和 *-n 等后缀。

(1)四声别义的形态特点

中古汉语四声别义,如《广韵》中一些词平声为形容词去声为动词,从形态学的角度看是以屈折形式表示语法意义。如果去声来自古音的 *-s,原本就是以 *-s 后缀把形容词变为动词。"恶""空""中"等,古汉语中这一类的区分有的用不同的字表示。如:

"善"*djan-ʔ > *ʑanʔ(《说文》吉也),"缮"*djan-s(修缮)。

"廣"*kʷaŋ-ʔ,"曠"*khʷaŋ-s。

如果上声来自 *-ʔ,以下字的两读追溯其古音的不同为:

"樹"常句切,植物;臣庾切,树立。名词 *dʷjo-s,动词 *dʷjo-ʔ。

"霰"苏佃切,稷雪;"散"苏旱切,不聚。名词 *sian-s,动词 *san-ʔ。

"瓣"蒲莧切,瓜中实;"辯"符蹇切,治也。名词 *bran-s,动词 *bran-ʔ。

第一组词的 *-s 是动词后缀,第二、第三组词的 *-s 是把动词转成名词的后缀,*-ʔ 是标记动词的后缀。

梅祖麟先生认为,"动变名型在上古汉语早期(《诗经》以前)已经存在,而名变动型到去入通转衰退时期才兴起,绝对年代大概在战国跟东汉之间。"② 他这里所说的"动变名型"是指"度"有入、去两读,入声的读法是动词,去声的读法是名词。"名变动型"是指"恶"有入、去两读,入声的读法是名词,去声的读法是动词。

(2)古汉语的形态演变

古汉语注重表达施动者的主观态度,动词有较为复杂的形态变化,名词、代词和数词的形态比较简单。西周和春秋时期动词的主要形态范畴有:使动(致使),自动,主动态,自主和不自主,完成体和持续体等形态范畴。主动态和被动态对立,不自主和自主对立。没有专门的形态方式区分及物动词和不及物动词。

《大雅·文王》是西周时代周人歌颂周文王的诗,其中有一句:"无念尔祖,聿修厥德。""无念"就是"念"。"无"是成音节的动词前缀。《诗经》中动词前缀还有"载""言""爰""薄""云"等。"有"名词前缀,如"有夏""有殷""有周""有苗""有梅""有的"等。"有殷"指殷商,"有苗"指苗人部落,"有梅"指梅子,"有的"即目标。③ "越"又称"於越","吴"又称"句吴"。这跟藏文记录的古藏语词的形态方式相似,成音节的和不成音节的形态成分共处于一个时期。

古汉语中除了使用前缀、后缀和中缀等黏着手段表示上述的语法范畴,也有前缀、后缀以及屈折形式配合使用的情况。

从谐声、通假、新字的出现等现象中可以看出,古汉语不同形态方式的活跃时期有所不同,春秋以后复辅音简化,一些原本的黏着形态成为屈折形式,或产生新的类推。前缀渐不活跃,后缀比较活跃。

古汉语"败"有两种读法:《广韵》薄迈切 *brats,自败;《广韵》补迈切 *prats,败他,《说文》毁也。

《左传·隐元年》:"惠公之季年,败宋师于黄。"《释文》:"败,必迈切,败他也。"

---

① 蒲立本.上古汉语的辅音系统[M].潘悟云,徐文堪,译.北京:中华书局,1999:90.
② 梅祖麟.四声别义中的时间层次[M]//梅祖麟语言学论文集.北京:商务印书馆,2000.
③ 王力.汉语史稿(中)[M].北京:中华书局,1980:219—220.

《左传·隐五年》:"乱政亟行,所以败也。"《释文》:"不注音,读如字。"

先秦声母清浊来区别自动、主动的形态变化到六朝趋于衰亡,以词法和句法形式予以区分。比如"腐败"和"把他打败"。"败"字只有浊音一读,相应地,原来并列结构的"击败"也就转成了动补结构。

(3) 古汉语的形态范畴

1) 使动态

句法的使动和形态的使动并存。

殷商甲骨卜辞用"令",如:

① 帝及四夕令雨?(乙 3090)

② 叀小臣令众黍?(罗振玉《殷墟书契前编》四卷三十页)

西周时期以"俾"表示使动,如:

①《小雅·白华》:"之子之远,俾我独兮。"

②《大雅·绵》:"俾立室家,其绳则直。"

春秋时期仍以"俾"表示使动,如:

①《邶风·绿衣》:"我思古人,俾无訧兮。"

②《召南·野有死麕》:"无感我帨兮,无使尨也吠。"

表示使动的主要有前缀 *s-、*k-(*kʷ-),后缀 *-s,送气塞音、清塞音声母也有表示使动的功能。

*s-前缀可表示使动,把名词、形容词成为动词。使动标记 *s-春秋以后仍活跃。两汉时期以"使"构成不同句式的使动义较为普遍。

2) 自动态

自动态强调为施动者自行发起的行为或变化,典型的自动态标记有 *m-。

① "膠" *kru(粘物),"缪" *m-kru-s(绞结,麻十束)> *mrus。

② "亮" *rjaŋ-s,"明(朙)" *m-rjaŋ(《说文》照也)。

③ "壞" *gʷ-rəl-s(《说文》败也),"霉" *m-rəl(《说文》中久雨青黑,微省声)。

④ "搜" *s-ru,"柳" *m-ru-ʔ(聚也,古星宿名)。

自动态标记 *m-春秋之后较少出现。以"自"和动词结合表示自动、主动和反身义的词《诗经》时代已有出现,战国时代为常见。如《左传》中有"自毙""自及""自焚""自用""自作""自命""自杀""自毁""自刃""自取""自败""自讨""自惧""自为""自亡""自归""自立""自封""自逸""自御""自免""自来""自说"等。

3) 主动态

古汉语主动态强调行为是施动者的意愿,非主动态为被动态。西周和春秋时期以语法成分标记主动态,战国和两汉期间转为主要以语法成分标记被动态。典型的主动态标记有 *-s。如:

① "用" *ljoŋ-s(施行)。《小雅·小旻》:"谋臧不从,不臧覆用。"

② "芋" *gʷja-s(居住)。《小雅·斯干》:"风雨攸除,鸟鼠攸去,君子攸芋。"

③ "戒" *krək-s(《说文》警也)。《小雅·采薇》:"岂不日戒,玁狁孔棘。"

"于""为""见"等表示被动意义的句式春秋之后出现,此后形态形式表示主动态的衰弱。

4) 不自主态

古汉语动词不自主态指其为施动者主观上不能控制的行为或状态,标记有 *-s 和浊塞音声母。

① "吐" *qʷ-la-ʔ(自主), *qʷ-la-s(不自主)。

② "瀉" *ska-s。《小雅·蓼萧》:"既见君子,我心写兮。"

③ "虞" *ŋja(欺诈,自主),"误" *ŋa-s(不自主)。

5) 命令式和祈使语气

*-j-表示意愿、命令、处置。

① "没" *mʷət(无也),"勿" *mʷjət。

② "無"＊m^wa，"毋"＊m^wja（《说文》止之也）。

③ "俾"＊pji-ʔ。《小雅·天保》："俾尔单厚，何福不除。俾尔多益，以莫不庶。"

④ "召"＊de-s（召集），"詔"＊tje-s（《说文》告也）。

⑤ "登"＊təŋ（《说文》上车也），"證"＊tjəŋ-s（《说文》告也）。

送气声母表示意愿、命令、处置，＊-s后缀表示向下方向。

① "灌"＊k^wan-s（敬酒），"勸"＊kh^wjan-s（《说文》勉也）。

② "作"＊s-kak（造也），"措"＊s-kh^wak-s（《说文》置也）。

6）完成体

西周和春秋时期典型的完成体标记为＊g^w-（＊g-、＊ɢ-），如：

① "攫"＊k^wjak（夺取），"攜"＊g^wak-s（《说文》握也）。

② "莅"＊rəp-s（来到、临视），"极"＊g-rəp（到）。

③ "離（离）"＊rjal，"裸"＊g^w-ral-ʔ>＊rualʔ（《说文》袒也）。

＊-s后缀为完成体标记，如：

① "侮"＊m^wjə-ʔ（《说文》伤也），"晦"＊s-m^wə-s>＊h^wəs（《说文》月尽也）。

② "述"＊g^wljət>＊dʑjuət（循也），"遂"＊g^wljət-s>＊zjuət（达也）。

西周时"既"＊kjəd、"矣"＊glə-ʔ表已然，"已"＊klə-ʔ有"止"义，春秋时代用法同。战国时代如《左传》"已"＊ljə-ʔ、"矣"＊gjə-ʔ为完成体标记。

（4）古汉语的黏着形态

上文已讨论了谐声和内部构拟可以说明上古早期以＊m-为前缀表示自动态，上古晚期有＊-r-中缀"分隔、中止"等。古汉语形态分析以此法为基础。

1）＊s-前缀

古汉语前缀＊s-构成的＊s-C-有不同演变方向：＊sl-演变为＊hlj-（书母）、＊th-（透母），＊sr-演变为＊hlj-（书母）、＊th-（透母），＊sl-、＊sm-、＊sŋ-演变为＊s-（心母）。

＊s-表示使动的，如：

① "易"＊ljik-s，"赐"＊s-lik-s。

② "迤"＊ljar-ʔ，"拖"＊s-lar>＊thiar（《说文》曳也，它声）。

③ "斁"＊lak-s（解也），"釋"＊s-lak（《说文》解也）。

＊s-表示用某物做某事或类似的行为，如：

① "甗"＊ŋar（炊具），"獻（献）"＊s-ŋars>＊hjans（甗盛牲品供奉）。

② "囊"＊naŋ，"襄"＊s-naŋ（除去）。

＊s-使名词派生为形容词，如：

① "隧"＊g^wljət-s>＊zjuəts（道也），"邃"＊s-g^wljət-s>＊sjuəts（深远也）。

② "條"＊lu，"修"＊s-lu（长也）。

2）＊g-前缀

＊g-把形容词或名词变成动词，如：

① "田"＊lin，"畇"＊g^w-ljin>＊zjuin（垦田）。

② "焰"＊lam-s，"惔"＊lam-s（烧也），"炎"＊g-lam（焚也）。

＊g-为完成体、持续体前缀，如：

① "益"＊q-lik（《说文》饶也），"謚"＊g-ljik-s>＊dʑits《广韵》神至切（赠与称号）。

② "莅"＊rəp-s（来到、临视），"立"＊g-rəp>＊rəp（《说文》住也）。

3）＊ʔ-前缀

＊ʔ-为动词前缀

① "趏"＊le（《说文》雀行也），"跳"＊ʔ-le-s>＊theus（《说文》蹶也，一曰跃也）。

②"明"＊m-rjaŋ，"映"＊ʔ-raŋ-s 於敬切（《说文》明也）。

4）中缀＊-r-

以下说明该中缀有表示突出、分开、使名词成为动词和使动等功能。

表示突出

①"高"＊ke，"乔"＊gre。

②"足"＊s-kʷok，"毃"＊k-r-ok＞＊krok（足跗也）。

表示分开、分裂、排除

①"劈"＊phik（分为两部分），"派"＊ph-r-ik-s（水的支流）。

②"壁"＊pik（隔墙），"檗"＊p-r-ik（避虫之木）。

③"屏"＊peŋ-ʔ（退避），"摒（拼）"＊p-r-eŋ（排除）。

表示空洞

①"弘"＊gʷəŋ，"宏"＊gʷ-r-əŋ（《说文》屋深响也）。

②"空"＊khoŋ，"腔"＊kh-r-oŋ。

③"頰"＊kap，"峡"＊g-r-ap。

表示重复、成双或程度加重

①"盲"＊mʷ-r-aŋ（《说文》目无牟子）。

②"淫"＊ljəm（深入），"湛"＊l-r-əm-ʔ＞＊drəmʔ（露浓重）。

③"复"＊bʷjuk-s（重也），"復"＊bʷ-r-uk（《广雅》很也）。

④"屬"＊djok（依附），"镯"＊d-r-ok。

表示使动

①"分"＊pʷjən，"颁"＊p-r-an。

②"并"＊pjeŋ-s，"姘"＊ph-r-eŋ（与妻婢私合）。

③"荷"＊gal，"骑"＊g-r-al。

④"反"＊pʷjan，"扳"＊p-r-an。

使名词成为动词

①"行"＊gaŋ（大道），＊g-r-aŋ（行走）。

②"名"＊mjeŋ，"命"＊m-r-eŋ-s。

③"回"＊gʷəl。①"限"＊g-r-əl-ʔ（《说文》阻也）。

5）＊-ʔ 后缀

＊-ʔ 后缀或与有相同功能的前缀和中缀配合使用。

构成主动态

①"奉"＊bʷjoŋ，"捧"＊phʷjoŋ-ʔ。

②"共"＊gʷjoŋ-s（《说文》同也），"拱"＊kʷjoŋ-ʔ（《说文》敛手也）。

名词或形容词变为动词

①"巫"＊mʷa，"舞"＊mʷa-ʔ。

②"卬"＊ŋaŋ（高也），"仰"＊ŋjaŋ-ʔ。

春秋以后的＊-ʔ 后缀有指小和爱称功能，是对此前后缀＊-q 的继承。中古身体部位词和人称代词多附＊-ʔ 后缀，如"首""项""体""股""足""耳""口""齿""我""吾""尔"等，及稍晚的"头""眼"。"奴""童"等皆不用上声，即不用＊-ʔ 后缀。＊-ʔ 后缀从上古到中古，以及现代的某些方言中一直比较活跃。

6）＊-s 后缀

古汉语的＊-s 后缀主要表动词的主动态、使动态，表示动词的方向，动词名词化，以及使名词、形容词派生动词等。不同功能的后缀活跃期有所不同，主动态大约构成于商周时期，其余功能的用法秦汉时期仍较

---

① 《大雅·旱麓》："岂弟君子，求福不回。""回"，"邪僻"。

活跃。

构成主动态

*-s 标记行为是施动者的意愿所致。(例见上文)

表示使动

①“離”* rjal(分离),“離”* rjal-s 力智反(使分离)。

②“繹”* ljak(《说文》抽丝也),“斁”* lak-s(解也)。

③“儉”* gram-ʔ(《说文》约也),“斂”* gram-s。

不自主态。(例见上文)

形容词派生为动词

*-s 后缀使形容词派生为动词,及物或不及物。

①“夸”* kh^wra(大也),“跨”* kh^wra-s。

②“恶”* qak(坏),* qak-s(厌恶)。

③“間”* kran(隙也),* kran-s>* kans(隔也)。

名词派生为动词

①“符”* b^wjo(《说文》信也),“付”* p^wjo-s(《说文》与也)。

②“軾(式)”* slək>* hjək,“试”* slək-s(用也)。

③“王”* $g^wjaŋ$, * $g^wjaŋ$-s(使成王、称王)。

(5)古汉语的屈折形态

1)清音表示使动

清声母动词表示使动,浊音声母表示自动、完成体、持续体等。

①“屯、囤”* $d^wən$(聚集、堵塞),“頓”* $t^wən$-s。

②“屬”* djok(依附),* tjok(连接、跟随)。

③“踡”* g^wran,“卷”* k^wran-ʔ(《说文》厀曲也)。

④“從”* s-$g^wljoŋ$-s(追随),“縱”* s-$k^wljoŋ$-s(发箭,《玉篇》放也)。

2)清声母标记动词

清音声母为动词,浊声母为形容词、名词。

①“辮”* ban-ʔ,“编”* pjan。

②“轍”* dat(《说文新附》车迹也),“徹”* that(《说文》通也)。

③“喬”* gre(《说文》高而曲也),“撟”* kre-ʔ(举手)。

3)送气音表使动

不送气或浊声母动词派生为送气声母表使动。

①“卑”* pji(《说文》贱也),“睥”* phi-s(睥睨)。

②“評”* bjeŋ(《广雅》平也),“抨”* phreŋ(《说文》撣也)。

③“發”* p^wjat(弓弩的发射),“潑”* ph^wat。

④“見”* kan-s(《说文》视也);“看”* khan-s,以手遮目而望。

4)圆唇音对应非圆唇表使动

①“謗”* paŋ-s(《说文》毁也),“妨”* $ph^wjaŋ$-s(《说文》害也)。

②“併”* breŋ(俱也),“竝”* $b^weŋ$-s(《说文》併也)。

③“剥”* prok(《说文》裂也),“录”* b^wrok>* ruok(《说文》刻木彔彔也)。

④“折”* djat>* ʑat,“剟”* t^wat(《说文》刊也)。

5)圆唇音对应非圆唇表主动态

圆唇音声母表示主动态,非圆唇声母同根词表非主动态。

①“宜”* ŋral(《说文》所安也),“危”* $ŋ^wral$(正也)。《论语·宪问》:“邦无道,危行言孙。”

② "作"＊skak(造也)，"措"＊skhʷak-s(《说文》置也)。

③ "展"＊kljal-ʔ>＊tjanʔ(《说文》转也)，"裹"＊kʷlal-ʔ(《说文》缠也)。

④ "滅"＊mjat(《说文》尽也)，"戌"＊s-mʷjat>＊sjuət(《说文》滅也)。

6) 元音＊e 表使动及其他功能

词根元音＊a 变为＊e 表示使动，派生动词或形容词。

① "斜"＊glja>＊zja(倾出，《说文》杼也)。

"舀"＊lje-ʔ(《说文》抒臼也)。"挑"＊q-le>＊the(《说文》挠也，一曰掭也)。

② "陽"＊ljaŋ(《说文》高明也)。"暘"＊ljaŋ(《说文》日出也)。

"熒"＊gʷleŋ>＊ɣʷieŋ(《说文》屋下灯烛之光)，"瑩"＊gʷleŋ(《说文》玉色)。

③ "女"＊nʷa-ʔ(女子，《说文》妇人也)；"奴"＊nʷa(《说文》奴婢，皆古之辠人也)。

"嫋"＊nie-ʔ(《广韵》长弱皃)。

④ "污(汙)"＊qʷa(《说文》薉也，一曰小池为污)。"淤"＊qʷja(《说文》淀滓)。

"夭"＊qe-ʔ(壅塞，《说文》曲也)。

7) 元音 a 表使动

① "深"＊s-təm 式針切(深入)，"探"＊thəm-s(《说文》远取之也)。①

"覘"＊tham《广韵》丑廉切(《说文》窥也)。

② "合"＊gəp>＊ɣəp(《说文》合口也)。

"蓋"＊kap-s(《说文》苫也)。②"盍(盇)"＊gap-s(《说文》覆也)。

③ "及"＊grəp(《说文》逮也)。

"夾"＊krap(持也)，"捷"＊sgjap>＊dzjap(《说文》猎也)。

④"覃"＊dəm(《尔雅》延也)。③《大雅·荡》："内奰于中国，覃及鬼方。"

"苫"＊s-tjam(《说文》盖也)。"霑(沾)"＊tam 张廉切(雨水浸濡)。

5. 词汇的历史

语言基本词(basic vocabulary)在语言演变的历史中保留的时间较长，如"日""月""星""水""火""头""眼睛""鼻子""手"等。古汉语"星"，现代汉语"星星"，仍然是对古语词的保留。

(1) 词义变化和词的替代

1) 词义变化

① "都"＊tʷa(《说文》有先君之旧宗庙曰都)，战国时大邑亦称"都"。

② "走"先秦为"疾行"义，《说文》趋也。汉代为"步行"义。

③ "歸"商周时期表示女子出嫁。"嫁"＊kra-s 是"家"＊kra 的派生词。

④ "颇"＊phʷal，《说文》头偏也。程度副词"颇"见于西汉。

⑤ "低"为"氐"＊tir(根本)义的引申。

⑥ "膺"＊qjəŋ>＊ʔjəŋ 本字指"胸"，引申指器物正面，借字指"抵挡"。如《鲁颂·閟宫》："戎狄是膺，荆舒是惩。"后有"應(应)"，《说文》当也。又"譍"＊qjəŋ>＊ʔjəŋ"以言相对"。至南北朝"应"从用例看可虚化为副词，表示"随即"或"推测"。

⑦ "墳(坟)"＊bʷjər>＊bʷjən 原指地的鼓起，《说文》墓也。

⑧ "钧"本为重量单位，隐喻为"重"。

⑨ "红"＊gʷoŋ 今之"粉红"，《说文》帛赤白色。

---

① 藏文"进入、渗透"stim<＊s-tim。

② 藏文"躲藏"gab，"覆盖"sgab，"覆盖物"khjebs，"保护"skjob。

③ 藏文"罩上、盖上"fithum。

2）词的替代

春秋之后的书面语中先是"首目本"分别说成"头眼根"。汉代之后"日"说成"太阳",指河流的"水"替换为"江、河","口"多为"嘴","足"或为"脚"所替换。

新、旧词的替换中往往先是新词和旧词并存,旧词慢慢地退出历史舞台。书面语中多数的同义词并存的时间较长,或词义有所分工,或有雅俗之别。

（2）复合词的构成

商周时期复合词的构成有通名在前和通名在后两种方式。"公刘""大邑周"这样的称呼仍保留着更早时通名在前的构词特点,"孟津""商郊""牧野"等词通名在后。

并立复合名词和并立复合动词多后出,如"华夏""蛮貊""士女","害虐""震动""悦服"等。

秦代的《吕氏春秋》与汉代《史记》比较,后者有较多继承前者特点的情况。汉代的一些复合词今天仍在使用,有的已经废弃。如《史记》中：①

王有德义,故来告诉。（《龟策列传》）

国家安危,在此一举。（《项羽本纪》）

"告诉""安危",现代书面语中仍在普遍使用。

东汉时期的《论衡》较接近口语,各类复合词,尤其是双音节复合词较前的书面语增加了很多。②

名词如：文字、歌曲、行操、题目、桥梁、便宜、殿堂、江河、疾病、气力、筋骨、笔墨、丹青、骨肉、钟鼓、苗裔、炉灶等。

动词如：把持、救止、消炼、发觉、呻吟、偷盗、盗窃、饥饿、下降、耕耘、诛杀、驰走、飞翔等。

形容词如：愚蠢、聪慧、错乱、欢喜、娱快、花虚、清廉等。

其中"江河""疾病""筋骨""骨肉""钟鼓""呻吟""饥饿""下降""安危""清廉"等见于《吕氏春秋》。

中古汉语产生的副词性质的复合词,如"非常、极其、越发、曾经、终于、早个、登时、忽地、蓦然、逐渐、依旧、仍自、兀自、一再、重新、苦苦、连忙、急忙、特地、只管、极力、胡乱、索性、平白、铁定、真个、端的、好歹、左右、大概、想必、约莫、不成、终不成、千万、切切、尚且、恰好"等在明清时代的北方的书面语中仍在使用,其中的多数现代书面语中仍在使用,有的在现代北京话口语中也在使用。

（3）从古汉语并列动词到现代的动补复合词

上古早、中期汉语的并列的动词短语,前一个表动作,后一个表结果,到了上古末期成为动补结构。如：

郤至奉豕,寺人孟张夺之,郤至射而杀之。（《左传·成公十七年》）

郤至杀豕奉进,宦者夺之,郤至射杀宦者。（《史记·晋世家》）

尽管一些意见认为汉代它们还不是动补结构,到了六朝时才成为动补结构,③但发展的趋势是可以肯定的。

古代汉语只有"V+O"或"V+V+O"。从南北朝开始,V 和 O 之间逐渐出现了一些表态貌或表能性的语法成分,如各种补语、用在述补结构中的结构助词以及动态助词。

6. 文献的考释和甄别

古文献文本或有真有假,或辗转传抄真伪夹杂,文献的甄别成为一门要紧的学问。碑铭和地下发掘的材料,佐证或不足多有争议,汉字史的研究显得更加重要。中国古代称为《经》的历史文献,经不同时代的修改,跟最初的文本形式有较大差异。

---

① 何乐士.《史记》语法特点研究［M］//两汉汉语研究.济南：山东教育出版社,1992.

② 程湘清.《论衡》复合词研究［M］//两汉汉语研究.济南：山东教育出版社,1992.

③ 梅祖麟.从汉代的"动、杀"、"动、死"来看动补结构的发展——兼论中古时期起词的施受关系的中立化［M］//语言学论丛第 16 辑.北京：商务印书馆,1991.

（1）汉字文献的考释

汉字形、音、义之间的关系是文字和语言的关系,包括"形和义""形和音""音和义"的三种关系,有不同的时代特点。

字和读音先有约定,后有沿用。字的传承和表示的词是两个系统,不同的历史时期,字和字音各有正、俗之别,正字可俗读,俗字有正音。

甲骨文一字表多词、多义为常见,派生词大多数不用另外的字表示,西周以后往往用形声字或另外的写法来表示。春秋战国时期,为了增加字的区别特征,汉字向着繁复的方向发展,形声字大量增加。不同地区的写法或有别。

古汉语的"假借"有约定俗成的用法,如"女"读作"汝"(*nʷja-ʔ)表示第二人称单数的代词,"说"作"悦"表示"喜也、服也",战国时代仍是普遍的。后来这样的字有了区别,但仍有人按照原来的办法用字,读法上有区别。

"红"读与"工"同,指纺织针线活,与"红"读法有别。"红"读"工",其义来自"功",造字时未必是故意借用。

我们知道,古今观念不同,要知道古字的意义,只能到同一时代的文献中去寻找。殷商卜辞中有关祭祀的区分甚为繁复,通常以后世残存的祭祀和传说中的线索来理解这些文字上的表达。

（2）文献文本的历史特征

文本是时代的产物,必有时代的烙印。语言学以外的方法,如文本的制作材料和材料制成的形式的研究,其他历史记载与文本涉及人物事件是否有相关性等,对考证都是有意义的。

文本文字代表的语词、语法和意义,与同一时代的文字文本应基本一致。词义有早、晚,引申意义的用法总是比本义的用法晚(这与一字多义不同)。早出的词可出于晚出的文献,晚出的词不能出在早出的文献,语法现象也是如此。

1）关于《周易》

今本《周易》来自东汉时期的王弼注本,为西汉末年费直所撰。[①]最初的文本当写于西周,春秋、战国时又有补充和再编,显示出不同时代用词的特点。如:

屯卦"邅"(释为"难行、转"),归妹卦"须"(婹,姐姐),楚方言词。

随卦"丈夫"不见于《诗经》《论语》。如《左传·哀公十一年》:"是谓我不成丈夫也。""丈夫"指"有胆识的男子"。

同人卦"莽"即草木。"莽"不见于《诗经》,《左传》中多见。

夬卦、困卦有"臀",该字不见于《诗经》,《左传》一见,亦见于《考工记》。

2）关于《左传》

《左传》即《春秋左氏传》的简称,相传作者为左丘明。《左传》名为传,所依为战国时代的典籍。《左传》多处引孔子语,称"仲尼曰",《吕氏春秋》《春秋穀梁传》《公羊传》等皆称"孔子曰"。《左传》当不早于战国,不晚于战国晚期开始的尊孔时代。《左传·昭公四年》:"姬在列者,蔡及曹、滕其先亡乎! 偪而无礼。郑先卫亡,偪而无法。"郑国亡于公元前375年,《左传》成书必在郑、卫皆亡之后。[②]

3）古汉语第一人称代词和近指词的变化

殷商卜辞"我" *ŋarʔ表第一人称复数,单数用"余" *gʷla。

西周开始"我"指单数,仍可指复数,词根同"吾" *ŋa。周厉王㝬簋铭文中"我家"指周王室,"朕立"即朕的位。"降余多福"用"余",是上帝前的谦称。秦公镈铭文中自称"朕",亦谦称"余"。《诗经》这样的文学作品中"吾"一直没有出现。

西周晚期单数用"我""余""予""卬""吾"等。"余" *gʷla,"予" *gʷlaʔ稍有别。毛公鼎铭文还以"我"

①　鲁惟一主编.中国古代典籍导读[M].李学勤,等译.沈阳:辽宁教育出版社,1997:235.

②　徐中舒.左传的作者及其成书年代[M]//郑天挺主编.左传选.北京:中华书局,1963.

表示己方，称"我有周"，即指"我们周王朝"。

殷商卜辞近指指示词有"兹"＊skjə 和"此"＊sthji-ʔ。

西周近指指示词除了沿用"兹""此"，另有"是"＊dji-ʔ（>＊ẓiʔ）、"時"＊djə（>＊ẓə）、"伊"＊ʔir、"焉"＊ʔjan。春秋时期有"寔"＊djək、"實"＊sdjit（>＊dʑit）。

战国时代不同地区书面语用词有一定差异。

第一人称代词殷商卜辞有"我"和"余"，西周晚期有"我""余""予""卬""吾"等。《左传》多用"余""吾""我"。如《左传·隐公十一年》："我死，乃亟去之。吾先君新邑于此，王室而既卑矣，周之子孙日失其序。"《论语》用"予""我""吾"不用"余"。《荀子》用"我""吾""予"不用"余"。《吕氏春秋》用"我""吾""余"，偶用"予"。

近指代词《左传》用"此""是""兹"（用于宣称之类的表达），不用"斯"（除引用《诗经》等外）。《论语》用"斯""是""兹"（一见用于宣称之类的表达），不用"此"。战国末期赵国人荀况的《荀子》用"斯""是""此""兹"。战国末期秦吕不韦及其门人所著的《吕氏春秋》"此""是"，偶用"斯""兹"。

《论语》"其诸"作为问句用词，为齐鲁方言的特点。如："夫子之求之也，其诸异乎人之求之与？"《左传》仍带有这种特点，如《左传·僖公二年》："寝不安与？其诸侍御有不在侧者与？"《荀子》《吕氏春秋》无。

（3）材料的真伪

伪文本或假托的文本可能在文本用字、文本背景、文本语言方面不相一致。后世《尚书》的编纂者把后来才有的词，或引申用法，或语法现象夹入文本，这就表明了文本是后来完成或修改的。

高本汉《中国古籍辨伪法》叙古籍辨伪九法，头三条为：

① 书中所述之史事与作者之年代不符，则此书之一部或全部必为伪作；

② 其他古书所引此书之原文，为今本所无，则今本必为伪作；

③ 文体不古必为伪作。

《尚书》中所谓虞、夏、商的文本多为伪造。①"虞"是夏代的一个邦国。皇甫谧说："尧以二女妻舜，封为虞，今河东太阳山西虞地是也。"《虞书·大禹谟》："罔违道以干百姓之誉。""罔"，当西周以后才有。②"道"，原指"道路"，后引申指"谋事、事理"。

"其"作为指示代词，见于《尚书》所谓虞、夏和商诸书。甲骨卜辞中"其"主要作为表示疑问或测度语气的副词。西周铭文"其"仍可作为祈使语气的标记，指示代词通常用"厥"。《诗经》的春秋作品中"其"可为指示词。

《夏书·禹贡》："禹别九州，随山濬川，任土作贡。""洲"甲骨文 ⑫（粹 262）金文 ⑫（井侯簋），《说文》水中可居曰州。殷商卜辞中未见以"州"为行政辖区之名。《商颂·玄鸟》："方命厥后，奄有九有。""九"实为多义，非指九州。《左传》和《周礼》中才出现"九州"这样的说法。《左传》中如"瓜州""阳州""舒州"等，可见于《春秋》，绝非所谓夏代《禹贡》的九州之名。顾颉刚先生指出："五服说和九州说是两种矛盾的地方制度，不该并容在一篇里；而且这两种说法不但在区划上有矛盾，在政治意义上也有矛盾。九州说是在君主集权制的情况下产生的，五服说却是在最高领主和大小封建领主占有土地的制度下产生的。说到这里，就知道五服说的时代比较九州说为早。""九州制是由战国时代开始酝酿，到了汉末而实现""把落后的制度和先进的理想一齐记下，虽然显出矛盾，可是也就在这里自己说明了著作年代"。③

《禹贡》"内方"这样的地名始于楚。楚人在方城山筑有长城，外方山是方城之外的嵩山，内方山是方城之内的章山。古本《禹贡》有"浮于淮、泗达于菏"，今本《禹贡》改为"达于河"。"河"是黄河的原来的专名，古淮、泗不通黄河。"菏水"是吴王夫差时代开凿连接沂水和济水的运河。

后世修改的文本，要素之间同样有不一致的地方。

---

① 吴安其.《尚书》文本的历史特点[M]//文献语言的解释.北京:中国社会科学出版社,2010.

② "罔"即"亡"之假借，"无"义，见于战国之后的文献。

③ 顾颉刚.禹贡[M]//中国古代地理名著选读（第一辑）.北京:科学出版社,1959.

如《黄帝内经》成书年代颇有争议,有意见认为成书于战国时代,多数考证者不同意这个意见。《汉书·艺文志》:"《黄帝内经》十八卷。《素问》即其经九卷,兼《灵枢》九卷,迺其数焉。"《黄帝内经》或原称《内经》,后来才冠以黄帝为名。

《素问》之名见于东汉张仲景《伤寒杂病论·自序》。《灵枢》大约原名《针经》,晋皇甫谧称之为《针经》,隋时又名《九灵》。《素问》后又名《脉经》。

《素问》《灵枢》等的原始文本可能成于战国时代,两汉以及汉之后丰富其内容,唐宋之时另行增添编撰。

汉马王堆帛书《足臂十一脉灸经》所记为十一经脉,而非十二。

《灵枢》:"寅者,正月之生阳也。"当为武帝颁布太初历之后。

《素问》有的篇章以干支纪年,当为东汉之事。

《素问·金匮真言论》:

"平旦至日中,天之阳,阳中之阳也。日中至黄昏,天之阳,阳中之阴也。合夜至鸡鸣,天之阴,阴中之阴也;鸡鸣至平旦,天之阴,阴中之阳也。"

"平旦"可见于《史记》,"黄昏"这样的说法始见于晋。

二　汉语和藏缅语的比较

1. 藏缅语的比较

(1) 藏缅语的历史分布

早期的古藏缅语可能有南北两个语群,从黄河中、上游地区陆续南迁。彝缅语支、克伦语支、藏-羌-喜马拉雅语支的语言来自古藏缅语的北方语群,景颇、库基-那加(Kuki-Naga)、博多-加洛语支来自古藏缅语的南方语群。南方语群的先民大约4 000年前开始南迁,北方语群的语言战国时代南迁。

今景颇语支的语言主要分布在中国、缅甸和印度,有景颇语、独龙语、阿侬怒语、达让僜语、格曼僜语、博嘎尔珞巴语、义都珞巴语等。分布在缅甸的景颇语称为克钦语(Kachin),另外还有景颇语的星颇方言(Singpho)。阿博尔语(Abor)和米里语(Miri),是两种相近的方言,分布在印度阿萨姆邦。阿博尔语和米里语与博嘎尔珞巴语相近。分布在印度阿萨姆邦的米佐语(Miju)与中国境内的格曼僜语相近。分布在缅甸的独龙语称为日旺语(Rawang)或侬语(Nung)。日旺语的昆兰方言(Kunlang)20世纪50年代进入印度。

库基-那加语支由库基-钦(Kuki-Chin)和那加(Naga)两支构成。这两支的语言主要分布在印度和缅甸。分布在印度的库基-钦语支的语言有梅梯语(Meithei)、老梅梯语(Old Meithei)、他多语(Thado)、希因语(Siyin)、来语(Lai)等。那加语支有32种差别较大的方言,如安格米方言(Angami)、色马方言(Sema)、棱马方言(Rengma)、哥乍马方言(Kezama)、索布窝马方言(Sopvoma)等。

博多-加洛语支(Bodo-Garo)的语言主要分布在印度,除博多语(Bodo)、加洛语(Garo)外,还有德奥里语(Deori)、迪马萨语(Dimasa)、卡恰里语(Kachari)、科奇语(Koch)、科克布洛克(Kok Borok)、拉巴语(Rabha)、卢舍依语(Lusei)等。

喜马拉雅语支(次语支或语组)的语言主要分布在印度,有巴兴语(Bahing)、林布语(Limbu)、满查底语(Manchati, Patini)、昌巴拉胡里语(Chamba Lahuli)、加那斯语(Kanasi)、卡瑙里语(Kanauri)、朗加斯语(Rangkas)、迪马尔语(Dimal)、塔米语(Thami)。

藏语支(次语支或语组)的语言我国境内有错那门巴语、墨脱门巴语等,境外有不丹的宗卡语(Dzongkha)、戈布姆坦普语(Kebumtamp)等,尼泊尔的坦瓦尔语(Dhanwar)、多尔波语(Dolpo)等。嘉戎语有归于藏语支和羌语支两种说法。

《旧唐书·吐蕃传》:"吐蕃,在长安之西八千里,本汉西羌之地也。""历周及隋,犹隔诸羌,未通于中国。"西周之时黄河上游地区有不同支系的羌人,藏先民为其中的一支。今藏语分布于西藏高原、青海、甘肃、四川和云南等地,区分为卫藏、康和安多三大方言。巴尔蒂人于公元7世纪在西域立国,史称勃律,现居住在巴基斯坦的北部地区。巴尔蒂话可以算是藏语的另一种方言,一定程度上保留古藏语的一些特点。①

(2) 藏缅语的语音

藏缅语的比较包括语音、形态和词汇三方面差异的解释。

古藏语有五个元音,单辅音 30 个。222 个声母中包括二合复辅音 115 个,三合复辅音 71 个,四合复辅音 6 个。②这一类繁复的复辅音的形成与古藏语的形态有关。

根据藏缅语内部的比较,我们假设早期藏缅语塞音有唇、舌尖、舌根和小舌 4 个系列,清不送气、清送气及浊对立;有唇、舌尖、舌根鼻音。辅音系统为:

```
p  ph  b  m           w
t  th  d  n  s  z  r  l
k  kh  g  ŋ  h  ɦ  j
q  qh  G
```

塞音及 s 可与流音 l 和 r 构成复辅音声母。

有 -m、-n、-ŋ、-p、-t、-k、-ʔ、-s、-l、-r、-g 韵尾。

元音系统为:a e i o u。

古藏语的 -b、-d、-g 塞音韵尾与其他藏缅语的 -p、-t、-k 或 -ʔ 韵尾经历了四五千年仍有系统的对应关系。试比较:

	藏文	墨脱门巴语	缅文	景颇语	加洛语
眼睛	mig	miŋ	mjɑk	mjiʔ^{31}	mik-rŏn
手	lag	ga daŋ	lak	ta̱ʔ^{55}	jāk
六	drug	khuŋ	khrɔk	kʒuʔ^{55}	dök

墨脱门巴语的 -ŋ 和景颇语的 -ʔ 对应于藏语的 -g,来自藏缅共同语的 *-k。

藏羌-喜马拉雅语支和彝缅支的语言来自古藏缅语的北方语群,它们的共同创新是舌尖塞擦音,与景颇语等的对应词不同。如:

	藏文	普米语	阿昌语	彝语	景颇语
肋骨	rtsib	—	tʂham	tɕe^{33}	kă ʒep^{31}
骨节	tshigs	tsi^{55}	—	tsɿ^{55}	khʒiʔ^{31}
核	tshi	—	tsiʔ^{31}	tɕu^{33}	kʒi^{33}

大约古藏缅语北部语群先是前缀的元音弱化、失落,产生复辅音,进而产生舌尖塞擦音声母。南方语群中前缀一直保留着元音,如同今天景颇语支、库基-那加语支和博多-加洛语支的语言。景颇语支的语言中后来也产生塞擦音,但与藏羌、喜马拉雅及彝缅语支的塞擦音没有对应关系。

(3) 藏缅语的形态

古藏语是注重动作和时间关系的语言,动词有现在时、未来时、过去时和命令式(简称三时一式),在形态上表现出"及物自主""及物不自主"和"不及物"三类。③藏语的前缀比较复杂,前缀辅音和后面的声母辅音有时还换位,动词的命令式改变元音,有多种复辅音韵尾。

古藏缅语有名词前缀 *ʔa-、*ma- 和名词后缀 *-n、*-t、*-r 等,*b-、*g- 为数词前缀。*s-、*r-、*d-、*b-、*g- 为使动前缀,*m- 为自动词前缀。

1) *s-前缀

藏缅语中 *s-前缀在藏语有使动和名谓化(把名词变成动词)的功用。如"燃烧"藏文 ɦbar,"点火"spar;

---

①　黄布凡.从巴尔蒂话看古藏语语音[M]//藏语藏缅语研究论集.北京:中国藏学出版社,2007.
②　黄布凡.藏缅语族语言词汇[M].北京:中央民族学院出版社,1992:629.
③　黄布凡.古藏语动词的形态[J].民族语文,1981(3).

"倒下"log,"弄倒"slog。

缅语中 *s-前缀使后随的声母成为清辅音。如"转动"缅文 laɲ²,"使转动"hlaɲ¹;"温"(水)nwe³,"热"(饭)hnwe³。

博多-加洛语支的博多语中 s-前缀仍很活跃。如"裂"go,"使裂"sogo;"害怕"gi,"吓唬"sigi;"断"káw,"切断"sakáw 等。博多语的 s-前缀和景颇语一样,是带元音的,博多语前缀的元音与词根元音和谐。

*s-又是生物和身体部位词的前缀。如藏文表示的古藏语:"生命"srog,"男子"skyes,"喜鹊"skya(ga),"虮子"sro(ma),"脖子"ske,"背"sgal,"胸"sbo,"牙齿"so(<*s-ko),"痣"sme(ba),"心脏"sɲiŋ。

2)*g-前缀

藏缅语中 g-为形容词和动词的使动前缀,藏语中 g-和 d-互补,较少用于完成体。

① "精美,(金)纯"藏文 gzum<*g-dun。

② "毒"藏文 dug,错那门巴语 tuk³⁵,墨脱门巴语 ɣduk<*g-duk。

③ "黑的、邪恶"藏文 gnag<*g-nak。

④ "劈开"藏文 gshog<*g-skhok。

⑤ 藏文"散开"yar<*ljar。"流浪"gyar<*g-ljar。"失散"vkhyar<*m-khljar。

⑥ 藏文"犯错"lan。"过失"klan<*k-lan。"斥责"glan<*g-lan。

⑦ 藏文"隔断"cad<*kjat。"弄断"gchod<*g-khjot。

⑧ 藏文"叶子"lob ma。"扁"leb。"压扁"gleb<*g-lep。

*g-也是藏语支和部分博多语支语言数词前缀。

3)*m-前缀

例见下文。

4)*-t 后缀

本尼迪克特(Paul K.Benedict)在他的《汉藏语言概论》中已提到藏缅语的 *-t 后缀,他说:"后缀 *-t 在一些例子中显然是表示使役或命令的意思,如藏语 fibjed-pa'开,分离'(及物)<fibje-ba(不及物),finud-pa'哺乳'<nu-ba'吮吸'。""克钦语(景颇语)中也有使役后缀 *-t,如克钦语 mədit'弄湿,淋湿'<mədi'潮湿的,湿的'。""藏语 rko-ba～rkod-pa'挖,刻上',克钦语 got'舀出'。"①

其他如:

藏文 fidu"(聚)集"。sdud"集合"。bstud"连接"。景颇语 mă³¹tut⁵⁵"连接"。

藏文 fitshos"熟"。fitshod"煮"。景颇语 ʃă³¹tu³³"煮"。墨脱门巴语 dur"煮"。古藏语 fitshod"煮"的后缀 *-d 似乎是后来才有的。

藏文 na"病"。nad-"病人"。sros"天黑"。srod"黄昏"。表明古方言中还有用 *-d 后缀构成名词的。这个后缀可能是名词后缀 *-n 变来的。

5)*-k 后缀

藏缅诸语 *-k 韵尾成为-t 或-ʔ 韵尾为常见,景颇语、独龙语和缅语支的浪速语中通常成为-ʔ。

浪速语次生的-k 韵尾分布于诸类实词,可与缅语比较。如:

	天	地	水	铜	骨头
缅文	mo³	mre²	re²	kre²	ro³
浪速语	muk⁵⁵	mjik³¹	ɣək³¹	kjik⁵⁵	ɣuk⁵⁵

6)*-g 后缀

藏缅语动词后缀 *-g 有遗留下来的。如"死"藏文 çi。墨脱门巴语 çak。喜马拉雅语支的卡纳斯语 çig。阿博尔语(Abor)、米里语(Miri)çig。缅语支语言声母辅音清化后,*-g 后缀也清化了。

藏文中仍保留的如:"声音"sgra。"出声"sgrag。"流动"rgyu。"跑"rgyug。"烟"du。"用烟熏"gdug。

---

① P.K.本尼迪克特.汉藏语言概论[M].北京:中国社会科学院民族研究所,1984:105.

"痛苦"sme。"叫苦"smeg。"放光彩"bkra。"光泽"bkrag 。①"用烟熏"g-du-g,是功能相同的双重的使动形态表示。

7）*-r 后缀

*-r 是古藏缅语人称代词复数的后缀。拉达克语"我们"ŋa-ʒɑ(包括式),"你们"hjo-ʒɑ。喜马拉雅语支巴尼语(Patni)"我们"ŋje-re,"你们"kje-re。

那加语的方言中还有索布窝马方言和夸依佬方言有这样的情况:

	我	我们	你	你们
索布窝马方言	ji	i-kru	ni	ni-le-kru
夸依佬方言	ī	ī-rō	nɑŋ	nɑ-rō

古汉语"我"*ŋar-ʔ,"尔"*njir。

8）-pa 后缀

藏语诸方言中身体部位名词有-pa 后缀。

① "腰"藏文 rked pa,藏语巴塘话 ke⁵⁵pa⁵⁵,藏语夏河话 hke pa 等。

② "手"藏文 lag pa,藏语巴塘话 la¹³pa⁵³。

-pa 后缀大约可追溯到古藏–羌语。如:

① "脊背"藏文 sgal pa,藏语夏河话 dʑap,羌语北部方言 tsup,木雅语 ge³³pæ⁵³。藏语夏河话、羌语北部方言中这个后缀的声母辅音已经成为韵尾辅音。

② "额头"藏文 thod pa,藏语巴塘话 thʊ⁵⁵pa⁵³,藏语夏河话 tho pa,木雅语 thə⁵⁵pæ⁵³,却域语 thɛ⁵⁵pe⁵⁵等。

藏缅语内部的语法分歧,如孙宏开先生分析:"单就表达语法范畴、语法意义、语法形式等方面的手段来看,各语言呈现出十分错综复杂的现象。有的语言以黏着形态为表达语法意义的主要形式,兼有少量屈折、分析等形式;有的语言黏着形态、屈折形态兼有之,但分析形式和语序已是表达语法意义的主要手段;还有的语言黏着形态已基本消失,屈折形态已不发达,语法意义主要靠助词和语序来表达;相当多的一些语言,黏着形态已绝迹,屈折形态仅为残存形式,它的规律严整性已遭破坏,形态成分已逐渐凝固,转换为分析形式,或者逐步淡化,有的连同整个语法范畴一起,从语法体系中消失。"②羌语(北部方言)名词的数、指小,动词的人称、数、时态、体、式、趋向、使动等语法范畴大多是加前缀和后缀表示。一个动词词根最多可以加 5 个词缀。

（4）藏缅语词的比较

藏缅语诸支基本词的差异甚大,这与其基本源头的不同,传播方式不同有关。

以下有藏缅语不同支系语言,藏语(藏语支)、林布语(喜马拉雅语支)、缅语(缅语支)、克伦语阿果话(克伦语支)、景颇语(景颇语支)、加洛语(或译为加罗语,博多–加洛语支)、卢舍依语(库基–钦语支)的几个词:

	太阳	月亮	水	手	肚子
藏文	ȵi ma	zla	tɕhu	lag	grod
林布语	nam	lā bā	tʃhūā	hūk-tapē	sā-pok
缅文	ne²	lɑ¹	re²	lɑk⁴	bok⁴
克伦语	mɯ³¹	la̠⁵⁵	thi⁵⁵	tsyde̠⁵⁵	hu⁵⁵phɣ⁵⁵
景颇语	tʃan³³	ʃa̠³³ta³³	kha?³¹	ta̠?⁵⁵	ka̠n³³
加洛语	sāl	dʒā	tʃhī	dʒāk	ŏk
卢舍依语	nī	thlā	tui	kut	pum

藏缅语中"太阳"有 ni 和 nam 两种说法。喜马拉雅语支的语言"太阳"巴兴语 nɑm,吐龙语 nem,对应于

---

① 张济川.藏语词族研究[M].北京:社会科学文献出版社,2009:256.

② 孙宏开.论藏缅语语法结构类型的历史演变[J].中国语文,1992(5).

另一些语言的"天"。"天"藏文 gnam,错那门巴语 nam⁵³,墨脱门巴语 ŋam<*g-nam。

"太阳"藏语支语言、羌语支语言和彝语支语言有较为相近的读法。后缀-ma 应是较古老的,彝语支语言中仍有它的表现形式,如哈尼语墨江话 nu³³mɔ⁵⁵等。卢舍依语"太阳"nī 可以代表库基-钦语支语言的说法。

那加语支"太阳",意思是"白天的眼睛"。如夸依令方言(Kwoireng)ni-mit,加布依方言(Kabui)nāi-hmik <*ni-mik。汉语"汨"*mik(古汨水,汨罗江上游),当从"日"得声,是"日"的训读。战国时代南楚"日"的这一说法应来自古藏缅语。

克伦语支语言"太阳"有相近的读法。克伦语因他拉方言 my,帕当方言 maɯ,阿果方言 mɯ³¹<*mu。羌语 mu-<*mu,与之对应。

"太阳"景颇语 tʃan³³,达让僜语 ɹɯn⁵³,可能来自*gran。

景颇语"月亮"ʃa³³ta³³<*sala,"手"taʔ⁵⁵<*lak。①两词词根声母与藏语和缅语的l-、加洛语 dʒ-的对应。

"水"哈卡钦语 ti,马加尔语 di<*di,藏文 tɕhu<*thju。

"水"墨脱门巴语 ri,道孚语 ɣrə,缅文 re²,怒苏怒语 ɣri³³,勒期语 kjei³¹<*gri。可能有不同来历。

"肚子"林布语的词根 pok,缅语 bok⁴,那加语支的登沙语(Tengsa)ta-buk 等的词根同源,当来自古藏缅语*bok,对应于古汉语"腹"*pʷjuk。

2. 汉语与藏缅语语音的比较

汉语与藏缅语有一些语音和语义有对应的词,如汉语"目""口""鱼""葉""泣""立""局""曲""勾"等。

"目"*muk。"眼睛"藏文 mig,缅文 mjak,加洛语 mik-rŏn。

"口"*kho-ʔ。"嘴"藏文 kha,嘉戎语 tə kha,卢舍依语、哈卡钦语 ka。

"鱼"*ŋa。藏文 nya,缅文 ŋɑ³,古藏缅语*ŋa。

"葉"*ljap。"叶子"景颇语 lap³¹,独龙语 lɑp⁵⁵,格曼僜语 lop⁵³<*lap。

"泣"*khrəp(《说文》无声出涕曰泣)。"哭"景颇语 khʒap³¹,博嘎尔珞巴语 kap,坦库尔那加语 katʃhap,藏文 khrab,古藏缅语*khrap。

"立"*grəp>*rəp(《说文》住也)。"站"景颇语 tsa̲p⁵⁵,博嘎尔珞巴语 rop,嘉戎语 ka rjɑp,古藏缅语*grap。

(1)塞音声母的比较
藏语清塞音在前缀 g-、d-、b-、r-、l-和 s 后面都是不送气的,但在前缀 m-和 ʔ-后面是送气的。②
古汉语和古藏缅语唇、齿和舌根清、浊塞音的分别对应,如:
1)唇塞音声母的对应
①"飛"*pʷjər。"飞"藏文 ɦphur<*m-phur。
②"卜"*pʷok。"推测"藏文 dpog<*d-pok。
③"波"*pʷral。藏文"额纹"spral。
④"蹯"*bʷar(《尔雅》兽足)。藏文"手掌"sbar,"爪子"spar。
⑤"燔"*bʷjar>*bʷjan。藏文"燃烧"ɦbar<*m-bar。
2)舌尖塞音声母的对应
①"對"*tʷəps。"回答"藏文 ɦdebs<*m-debs。
②"滴"*tik(《说文》水注也)。
藏文"滴下"vthig<*m-thik。"零碎"tsig<*tik,"肉丁"sti ga。
③"識"*s-tjək>*hjək(《说文》常也、知也)。藏文"知道"rtog<*r-tok。
④"徒"*dʷa(步行)。藏文"过、超过"ɦda>*m-da,ɦdas。

① 吴安其.汉藏语同源研究[M].北京:中央民族大学出版社,2002:183.
② P.K.本尼迪克特.汉藏语言概论[M].北京:中国社会科学院民族研究所,1984:105.

⑤ "投" * do,《说文》摘也。

"石头"藏文 rdo<* r-do。"扔"藏文 dor<* do-r,义都洛巴语 ndo⁵³<* m-do。

⑥ "婵" * djal>* ʐan(《说文》婵娟,态也)。藏文"安闲"dal、gdal。

3）舌根塞音声母的对应

① "碬" * kra-ʔ(坚固)。"硬、好"藏文 krag<* kra-g。

② "莊(庄)" * skraŋ>* tsraŋ(艸大也)。

藏文"肿"skraŋ、sraŋ。"撑开"brgyaŋs<* b-graŋ-s。

③ "割" * kat(《说文》剥也)。藏文"隔断"cad<* kjat。"弄断"gchod<* g-khjot。

"劈"藏语阿力克话 kwat<* kʷat。

④ "荷" * gal。藏文"驮、荷、承当"gal。"（肩）背"sgal<* s-gal。

⑤ "濫(滥)" * gram-ʔ(《说文》泛也)。藏文"散开"gram。"洒"bgram<* b-gram。

（2）词根送气塞音声母的比较

藏缅语塞音的清、送气清和浊三分,在彝语支语言里保持较好。独龙语、博嘎尔珞巴语,没有送气清塞音和不送气清塞音的对立。

藏、羌诸语自动词词根的声母由于加了前缀,送气的塞音声母可以成为不送气的,清的可以成为浊的。它们的演变是有条件的,而不是一些学者所认为的那样,仅仅是交替。

汉语送气塞音与藏缅语同部位塞音的对应有三种情况。

1）送气对送气

① "漂" * phje(浮也)。"漂浮"藏文 ɦphyo。

② "噴" * phʷər。"喷出、溢出"藏文 vphyur<* m-phjur。

③ "清" * sthjeŋ>* tshjeŋ。

藏文"晴"thaŋ。"变晴"dwaŋs<* dʷaŋ-s。"洁净"gtsaŋ<* g-thjaŋ。

④ "畜" * thuk-s(《说文》田畜也)。

藏文"群、集会"tshogs<* thjok-s。"家畜、商品"zog<* djok。"累积"sog<* stok。

⑤ "口" * kho-ʔ。"嘴"藏文 kha。嘉戎语 tə kha。卢舍依语、哈卡钦语 ka。

⑥ "空" * khoŋ(《说文》窍也),"孔、穴"藏文 khuŋ。

2）送气对不送气

① "痡" * pha(病、累)。《周南·卷耳》:"我仆痡矣,云何吁矣。"

"累的"景颇语 pa⁵⁵,博嘎尔珞巴语 a peː<* pe。

② "鬯" * thaŋ-s 丑谅切(《说文》芬芳攸服以降神也)。

藏文"神香"bsaŋ<* b-staŋ。"好、有益"bzaŋ<* b-sdaŋ。

③ "曲" * khok。藏文"钩子"kug。"弄弯"ɦgug。

3）不送气对送气

① "胞" * pru(子宫)。"子宫"藏文 phru-ma<* pru。

② "正" * tjeŋ。藏文"正中、中央"mchiŋ<* m-thjiŋ。

③ "甲" * krap。"鳞"藏文 khrab。

④ "夹" * krap。"抱"藏文 khjab。

⑤ "角" * kruk。"角落"藏文 khug。

⑥ "鸠" * kju。"布谷鸟"藏文 khu,木雅语 kə⁵⁵ku³³。

藏缅语发生过 * Cr->* Chr-,藏语支语言中为送气音。

（3）词根流音声母的比较

1）古汉语词根 * l-跟藏语的对应

古汉语词根*l-跟藏语的对应词有四类主要的对应关系,反映了古藏语不同方言*l-的演变情况不同,也有不同时期汉、藏语之间的借用。

汉语*lj-和藏语l-的对应

① "尚"*g-ljaŋ-s(高也),"上升"藏文laŋs<*laŋ-s。

② "用"*ljoŋ-s(施行)。"用、享受"藏文loŋs。

③ "容"*ljoŋ(从容)。"安闲"藏文loŋ。

④ "痒"*ljaŋ-ʔ(《说文》疡也)。"一种疱疮"藏文glaŋ。

⑤ "腋"*ljak。"手"藏文lag。

⑥ "贖(赎)"*m-lok(《说文》贸也,賣声)。

"返回"藏文log。墨脱门巴语lok<*lok。

⑦ "融"*gʷ-ljəm>*ljoŋ。"浸润"藏文lum。

⑧ "裕"*g-ljok-s>*ljoks。"好"藏文legs<*lek-s。"美的、好的"墨脱门巴语lek。

⑨ "喻"*ljo-s(告也)。藏文"说"slos<*s-los。"念诵"zlo<*s-lo。

汉语*lj-和藏语j-(y-)的对应

① "常"*g-ljaŋ>*ljaŋ(《说文》下帬也,尚声)。"兽皮的衣服"藏文g-yaŋ。

② "淫"*ljəm>*liəm(乱也,迷惑)。"淫欲、行淫"藏文g-yem<*g-lem。

③ "祥"*gljaŋ。"幸福"藏文g-yaŋ。

④ "謤"*lar(离散)。藏文"散开"yar<*lar。"流浪"gyar<*g-lar。

⑤ "易"*ljaŋ(《说文》一曰飞扬)。藏文"轻"yaŋ<*ljaŋ。"飘浮"g-yeŋ<*g-ljaŋ。

⑥ "嗌"*qlik>*ʔik(喉也)。"縊(缢)"*qlik-s(《说文》经也)。

"脖子"景颇语tuʔ³¹<*luk。"打嗝"藏文g-yig-s<*g-liks。

汉语*l-和藏语d-的对应

① "叠"*ləp。"折"藏文ldeb<*l-dep。

② "地"*lar-s。"泥土"藏文lder。

③ "扬"*ljaŋ。藏文"起床"ldaŋ。"出现"ldaŋ-s。"上升"laŋs<*laŋ-s。

④ "沇(沿)"*ljar>*ljan(缘水而下也)。"铺开"藏文rdar<*r-dar。

⑤ "食"*g-ljək>*dʐək。"舔"藏文ldag。

⑥ "談"*lam(《说文》语也)。藏文"教导"gdams。"誓言"dam。"话"gtam。

⑦ "停"*deŋ>*dieŋ(从"丁"得声)。"站"藏文laŋ<*laŋ。

藏文词根l-和d-的交替,有的与动词或名词的前缀有关。如:

① "返回"log。"倒回"sdog。

② "坨子"log。"颗、粒"rdog。

③ "学会"lob、ldob。

④ "上升"laŋs<*laŋ-s,"出现"ldaŋ-s。

汉语*l-和藏语z-的对应

① "铜"*loŋ《说文》赤金也。"铜"藏文zaŋs。道孚语bzaŋ<*b-laŋ-s。

② "祥"*g-laŋ(《说文》福也,一云善)。"好、有益"藏文bzaŋ<*b-laŋ。

汉语"铜"晚起,藏语中的z-应是*l-演变的结果。

2)汉语词根*r-和藏缅语的对应

汉语词根*r-和藏语的对应

① "裂"*rat。"别"*b-rat。"拔"*b-rat。"捋"*q-rat>*ʔrat(《说文》拔也)。

藏文"撕开"ɦbrad<*mb-rat。

② "體"*s-ril(《说文》总十二属也,豊声)。

藏文"整个"ril、hril。"圆的"hril-hril。

③ "離" * ral(去也、分也)。"蠡" * ral-ʔ(《方言》卷六,分也)。

藏文"破"ral。"撕"phral。"分开"bkral。"缝隙"sral。"分离"ɦbral< * mb-ral,"撕裂的"ral-ba。"撕碎"hral-ba。

④ "立" * g-rəp> * rəp(《说文》住也)。

"站"博嘎尔珞巴语 rop,缅文 rap,他杭语 rappa,独龙语 ɹɛp⁵⁵< * rap。

* -r-类复辅音的对应

① "所" * s-gʷra-ʔ> * sraʔ(《说文》户声)。《小雅 · 出车》:"自天子所,谓我来矣。"藏文"场地"grwa< * gʷra。"院子"rwa< * gʷra。

② "纍" * gʷrəl(《说文》缀得理也,一曰大索也)。

藏文"卷"sgril< * s-gril。"被绕"ɦgril< * m-gril。

③ "赫" * hrak(赤也,威严貌)。藏文"血"khrag。"害怕"skrag。

④ "领" * mreŋʔ。"脖子"藏文 mgriŋ。

⑤ "八" * prat。"八"藏文 brgyad。

（4）流音韵尾的比较

1）歌部 * ar 和藏文词的对应

① "燔" * bʷjar> * bʷjan(烤也)。

藏文"燃烧"vbar< * m-bar。卡瑙里语"烧"bar(不及物),par(及物)。

"点火"藏文 spar,错那门巴语 par,独龙语 wɑɹ⁵⁵< * s-par。

② "翻" * phʷjar> * phʷjan 孚袁切(《说文》飞也)。

藏文"跳动、升高"ɦphar。"跳跃"par。

③ "蹯" * bʷar(《尔雅》兽足)。藏文"手掌"sbar。"爪子"spar。

④ "酸" * skʷar> * suan。

"酸的"藏文 skyur,墨脱门巴语 tɕur< * skjur。

⑤ "地(墬)" * lar-s> * dars 徒内切(《说文》万物所陈列也,也声)。

"泥土"藏文 lder< * l-der。

⑥ "惴" * tʷjar 之瑞切(《说文》忧惧也,《诗 黄鸟》"惴惴其栗")。

藏文"发抖"ɦdar。"怯懦"sdar。

⑦ "垂" * dʷjar> * ʐuar,《庄子》"垂冠"。

藏文"下滴状"tsar< * tjar。"垂着"ɦdzar< * m-djar。

⑧ "垣" * gʷjar> * ɣʷjan(《说文》墙也)。

藏文"营地、寺院"sgar。"碉堡"mkhar< * m-khar。

⑨ "弛" * qljar-ʔ> * hljarʔ 施氏切(《说文》弓解也)。

藏文"散开"yar< * ljar。"流浪"gyar< * g-ljar。

⑩ "趃" * skʷar> * suar 苏和切(疾也,《说文》走意)。

藏文"径直"shar< * s-khar。"追猎"ɦchor< * m-khor。

2）微部 * ər 和藏文词的对应

① "圍" * gʷjər。"幃" * gʷjər。"軍" * kʷjər(《说文》圜围也)。

藏文"圆的"sgor。"弯曲"ɦkhyor。"使弯曲"skyor

② "運(运)" * gʷjər-s(《说文》迻徙也)。

藏文"携带"khur。"背"ɦkhur< * m-khur。

③ "飛" * pʷjər。"飞"藏文 ɦphur< * m-pur。

④ "逡" * s-khʷjər> * tshjuən。藏文"携带"khur。"背"vkhur< * m-khur。

⑤"噴"*ph^wər（《说文》吒也,一曰鼓鼻）。

藏文"喷出、溢出"ɦiphur<*m-phjur。"吹"spur。"气"phu。

⑥"撚"*nər>*nən 乃珍切（《说文》执也,一曰蹂也）。

藏文"挪动"rnur。"被揉好"nur。

⑦"帷"*g^wjər 洧悲切（《说文》在旁曰帷）。藏文"帐篷"gur。

3）脂部*ir 和藏文词的对应

①"扺"*tir-ʔ 丁礼切（《说文》挤也）。

藏文"挤、拧"ɦchir<*m-tjir。"浸出"ɦdzir<*m-djir。

②"泥"*nir（《说文》尼声）。

藏文"抹（泥）"nul。"泥"nul。

③"水"*q^w-lir-ʔ（*q^w-为动词前缀,卜辞指洪水、发洪水,或为河流之通名）。

"流、漏"夏河藏语 zər<*ljər。

4）歌部*al 和藏文词的对应

①"干"*kal-s>*kans（《说文》犯也）。

藏文"违反"vgal<*m-gal。"辩驳"rgol。

②"荷"*gal（《说文》儋也）。

"驮、荷、承当"藏文 gal。"（肩）背"sgal<*s-gal。

③"加"*kral（《说文》语相增加也）。藏文"差税"khral。"征派"bkral。

④"披"*phral（《方言》卷六,东齐器破曰披）。藏文"撕"phral。

⑤"波"*p^wral 博禾切（《说文》水涌流也）。藏文"额纹"spral。

⑥"離"*rjal>*rjej,*rej-s（力智反）。

藏文"裂缝"ral。"撕裂的"ral-ba。"分离"ɦbral<*m-b-ral。"撕碎"hral-ba。"破"ral。"撕"phral。"分开"bkral。"缝隙"sral。

⑦"繟"*thjal-ʔ>*thjanʔ 昌善切（《说文》带缓也）。

藏文"散布"rdal。"摊开、蔓延"gdal。

⑧"嬋"*djal>*ʑan（《说文》婵娟,态也）。藏文"安闲"dal、gdal。

⑨"過"*k^wal-s（《说文》度也）。藏文"跨过、经过"rgal<*r-gal。

⑩"冎（剐）"*k^wral（《说文》剔人肉置其骨也）。"劀"*k^wrat 古辖切（《说文》刮去恶创肉也）。"别"*brat（分解也）。

藏文"解开"sgrol。"使分离"phral。

5）微部*əl 和藏文词的对应

①"纍"*g^w-rəl>*ruəl（《说文》缀得理也）。

藏文"卷"sgril<*s-gril。"被绕"ɦgril<*m-gril。"缠绕"ɦkhril<*m-kril。

②"壞（坏）"*g^wrəl-s、*k^wrəl-s（《说文》败也）。[1]

藏文"腐烂"rul。"落下"khrul<*kh-rul。"碎"brul<*b-rul。

③"洗"*səl-ʔ（《说文》洒足也）。

"洒"甲骨文 🜚（前 2.10.3）*səl-ʔ,又音*srəlʔ<*s-r-əl-ʔ（《说文》涤也）。

藏文"冲洗"bçəl<*b-səl。"沐浴"bsil<*b-sil。

④"銀"*ŋrəl（《说文》白金也）。藏文"银子"dŋul。

⑤"諄"*t^wjəl（《说文》告晓之孰也）。

藏文"温顺"ɦdul<*m-dul。"约束"rtul<*r-dul。

---

① 《广韵》胡怪切,自破也,又,古坏切。

⑥ "椎" *dʷəl(《说文》击也,齐谓之终葵)。

藏文"穿透"thol。"弄穿"rdol<*r-dol。

⑦ "開(开)" *khəl 苦哀切(《说文》张也)。

藏文"一旁"khol。"分开"ɦgol<*m-ghol。

⑧ "銑" *səl>*sən(《说文》金之泽者)。

藏文"金子"gser。"黄的"ser。

⑨ "迺" *nəl-ʔ>*nəʔ(往也,远也)。

藏文"漫游、巡行"njul。"巡查"gnjul。"漫游"mjul<*m-njul。

6) 脂部 *il 和藏文词的对应

① "體(体)" *s-ril(《说文》总十二属也,豊声)。

藏文"整个"ril、hril。"圆的"hril-hril。

② "犀" *stil>*sil 先稽切(滞留不进)。

藏文"受挫折"ɦjil<*m-djil。

汉语和藏语词的对应有三种可能,同源、借用或碰巧的对应。借用,可以是汉语借藏语,或藏语借汉语。早在东汉时古汉语流音尾丢失,汉语和古藏缅语流音尾词的互借必早于此。

古汉语中可能有较早的藏缅语借词,如:

"荷" *gal。"驮"藏文 gal 来自"背(部)"藏文 sgal<*s-gal。

"蹯" *bʷar(《尔雅》兽足)。藏文"手掌"sbar。"爪子"spar。

"趉" *skʷar。藏文"径直"shar<*s-khar。"追猎"ɦchor<*m-khor。

(5) 鼻音韵尾的比较

1) 汉语 *-m 的对应

① "躬(躳)" *kʷjəm>*kʷjoŋ(《说文》身也)。

"身体"景颇语 khum³¹,纳西语 gu³³mu³³,哈尼语绿春话 ɣo⁵⁵mo⁵⁵<*gum。

② "灆(滥)" *gram-ʔ(《说文》泛也)。藏文"散开"gram。"洒"bgram<*b-gram。

③ "嚴(严)" *ŋjam(《说文》教命急也)。藏文"威严"rŋam。"威风"dŋom。

2) 汉语 *-n 的对应

① "捆" *khʷən-ʔ。藏文"捆、束"chun<*khun。"约束"vjun<*m-gun。

② "聯(联)" *k-rjan>*rjan(《说文》连也)。藏文"经线"ran。"牵引"bran<*b-ran。

3) 汉语 *-ŋ 的对应

① "蒙" *mʷoŋ(覆也)。"蒙蔽"藏文 rmoŋs<*r-moŋ-s。

③ "空" *khoŋ(《说文》窍也)。"孔、穴"藏文 khuŋ。

④ "上" *g-ljaŋ-s(动词 *g-ljaŋ-ʔ)。"上升"藏文 laŋs<*laŋ-s。

⑤ "祥" *g-laŋ(《说文》福也,一云善)。"幸福"藏文 g-yaŋ<*g-laŋ。

⑥ "量" *s-graŋ。"数数、计算"藏文 ɦgrangs<*m-graŋ-s。

(6) 塞音韵尾的比较

1) 唇塞音韵尾的对应

① "甲" *krap(《释名》孚甲)。"鳞"藏文 khrab。

② "疊(叠)" *ləp>*diəp。"沓" *ləp>*dəp(重也)。

藏文"折"ldeb<*l-dep。"增添"rdzob<*r-djop。"堆积"bstebs-vdzogs。

③ "熠" *g-ləp>*ləp、*ɦiəp(羊入切、为立切)。藏文"照耀"lheb<*s-lep。

④ "習" *g-ljəp>*zjəp。藏文"学"slab。"学会"lob、ldob。

2) 舌尖塞音韵尾的对应

① "八" * prat。"八"藏文 brgyad。

② "脱" * qʷ-lat。"蜕" * qʷ-lat-s。"解开"藏文 glod< * g-lot。

③ "泄" * slat-s> * siats(漏也)。《大雅·民劳》:"惠此中国,俾民忧泄。"
"滑的"独龙语 tɯ³¹klat⁵⁵< * klat,阿昌语 tʂhuat⁵⁵,浪速语 tʃat⁵⁵< * klat。

④ "契" * khiat-s(契刻)。《诗经》"爰契我龟"。"刻"藏文 khjad。

古藏语 * -d 韵尾有的来自后缀 * -t。后缀 * -t 可以与韵尾 * -n、 * -l、 * -r 等结合,八九世纪脱落。巴尔蒂语中这个后缀还可以是成音节的形式。

汉语 * -t 对应藏缅语-Ø:

① "日" * nit。"太阳"藏文 ȵi(ma),缅文 ne²,卢舍依语 ni< * ni。

② "笔(笔)" * prət。"写、画"藏文 bri。

3)舌根塞音韵尾的对应

① "曲" * khok。"局" * gok。"角" * krok< * k-r-ok(* -r-表示成对)。

藏文"弯曲的"gug。"弯"(名词)khug。"弄弯"ɦgug。"偏"ɦkhjog。"使偏"skjog、skjogs。

② "滴" * tik(《说文》水注也,从水啻声)。

藏文"滴下"vthig< * m-thik。"零碎"tsig< * tik。

③ "識" * s-tjək> * hjək(《说文》常也、知也)。"知道"藏文 rtog< * r-tog。

④ "織" * tjək(《说文》作布帛之总名也)。

藏文"织"ɦthag< * m-thak。"织物"thags< * thak-s。

⑤ "赫" * hrak。《邶风·简兮》:"赫如渥赭,公言锡爵。""赫",赤也。

藏文"血"khrag。"害怕"skrag。

⑥ "目" * muk(《说文》人眼)。"眼睛"藏文 mig< * mik。

⑦ "翼" * ljək。"手"藏文 lag。

汉语 * -k 对应藏缅语-Ø:

① "百" * prak。"百"藏文 brgya,拉达克语 rgya< * b-gra。

② "麝" * glak。"麝、獐"藏文 gla。

3. 汉语和藏缅语形态的比较

古汉语名词、代词和数词的形态较简单,动词有相对复杂的形态变化,如上文所述。

藏语与古汉语比较,两者在语法范畴的构成上有较大的不同,词根和某些形态成分仍有一定的对应关系。

(1) * s-前缀

古藏语的 * s-前缀为名词生命体的标记,-s 作为后缀表示动词的名物化应是后来才有的。古汉语 * s-前缀于动词前表示使动,或使名词派生为动词,也作为身体部位词的前缀。古汉语 * s-在身体部位和一些自然事物名称词前的,如:

"心" * s-nəm,"手" * s-nuʔ,"爪" * s-kruʔ,"體" * s-ril,"星"sieŋ< * s-teŋ,"森"s-krəm 等。

藏语的 * s-有表使动的功能,作为生物及称谓的前缀。

1)使动前缀 * s-

① "给"藏文 slaŋ< * s-laŋ。汉语"商" * s-laŋ(赏也)。"偿" * g-laŋ-s(《说文》还也)。

② "问,乞求"藏文 sloŋ。①汉语"商" * s-laŋ(估量)。

③ "擦掉"藏文 sub,羌语 spe。汉语"扫" * s-pu-s。

④ "遗落"藏文 las,ldas< * s-las,ldus< * s-lus。汉语"瀉" * s-la-s(不自主)。

---

① 龚煌城.从汉藏语的比较看上古汉语若干声母的拟测[M]//汉藏语研究论文集.北京:北京大学出版社,2004.

2）名词前缀＊s-

① 藏文"青草"sŋo。"蓝色"sŋon。汉语"蘇（苏）"＊sŋʷa（《方言》卷三,草也）。

② "喜鹊"藏文 skya ɡa。汉语"鹊"＊skhjak。

③ "胸脯"藏文 sbo。汉语"哺、餔"＊bʷas＜＊bʷa-s（《说文》哺咀也）。

④ "舌"景颇语 ʃiŋ³¹let³¹＜＊s-let,基诺语 mø⁴⁴ɫɔ⁴⁴。

汉语"舌"＊s-ljat（《说文》塞口也,舌省声）。

⑤ 藏文"男子"skyes＜＊skje-s。"出生"skye＜＊skje。

汉语"子"＊skə-ʔ＞＊tsəʔ。

（2）＊ɡ-（＊ɡʷ-）前缀

＊ɡ-（＊ɡʷ-）是古汉语的动词使动、完成体前缀,形容词前缀,词根的对应如：

① "舔"藏文 ldaɡ,缅文 jɑk,博嘎尔珞巴语 jak＜＊lak 。①

汉语"食"＊ɡ-ljək＞＊dʑək。"飤（饲）"＊ɡ-ljək-s（使食）。

② 藏文"卷"sɡril＜＊s-ɡril。"被绕"ɦɡril＜＊m-ɡril。"缠绕"ɦkhril＜＊m-kril。

汉语"纍"＊ɡʷ-rəl＞＊ruəl（《说文》缀得理也）。

③ 藏文"幸福"ɡ-yaŋ＜＊ɡ-laŋ。"有益"bzaŋ＜＊b-laŋ。"贤明"mdzaŋs＜＊m-daŋs。

汉语"祥"＊ɡ-laŋ（《说文》福也,一云善）。

④ 藏文"腐烂"rul。"落下"khrul＜＊kh-rul。"碎"brul＜＊b-rul。

汉语"壞（坏）"＊ɡʷrəl-s、＊kʷrəl-s（《说文》败也）。②

⑤ "好"藏文 legs＜＊lek-s。汉语"裕"＊ɡ-ljok-s＞＊ljoks。

（3）＊m-前缀

藏文 v-（ɦ-）前缀当自＊m-,本尼迪克特提到古藏缅中的＊m-前缀有"中间态"的作用,表示动词的持续、不及物或反身的性质,现代藏缅语中为 b-、ph-所替代。③

1）自动词前缀＊m-

① "给予"藏文 vboɡ＜＊m-bok。

汉语"卜"＊pʷok。《小雅·楚茨》："卜尔百福,如幾如式。""卜",给。

② 藏文"分离"ɦbral＜＊mb-ral。"撕碎"hral-ba。"分开"bkral。"缝隙"sral。

汉语"爇"＊hʷral＜＊qʷ-ral（火也,烧毁）。"靡"＊m-ral-ʔ（《方言》卷十三,灭也）。

③ 藏文"性交"rɡyo＜＊ɡro。"打滚"vɡre＜＊m-ɡre、sbre＜＊s-bre。

汉语"交"＊kre。"爻"＊ɡre（《说文》交也）。

④ 藏文"淫欲、行淫"ɡ-yem＜＊ɡ-lem。"晃荡"vkhyom＜＊m-khlom。

汉语"淫"＊ləm＞＊liəm（乱也,迷惑）。

⑤ 藏文"亲近"nye＜＊nje。"喜欢"mnye＜＊m-nje。

汉语"邇"＊nirʔ＜＊nir-ʔ（近也）。"彌"＊m-nir＞＊mir。

2）形容词前缀＊m-

① 藏文"疲劳"nyel＜＊njel, mnyel＜＊m-njel。

汉语"顿（软）"＊njal-ʔ＞＊njan。

② 藏文"圆的"sɡor。"弯曲"ɦkhyor＜＊m-khjor。

汉语"圍"＊ɡʷjər（《说文》圜围也）。"幃"＊ɡʷjər。"軍"＊kʷjər。

① 本尼迪克特拟原始藏缅语"舌头"和"舔"为＊ljak。参见 P.K.本尼迪克特《汉藏语言概论》第 364 页。

② 《广韵》胡怪切,自破也,又,古坏切。

③ P.K.本尼迪克特.汉藏语言概论.[M].乐赛月,罗美珍,译.北京:中国社会科学院民族研究所语言室,1984:124.

③ 藏文"不严肃"cal<＊kjal。"下流"shal<＊s-khal。"歪"vkhyal<＊m-khjal。

汉语"奸（姦）"＊kal>＊kan（《说文》犯淫也,干亦声）。

（4）后缀＊-g

藏缅语的后缀＊-g 或清化为-k,①上文已说明。

汉语《诗经》时代的后缀＊-g 为祈使语气、使动态和宾格等后缀。古汉语＊-g 后缀凝固于词末的,少数成为-k,多数中古读作去声。如"忸"从"丑"得声,《广韵》女六切,当来自＊nju-k;《集韵》女九切。"著"＊tʷja-s（显著）,＊tʷja-k（附着,《广韵》张略切）。

（5）＊-ŋ 后缀

＊-ŋ 为早期和上古早期汉语的动词、形容词和代词后缀。藏语的＊-ŋ 后缀有类似于汉语的功能。

1）动词的后缀

① 藏文"上"ya<＊la。"上唇"ya mtʃhu。"上举"yer<＊ler。

藏文"上升"laŋs<＊laŋ-s。"高举"gzeŋ<＊g-leŋ。"起床"ldaŋ。"出现"ldaŋ-ldaŋs。"（心）浮"yeŋ。"上（楼）"景颇语 luŋ³¹<＊luŋ。

藏文"蒸汽"rlaŋs pa<＊r-laŋ-s。"热气"lhaŋs<＊s-laŋ-s。

汉语词根＊la 义为"向上",派生词如"舉"＊kʷla-ʔ>＊kʷja-ʔ。"譽"＊gʷ-la-s。"輿"＊gʷ-la-s。汉语＊la 派生词干＊laŋ。派生词"上"＊g-ljaŋ-s。"尚"＊g-laŋs。"扬"＊ljaŋ。

② 藏文"竖起"loŋ。"使立起"sloŋ<＊s-loŋ。

"竖（的）"藏文 gzuŋ。墨脱门巴语 thaŋ,缅文 dɔŋ²<＊-loŋ。

汉语"异"＊ljə-s 羊吏切（《说文》举也）。"腾"＊ləŋ>＊dəŋ（上跃）。

2）形容词的后缀

① 藏文"广大"rgya<＊gra。藏文"肿"skraŋ、sraŋ。"撑开"brgyaŋs<＊b-graŋ-s。"伸展"rkyoŋ。

汉语词根＊kra 义"大",派生词"煆"＊kra-ʔ。"夏"＊gra-s（《尔雅》《方言》大也）。"壮（壯）"＊s-kraŋ-s>＊tsraŋs（《说文》大也,爿声）。"莊（庄）"＊s-kraŋ>＊tsraŋ（《说文》段注,艸大也）等。

② 藏文"延伸"rgyoŋ>＊groŋ。

汉语词根"遐"＊gra（远也）。"永"＊gʷraŋ-ʔ（《说文》长也）。

3）代词的后缀

① "你"道孚语 ȵi,土家语 ȵi³⁵,那加语索布窝马方言（Sopvoma）ni<＊ni。

迪马萨语 niŋ<＊ni-ŋ。

② "你"独龙语 nɑ⁵³,加洛语 nā<＊na。

博多语、朗龙语 naŋ,马加尔语 naŋ,景颇语 naŋ³³,载瓦语 naŋ³¹<＊na-ŋ。

汉语"余"＊lja。"傷"＊slja-ŋ。《陈风·泽陂》："有美一人,伤如之何?""伤",第一人称代词,《韩诗》用"阳"＊ljaŋ（直良切）。

"吾"＊ŋʷa-ʔ。"卬"＊ŋjaŋ。《小雅·白华》："樵彼桑薪,卬烘于煁。"

"乃"＊nə-ʔ。"戎"＊njo-ŋ（你、你们）。

（6）＊-s 后缀

古汉语的＊-s 有表动词的主动态、使动态,动词的方向,标记不自主动词和动词名词化,宾格后缀、副词后缀等不同功能。

藏语的-s 是动词的不自主和使动,名词或名物化后缀。

古汉语名词加＊-s 后缀构成动词较为活跃,藏语中这样的例子较少。如藏文"大便"baŋ ba。"解大便"

---

① 吴安其.古汉语的形态和词根[J].民族语文,2017(1).

baŋs po。"眼睛"dmyig。"看、针对"dmigs。① 可以比较的有：

① 藏文"上升"laŋs<*laŋ-s。

汉语"上"*g-ljaŋ-s。"尚"*g-ljaŋ-s。

② 藏文"说"slos<*s-lo-s。"念诵"zlo<*s-lo。

汉语"喻"*lo-s(告也,主动)。

③ "打嗝"藏文g-yig-s<*g-liks。

汉语"嗌"*qlik>*ʔik(喉也)。"縊(缢)"*qlik-s(《说文》经也)。

④ 藏文"派遣、馈赠"rdzoŋ。"送行礼品"rdzoŋ-s。

汉语"送"*s-kʷloŋ-s(遣也,主动)。

以下的例子中汉、藏语的词根同,-s 的功能不同：

① 藏文"钩子"kyu,"弯曲"vgyus<*m-gju-s。

汉语"句"*kʷjo-s(《说文》曲也)。

② "遗落"藏文 las, ldas<*s-las, ldus<*s-lus。

汉语"瀉"*s-la-s。

从汉语"上"*g-ljaŋ-s、"尚"*g-ljaŋ-s、"翔"*g-ljaŋ>*zjaŋ,"夕"*s-ljak>*zjak、"夜"*ljak-s 等字和字音的区分看,古汉语*-s 后缀历史悠久。

如包拟古所指出的："藏语和上古汉语都有*-s,这一点跟两者都具有前缀*s-一样,对于确定两个音系之间的关系来说都是十分重要的。在词的派生方面,上古汉语和藏语的*-s 显然都有形态功能,所以在这种意义上它的重要性也就更大了。藏语*-s 作为已行时后缀出现在某些动词之后,也出现在某些现在时的动词形式中,并具有使动词变为名词的显著功能。"②

(7) 屈折形态

古汉语清声母和浊声母的对立中,清音表示使动及形容词、名词成为动词。另外还有浊音表示动词的完成体、持续体和不自主。

古藏缅语也有浊声母为不及物动词,清声母为及物动词的对立。

1) 清、浊声母对立的形态功能

① 藏文"燃烧"vbar<*m-bar。卡瑙里语"烧"bar(不及物),par(及物)。

汉语"燔"*bʷar(烤也)。

② 藏文"弯曲的"gug。阿昌语"弯曲"kok⁵⁵,"弄弯"khok⁵⁵。

巴兴语"弯的"guk。"做成弯形"kuk。

汉语"局"*gok。"曲"*khok。

③ 卡瑙里语"充满的"böŋ。"充满"poŋ。

汉语"豐(丰)"*phʷjoŋ(《说文》豆之丰满者也)。

④ 卡瑙里语"害怕"byaŋ,"惊吓"pyaŋ。

汉语"謗(谤)"*paŋ-s(《说文》毁也)。

2) 浊声母和送气清声母对立的形态功能

藏语浊音声母词根换成送气音声母,可构成名词,动词为使动义。

① 藏文"躲藏"gab。"覆盖物"kheb。

汉语"盖"*kap-s(《说文》苫也)。

② 藏文"圆的"sgor<*s-gor。"帐房"sgar。"城堡"mkhar。

汉语"幝"*gʷjər。"圍"*gʷjər。

① 吴安其.古汉语的形态和词根[J].民族语文,2017(1):294.
② 包拟古.原始汉语与汉藏语[M].潘悟云,冯蒸,译.北京:中华书局,1995:63.

③ 藏文"驮、荷、承当"gal。"(肩)背"sgal<˒s-gal。"驮子"khal,"承受"vkhel。

汉语"荷"˒gal(《说文》儋也)。"贺"˒gal-s(《说文》以礼相奉庆也)。

④ 藏文"滴下"zags<˒lak-s。"滴下、滴落"vdzag<˒m-lak。"使滴下"tshag。

汉语"液"˒lak(津液)。˒s-lak>˒hljak(浸泡)。

⑤ 藏文"不严肃"cal<˒kjal。"下流"shal<˒s-khal。"变坏"vkhyal<˒m-khjal。

汉语"奸(姦)"˒kal>˒kan(《说文》犯淫也,干亦声)。

4. 汉语和藏缅语词的对应

亲属语中同根词的派生和意义的引申方面表现出各自的情况。

试比较汉语和藏缅语同根词的对应:

(1) 汉语"俞"金文**肋**(鲁伯俞父盘)以"舟"之"越"示义,"逾(踰)"˒ljo(越进也),"愈"˒ljo-ʔ(胜过),"輸"˒s-ljo(输送)。词根˒lo原本的意思是"越过"。

纳西语"越过"lo⁵⁵。阿昌语"跳"lə³¹。缅文"穿(针)"hljo²。

(2) 汉语"腾"˒ləŋ>˒dəŋ(上跃)。"滕"˒ləŋ(《说文》水超涌也)。"勝(胜)"˒s-ləŋ-s>˒hljəŋs(超过)。"膡"˒ljəŋ-s(《说文》物相增加也)。

藏文"竖起"loŋ。藏语阿力克话"出来"joŋ<˒ljoŋ。

"赢"景颇语taŋ³¹<˒laŋ。①

(3) 汉语"淫"˒ljəm(乱也、迷惑,《说文》侵淫随理也)。"婬"˒ljəm(《说文》私逸也)。"尤"˒ljəm(《说文》淫淫尤尤,行皃)。

藏文"淫欲、行淫"g-yem<˒g-lem。"晃荡"yom<˒lom、vkhyom<˒m-khlom。

"摇"墨脱门巴语jum。却域语ɬa⁵⁵ɬa⁵⁵。

(4) 汉语"熠"˒gljəp>˒ljəp羊入切,˒gləp>˒fiəp为立切(《说文》盛光也)。"雪"˒kljəp>˒tjəp,˒sləp>˒səp(《说文》雷电皃)。

"照耀"藏文lheb<˒s-lep。

"闪(电)"墨脱门巴语taŋ lep<˒ta-lep。缅文hljap prak。

(5) 汉语"習(习)"˒gljəp>˒zjəp(《说文》数飞也)。"褶"˒gljəp>˒zəp,˒kləp>˒tjəp(《广韵》叠也)。

藏文"学"slab。"学会"lob、ldob。"学"嘉戎语sləp。独龙语sɯ³¹lap⁵⁵<˒sə-lap。

"跳"景颇语kǎ³¹lop³¹<˒ka-lop。

(6) 汉语"食"˒gljək>˒dzək。"飤"˒gljək-s(使食)。"蚀"˒gljək>˒dzək(蛀伤)。

"舔"缅文jak,博嘎尔珞巴语jak<˒lak。

(7) 汉语"輔"˒bʷja-ʔ(脸颊),引申指车两旁的木头,又引申指"辅助"。"哺"˒bʷa-s(《说文》哺咀也)。"扶"˒bʷja(《说文》左也)。

"腮"哈尼语ba³¹ba³³<˒baba,嘉戎语tə ʒbɑ<˒r-ba,缅文pɑ³。

(8) 汉语"噴"˒phʷər(《说文》吒也,一曰鼓鼻)。"憤"˒bʷjər-ʔ(《说文》懑也)。

藏文"喷出、溢出"fiphyur<˒m-phjur。"吹"spur,"气"phu。

(9) 汉语"闢"˒bʷjik(《说文》开也)。"辟"˒bik(卜辞"辟门"为宫室之门)。"壁"pik(隔墙)。"僻"˒phik(《说文》避也)。"劈"˒phik(《说文》破也)。

"分离"藏文fibreg,bregs(命令式)。"打开"墨脱门巴语phek。

(10) 汉语"垂"˒dʷjar>˒ʐuar。"唾"˒thʷar(《说文》口液也)。"朵(朵)"˒tʷar-ʔ(《说文》树木垂朵朵也)。

藏文"下滴状"tsar<˒tjar。"垂着"fidzar<˒m-djar。

(11) 汉语"蹋(蹹)"˒dap-s(《说文》践也)。"塌"˒thap。"踏"˒thəp(著地)。

---

① 景颇语"月亮"ʃǎ³³ta³³<˒səla。

藏文"拍打、踩"rdeb。"磕碰"brdab<*b-rdab。

（12）汉语"清"*s-thjeŋ>*tshjeŋ（《说文》澂水之皃）。"晴（姓）"*s-djeŋ>*dzjeŋ（《说文》雨而夜除星见也）。"醒"*s-tieŋ-ʔ>*sieŋʔ桑经切（《说文》醉解也）。

藏文"晴"thaŋ。"变晴"dwaŋs<*dʷaŋ-s。"洁净"gtsaŋ<*g-thjaŋ。

（13）汉语"住"*djo-s。"驻"*tjo-s中句切（《说文》马立也）。"逗"*do-s（《说文》止也）。

"站"义都珞巴语de⁵⁵。"停止"博嘎尔洛巴语daː。

（14）汉语"尌"*dʷjo-s>*ʐuos（立也）。"樹（树）"*dʷjo-s>*ʐuos（《说文》生植之总名），*dʷjo-ʔ>*ʐuoʔ（树立）。"豎"*dʷjo-ʔ>*ʐuoʔ（立也）。

藏文"石堆"tho。"高"mtho<*m-tho。

"直"嘉戎语sto<*s-to。却域语sto⁵⁵sto³³。

（15）汉语"斲"*tok>*tjok（劈）。"斸"*tʷok（《说文》㪬也）。

"劈"博嘎尔洛巴语peːtak<*pe-tak。"裂"阿昌语tiak³⁵<*tak。

藏文"打破"gcog<*g-tjok。"砍伐"fitshog<*m-thjok。

（16）汉语"椎"*dʷəl（《说文》击也，齐谓之终葵）。"摧"*s-dʷəl>*dzuəl昨回切（《说文》挤也，一曰捅也，一曰折也）。

藏文"穿透"thol。"弄穿"rdol<*r-dol。

（17）汉语"對"*tʷəp-s（相配、回答）。"答"*təp。"慹"*dʷəp-s（《说文》怨也）。

藏文"回答"fidebs<*m-debs。"相称的"藏文bteb<*b-teb。

（18）汉语"干"*kal-s>*kans（《说文》犯也）。"捍"*gal-s>*ɣans（捍卫）。"悍"*gal-s>*ɣans（《说文》勇也）。

藏文"违反"vgal<*m-gal。"辩驳"rgol。

（19）汉语"垣"*gʷjar>*ɣʷjan（《说文》墙也）。"院（寏）"*gʷjar-s>*ɣʷjans（《说文》寏，周垣也，奂声）。

藏文"营地、寺院"sgar。"碉堡"mkhar<*m-gar。

（20）汉语"京"*kjaŋ（《说文》人所为绝高丘也）。"景"*kjaŋ-ʔ（大也）。"壮"*s-kraŋ-s>*tsraŋs（《说文》大也）。

藏文"肿"skraŋ、sraŋ。"撑开"brgyaŋs<*b-graŋ-s。"伸展"rkyoŋ。

（21）汉语"蓋（盖、葢）"*kap-s（《说文》苫也）。"闔（阖）"*gap（《说文》门扇也，一曰闭也）。"盇（盍）"*gap-s（《说文》覆也）。

藏文"躲藏"gab。"覆盖"sgab。"覆盖物"khjebs。"保护"skjob。

（22）汉语"交"*kre（《说文》交胫也）。"爻"*gre（《说文》交也）。"淆"*gre>*ɣreu（《说文》相杂错也）。"筊"*kre-ʔ（《说文》竹索也）。"絞"*kre-ʔ（《说文》缢也）。

藏文"缠绕"skri。"性交"rgyo<*gro。"打滚"vgre<*m-gre。

（23）汉语"勾"*ko（《说文》曲也）。"跔"*gjo、*kjo（《说文》天寒足跔也）。"痀"*gjo、*kjo（《说文》曲脊也）。

藏文"钩子"kyu。"弯曲"figyus、fikhyu。"阴谋"gyu。

（24）汉语"局"*gok（《说文》促也）。"曲"*khok。

藏文"弯曲的"gug。"弄弯"figug。"钩子"kug。"角落"khug。"衰老"vkhogs。

阿昌语"弯曲"kok⁵⁵。"弄弯"khok⁵⁵。

（25）汉语"空"*khoŋ（《说文》窍也）。"腔"*khroŋ（《说文》内空也）。"控"*khoŋ-s（使空）。

藏文"孔、穴"khuŋ。"藏匿"skhuŋ。"藏匿处"skhuŋs。"腾空"shoŋ<*s-khoŋ。

"洞"藏语拉萨话sə⁵⁵khuŋ⁵⁵。

三　汉藏语发生学关系的研究

汉藏语发生学关系的研究始于19世纪初，当时的学者莱顿（B.J. Leyden）、布罗恩（N.Brown）等把分布在东南亚的今天称为藏缅、侗台和南亚语系的语言归入印度支那语系(Indo-Chinese Family)。20 世纪 30 年代李方桂在他的《中国的语言和方言》中把汉藏语系分为汉台和藏缅两支,20 世纪 70 年代调整为汉、侗台、苗瑶和藏缅四个语族。

美国学者本尼迪克特 20 世纪 40 年代的分类中汉藏语系下辖汉语和藏-克伦两支。他认为白语属于汉语族,侗台语与印度尼西亚语等可组成语言联盟,又说与南岛语有发生学关系。他还认为苗瑶语与汉语、藏缅语没有发生学关系,苗瑶语与藏缅语某些词的相同是早期借用的结果。

古汉语的词根以及一些形态成分跟藏缅语的有对应关系,我们推测早期汉语和古藏缅语原本分布于黄河的中下游流域,与她们相近的侗台语和苗瑶语分布于长江中下游流域的北岸。夏商时代不同部落有不同的语言或方言,大约以黄河流域中部地区的方言为基础形成交际语,并向外扩散。

汉语、藏缅语、侗台语和苗瑶语发生学关系的证明,建立在诸语语音和形态的重建的基础上。以下从语音、形态和基本词三个方面的比较说明汉语、藏缅语、苗瑶语和侗台语的历史关系。

1. 侗台语的比较

侗台语可简单区分为南北朝以前的早期侗台语(声调发生以前),南北朝至唐宋的古侗台语和宋代以后的近现代侗台语。

侗台语族区分为壮傣、侗水、黎和仡央四语支。壮傣语支的壮语、布依语、傣语、临高语主要分布在中国境内,泰语分布在泰国,老挝语分布在老挝。这一语支的掸语(Shan)、昆语(Khun)分布在缅甸,坎提语(Khamti)分布在缅甸和印度,阿含语(Ahom)分布在印度(已消亡),石家语(Saek)主要分布在老挝,依语(Nung)分布在越南,诺语(Nyo, Nyaw)分布在泰国。

侗水语支的语言主要分布在中国境内。黎语支的黎语和村语(又称村话)分布在海南岛。仡央语支的语言有仡佬、木佬、拉基、羿、普标、布央、耶容等,分布在云南、贵州以及越南。木佬语、羿语、普标语已趋于消亡或已经消亡。

(1) 侗台语的历史

根据侗台语和其他汉藏语的关系,侗台语内部的关系,以及它们与南岛语的关系,东南沿海的考古和民族迁移情况,我们可以对侗台人的历史作一点推测。

早期侗台人大约从淮河流域迁至长江下游南岸。长江下游地区河姆渡早期文化距今约 7000 年,种植水稻,干栏式木构房屋,炊具中的鼎类似于中原贾湖文化中的类型。夏代之时,早期侗台语大约分布于江苏一带。

商代侗台人从江苏南下至江浙和福建,取代和结合该地的南岛人。福建最后的南岛语居民迁往台湾。此后,东南沿海至战国时期分布有于越、瓯越、闽越和南越等不同支系。侗台语从江苏一带传播至浙江和福建。

侗台语中一支向西南方向移动,至贵州,为今仡央语支。春秋战国时代的古越人主要支系可能是南岛人与侗台人的部落联盟。秦汉时早期侗台语中的一支移至海南,分化为黎语支的语言。这两支侗台语都使用南岛语数词。汉代两广的壮傣-侗水语分化。宋代之后部分壮傣人进入东南亚,为今泰语和老挝语。

1) 壮傣语的人称代词

第一人称代词

"我"泰语 ku², 老挝语、布依语 ku¹, 壮语龙州话 kau¹ < * ku。石家语的人称代词与泰语、傣语的相近, "我" kuː¹ 是亲密者的之间的自称, 另外还有 hɔːi⁴。"我"苗语大南山话 ko³, 石门坎话 ku³, 绞坨话 koŋ³ < * ku-ʔ。"我"南岛语系爪哇语、达阿语 aku。

"我们"(排除式)泰语 tu², 邕宁壮语 phlou¹ʼ < * plu。

"咱们"泰语 rau², 德宏傣语 hau², 石家语 rau¹ʼ, 布依语(pɔ²)zau², 黎语 gau¹ < * gru, 临高语 dəu²(lo⁴), 侗语 taːu¹, 水语 daːu¹ < * du。

第二人称代词

"你"泰语 muɯŋ²，德宏傣语 mauɯ²，柳江壮语、布依语 muɯŋ²，临高语 mə²<*mə。"你"印度尼西亚语 ka-mu。"你们"印度尼西亚萨武岛的萨武语（Sawu）mew。

"你们"泰语 su¹，德宏傣语 su¹tsău³，①武鸣壮语 sou¹<*su。"你"台湾南岛语如布农语 su，鲁凯语 kusu，泰雅语 ʔisuʔ<*su。作为单数第二人称代词未见分布在台湾以外的南岛语。

"你们"临高语 mə²lo⁴<*məlo-ʔ。临高语复数的后缀-lo 可能与汉语南方方言如吴、湘方言中这一类后缀有词源关系。

侗台语双数的人称代词"我们俩""你们俩""他们俩"等通常是在代词前加"二"，有的带量词，有的不带。如布依语"我们俩"soŋ¹zau²。"你们俩"soŋ¹pu⁴su¹。"他们俩"soŋ¹pu⁴te¹。

2）侗水语的人称代词

第一人称代词

"我"侗语 jaːu²，水语 ju²，毛南语 ɦie²<*gru。和壮傣语的"咱们"有共同来历。

"我"仫佬语 ʔəi¹<*qi。

"咱们"侗语南部方言 ȶau¹，侗语南部下坎话 taːu¹，水语 ndaːu¹，仫佬语 hɣaːu¹，毛南语 ndaːu¹，拉珈语 tau¹<*ʔdu。

第二人称代词

"你"侗语、水语、仫佬语 ŋa²，借自古汉语"汝"*nja。

"你们"侗语 ɕaːu¹ʹ，仫佬语 saːu¹<*su。和壮傣语有共同来历。

3）黎语的人称代词

第一人称代词

"我"黎语通什话 hou¹，加茂话 kau¹，村语 kə²¹<*ku。与壮傣语第一人称同。

"我们"通什话 fau¹，保定话 fa¹<*pʷe。

"我们"黎语中沙话 ʔa³tau¹<*tu，与侗水语"咱们"有词源关系。

"咱们"通什话 gau⁴<*gru。

第二人称代词

"你"通什话 meuɯ¹，中沙话 meuɯ¹，加茂话 məi¹<*mə 与壮傣语的同源。"你们"通什话 tau¹，西方话 sau¹<*su。中沙话 meuɯ¹tau¹ 用*su 作复数标记。

4）仡央语的人称代词

第一人称代词

"我"布央语峨村话 ku²⁴，郎架话 ku⁵⁴，巴哈话 ku³²²<*ku。

"我"拉基语 ki²⁴，仡佬语贞丰话 ʔi⁴²，比贡话 i¹³<*qi。似乎与克伦语叶因巴方言（Yeinba）"我"kē，库基-钦语支他多语（Thado）kē，格曼僜语 ki 相近。

"我们"仡佬语贞丰话 tau³⁵<*tu，与泰语、黎语的同源。

第二人称代词

"你"木佬语 mo³¹，仡佬语贞丰话 mu³¹，比贡话 məuɯ³¹，布央语巴哈话 mə³¹<*məu。与壮傣语、黎语的*mə 应有共同来源。

拉基语"你们"thɛ⁵⁵me³³te³³，"你们俩"su⁵⁵kĩ⁵⁵thɛ⁵⁵me³³te³³（su⁵⁵kĩ⁵⁵两个）中的-te³³可能是残存的后缀。

侗台语族不同支系语言人称代词的交叉对应关系，以及它们的某些南岛语的来历可以说明它们分布于东南沿海时期的历史。

_____

① tsău³<*skju，原义"主人"，后为尊称。

（2）语音

1）辅音

壮傣、侗水语支的语言分布有鼻冠塞音、内爆音（先喉塞音）。如水语水庆话的浊塞音清化，现在标为浊音的 b- 和 d- 实际上是 mb- 和 nd-，另外还有 ʔb- 和 ʔd-，没有 ŋg- 和 ʔg-，有舌尖塞擦音。毛南语环江下南话有 mb-、nd-、n̪ɖ- 和 ŋg-，ʔm-、ʔn-、ʔɲ- 和 ʔŋ-，没有内爆塞音和舌尖塞擦音，塞音、擦音和鼻音有圆唇和非圆唇的对立。

早期侗台语的辅音系统拟为：

p　ph　b　m
t　th　d　n　s　z　r　l
k　kh　g　ŋ　　　　j　w
q　　　G　N
ʔ　　　　　　h

塞音和 -l- 和 -r- 构成的复辅音是基本复辅音，有：*pr-、*phr-、*br-、*kr-、*khr-、*gr-、*hr-、*qr-、*Gr-、*pl-、*phl-、*bl-、*kl-、*khl-、*gl-、*Gl-、*sr-、*sl-，s- 构成的复辅音有 sp-、sph-、sb-、sk-、skh-、sg-、sn-、sm-、sŋ- 等。

古侗台语塞音、擦音和鼻音有圆唇和非圆唇的对立。

从早期侗台语到古侗台语，经历复辅音简化，塞音从清、清送气和浊三分演变为带先喉塞声母的四分。复辅音简化的过程中产生塞擦音。壮傣语支、侗水语支语言的复辅音声母演变主要有如下情况：

*pl->*t-、*l-、*p-，*phl->*phj-，*bl->*d-、*b-

*pr->*p-、*pl-，*phr->*phj-，*br->*b-、*bj-

*kl->*t-、*k-、*kɣ-，*khl->*khj-、*kj-、*khɣ-，*gl->*d-、*g-

*kr->*k-、*ʔr-（*s-），*khr->*khj-，*gr->*g-、*l-、*r-、*dz-

*ql->*k-、*ʔl-、*tɕ-，*Gl->*d-、*l-

*sp->*s-、*ph-、*t-，*st->*s-、*th-、*t-，*sk->*s-、*k-、*ts-

先喉塞音（内爆音）声母演变主要有如下情况：

*ʔl->*ʔd-、*ʔj-，*lj->*j-，*ʔnj->*ʔj-，*nj->*j-

*ʔb->*mb-，*ʔd->*nd-，*ʔg->*ŋg-

在复辅音声母简化的同时，又有复音词的紧缩产生新的复辅音声母，并在接触中传播，现代的语言中仍保留塞音和流音构成的复辅音声母。古侗台语内爆音（先喉塞音）声母在不同语言中的演变有所不同。

复辅音简化的过程中产生塞擦音。侗台语有两类清化的鼻音：m̥、n̥、ŋ̊ 和 ʔm、ʔn、ʔŋ。第一类多来自 s- 和鼻音的结合，第二类多来自 ʔ- 和鼻音结合的声母。

古侗台语可能有 *-j 和流音韵尾 *-l、*-r。

2）元音

古侗台语的元音音系为 a e i ə o u，现代壮语武鸣话单元音仍是这个结构。早期侗台语可能是五元音 a e i o u。元音的演变的情况有：

*u>au：

① "我" 泰语 ku²，老挝语、布依语 ku¹，壮语龙州话 kau¹<*ku。

南岛语系语言，卑南语 ku<*ku，鲁凯语 kunaku<*ku-naku。

② "草木灰" 泰语 thau³，拉珈语 pleu⁴，侗语南部方言 pu³<*blu-ʔ。

③ "酒" 泰语 lau³，侗语南部方言 khwaːu³′，侗语北部方言 tu³′，仫佬语 khɣəi³′，标语 lo³<*kluʔ。汉语 "酒" *kljuʔ->*tsjuʔ（《说文》酉亦声）。

④ "烧" 泰语 phau⁵，侗语 taːu³，水语 plaːu⁶<*blu-s。

*i>ai：

① "旱地" 布依语 zi⁶，仫佬语 hɣaːi⁵<*gli-s。

② "是"泰语 tshai³，壮语邕宁话 ɬei⁶ < *ziʔ。

③ "这"德宏傣语 lai⁴ < *liʔ。

④ "蛋"泰语 khai⁵，壮语邕宁话 hlai⁶，侗语南部方言 ki⁵ < *khli-s。

元音裂化，如 ə>aɯ(əu)：

① "子"版纳傣语 tsăi³，德宏傣语 tsaɯ³ < *tsəʔ。汉语"子" *skə-ʔ> *tsəʔ。

② "巳"版纳傣语 săi³，德宏傣语 saɯ³ < *ʑəʔ。汉语"巳" *sgjə-ʔ> *ʑəʔ。

③ "给"傣语 haɯ³，布依语 ɣaɯ³ < *ʔlə-ʔ。汉语"畓" *lə-ʔ。

④ "牙齿"泰语 khiəu³，水语 çu¹ < *s-khoʔ。汉语"齿" *khjəʔ。

后来的借词中元音的这一类变化不能得到完整的表现。

长元音和复元音应是复辅音声母简化时期发展起来的，不同语言有相同的产生长元音和复元音的机制，包括单元音在开音节和闭音节中的裂化，以及相近的补偿流音韵尾消失产生的元音韵尾。

3）声调的来历

壮傣（台语）、侗水语支语言的四个声调有对应关系，当有共同的起源。因声母清、浊，分化为八个调，通常分别用阿拉伯数字 1 到 8 来表示。清声母音节的声调为单数调，浊声母音节的声调为双数调。中古汉语借词的声调和汉语的四声有较为严整的对应关系，表明当时汉语的四个声调和壮傣、侗水语的四个声调分别有相近的调值。

临高语较晚的汉语上声借词不带-ʔ 韵尾，早期的上声汉借词带-ʔ 韵尾，读促声调。如"马"maʔ⁸。"韭（菜）"kuʔ⁷。"奶"noʔ⁷。"赌"deʔ⁷。"改"keʔ⁷。

侗台语的南岛语对应词说明壮傣、侗水语 B 调来自 *-ʔ，C 调或主要来自 *-s 。[①]

（3）形态

早期侗台语有一批词根和汉语的有共同的来源，前缀有 *s-、*m-、*p-、*k-和 *q-，后来这些前缀不再活跃，形成新的复辅音声母，不同支系中简化的情况不同。早期侗台语有类似古汉语的 *-ʔ(*-q)和 *-s 后缀，这是两者有类似声调的基础。

1）动词前缀 *s-

动词前缀 *s-表示使动，可把名词变成动词。

① "摸"版纳傣语 sum¹，壮语柳江话 lum⁶，布依语 tçum⁶ < *s-lum-s。

② "洗"德宏傣语 çuk⁷，毛南语 zuk⁷ < *s-ruk。

③ "抽"泰语 sup⁷，壮语邕宁话 tsəp⁷ < *s-rop。

④ "撕"壮语 bek⁷ < *ʔ-bek，布依语 sik⁷ < *s-pek。

2）名词前缀 *s-

名词前缀 *s-表示有生命。如：

① "蜜蜂"泰语 phɯŋ³，临高语 saŋ³ < *s-bəŋ。

② "喜鹊"傣语 tsaːk⁷，壮语邕宁话 tshaːk¹⁰，临高语 siak⁷ < *s-khjak。

③ "蜘蛛"傣语-kaːi¹，壮语邕宁话-khlaːu¹ʼ，标语-so¹ < *s-khlo。

④ "蚯蚓"临高语琼山话 sɐn⁴，仫佬语 tan⁴，莫语 zan⁴，德宏傣语 si¹lən⁶ < *s-lən-ʔ。

⑤ "上腭"泰语 ŋəək⁹，壮语柳江话 hɯk⁷，黎语 ŋeːk⁷ < *s-ŋek。汉语"颚" *ŋak。

⑥ "牙齿"泰语 khiəu³，水语 çu¹ < *s-khoʔ。汉语"齿" *khjəʔ。

3）自主动词和自动动词前缀 *m-

① "睁"泰语 lɯːn²，老挝语 mɯːn² < *m-lən。

② "打（人）"壮语武鸣话 mop⁸，布依语 tup⁸ < *m-dop。

③ "闪（电）"泰语 lɛːp¹⁰，壮语龙州话 meːp⁸ < *m-lep。

---

① 吴安其.侗台语和汉语的历史关系[J].民族语文,2018(1).

4）形容词前缀 *m-

① "光滑"泰语 lɯːn³，老挝语 mɯːn⁵，壮语邕宁话 liːn³ < *m-lən-ʔ。

② "滑的"壮语武鸣话 mlaːk⁸，临高语 miak⁸ < *m-lak。

③ "亮的"西双版纳傣语 lɛŋ²，布央语郎架话 ma⁰loŋ³¹² < *m-leŋ。

④ "粗"德宏傣语 mu³，毛南语 laːu⁴ < *m-lu-ʔ。

5）使动前缀 *k-

① "磕（开）"老挝语 ket⁷，临高语 leʔ⁷，标语 lat⁷ < *k-lat。

② "拔"毛南语 cun¹，锦语 ljuːn¹，水语 djon¹ < *k-lun。

③ "钻进"侗语南部方言 lan³ < *ʔlon-ʔ。壮语柳江话 doːn⁵，拉珈语 luːn⁵ < *ʔlon-s。

"合并"德宏傣语 hɔːn³，壮语武鸣话 kjoːn⁵，佯僙语 run² < *k-lon-s。

④ "蒙（头）"壮语龙州话 kəːm¹，邕宁话 kləːm¹，武鸣话 kjuəm¹ < *k-ləm。

6）使动前缀 *p-

① "裂开"泰语 tɛːk⁷，壮语武鸣话 ɣeːk⁹，拉珈语 phɛːk⁹ < *p-lek。

"裂缝"临高语 lek⁷ < *ʔlek。

② "劈"侗语 la⁵ < *ʔla-s，仫佬语 phɣa⁵ < *p-la-s。

③ "忘记"泰语 lɯːm²，壮语龙州话 lum²，邕宁话 ləm² < *ləm。拉珈语 phlem¹，侗语 laːm² < *p-lem。

④ "用手指弹"泰语 diːt⁹，壮语武鸣话 plik⁷ < *p-lik。

⑤ "脱（粒）"壮语柳江话 pjet⁷，仫佬语 pɣət⁷ < *p-let。

"脱（把）"泰语 lut⁷，侗语 ljot¹⁰ < *ʔ-lot。

7）名词和动词前缀 *q-

古侗台语名词和动词前缀 *q- > *ʔ-。

① "晴、天旱"壮语邕宁话 hleːŋ⁴，布依语 zeŋ⁴，临高语 daŋ⁴ < *ʔ-leŋʔ < *q-leŋ-ʔ。

② "草"布依语 ȵɯ³，傣语 ja³ < *ʔnjəʔ < *q-njə-ʔ。汉语"而" *njə（《说文》颊毛也）。

③ "堆"布依语 lap⁸，水语、毛南语 tap⁸ < *lap。

"叠"（量词）佯僙语 leːp⁹ < *ʔlep < *q-lep。

④ "洗"水语 lak⁷，德宏傣语 sak⁸ < *ʔlek < *q-lek。汉语"浴" *lok < *k-lok。

⑤ "拉"水语 daːk⁷ < *ʔlak < *q-lak。壮语武鸣话 ɣaːk⁸，西双版纳傣语 lak⁸ < *lak。

⑥ "抓"侗语 sap⁷ʹ，西双版纳傣语 jap⁷ < *ʔrap < *q-rap。

"指甲、爪子"泰语 lep⁸，壮语武鸣话 kjap⁸，佯僙语 rip⁸ < *krep。

⑦ "抓"壮语柳江话 ȵap⁷、毛南语 ȵap⁸ < *ʔnjap < *q-njap。汉语"摄" *s-nap。

⑧ "灭（灯）"泰语 dap⁷，临高语 jap⁷，莫语 ʔdap⁷ < *ʔ-lap < *q-lap。

8）后缀 *-ʔ

后缀 *-ʔ 为名词标记。

① "扬（麦子）"壮语 laːŋ⁶ < *laŋ-s，仫佬语 jaːŋ² < *laŋ。

"簸箕"壮语 doŋ³，傣语 loŋ³ < *ʔloŋ-ʔ。

② "蓝靛草"泰语 khraːm²，壮语武鸣话 ça:m² < *gram。

"蓝靛草"版纳傣语 hɔm³，水语 khum³，拉珈语 sūm³ < *khram-ʔ。

③ "箱"壮语龙州话 loŋ⁴，仫佬语 lɔŋ⁴ < *loŋ-ʔ。

④ "天旱"泰语 lɛːŋ⁴，布依语 zeŋ⁴，临高语 daŋ⁴ < *leŋ-ʔ，水语 liːŋ³ < *ʔleŋ-ʔ。

9）后缀 *-n

后缀 *-n 为名词标记。

① "舔"壮语武鸣话 ɣi²，傣语 le² < *li。

"舌头"壮语武鸣话、傣语 lin⁴，黎语 ɬin³ < *lin-ʔ。

② "说"毛南语 la⁴ < *lo-ʔ。

"句子"壮语武鸣话 çon² <＊ljon，莫语 dan¹ <＊ʔlon。

10）后缀＊-s

后缀＊-s 标记形容词和动词。

① "饱"仫佬语 kɣaŋ⁵，水语 tjaŋ⁵，拉珈语 tsiaŋ⁵ <＊klaŋ-s。

② "饱的"壮语武鸣话、傣语 im⁵ <＊ʔim-s。

③ "酿"壮语武鸣话 om⁵，侗语北部方言 həm⁵ <＊qəm-s。

"捂"壮语武鸣话 kam³，临高语琼山话 um³ <＊kəm-ʔ。

④ "摸"版纳傣语 sum¹，壮语柳江话 lum⁶，布依语 tɕum⁶ <＊s-lum-s。

⑤ "低、矮"泰语 tam⁵，临高语 dom³，仫佬语 hɣam⁵ <＊k-lom-s。

"低（头）"泰语 kom³，临高语 dɔm³，莫语 kəm³ <＊k-lom-ʔ。

后缀＊-s 表示不自主。

① "陷"德宏傣语 lom⁵，壮语武鸣话、柳江话 lom⁵，毛南语 lam⁵ <＊ʔ-lom-s。

"淹"泰语 thuəm³，壮语柳江话 tum⁴，黎语 ɬom¹ <＊ʔ-lom-ʔ。

② "落"泰语 lon⁵，布依语 lɔn⁵ <＊ʔlon-s。

"溢"泰语 lon⁴，壮语武鸣话 ɣon⁴ <＊lon-ʔ。

（4）侗台语与南岛语的接触关系

侗台语与南岛语的接触关系可区分为两个不同的阶段。第一个阶段是早期侗台语时期，第二个阶段是侗台分化以后不同支系的诸共同语时期。

从古代文化的分布和迁移情况看来，第一个阶段在商周时期的长江下游地区，第二个阶段在周以后的长江以南的不同地区。侗台语中的南岛语词大多是南岛人转用侗台语的过程中保留下来的。

今浙江南部和闽地汉代之前是瓯越和闽越。而更早以前，在距今 5 000 多年和 3 000 年的这段时间里，粤、闽、台地区一直保持着大致相同的文化传统，那就是古南岛文化。马来-波利尼西亚语是较晚从大陆南迁出去的。历史语言学比较得出的结论和考古研究的结论一致。

① "月亮"泰语 dɯən²，壮语龙州话 bəːn²，侗语北部方言 ljan¹，黎语 ŋaːn¹ <＊blən。布拉斯特（Robert Blust）拟原始南岛语"月亮"为＊bulaɴ/qiɴaʃ，原始马来-波利尼西亚语＊bulan。① 如印尼语、爪哇语、萨萨克语 bulan，亚齐语 bulɯan，雷德语 mlan，加莱语 blan。

② "水"泰语 nam⁴，侗语北部方言 nəm⁴ <＊nam-ʔ。布依语 zam⁴ <＊ram-ʔ。古南岛语"水"＊ɖanum。

③ "田"泰语、龙州壮语、侗语北部方言 na² <＊naʔ。

"地"印尼语、巴厘语 tanah，亚齐语 tanɔh，达阿语 tana，古南岛语＊tanaq。

④ "鼻子"泰语 daŋ²，龙州壮语 daŋ¹，侗语北部方言 naŋ¹ <＊ʔ-doŋ。

"鼻子"亚齐语 idoŋ，雷德语 adŭŋ，加莱语 aduŋ。

⑤ "舌头"侗语、仫佬语、水语、佯僙语 ma²，拉珈语 ŋwa²，布央语峨村话 ʔe⁰ma³³，贞丰仡佬语 dɯ³⁵maɯ³¹ <＊dəmʷa。

"舌头"排湾语 səma，卑南语 səmaʔ，邵语 ðama。

⑥ "牙齿"泰语 fan²，侗语南部方言 pjan¹ <＊pjən。

"牙齿"布农语 nipun，邵语 nipin，他加洛语 īpin。

⑦ "肚子"泰语 thɔːŋ⁴，壮语龙州话 toːŋ⁴ <＊duŋ-ʔ。

"肚、胃"加莱语、占语书面语 tuŋ，印尼语 dʒantuŋ（心），他加洛语支的沙玛语 bottoŋ（胃）、巴拉望语 tɔtɔŋ（胃）。

⑧ "儿子"临高语 lək⁸，水语 laːk⁸，黎语 ɬɯːk⁷，布央语 laːk⁵³ <＊lak。

---

① Robert Blust. Subgrouping, Circularity and Extinction: Some Issues in Austronesian Comparative Linguistics [M]. Selected Papers From the English International Conference on Austronesian Linguistics, Taipei, 1999:86.

"儿子"泰雅语 laqiʔ,鲁凯语 lalak,卑南语 walak,邵语 aðaðak,古南岛语 *ʔalak。

⑨ "黑"壮语龙州话 dam¹,侗语、仫佬语 nam¹,佯僙语 ʔnam¹,黎语通什话 dam³,布央语峨村话 ʔdam²⁴,木佬语 ŋɑŋ⁵³ < *q-dam。

布拉斯特拟原始马来-波利尼西亚语 *ma-qitem。

第二个阶段在周以后长江以南的不同地区,不同支系的侗台语保留不同的南岛语词。

壮傣、侗水语保存的南岛语词:

① "晚上"泰语 kham³,临高语 ham⁴,侗语南部方言 ŋam⁵,水语 ʔŋam⁵,壮傣-侗水语 *k-nam-ʔ。

"晚上"菲律宾的卡格因仁语(kagayanen)kiləm。

② "名字"侗语南部方言 kwaːn¹,北部方言 tan¹,仫佬语 ʔɣəːn¹,水语、毛南语、佯僙语 daːn¹,拉珈语 jaːn¹,古侗水语 *k-dan。

"名字"排湾语 ŋadan,阿美语 ŋaŋan,他加洛语支的摩尔波格语(Molbog)ŋadan。

③ "剁"老挝语 fak⁸ < *bjak。

"剁"巴厘语 n-bək,巴拉望语 mɔnbak,斐济语西部方言 boka-sia。

可见侗台语的底层词跟南岛语词的对应不能作为发生学关系的依据。

(5) 侗台语与汉语之间的接触关系

中古早期的汉语借词侗台语中有不同的表现,如:

古汉语"白" *brak,中古借入侗台语,如龙州壮语 phəːk⁷,武鸣壮语 piək⁹,仫佬语 paːk⁸。壮傣语中先清化,阴阳调再分化,侗水语先分阴阳调后清化。

中古早期和中期的汉语借词反映了南北朝和唐宋时期的接触关系。壮泰语"买""是""名字"等的汉语借词:

	泰语	龙州壮语	柳江壮语	汉语中古音
买	suɯ⁴	ɬɯ⁴	tsɯ⁴	*ʐə上声(市)(《说文》买卖所之也)
是	tshai³	tsɯ⁶	—	*ʑi上声(是)
名字	tsɯ³	—	tso⁶	*dzjə去声(字)

"买"和"是"中古汉语为禅母上声字,"字"是从母去声字。龙州壮语"是"读第六调,因晚唐汉语浊上变去。"名字"老挝语 suɯ⁵,傣语 tsɯ⁶。老挝语中声调分化在后,声母清化在前。"买"侗语南部方言 ɬəi³,仫佬语 hɣəi³,水语 ndjai³ < *kli-ʔ。

试侗台语的数词"三""四""五":

	武鸣	龙州	临高	侗语	水语
三	saːm¹	ɬaːm¹	tam¹	saːm¹,	haːm¹
四	sei⁵	ɬi⁵	ti³	si⁵,	çi⁵
五	ŋu⁴	ha³	ŋa³	ŋo⁴	ŋo⁴

"三""四"临高语 t-对应于武鸣等的 s-,都是汉语借词。诸语"五"分两类,武鸣、侗和水为一类,龙州和临高为另一类。武鸣、侗语和水语的读法有相同的来源,是中古汉语借词。

2. 苗瑶语的比较

苗瑶语可区分为苗畲和勉两大支,瑶语支的语言只有勉语一种。勉话有勉、金门、标敏、藻敏四种方言。根据王辅世、毛宗武先生的意见,苗语支的语言有苗、布努、巴哼、炯奈等四种语言。苗语又有黔东、湘西、川黔滇三种方言。川黔滇方言又有七种次方言。广西地区的一些瑶族人使用布努语。布努语有布努、瑙格劳两种方言。一部分瑶族人使用巴哼语。巴哼语分三江、黎平两种方言,分别分布于广西和贵州。

苗瑶语的历史可区分为:汉代末期之前为早期苗瑶语,汉代末期至唐宋时为古苗瑶语,元代以来为近现代苗瑶语。

（1）苗瑶语的历史

苗瑶文化有两个早期的源头，史前南下的汉藏文化和长江中游南北地区的土著文化。长江中游地区早期的大溪文化距今 6 000 多年，与黄河中游地区的仰韶文化有较多的联系。常见的陶器有釜、鼎等。房屋建筑的烧土块中发现稻壳和稻草末。①商代之后，该地的文化发展为楚的土著文化。

苗瑶先民史籍中称为"武陵蛮""五溪蛮"，见于南北朝范晔的《后汉书》。唐代樊绰《蛮书》有"黔、泾、巴、夏，四邑苗众"的记载。东汉之后苗人从湘西向南迁移。

南北朝时畬人沿湘黔边境南下，经桂北、桂东，至广东潮州，聚居于粤、闽、赣交界地区。南宋时部分畬人向福建的不同地区和浙江等地迁移。客家人南下广东，与畬人杂居，大部分畬人渐转用汉语客家方言。

瑶族唐代开始从湖南迁至两广境内，称为"莫徭蛮""莫徭"或"徭人"。②

1）第一人称代词

"我"苗语大南山话 ko³，石门坎话 ku³，绞坨话 koŋ³ <＊ku-ʔ。对应于"我"泰语 ku²，老挝语、布依语 ku¹，壮语龙州话 kau¹ <＊ku。

"我"苗语养蒿话 vi⁴，畬语 vaŋ⁴ <＊bʷe-ʔ。

"我"勉语江底话 je¹，览金话 ja¹，龙定话 ʑe¹ <＊ʔre。对应于南亚语系孟高棉语族语言，"我"布兴语 gɔ <＊ro。"我们"佤语 ʑiʔ <＊riʔ。

"我们"苗语大南山话 pe¹，石门坎话 pi¹，绞坨话 pæ¹ <＊pʷe。勉语江底话 bwo¹ <＊ʔbʷe。"我们"黎语通什话 fau¹，保定话 fa¹ <＊pʷe。

2）第二人称代词

"你"苗语养蒿话 moŋ²，勉语江底话 mwei²，大坪话 mui² <＊mʷi。

孟高棉语族语言"你"克木语 me（男），巴琉语 mi³³，京语 mai²，德昂语硝厂沟话 mǎi，茶叶箐话 mǎi⁵¹ <＊mi。
苗瑶语不同支系的语言中保留的南亚语的成分，应是湘西等地古南亚语的遗存。

3）数词

苗瑶语不同支系的数词基本上有共同来历。其中"四""七""八""九"跟藏缅语的对应。

"一"苗语养蒿话、大南山话 i¹，勉语东山话 i¹ <＊ʔi。

"二"苗语养蒿话 o¹，石门话 a¹，巴哼语文界话 va¹ <＊ʔwa。

"三"苗语养蒿话 pi¹，畬语 pi¹，勉语江底话 pwo¹ <＊pʷe。

"四"苗语野鸡坡话 plou¹，畬语 pi⁶，勉语东山话 pləi¹，江底话 pjei¹ <＊pli 。③

"五"苗语养蒿话 tsa¹，腊乙坪话 pzɑ¹，绞坨话 pzʑi¹，甲定话 plɑ¹，瑶语罗香话 pla¹，江底话 pjɑ¹ <＊pla。

"六"苗语养蒿话 tʂu⁵，勉语江底话 tɕu⁷，长坪话 kju⁷，东山话 klɔ⁷ <＊kruk 。④

"七"苗语养蒿话 ɕoŋ⁶，勉语东山 ni⁶，大坪话 sje⁶，三江话 ŋi⁶ <＊g-nis 。⑤

"八"苗语养蒿话 ʑa⁸，勉语江底话 ɕet⁸，大坪话 dzjat⁸ <＊grjat 。⑥

"九"苗语养蒿话 tɕə²，勉语江底话 dwo²，大坪话 ku² <＊gʷju。

"十"苗语养蒿话 tɕu⁸，勉语江底话 tsjop⁸ <＊dzjop，勉语大坪话 sjɛp⁸ <＊zjep。

苗瑶语的"年"有较为一致的说法，苗语养蒿话 ŋ̍hu⁵，炯奈语长垌话 ŋ̍waŋ⁵，大坪话 ŋ̍aŋ⁵ <＊snʷjoŋ-s。跟一些藏缅语的说法对应，如"年"错那门巴语 niŋ⁵⁵，景颇语 niŋ³¹，博嘎尔洛巴语 n̍iŋ <＊niŋ。藏语 niŋ 不单用。"年"嘉戎语 pɑ <＊pa。藏文 lo，格曼僜语 lau⁵³ <＊lo。

汉语"年"＊nin 。⑦《尔雅》："夏曰岁，商曰祀，周曰年，唐虞曰载。""年"甲骨文"头顶禾"之形，《说文》谷

---

① 林向.大溪文化与巫山大溪遗址［C］.中国考古学会第二次年会论文集.北京：文物出版社，1982：131.
② 江应梁.中国民族史（中）［M］.北京：民族出版社，1990：517.
③ "四"错那门巴语 pli⁵³。
④ "六"错那门巴语 kroʔ⁵³，缅文 khrɔk。
⑤ "七"错那门巴语 nis⁵⁵，嘉戎语 kəʃnəs。
⑥ "八"嘉戎语 wə rjɑt。"八"东山话 hjɛn⁸ <＊gjen，对应于格曼僜语 grɯɯn⁵⁵。
⑦ 《小雅·甫田》："我取其陈，食我农人，自古有年。""陈、人、年"韵，"年"丰年。

孰也。

"年"侗语 ȵin² <*nin，古汉语借词。①汉藏语中有较为一致说法的"年"可能是后来传播开来的。

（2）语音

1）古苗瑶语的语音

苗语支语言和勉语语音差别较大。苗语支语言塞音和塞擦音有内爆音（先喉塞音）声母，勉语支诸语只是部分方言中有内爆音。苗语支语言普遍有鼻冠塞音和鼻冠塞擦音声母，有小舌音。古苗瑶语语音分类参照王辅世、毛宗武先生的《苗瑶语古音构拟》。

王辅世先生构拟的古苗语唇音的构成为：

① 塞音有 p、ph、b、mp、mph、mb 六类；

② 鼻音有 ʔm、m̥、m 三类；

③ 擦音有 ʔv、f、v 三类。

古苗语的塞音声母当有圆唇和非圆唇的不同，鼻冠音可能来自内爆音（先喉塞音），mp-<*ʔp-，mph-<*ʔph-，mb-<*ʔb-。如：

① "披"苗语养蒿话 pa⁵，先进话 mpua⁵ <*ʔbʷa-s。

② "香"布努语七百弄话 ntəŋ¹，勉语江底话 daːŋ¹，大坪话 dɔŋ¹ <*ʔdaŋ。

③ "长的"苗语养蒿话 ta³，枫香话 nti³，勉语江底话 daːu³，大坪话 du³ <*ʔdu-ʔ。

勉语诸方言唇塞音的情况为：

① 塞音可区分为 p、ph、b 三类，有的方言四类，如金门方言有内爆音的 ʔp，但 ph 只用于读汉语借词。藻敏方言塞音两分，只有 p 和 b。②

② 鼻音通常为 m̥、m 两类；

③ 擦音通常为 f、v 两类。

《苗瑶语古音构拟》构拟的舌尖塞擦音声母有*ts-、*tsh-、*dz-、*nts-、*ntsh-、*ndz-六类，带塞擦音复辅音声母依此类推。苗、瑶语塞音和塞擦音声母的对应，大多数应是塞音和介音结合的产物。如：

① "水果"苗语先进话、石门话 tsi³，青岩话 pji³，勉语湘江话 pjou³ <*pjo-ʔ。

② "烧"苗语青岩话 tshi³，先进话 phe³，枫香话 tshei³，炯奈语长垌话 ɣa³ <*phla-ʔ。

③ "床"苗语养蒿话 tɕhu⁵，勉语江底话 tshou⁵，大坪话 fu⁵ <*phjo^C。

④ "编"苗语先进话 ntsa⁴，青岩话 mpjen⁴，勉语三江话 pjen⁴ <*ʔ-bjen-ʔ。

"辫子"苗语石门话 ndzie⁴，勉语览金话 bin⁴（编、辫子）<*ʔ-bjen-ʔ。

⑤ "干净"苗语吉卫话 ntsha¹，布努语七百弄话 nthɯ¹ <*ʔ-thje。

"洗（手）"苗语吉卫话 ntsa³，布努语七百弄话 ntθai³，巴哼语文界话 nte³ <*ʔ-tje-ʔ。

"洗（衣服）"苗语吉卫话 ntsho⁵ <*ʔ-thjo-s。勉语大坪话 dɔu⁵（洗手）<*ʔ-do-s。

⑥ "散雾散"勉语江底话 dzaːn⁵，罗香话 daːn⁵，三江话 thən⁵ <*ʔdjan-s。

⑦ "瘦"苗语先进话 ntsou⁶，枫香话 zou⁶，畲语多祝话 tse⁶ <*ʔ-glo-s。

"瘦"勉语江底话 tɕai⁶，三江话 klai⁶ <*gli-s。

⑧ "男人"苗语养蒿话 tɕaŋ⁶，勉语三江话 kjeŋ² <*gjeŋ-s。

苗瑶语元音的链移可能发生在音节简化、声调发生之后。如：

① "砍"苗语养蒿话 to³，复员话 nʔtu^B，勉语大坪话 dau³ <*ʔ-du-ʔ。

② "等候"勉语江底话 tswo³，东山话 ʈu³ <*kʷjo-ʔ。

③ "吹"苗语养蒿话 tsho¹，高坡话 phlu¹ <*phlu。

④ "中打中"苗语吉卫话 ʈɔ⁶，先进话 ʈou⁶，宗地话 to⁶ <*djo-s。

① "年"壮语、傣语 pi¹，水语 ᵐbe¹，仫佬语 mɛ¹ <*ʔbe。
② 陈其光.苗瑶语文[M].北京:中央民族大学出版社,2013.

苗瑶语长元音和复元音应是复辅音声母简化时期发展起来的，圆唇辅音的特征通常可转移为-w-介音和使元音后移，鼻音韵尾可产生鼻化元音。

勉语诸方言跟侗台语一样，有产生长元音和复元音的机制。

① "后边"苗语养蒿话 qaŋ¹，勉语长坪话 daːŋ¹，楔子话 daŋ¹ < ⃰qlaŋ。

② "打鼾"勉语江底话 dʐaːn²，湘江话 gaŋ²，览金话 daːn² < ⃰glan。

③ "肠子"勉语江底话 klaːŋ²，大坪话 kjaŋ² < ⃰glaŋ。

古勉语受侗台语影响塞音四分，唇塞音有 ⃰p、 ⃰ph、 ⃰b 和 ⃰ʔb 四类。勉语单数调的浊塞音和浊塞擦音当来自内爆音（先喉塞音），苗语的对应词通常为单数调清声母。

中古苗瑶语的 B 调和 C 调主要分别与古苗瑶语和早期苗瑶语的后缀 ⃰-ʔ 和 ⃰-s 有关。这一情况可以从它们同侗台语、藏缅语和汉语的一些对应词中看出。隋唐以后苗瑶语多数的方言中因声母清浊的对立四个声调分化为八个，与汉语、侗台语是平行的演变。

2）早期苗瑶语的语音

早期苗瑶语的读音为笔者所拟，可与侗台语比较以说明它们之间的对应关系。

早期苗瑶语塞音三分，古苗语塞音六分。鼻冠音和内爆音都与古苗语时代声母简化后苗语支语言采用一系列成音节的前缀有关，如 ⃰qa-（ ⃰ʔa-）一类的前缀使词根或词干的塞音和塞擦音声母带鼻冠音， ⃰q-（ ⃰ʔ-）一类的前缀使词根或词干的塞音和塞擦音声母成为内爆音。

早期苗瑶语的单辅音系统构拟为：

p　ph　b　m

t　th　d　n　s　z　r　l

k　kh　g　ŋ　　　　j　w

q　　G　N

ʔ

我们假定早期苗瑶语唇音声母有 ⃰p-、 ⃰ph-、 ⃰b-和 ⃰m-，另外还有 ⃰pʷ-、 ⃰phʷ-、 ⃰bʷ-和 ⃰mʷ-以及带 ⃰-j-的 ⃰pj-、 ⃰phj-、 ⃰bj-和 ⃰mj-等。

其五元音系统为：a、e、i、o、u。

以下几组词可以说明古苗瑶语和古侗台语的密切关系：

	天	园子	肩膀	糠
苗瑶语	⃰bʷen	⃰bʷon	⃰bʷos	⃰s-pʷjas
侗台语	⃰ʔbʷən	⃰bʷin	⃰ʔbas	⃰bʷas

① "天"苗语养蒿话 vɛ²，勉语大坪话 vaŋ² < ⃰bʷen。

"云"勉语览金 van⁵，罗香话 bwən⁵ < ⃰ʔbʷən-s。

"天"泰语 bon²，壮语邕宁话 mən¹′，武鸣话 bɯn¹ < ⃰ʔbʷən。

② "园子"苗语养蒿话 vaŋ²，畲语 vun² < ⃰bʷon。

"园子"黎语保定话 viːn² < ⃰bʷin。

③ "肩膀"苗语先进话 pu⁶，复员话 vuᶜ < ⃰bʷos。

"肩膀"壮语武鸣话 ba⁵ < ⃰ʔbas。黎语保定话 tsɯ²va² < ⃰kəbʷa。

④ "糠"苗语养蒿话 fha⁵，石门话 sa⁵ < ⃰s-pʷjas。

"糠"侗语 va⁶ < ⃰bʷas。

	尾巴	戴（帽）	中打中	长
苗瑶语	⃰ʔdʷiʔ	⃰ʔdoŋs	⃰djos	⃰ʔduʔ
侗台语	⃰diʔ 屁股	⃰ʔdiŋ	⃰ʔdoʔ	⃰tuʔ

① "尾巴"苗语养蒿话 tɛ³，勉语江底话 dwei³，大坪话 dui³ < ⃰ʔdʷiʔ。

"屁股"布依语 taːi⁴ < ⃰diʔ。

② "戴（帽）"苗语养蒿话 tə⁵，枫香话 ntoŋ⁵，勉语江底话 doŋ⁵ < ⃰ʔdoŋs。

"戴（帽）"临高语 diŋ^1＜＊ʔdiŋ。

③ "中打中"苗语吉卫话 ʈɔ^6，先进话 ʈou^6，宗地话 ʈo^6＜＊djo-s。

"中打中"临高语 do^3＜＊ʔdoʔ。

④ "长的"苗语养蒿话 ta^3，枫香话 nti^3，勉语江底话 daːu^3，大坪话 du^3＜＊ʔduʔ。

"长的"黎语保定话 taːu^3＜＊tuʔ。

	我	菌子	蜗牛	中间
苗瑶语	＊kuʔ	＊s-gje	＊kʷle	＊kloŋ
侗台语	＊ku	＊ʔge 蘑菇	＊kʷli 螺蛳	＊klaŋ

① "我"苗语大南山话 ko^3，石门坎话 ku^3，绞坨话 koŋ^3＜＊kuʔ。

"我"泰语 ku^2，老挝语、布依语 ku^1，壮语龙州话 kau^1＜＊ku。

② "菌子"苗语吉卫话 ŋkɯ^1，畲语多祝话 kja，勉语览金话 sɔu^1＜＊s-gje。

"蘑菇"仫佬语 ŋa^1＜＊sŋe，毛南语 ŋga^1＜＊ʔge。

③ "蜗牛"勉语湘江话 tɕwei^3，大坪话 kle^1＜＊kʷle。

"螺蛳"傣语 hai^1，水语 qhui^1＜＊kʷli。

④ "中间"苗语养蒿话 ʈoŋ^1，先进话 ȵʈaŋ^1，复员话 ȵʔtʂoŋ^A＜＊kloŋ。

"中间"泰语 klaːŋ^2，壮语武鸣话 kjaːŋ^1，布依语 tɕaːŋ^1＜＊klaŋ。

（3）古苗瑶语的形态

1）前缀

名词前缀＊s-表示独一无二和有生命的事物。

① "月亮"苗语养蒿话 lha^5，勉语三江话 lu^5，大坪话 lɔu^5＜＊sla-s。

② "太阳、日"苗语养蒿话 nhɛ^1，勉语江底话 nɔi^1，大坪话 nai^1＜＊snʷi。

③ "额头"苗语养蒿话 ȵhaŋ^1，宗地话 ȵi^{1b}，石门话 ȵie^1＜＊snje。

④ "肠子"苗语吉卫话 ɕe^3，布努语瑶里话 ŋ̊ŋ^3，炯奈语长垌话 ŋjɔ^3＜＊snjo-ʔ。

⑤ "筋"勉语江底话 tɕaːn^1，览金话 saːn^1，东山话 ʈwan^1＜＊skʷjen。

⑥ "蜈蚣"勉语江底话 sap^7，罗香话 ɕap^7，大坪话 tsap^7＜＊skjap。

⑦ "爪"勉语湘江话 ȵiu^3，览金话 ȵaːu^3＜＊snju。

动词前缀＊s-表示主动和自动。

① "听见"苗语养蒿话 nhaŋ^3，勉语罗香话 nom^3，览金话 num^3＜＊s-nʷem-ʔ。

② "闻、嗅"勉语江底话 nom^3，览金话 hɔːm$^{5'}$＜＊s-nom-s。

③ "穿（衣）"苗语养蒿话 naŋ^4，吉卫话 nhei^3，勉语大坪话 nɔŋ^3＜＊s-noŋ-ʔ。

④ "搓"畲语多祝话 fa^1，勉语大坪话 sjɛt^7＜＊s-pʷat。

⑤ "歇（休息）"苗语养蒿话 tɕhə^5，复员话 su^C＜＊s-kju-s。

⑥ "站、起来"苗语养蒿话 ɕhu^3，复员话 so^B，勉语三江话 siu^3＜＊s-kju-ʔ。

⑦ "烧"苗语养蒿话 ɬhə^1，勉语三江话 lu^1＜＊s-ljo。

⑧ "熟"苗语养蒿话 ɕhaŋ^3，高坡话 sæin^3，畲语多祝话 sin^3＜＊s-kjeŋ-ʔ。

名词前缀＊ʔ-。

① "根"畲语多祝话 khjuŋ^2，勉语江底话 dzuŋ^2，览金话 duːŋ^2＜＊ʔ-gruŋ。

② "树"苗语养蒿话 tə^5，勉语览金话 gjaŋ^5，大坪话 djaŋ^5＜＊ʔ-glaŋ-s。

③ "茅草"苗语养蒿话 qɛ^1，先进话 Nqen^1，炯奈语长垌话 ŋkan^1＜＊ʔ-qen。

④ "妻子"布努语七百弄话 ve^3，瑶里话 vei^3，巴哼语文界话 vo^3＜＊ʔ-bʷe-ʔ。

名词前缀＊m-。

① "鸟"苗语养蒿话 nə^6，巴哼语文界话 mo^6＜＊m-no-s。

② "蝴蝶"苗语先进话、枫香话 ntsi⁵，高坡话 mõ⁴mpi⁵，复员话 mʔple⁵<* m-ple-s。

③ "叶子"苗语大南山话 mploŋ²，养蒿话 nə²，勉语江底话 nɔm²<* m-blom。

前缀 * qʷ- 和 * ɢʷ- 标记形容词，后来用 * g-。

① "宽"苗语先进话 tl̥aŋ³，勉语罗香话 kwaŋ³，勉语大坪话 kjaŋ³<* qʷ-laŋ-ʔ。

② "黄"苗语先进话 tl̥aŋ²，勉语江底话 wjaŋ²，大坪话 vjaŋ²<* ɢʷ-ljaŋ。

③ "远"苗语先进话 tle¹，复员话 qweiᴬ，勉语三江话 ku¹<* qʷ-li。

④ "黑"苗语先进话 tlo¹，枫香话 tloŋ¹<* qʷ-loŋ。

⑤ "亮"苗语养蒿话 faŋ²，先进话 kaŋ²，枫香话 qwoŋ²<* ɢʷ-laŋ。

2）后缀

后缀 * -ʔ 标记名词。

① "（鸟）窝"苗语养蒿话 ɣi⁴，炯奈语长垌话 ŋkja⁴，勉语罗香话 gau⁴<* gre-ʔ。

② "屎"苗语养蒿话 qa³，先进话 quа³<* qʷa-ʔ。

③ "洞"苗语养蒿话 qhaŋ³，巴哼文界话 khoŋ³，炯奈语长垌话 khuŋ³<* qhoŋ-ʔ。

④ "丈夫"苗语吉卫话 po³，畲语多祝话 pɤ³<* po-ʔ。

⑤ "妻子"布努语七百弄话 ve³，瑶里话 vei³，巴哼语文界话 vo³<* ʔbʷe-ʔ。

⑥ "头"苗语养蒿话 fhu³，吉卫话 pz̥ei³，勉语东山话 pli³，罗香话 pje³<* pʷli-ʔ。

后缀 * -ʔ 标记动词持续态。

① "流"苗语先进话 ntu⁴<* nduʔ<* ɢlu-ʔ，复员话 qluᴮ<* ɢlu-ʔ。

② "埋"苗语吉卫话 l̥aŋ⁴，高坡话 loŋ⁴<* ljoŋ-ʔ。

③ "回"苗语养蒿话 t̠aŋ³，先进话 ʈau³，复员话 tʂoŋᴮ<* tjaŋ-ʔ。

④ "穿（衣）"苗语养蒿话 naŋ⁴，吉卫话 nhei³，勉语大坪话 nɔŋ³<* snoŋ-ʔ。

⑤ "要"苗语先进话 z̥ua³，巴哼语文界话 ja³<* ʔlja-ʔ。

后缀 * -s 标记使动和构成及物动词（元音为 o、a）。

① "干净"苗语吉卫话 ntsha¹，布努语七百弄话 nthɯ¹<* ʔ-thje。

"洗（衣服）"苗语吉卫话 ntsho⁵<* ʔ-thjo-s。勉语大坪话 dou⁵（洗手）<* ʔ-do-s。

② "梳"苗语养蒿话 ɣə⁶，先进话 z̥ua⁶，炯奈语长垌话 ŋi⁶<* ŋʷra-s。

③ "抱"苗语养蒿话 pə⁶，先进话 pua⁶<* bʷo-s。

④ "孵"苗语养蒿话 pə⁶，先进话 pua⁶，勉语三江话 pu⁶<* bʷo-s。

⑤ "用"勉语江底话 loŋ⁶，湘江话 noŋ⁶<* loŋ-s。

⑥ "养"苗语复员话 z̥oŋᶜ，畲语多祝话 zaŋ⁶<* ljaŋ-s。

⑦ "剖"苗语养蒿话 pha⁵，先进话 phua⁵<* phʷa-s。

⑧ "披"苗语养蒿话 pa⁵，先进话 mpua⁵<* ʔbʷa-s。

* -ŋ 名词后缀。

① "被子"苗语大南山话 paŋ⁶，勉语江底话 swaŋ⁵，大坪话 suŋ⁵<* s-ba-ŋ-s。

"盖"苗语养蒿话 mə⁶，先进话 mpo⁶<* ʔ-bo-s。

"盖（被子）"苗语青岩话 vau³，复员话 ʔwuᴮ，畲语多祝话 vu³<* ʔ-bʷu-ʔ。

② "坟"苗语吉卫话 ntsei⁵，高坡话 nzoŋ⁵，巴哼语文界话 ȵtɕe⁵<* ʔ-tjoŋ-s。

"坟"勉语江底话 tsou³，览金话 tθou³<* tjo-ʔ。

③ "初初一"苗语先进话 sa¹，勉语江底话 sɛːŋ¹，大坪话 hɛŋ¹<* s-khra-ŋ。

汉语"初" * s-khʷra> * tshra。

④ "动物油"苗语先进话 t̠aŋ²，先进话 ʈau²，复员话 z̥oŋᴬ<* groŋ。

"油"布依语 z̥u²<* rju。"油"黎语保定话 gwei³，黑土话 zuːi³<* ʔgʷri。

名词后缀 * -s 表示复数或集合，如：

① "云"勉语览金 van⁵，罗香话 bwən⁵′＜＊ʔbʷən-s。

② "雨"苗语养蒿话 noŋ⁶，巴哼语文界话 mo⁶＜＊m-noŋ-s。

③ "鸟"苗语养蒿话 nə⁶，巴哼语文界话 mo⁶＜＊m-no-s。

④ "蝴蝶"苗语先进话 ntsi⁵，枫香话 ntsi⁵，高坡话 mõ⁴mpi⁵，复员话 mʔple⁵＜＊m-ʔ-ple-s。

⑤ "糠"苗语养蒿话 fha⁵，石门话 sa⁵＜＊s-pʷja-s。

⑥ "蛋"苗语先进话 qe⁵，勉语东山话 klau⁵＜＊qle-s。

⑦ "双"勉语江底话 lɛːŋ⁶，览金话 geːŋ⁶＜＊gleŋ-s。

⑧ "眼睛"苗语养蒿话 mɛ⁶，勉语罗香话 mwei⁶，览金话 ŋwei⁶＜＊ŋʷe-s。

⑨ "脚"苗语养蒿话 tu⁵，先进话 teu⁵，复员话 toᶜ＜＊tu-s。

动词完成体后缀＊-t。

① "看"勉语江底话 maŋ⁶，大坪话 mɔŋ⁶＜＊mʷeŋ-s。

"看见"苗语复员话 mpuᴰ，勉语江底话 pwat⁸，览金话 fat⁸＜＊ʔ-bʷat。

② "搓"苗语养蒿话 fha¹，石门话 sa¹，畲语多祝话 fa¹＜＊s-pʷa。

"搓"勉语大坪话 sjɛt⁷＜＊s-pʷja-t。

3. 汉藏语词的比较

早期的汉藏语可能是 SOV 语序的黏着语，声母塞音清、浊两分，送气和不送气的对立是后来才有的。汉藏诸语中也有少数语言没有清送气的塞音，如独龙语、博嘎尔珞巴语。这些语言没有送气清塞音和不送气清塞音对立，可能是底层的表现。

汉藏语的送气塞音可能是在分化之后的屈折形态中发挥一定的作用。我们可以从词义、区分和形态的比较中看出，清、浊对立发挥的作用较为常见。擦音中送气和不送气的对立藏缅语中不是很普遍，应是后来才发展起来的。

（1）汉藏语语音的对应

早期的汉藏语塞音可能清、浊两分，送气塞音与它们对立之后辨义作用增加，并在屈折形态中发挥作用，这一点我们可以从形态的比较中看出来。

以下几组词可以说明汉藏诸语同根词语音的对应关系。

1）唇塞音的对应

	甫	婦	阜	哺
汉语	＊pʷjaʔ	＊bjəʔ	＊bju	＊bʷas
藏缅语	＊bo 父亲	＊pə	＊bo 山	＊s-bo 胸
侗台语	＊pho 丈夫	＊bʷo	po 山坡	＊ʔbas 肩膀
苗瑶语	＊pʷjo-ʔ 父亲	＊ʔbʷeʔ 妻	＊bʷe-ʔ 山	＊bʷos 肩膀

① "甫"＊pʷja-ʔ（《说文》男子美称也），"父"＊bʷja-ʔ。

"父亲"藏文 pha，博嘎尔珞巴语 a bo。"巫师、巫婆"墨脱门巴语 pa wa。

"丈夫"泰语 phuə¹，版纳傣语 pho¹＜＊pho。"父亲"泰语 phɔ³，侗语 pu⁴，锦语 pəu⁴＜＊bʷo-ʔ。

"父亲"苗语养蒿话 pa³，布努语七百弄话 po³＜＊pʷjo-ʔ。

"青年男子"勉语江底话 bjaːu²，览金话 baːu²＜＊bju。

② "婦（妇）"＊bjə-ʔ。

"妇女"独龙语 pɯ⁵⁵mɑ⁵⁵＜＊pə-。壮语武鸣话 pa²，仫佬语 pwa²＜＊bʷo。

"妻子"布努语七百弄话 ve³，瑶里话 vei³，巴哼语文界话 vo³＜＊ʔbʷe-ʔ。

③ "阜"＊bju（《释名》土山曰阜）。

"山"彝语喜德话 bo³³，木雅语 mbo⁵³＜＊bo。

"山坡"布依语 po¹，黎语保定话 pho³＜＊po。

"山"苗语养蒿话 pi⁴,复员话 vei^B<*b^we-ʔ。

④"哺"*b^was<*b^wa-s(《说文》哺咀也),"脯"*p^wja-ʔ(《说文》干肉也)。

"胸脯"藏文 sbo。

"肩膀"壮语武鸣话 ba⁵<*ʔbas。黎语保定话 tsɯ²va²<*kəb^wa。

"肩膀"苗语先进话 pu⁶,复员话 vu^C<*b^wo-s。

2）舌尖塞音的对应

	噣（喙也)	炷	刀	睹
汉语	*t^wok	*tjoʔ	*te	*t^waʔ
藏缅语	*pe-tak 劈	*mu-tu 火	*a-tho	*s-ta 看
侗台语	*s-tok 啄	*ʔdi-ʔ 灯	*tes 砍	*ʔda 眼睛
苗瑶语	*ʔdjut 嘴	*du-ʔ 火	*ʔduʔ 砍	*ʔdo 看

①"噣"*t^wok(《说文》喙也),"椓"*tok>*tjok(劈)。

"劈"博嘎尔珞巴语 peːtak<*pe-tak。"打破"藏文 gcog<*g-tjok。

"啄"毛南语 tjɔk⁷,傣语德宏话 sak⁷<*s-tok。

"嘴"勉语罗香话 dʐut⁷,樫子话、览金话 ɖut⁷<*ʔdjut。"啄"苗语养蒿话 tçu⁷,吉卫话 ntçu⁷,畲语多祝话 tju⁷<*ʔ-tjot。

②"炷"*tjo-ʔ,《说文》灯中火主也。

"火"彝语喜德话 mu²¹tu⁵⁵,武定话 mu³³tu⁵⁵<*mu-tu。

"灯"临高语 dəi³<*ʔdi-ʔ。

"火"苗语养蒿话 tu⁴(柴、火)<*du-ʔ,勉语三话 teu⁴<*dju-ʔ。

③"刀"*te,"剆"*tje(《说文》刓也)。

"刀"拉祜语 ɑ³⁵thɔ³³<*a-tho。

"砍"毛南语、仫佬语 tɛ⁵,水语 te⁵<*te-s。

"砍"苗语养蒿话 to³,复员话 nʔtu^B,勉语大坪话 dau³<*ʔdu-ʔ。

④"睹(覩)"*t^wa-ʔ,《说文》见也。

"看"藏文 lta,普米语 sto<*s-ta。"预兆"藏文 ltas。

"看见"水语 ndo³,莫语 djo³<*ʔdo-ʔ。

"眼睛"泰语 ta²,壮语龙州话 ha¹,临高语 da¹,水语 nda¹<*ʔda。

"看"布努语七百弄话 nta¹<*ʔdo。

汉语"目"*muk 和藏缅语"眼睛"藏文 mig,巴尔蒂语 mik 等对应。这是早期两个不同源头的词汇合于黄河流域的结果。南岛语系"看"巴塔克语 ida,"额"马都拉语 ɖai<*daʔi。

3）舌根塞音的对应

	鸠	盖	勾	空
汉语	*kju	*kaps	*ko	*khoŋ
藏缅语	*khu 布谷鸟	*khep 覆盖物	*kju 钩子	*khuŋ 孔
侗台语	*gu 斑鸠	*s-khop 关	*ʔgo 钩子	*khjoŋʔ 窟窿
苗瑶语	*ɢuʔ 布谷鸟	*khop 关	*ʔ-qes	*qhoŋ-ʔ 洞

①"鸠"*kju。

"布谷鸟"藏文 khu,木雅语 kə⁵⁵ku³³。

"斑鸠"仫佬语 kau²<*gu。黎语通什话 khou¹。

"布谷鸟"苗语腊乙坪话、大南山话 qu⁴<*ɢu-ʔ。

②"盖"*kap-s,《说文》苫也。"阖"*gap,《说文》门扇也,一曰闭也。

"覆盖物"藏文 kheb。"关(门)"藏文 rgyab,藏语阿力克话 wɟjap<*r-gjap。

"关（门）"苗语养蒿话 shu⁷，畲语多祝话 tshɔ⁷＜*skhop。

"关（门）"临高语 hɔp⁷，版纳傣语 hăp⁷＜*khop。水语 ŋap⁸＜*ŋgop。

③ "勾、钩"*ko，《说文》曲也。

藏文"钩子"kyu＜*kju，"弯曲"vgyus＜*m-gju-s。

"钩子"泰语 khɔ¹，壮语龙州话 kho¹，武鸣话 ŋo¹＜*ʔgo。

"钩子"苗语养蒿话 qa⁵，先进话 nqe⁵，布努语瑶里话 nqei⁵＜*ʔ-qe-s。

④ "空"*khoŋ，《说文》窍也。

"孔、穴"藏文 khuŋ。

"窟窿"泰语 tshɔŋ³＜*khjoŋ-ʔ。

"洞"苗语养蒿话 qhaŋ³，巴哼文界话 khoŋ³，炯奈语长垌话 khuŋ³＜*qhoŋ-ʔ。

4）流音的对应

	諭	養	湧	腾
汉语	*ljos	*g-ljaŋʔ	*ljoŋʔ	*ləŋ
藏缅语	*s-los 说	*s-loŋ 生	*g-loŋ 翻滚	*loŋ 竖起
侗台语	*loʔ 说	*leŋʔ 生养	*kʷliŋ 滚	*kloŋ 抬
苗瑶语	*ʔlos 话	*ljaŋ-s 养	*qloŋʔ 滚	*qloŋs 跳

① "諭"*ljo-s，告也。

藏文"说"slos＜*s-los，"说、念诵、叫喊"zlo＜*s-lo。

"说"毛南语 la⁴＜*lo-ʔ。

"话"苗语石门坎话 lu⁵＜*ʔlo-s。大南山话 lo⁴＜*lo-ʔ。

② "養（养）"*g-ljaŋ-ʔ＞*ljaŋ，《说文》供养也。"庠"*gljaŋ＞*zaŋ，《说文》礼官养老，殷曰庠。

"生（孩子）"土家语 loŋ⁵³，达让僜语 a³¹suŋ⁵⁵＜*s-loŋ。

"养、生（孩子）"傣语 leŋ⁴，锦语 zaːŋ⁴＜*leŋ-ʔ。

"养"苗语复员话 zoŋᶜ，畲语多祝话 zaŋ⁶＜*ljaŋ-s。

③ "湧"*ljoŋ-ʔ，《说文》滕也。

藏文"翻滚"loŋ，"翻动"gloŋ＜*g-loŋ，"漩涡、波浪"kloŋ。

"滚"壮语邕宁话 kliŋ³，武鸣话 ɣiŋ⁴，仫佬语 løːŋ⁴＜*kʷliŋ-ʔ。

"滚"苗语石门坎话 tlo³，野鸡坡话 qloŋᴮ＜*qloŋ-ʔ。①

④ "腾"*ləŋ＞*dəŋ，上跃，《说文》传也。

藏文"竖起"loŋ，"使立起"sloŋ＜*s-loŋ。

"抬"仫佬语 kyŋ¹，毛南语、锦语 tjuŋ¹＜*kloŋ。"竖（起）"水语 laŋ⁵＜*ʔleŋ-s。

"跳"苗语大南山话 tɬha⁵＜*qloŋ-s。②

汉藏诸语语音和形态历史演变的简要解释请参阅上文的讨论。

（2）汉藏语基本词的比较

汉语、藏缅语、侗台语和苗瑶语的同根对应词有着各自的形态特征、语音和语义演变不同情况。

1）汉语"日"*njit。③

"太阳"藏文 ɲi ma，缅文 ne²＜*ni。加龙语 doɲi，塔金语（Tagin）doni，博嘎尔珞巴语 doŋ ȵi＜*do-ni。

"太阳、日"苗语养蒿话 nhɛ¹，勉语江底话 nɔi¹，大坪话 nai¹＜*snʷi。

2）汉语"野"*lja-ʔ，《说文》郊外也。

---

① "滚"爪哇语 ŋ-guluŋ，萨萨克语 guluŋ＜*guluŋ。克木语 klɤŋ＜*kləŋ。就词源而言，苗瑶语的说法并不代表汉藏语的早期形式。

② 陈其光《苗瑶语文》："跳"巴哼滚董话 tjaŋ⁵³。

③ 与汉语的*njit 比较，藏缅语"太阳"*ni 丢失*-t。

"（田）地"却域语 le⁵⁵，土家语 li⁵³<*le。

"田"侗语南部方言 ja⁵，毛南语 ʔja⁵，仫佬语 ʔɣa⁵<*qla-s。

"地"苗语养蒿话 ta¹，高坡话 qə-tæ¹，巴哼语毛坳话 qa-le¹<*q-le。

3）汉语"谷"甲骨文 （佚 113）*kʷlok>*kʷok，《说文》泉出通川为谷。"峪"*gljok>*ljok，《玉篇》山也。

"山谷"壮语龙州话、柳江话 luk⁸<*luk。

"山谷"纳西语 lo²¹，吕苏语 luo³³ku⁵⁵<*loku。

"山坳口"苗语先进话 tleu⁸，枫香话 tlɛ⁸<*ɢʷlok。

4）汉语"岩（巖）"*ŋram，《玉篇》峰也。"儼（俨）"*ŋram-ʔ 鱼俭切，《说文》昂头也。"巉"*s-gram-ʔ>*dzramʔ。

"悬崖"景颇语 n³¹kam³¹<*-gam。"山坡"达让僜语 xɑ³¹gɯɯm⁵⁵<*-gem。

藏文"石"rgyam<*r-gjam，"崖"ŋam，"威严"rŋam<*ŋram。

"岭"苗语养蒿话 ɣaŋ²，炯奈语长垌话 kjɔŋ²，勉语江底话 tɕiːm²<*grom。

"山坳"布依语 tɕem⁶，侗语 ȶɯɯm⁶<*gjem-s。

5）汉语"水"*qʷ-lir-ʔ，甲骨卜辞指洪水、发洪水，或为河流之通名。①"洟"*ljir，《说文》鼻液也。

"流、漏"夏河藏语 ʐər<*ljər。

"溪"泰语 huəi³，壮语邕宁话 hlei⁵，水语 kui³<*khʷlər-ʔ。

"河"苗语石板寨话 ʁlei^A，大南山话 tɬe²<*ɢʷler（或*ɢʷli）。

6）汉语"雲（云）"甲骨文 （乙 390）*gʷjən，《说文》山川气也。

"烟"壮语武鸣话 hon²，水语 kwan²<*gʷon。

"烟"错那门巴语 me³⁵kun⁵⁵，傈僳语 mu³¹khu³¹<*me-gun（火-烟）。

"云"勉语双龙话 xwan⁵<*khʷon-s。勉语油岭话 von⁴<*bʷon-ʔ。

7）汉语"雺"*mok，"霿（雾）"*mog（《说文》地气发，天不应）。

"雾"藏文 smug。"云"墨脱门巴语 muk pa。

"雾"壮语 moːk⁷，西双版纳傣语 mɔk⁹<*ʔmok。

"雾"勉语江底话 mou⁶，大坪话 mu⁶<*mo-s。

8）汉语"窟"*khʷət（窟穴），"掘"*gʷjət（挖掘）。

藏文"山沟"khud，"挖掘"rkod。

"挖"布依语 kut⁸<*gut。傣语版那话 xut⁷<*khut。

9）汉语"涵"*gəm，《说文》水泽多也。

"泥塘、泥"藏文 adʐim<*agim。

"坑"壮语武鸣话 kum²，毛南语 tsəm²<*gum。

10）汉语"虎"*hʷla-ʔ，《说文》山兽之君。

"老虎"史兴语 la⁵⁵，彝语喜德话 lɑ⁵⁵，纳西语 lɑ³³<*la。

"老虎"苗语养蒿话 çə³，吉卫话 tɕo³，布努语瑶里话 suɔ³<*slo-ʔ。

11）汉语"鹰"*ʔjəŋ<*ʔləŋ。

"鹰"苗语先进话 tlaŋ³，勉语罗香话 klaːŋ³，勉语大坪话 kjaŋ³<*qlaŋ-ʔ。

"鹰"傣语版纳话 huŋ⁴<*loŋ-ʔ。

"鹰、鹞子"格曼僜语 glăŋ<*gləŋ。

12）汉语"蝇"*m-ljəŋ>*ljəŋ。

"苍蝇"临高语 vaŋ⁴，水语 ljan³，壮语邕宁话 jan¹<*mʷljaŋ-ʔ。

"飞虫"泰语 mlɛːŋ²，壮语邕宁话 mleːŋ²，布依语 neŋ²<*mlaŋ。

---

①　徐中舒.甲骨文字典［M］.成都：四川辞书出版社，2014：1183.

"蚊子"苗语先进话 ʑoŋ³，布努语瑶里话 joŋ³ < * ʔljoŋ-ʔ。

"蚊子"藏文 ɦbu luŋ < * mbu-luŋ（虫-蚊子）。

13）汉语"膋" * g-re，脂肪。《小雅·信南山》："以启其毛，取其血膋。"

"脂肪"扎坝语 ʑi¹³，吕苏语 zɨ³⁵ < * ru。

"油"布依语 ʑu² < * rju。"油"黎语保定话 gwei³，黑土话 zuːi³ < * ʔgʷri。

"动物油"苗语先进话 ʈaŋ²，先进话 ʈau²，复员话 ʑoŋᴬ < * groŋ。

14）汉语"葉（叶）" * ljap，《说文》草木之叶也。"葉" * ljap，《说文》薄也。①

"叶子"景颇语 lap³¹，独龙语 lap⁵⁵，格曼僜语 lop⁵³ < * lap。

藏文"叶子"lob ma，"扁"leb，"片"lheb < * slep，"压扁"gleb < * g-lep。

"细"傣语版纳话 lɛp⁸ < * lep。

15）汉语"子" * skə-ʔ > * tsəʔ。

"婴儿"格曼僜语 sɑ⁵⁵kɯ³¹ŋɑ³⁵ < * sakə-ŋa。"男人"藏文 skjes pa。

"小孩"勉语江底话 tɕwei³，长坪话 kwjei³，览金话 sei³ < * skʷe-ʔ。

"小孩"毛南语 laːk⁸ce³ < * lak-kjeʔ。

16）汉语"嗣" * g-ljə-s > * zjəs，"巳"甲骨文 ʃ（粹 330）* gljə-ʔ > * zəʔ（胎儿）。"胎" * slə > * thə，《尔雅》始也。

"下（蛋）"景颇语 ti³¹ < * li。

"下（小猪）"布依语 li⁴ < * li-ʔ，仫佬语 lui⁶ < * lwi-s。

17）汉语"首" * qlu-ʔ。②

"头"卢舍依语、来语（Lai）、班尤几语（Banjogi）lū，哈卡钦语 lu < * lu。史兴语 ʁʊ³³qhʊ³³lu⁵³。"额头"普米语 ɬo¹³，木雅语 -lø³³（头）< * lo。

"头"壮语邕宁话 hlau⁵，武鸣话 ɣau³，仫佬语 kɣo³ < * qlu-ʔ。

"脑髓"苗语宗地话 ɬəu¹，勉语烟园话 lauᴬ < * ʔlu（< * qlu）。

18）汉语"輔" * bʷja-ʔ（脸颊），引申指车两旁的木头，又引申指"辅助"。

"腮"哈尼语 ba³¹ba³³ < * baba，嘉戎语 təʐbɑ < * r-ba，缅文 pɑ³。

"嘴"布依语 pa⁵ < * pa-s。

"脸"苗语石门话 pau⁴，枫香话 pɔ⁴ < * bo-ʔ。

19）汉语"齿" * khjəʔ（《说文》止声）。

"牙齿"泰语 khiəu³，水语 ɕuˡ < * s-khjo-ʔ。

"牙齿"藏文 so，嘉戎语 swɑ，缅文 swɑ³，怒苏怒语 suɑ⁵⁵ < * skʷo。

20）汉语"舌" * s-ljat > * zljat > * dʑat。

"舌"景颇语 ʃiŋ³¹let³¹ < * s-let。

"舌头"苗语先进话 mplai⁸，勉语长坪话 blet⁸ < * ʔ-blat。

"舔"苗语先进话 ʑai⁸，炯奈语长垌话 ŋklai⁸ < * glat。

21）汉语"耳" * njə-ʔ。"刵" * njə-s，《说文》断耳也。

"而" * njə，《说文》颊毛也。③

"耳朵"藏文 rna。巴尔蒂语 sna，哈卡钦语 hna < * s-na。

"耳朵"彝语喜德话 n̥a²¹po³³，拉祜语 nɑ¹¹pɔ³³ < * sna-po。

---

① "叶子"，古英语 leaf、古撒克逊语 lof、古弗里斯语 laf < * lab。"细的、薄的"希腊语 leptos < * lep-。"薄的、脆的"，俄语 slavij < * slabʷi。这一类说法早在印欧语系、汉藏语系的最初扩展前已存在。

② 南岛语"头"排湾语 quɭu，木鲁特语、巴塔克语 ulu，巽他语 hulu，汤加语 ʔulu < * qulu。

③ 汉语和藏缅语"耳"当源于"脸" * na。"鼻子"缅文 hnaː²khɔŋ³ 即"脸-孔"。又指"鼻子"，如藏文、拉达克语 snɑ < * s-na。清代蒙文"腮根"sina，梵语"脸、嘴、鼻子"aːna。"鼻子"芬兰语 nenä、爱沙尼亚语 nina。这说明早期欧亚语言的词源关系。

"脸"壮语武鸣话 na³,水语 ʔna³<* ʔna-ʔ。

"胡须"苗语宗地话 n̥ʷa¹<* ʔna。

22）汉语"翁"* qʷloŋ>* ʔuoŋ,《说文》颈毛也。

"脖子"博嘎尔珞巴语 lɯŋ poŋ,缅文 laŋ²paŋ²<* loŋ-poŋ。

"脖子"黎语通什话 ɯ³ɬoŋ⁶<* ʔuloŋ。

"脖子"苗语养蒿话 qoŋ³,大南山话 tɬaŋ¹<* qloŋ。

23）汉语"腸"* laŋ,《说文》大小肠也。

"肚子"侗语 loŋ²<* loŋ。

"肠子"勉语江底话 klaːŋ²,大坪话 kjaŋ²<* glaŋ。

"肛门"藏文 gʑaŋ<* gljaŋ。"男生殖器"墨脱门巴语 loŋ<* laŋ。

24）汉语"手"* s-nuʔ,《说文》拳也。

"手指"阿昌语-nau³¹,怒苏怒语-nɯ⁵⁵<* snu。

"爪子"侗语 n̥əu¹,壮语 ɕaːu³<* snju-ʔ。

"爪"勉语湘江话 n̥iu³,览金话 n̥aːu³<* snju-ʔ。

25）汉语"亦"甲骨文夾（甲 896）* ljak,"腋"* ljak 。①

"腋"纳西语 lɑ²¹ko⁵⁵<* laku。

"腋"仫佬语 kɣaːk⁷<* klak。"腋"侗语、毛南语 saːk⁷<* sak。

"肋骨"侗语 laːk⁹hət⁷,水语 ʔdaːk⁷xət⁷<* ʔlak-kət(腋-骨)。

"腋下"苗语先进话 ɕə⁵,复员话 tsuᶜ,布努语七百弄话 sɔ⁷<* slok。

26）汉语"脅(胁)"* hjap,腋下,肋骨。"挟"* gap,《说文》俾持也。

"肋骨"错那门巴语 kep⁵³<* kep。"拥抱"藏文 khyab<* khjap。

"膈肢窝"德宏傣语 kɒŋ¹kaːp⁹<* ka-kap。"(腋下)夹"布依语 kaːp⁸<* gap。"夹"壮语邕宁话 kap⁸,毛南语 ŋgəp⁷<* ʔ-gap。

"挟(菜)"勉语江底话 dʑap⁷,湘江话 ʑap⁷<* ʔ-gjap。

27）汉语"腹"* pʷjuk 。②

"肚子"缅文 bok,嘉戎语 tə pok,那加语奥方言 te pok<* pok。

"肚子"临高语 boʔ⁸<* bok,黎语通什话 pok⁷<* pok。

"肚子"布努语七百弄话 pau⁵<* pus。

28）汉语"髎"* gru,《广韵》髋骨。"骹"* khre,《说文》胫也。

"膝盖"苗语养蒿话 tɕu⁶,复员话 ʑuᶜ<* gru-s,勉语东山话 tʂwai⁶<* gʷri-s。

"膝盖"黎语保定话 go⁶rou⁴<* goru-。

"肘"藏文 gru,嘉戎语 kru<* gru。

29）汉语"止"甲骨文ᵇ（甲 600）* kjə-ʔ,带趾的足形。"趾"字后起。

"脚"道孚语、却域语 ʂko<* s-ko。

"脚后跟"布依语 tɕeu³<* kjuʔ。

30）汉语"甲"甲骨文田（甲 632）* krap,《释名》孚甲也。

"鳞"藏文 khrab<* krap。

"指甲"布依语 zip⁸,壮语武鸣话 kjip⁷,水语 ʔdjap⁷<* krjap。

31）汉语"頂"* teŋ-ʔ,《说文》颠也。

---

① 南方其他语言,"腋"佤语 klaik<* klak。南岛语系"腋"巽他语 kelek,萨萨克语 klelek<* kelek。

② 汉语"腹"与"背"* pək-s,对应于南岛语系语言"背"赛德克语 bukui<* bukoʔi,贡诺语 boko<* boko。"胸"邵语 paku。"身体"马京达瑙语、那大语 vəki,巽他语 awak(<* bʷəki、* ʔabʷak)等。

"上面"藏文 steŋ<*s-teŋ。

"前(边)"壮语 taːŋ⁵，黎语保定话 daŋ⁵<*ʔdaŋ-s。

"前边"勉语江底话 daːŋ⁶(先)，湘江话 daŋ⁶<*daŋ-s。

32）汉语"当(当)"*klaŋ>*taŋ，中也。

"中间"怒苏怒语 goŋ³³<*goŋ。

"中间"泰语 klaːŋ²，壮语武鸣话 kjaːŋ¹，布依语 tɕaːŋ¹<*klaŋ。

"中间"苗语养蒿话 ȶoŋ¹，先进话 ȵ̩taŋ¹，复员话 ȵ̩ʔʈʂoŋᴬ<*kloŋ。

33）汉语"捕"*bʷa-s，取也。

"手"泰雅语 qəbaʔ<*qəba-ʔ。"手掌"泰语 fa⁵，布依语 va¹<*ʔbʷe。

"拿"苗语养蒿话 mɛ¹，先进话 mua¹<*ʔbʷe。

"拿"墨脱门巴语 bu。

34）汉语"脱"*qʷ-lat>*thʷat，"蜕"*qʷ-lat-s>*thʷats。

"解开"藏文 glod<*g-lot，"松开"klod<*k-lot。"滑的"独龙语(tɯ³¹)klat⁵⁵，阿昌语 tʂhuat⁵⁵，浪速语 tʃ<u>a</u>t⁵⁵<*klat。

"释放"嘉戎语 ka lɐt<*ka-lot，缅文 hlot<*s-lot。

"脱(粒)"壮语柳江话 pjet⁷，仫佬语 pɣət⁷<*p-let。

"脱(把)"泰语 lut⁷<*q-lot，侗语 ljot¹⁰<*lot。

"脱(逃脱)"苗语先进话 tli⁶<*ɢʷlas，高坡话 ka⁸，复员话 ʁwaᴰ<*ɢʷ-let。

35）汉语"茹"*nʷja。

"吃"苗语养蒿话 naŋ²，枫香话 noŋ²<*na。

"饭"苗语石门话 nau⁵，勉语江底话 naːŋ⁵，大坪话 nɔŋ⁵<*s-naŋ-s。

"吃、喝"毛南语 na⁴<*na-ʔ。

"嚼"阿侬怒语 ȵa⁵⁵u³¹<*snja-ʔu，吕苏语 na³³ta⁵³ta⁵³<*na-。

36）汉语"聽(听)"*s-njəm，《说文》聆也，壬声。①

"耳朵"错那门巴语 nem³⁵nɛʔ⁵³<*nem-neʔ。

"耳朵"勉语龙定话 m̩³¹noːm³¹<*ma-nom。

"闻、嗅"藏文 snom。

"闻、嗅"勉语江底话 n̩om³，览金话 hɔːm⁵′<*s-nom-s。

37）汉语"記"*kjə-s。

"知道"藏文 çes，藏语夏河话 çhi<*ske-s。

"记得"毛南语 ci⁵，水语 ȶi⁵<*kji-s。

"记"苗语复员话 n̩ʔtɕuᶜ，布努语七百弄话 ȵ̩tɕɔ⁵<*ʔ-kju-s。

"记"(记得)勉语江底话 tɕaŋ⁵，览金话 saŋ⁵，大坪话 kɛŋ⁵<*s-kjeŋ-s。

38）汉语"燥"*ske-ʔ>*tseuʔ，《说文》干也。②

"干的"基诺语 a⁴⁴kɯ⁴⁴<*-kə。

"炒"老挝语 khuə³，傣拉语 kho³，侗语 çeu³<*s-khju-ʔ。

"炒"勉语江底话 tshaːu³，长坪话 saːu³，东山话 ȶha³<*s-khju-ʔ。

"炒"苗语养蒿话 ka¹，复员话 tɕeᴬ，布努语七百弄话 kjai¹<*kje。

39）汉语"注"*tjo-s，《说文》灌也。

"水"藏文 tɕhu<*thju，扎坝语 tʌ¹³，阿昌语 ti⁵⁵<*ti。

"泡(饭)"苗语先进话 ȵ̩tʂe⁵，复员话 nʔtsiᶜ<*ʔ-tje-s。

---

① 古汉语"聽"的另一读法为后世所承的 *qleŋ>*thieŋ，与"聖(圣)"*qljeŋ-s>*hljeŋs 有词源关系。

② 谐声字如"臊"*ske-s>*ʂeus。

40）汉语"共"甲骨文 （续 5.5.3）*g^{w}joŋ-s，《说文》同也。"拱"*k^{w}joŋ-ʔ。

"抬"独龙语 ɑ^{31}grɑŋ^{53}＜*graŋ。

"抬"仫佬语 kyŋ^1，毛南语、锦语 tjuŋ^1＜*kjoŋ。

"抬"勉语江底话 tɕɛːŋ^1，长坪话 kjeŋ^1，览金话 ʈeːŋ^1＜*kjeŋ。

41）汉语"住"*djo-s。"驻"*tjo-s，《说文》马立也。①

"站"义都珞巴语 de^{55}。"停止"博嘎尔洛巴语 daː。

"停"傣语德宏话 sau^2＜*dju。

"等候"勉语江底话 tswo^3，东山话 ʈu^3＜*t^{w}jo-ʔ。

42）汉语"候"*go-s＞*ɣos。

"等待"藏文 sgug＜*sgu-g。"站"却域语 ʂkhe^{55}＜*s-ke。

"等待"布依语 ça^3，毛南语、侗语 ka^3＜*s-kje-ʔ。

43）汉语"念"*nəm-s＞*niəms，《说文》常思也。

"想法"藏文 nyams。

"想"壮语邕宁话 nam^3，仫佬语 nam^3＜*s-nem-ʔ。

"心服"泰语 jɔːm^2，老挝语 ȵɔːm^2＜*njom。

"想"勉语江底话 nam^3，罗山话 lam^3＜*s-nem-ʔ。

44）汉语"禽（擒）"*grəm，网捕禽兽。"罧"*s-krəm-s＞*srəm、*siəm，《说文》积柴水中聚鱼也。

"抓住"藏文 sgrim。

"抓"壮语武鸣话 kam^6＜*gəm-s。

45）汉语"鬥"*to-s，《说文》两士相对，兵杖在后，象斗之形。

藏文"对手"do，"较量"sdo，"拼"sdor＜*s-do-r。

"打架"壮语武鸣话 to^4＜*do-ʔ，水语 tu^{3}ta^3＜*-to-ʔ。

"打架"苗语大南山话 ȵ̩tou^5，枫香话 ȵ̩tɕou^5＜*tju-s。

46）汉语"刮"*k^{w}rat，《说文》掊把也。"擦"*s-khrat。

"刮"嘉戎语 khrot，缅文 rit。

"磨"黎语保定话 hwaːt^7，堑对话 luɯt^8＜*k^{w}rat。

"磨（谷子）"苗语吉卫话 z̩o^8，复员话 wju^D，枫香话 ɣau^8＜*g^{w}rot。

47）汉语"易"*ljaŋ，《说文》开也。

"释放"独龙语 sɿ^{31}laŋ^{31}u^{31}＜*si-laŋ-。

"敞开"壮语邕宁话 plaŋ^5，水语 plaːŋ^5＜*p-laŋ-s。

"掀开"壮语邕宁话 pluːŋ^3，毛南语 pəːŋ^3＜*p-ləŋ-ʔ。

"放"仫佬语 laːŋ^6，壮语武鸣话 ɕoŋ^5＜*s-laŋ-s。

"放（走）"苗语养蒿话 ɕaŋ^5，吉卫话 tɕaŋ^5，布努语瑶里话 sɛ̃^{5}＜*sleŋ-s。

48）汉语"拯（抍）"*tjəŋ-ʔ。"升（昇）"*s-tjəŋ，《说文》日上也。

藏文"高举"gdeŋ。"高举、竖起"gzeŋ。

"举"临高语 doŋ^2＜*doŋ。

"跳"勉语烟园话 djaŋ^A，巴哼滚董话 tjaŋ^1＜*tjoŋ。

49）汉语"將"*s-kjaŋ，拿、扶，《说文》帅也。

藏文"拳、握"changs＜*khjaŋ-s，"柄"ɦchangs＜*m-khjaŋ-s。

"打（伞）"版纳傣语、壮语武鸣话、毛南语 kaːŋ^1＜*kaŋ。

"拿"畲语下水村话 khwaŋ^{35}。②

---

① 汉语其他引申义词，如"尌"*d^{w}jo-s＞*zuos(立也)，"树"*d^{w}jo-s，"竖"*d^{w}jo-ʔ 等。

② 陈其光《苗瑶语文》中该词的原文为 kwhaŋ^{35}。

50）汉语"叠（叠）"﹡dəp>﹡diəp。

藏文"折"ldeb<﹡l-dep。"增添"rdzob<﹡r-djop。"加倍、重叠"lteb<﹡l-tep。

"叠"临高语 dap^8，布依语 tap^8<﹡dep。

51）汉语"趋"﹡s-kho-s>﹡tshios，疾行也。

"快"苗语养蒿话 xhi^5，炯奈语长垌话 ɣwei^5，畲语多祝话 ha^5<﹡s-kh^{w}e-s。

"快"仫佬语 hwəi^5，水语 hoi^5<﹡kh^{w}e-s。

"快"纳木兹语 khu^{53}，纳西语 tʂhu^{21}<﹡khju。

52）汉语"發"﹡p^{w}jat，弓弩的发射。"潑"﹡ph^{w}at。

"泼（水）"错那门巴语 phɔt^{53}。"呕吐"格曼僜语 phɑt^{55}。

"扔"壮语龙州话 vit^7，黎语通什话 fet^7<﹡p^{w}et。

"甩"壮语武鸣话 faːt^7<﹡p^{w}at，柳江话 fit^8<﹡b^{w}et。

53）汉语"剖"﹡pho，《说文》判也。

"劈"吕苏语 pha^{53}，嘉戎语 phjɑ<﹡pha。

"劈"泰语、版纳傣语 pha^5<﹡pha-s。

"剖"苗语养蒿话 pha^5，先进话 phua^5<﹡ph^{w}a-s。

54）汉语"闢"﹡b^{w}jik，《说文》开也。"辟"﹡bik，卜辞"辟门"为宫室之门。"壁"﹡pik，隔墙。"僻"﹡phik，《说文》避也。"劈"﹡phik，《说文》破也。

"分离"藏文 ɦbreg，bregs（命令式）。"打开"墨脱门巴语 phek。

"裂"毛南语 phik^7。"区别"侗语 phje^5 pjik^9。

55）汉语"割"﹡kat，《说文》剥也。"害"﹡gat-s，《说文》伤也。

藏文"隔断"cad<﹡kjat，"弄断"gchod<﹡g-khjot，"分割"bgod<﹡b-got。

"割"毛南语、仫佬语 kat^7。

56）汉语"攝（摄）"﹡s-nap>﹡hjap，《说文》引持也。

"捏起来"藏文 ȵab<﹡njap。

"抓"壮语柳江话 ȵap^7，毛南语 ȵap^8<﹡ʔ-njap。

57）汉语"尋（寻）"﹡ljəm>﹡zəm，探究。

"找"景颇语 tam^{33}，墨脱门巴语 lam，阿昌语 liam^{55}<﹡lam。

"打猎，追"侗语 lam^1<﹡ʔlem。

"摸"勉语龙定话 lom^1，油岭话 lum^3<﹡ʔlom-ʔ。

58）汉语"蓋（盖）"﹡kap-s（《说文》苫也）。

"关（门）"藏语阿力克话 wɟjap<﹡rgjap。藏文"覆盖物"kheb。

"关（门）"苗语养蒿话 shu^7，畲语多祝话 tshɔ^7<﹡skhop。

"关（门）"临高语 hɔp^7，版纳傣语 hǎp^7<﹡hop。水语 ŋap^8<﹡ŋgop。

59）汉语"挟"﹡gap（《说文》俾持也）。

"拥抱"藏文 khyab<﹡khjap。

"膈肢窝"德宏傣语 kɒŋ^1 kaːp^9<﹡ka-kap。

"（腋下）夹"布依语 kaːp^8<﹡gap。

"夹"壮语邕宁话 kap^8，毛南语 ŋgəp^7<﹡ʔ-gap。

60）汉语"易"﹡ljik（倾注）。"賜"﹡s-lik-s>﹡siks（《说文》予也）。

"倒（水）"博嘎尔珞巴语 lɯk<﹡lik。"斟酌"藏文 gzig<﹡g-lik。

"换（衣服）"泰语 lɛːk^{10}，壮语武鸣话 ɣiək^8<﹡lik。水语 lik^7<﹡ʔ-lik。

61）汉语"猶"﹡lju，欺骗。《小雅·侯人》："兄及弟矣，式相好矣，无相猶矣。"

"引诱、勾引"藏文 slu。

"欺骗"壮语、布依语 lo^4，侗语南部方言 lau^4<﹡lu-ʔ。

62）汉语"浮"*bju，泛也。"孵"*pʷju。

"漂浮"缅文pɔ²，彝语bu³³<*bu。"气泡"藏文sbu。

"漂浮"黎语通什话bau¹<*ʔbu。

"漂"勉语江底话bjou²，东山话bjau²<*bu。

63）汉语"啄"*tʷuk。"叔"*s-tʷjuk，拾取。

"捡"景颇语thaʔ³¹<*thak。"啄"藏语阿力克话ntok<*m-tok。

"啄"毛南语tjɔk⁷<*tjok。傣语德宏话sak⁷<*stok。

"啄"苗语养蒿话tɕu⁷，吉卫话ntɕu⁷，畲语多祝话tju⁷<*ʔ-tjuk。

64）汉语"屏"*pieŋ-ʔ，《说文》屏蔽也。"摒（拼）"*p-r-eŋ，排除。

"蒙盖"却域语spho¹³<*s-pho。

"埋"泰语faŋ¹，壮语龙州话phaŋ¹，水语haːŋ⁵<*phʷaŋ-s。

"藏"（躲藏）勉语江底话piːŋ⁵，大坪话bɔŋ⁵<*ʔbʷeŋ-s。

65）汉语"挺"*deŋ-ʔ徒鼎切（《说文》拔也）。"靖"*s-dreŋ>*dzreŋ（《方言》卷六，高也）。

藏文"高举"gdeŋ<*g-deŋ，"高举、竖起"gzeŋ<*g-djeŋ。

"举"临高语doŋ²<*doŋ。

66）汉语"扬"*ljaŋ，举也。《小雅·大东》："维南有箕，不可以簸扬。"

"上升"藏文laŋs<*laŋ-s。

"举（手）"壮语龙州话、锦语jaŋ⁴，仫佬语ɣaŋ⁴<*leŋ-ʔ。

"伸（手）"布依语ʑaŋ⁴，仫佬语hɣaːŋ⁴<*g-laŋ-ʔ。

"扬（麦子）"壮语laːŋ⁶<*laŋ-s，仫佬语jaːŋ²<*ljaŋ。

"簸箕"壮语doŋ³，傣语loŋ³<*ʔ-loŋ-ʔ。

"簸（米）"苗语吉卫话pʐu³，布努语七百弄话ptsoŋ³，炯奈语长峒话pjɔŋ³<*p-loŋ-ʔ。

67）汉语"陽"*ljaŋ（《说文》高明也）。《小雅·湛露》："湛湛露兮，匪阳不晞。""阳"，日也（《毛传》）。"晹"*ljaŋ与章切（《说文》日出也）。"煬"*ljaŋ-s余亮切（《说文》炙燥也）。

"太阳"普标语qa³³ɬaːŋ⁵³<*qa-laŋ。"阳光"水语ça:ŋ¹，黎语保定话ɬɯːŋ¹<*s-laŋ。

"亮的"苗语大南山话kaŋ²，野鸡坡话ʁwenᴬ，枫香话qwoŋ²<*ɢʷleŋ。

"亮的"缅文laŋ³<*laŋ。吕苏语ba³³laŋ⁵³laŋ³¹<*balaŋ。

而免凶也。

68）汉语"令"*m-reŋ-s（好的），"幸"*g-reŋ-ʔ，吉"好"藏语夏河话zaŋ。

"好"苗语养蒿话ɣu⁵，先进话ʐoŋ⁵，炯奈语长峒话ŋwaŋ⁵<*ʔgʷreŋ-s。

"美"临高语luaŋ³，毛南语ca:ŋ⁶<*graŋ-s。

69）汉语"清"*sthjeŋ>*tshjeŋ。

藏文"晴"thaŋ，"变晴"dwaŋs<*dʷaŋ-s，"洁净"gtsaŋ<*g-thjaŋ。

"清"苗语养蒿话ɕhi¹，复员话nʔtsheᴬ<*m-thjeŋ，勉语湘江话dzaŋ¹<*ʔ-djeŋ。

"晴"临高语daŋ⁴<*deŋ-ʔ。

70）汉语"舊（旧）"*gjəs，《说文》留也。

"老、旧"泰语kɛ⁵，仫佬语ce⁵，壮语武鸣话ke⁵，毛南语ce⁵<*kes。

"老"勉语江底话ku⁵，梁子话ko⁵<*kos。

"旧"哈尼语墨江话kɛ⁵⁵<*ke。

71）汉语"考"*khlu-ʔ，寿也、成也。

"老"扎坝语o⁵⁵lo⁵⁵<*ʔolo。"旧"独龙语aŋ⁵⁵li⁵⁵<*-li。

"老"仫佬语lo⁴<*lu-ʔ。

"老"苗语养蒿话lu⁴<*lu-ʔ。

72）汉语"尚"*g-ljaŋ-s>*ʑaŋs，高也。"堂"*glaŋ>*daŋ，《说文》殿也。

"高"达让僜语 kɑ³¹lɯŋ⁵⁵,格曼僜语 kloŋ⁵³<*ka-loŋ。"竖起"藏文 loŋ。

"站"仫佬语 laŋ⁴<*laŋ-ʔ。"长(大)"黎语通什话 loŋ¹<*ʔloŋ。

"高"勉语江底话 łaŋ¹,罗香话 gaŋ¹,炯奈语长垌话 ŋkjen¹<*ʔgljeŋ。

73)汉语"局"*gok,《说文》促也。

"弯曲的"藏文 gug,傈僳语 go³¹<*guk。

"弯"苗语吉卫话 ŋkhu⁷,宗地话 ŋko⁷<*ʔ-khuk。

"跪"侗语、水语 t̠ok⁸,佯僙语 kok⁸<*gok。

"肘"壮语邕宁话 tsuk⁸,泰语 sɔːk⁹,临高语 dok⁸<*sguk。

74)汉语"叕"*tʷat,短也。《淮南子·人间训》:"圣人之思修,愚人之思叕。"

"短"景颇语 to̠t⁵⁵<*tot。

"短"黎语 that⁷<*tat。"剪裁"泰语 tat⁷,临高语 daʔ⁷<*ʔ-dat。

75)汉语"修"*slu,修长。"悠"*lju,悠久。

"长"景颇语 kă³¹lu³¹<*kalu。

"长"勉语江底话 daːu³,大坪话 du³<*ʔlu-ʔ。"久"江底话 lau²,大坪话 lu²<*lu。

"大"布依语、水语 laːu⁴<*lu-ʔ。

76)汉语"狭"*grap。①

"窄"景颇语 kjip⁵⁵。"狭窄"缅文 kjɑp。

"窄"壮语武鸣话 kap⁸<*gap。

"窄"苗语先进话 Nqai⁸,瑶里话 ŋkja⁸,勉语江底话 hep⁸<*ɢjap。

77)汉语"熠"*g-ljəp>*ljəp 羊入切;*gləp>*ɦiəp 为立切,《说文》盛光也。

"照耀"藏文 lheb<*s-lep。"闪(电)"墨脱门巴语 taŋ lep<*ta-lep。

"闪(电)"泰语 lɛːp¹⁰,壮语龙州话 meːp⁸<*m-lep。

"闪(电)"侗语南部方言 laːp⁹,毛南语 daːp⁷<*ʔ-lap。

"闪电"勉语江底话 dʑap⁸,湘江话 gja⁸,长坪话 ðja⁸<*gljep。

78)汉语"光"*kʷaŋ。"煌"*gʷaŋ>*ɣʷaŋ,《说文》辉也。

"清楚的"波拉语 khjɔ̃⁵⁵<*khjoŋ。"灯盏"藏文 koŋ po。

"阳光"泰语 sɛːŋ¹,水语 çaːŋ¹<*skjaŋ,毛南语 cheːŋ¹<*khjeŋ。

"亮"水语 qaːŋ¹,毛南语 caːŋ¹<*kjaŋ。

"亮"苗语养蒿话 faŋ²,枫香话 qwoŋ²<*ɢʷoŋ。

"光亮"勉语江底话 gwjaŋ¹,大坪话 vjaŋ¹<*ʔgʷjeŋ。

79)汉语"寒"*gan,《说文》冻也。

"冷"彝语喜德话 ŋgo³³,纳木兹语 gæ⁵³<*ga。

"凉"黎语保定话 gan¹,保城话 han⁴<*gan。

"凉"苗语养蒿话 sei⁴,先进话 tsa⁴,枫香话 sen⁴<*gjen-ʔ。

80)汉语"淫"*ljəm,《说文》侵淫随理也。《大雅·有客》:"既有淫威,将福孔夷。"

藏文"浸润"lum,"酒糟"glum(ro)<*g-lum。

"水"壮语武鸣话 ɣam⁴<*lem-ʔ。"湿的"傣语德宏话 jam²<*lem。

"沉"侗语南部方言 jam¹,水语 ʔɣam¹<*ʔ-lem。

"沉"勉语江底话 tsem²,览金话 siːm²,东山话 tin²<*djem。

81)汉语"早"*sku-ʔ,《说文》晨也。

"早晨"扎坝语 sʊ⁵⁵khə⁵⁵n̠i⁵⁵,哈尼语 ɔ³¹so³¹。

"早"黎语通什话 kaːu³<*ku-ʔ。

---

① 同根词如"挟"*krap,"峡"*grap,中缀表示两边相夹。

"早"苗语养蒿话 so³,石门话 ntsou³,高坡话 nzə³<* s-ŋgju-ʔ。

"早"勉语江底话 dzjou³,长坪话 gjou³<* ʔ-gju-ʔ。

82) 汉语"怠"* lə-ʔ,《说文》慢也。

"迟"拉祜语 lɛ³³,哈尼语绿春话 lɤ³³<* le。"慢"哈尼语绿春话 lo³³ je³³<* lole。

"迟"傣语 la³<* ʔle-ʔ。

"迟"苗语先进话 li⁶,青岩话 le⁶<* le-s。

83) 汉语"喋"* k-lap>* tiap,血流貌。

"滴"勉语江底话 djop⁷,大坪话 dɛp⁷<* ʔlop。

"漏"黎语通什话 zop⁷,堑对话 zap⁷<* ʔlop。

"滴"格曼僜语 dzɑp³⁵<* dap。

84) 汉语"畴"* du。《尔雅》:"畴、孰,谁也。"①

"什么"却域语 ndie¹³<* ʔdje。

"哪个"壮语武鸣话 ʔan¹laɯ¹,傣语版纳话 ʔăn¹dăi¹<* ʔa-ʔdi。

"哪"苗语养蒿话 tei⁶,先进话 tu⁶<* djo-s。复员话 ðuᴮ<* djo-ʔ。

85) 汉语"毋"* mʷja,卜辞义"不会""不要"。"無(无)"* mʷja,《说文》亡也。

"不"拉萨藏语 ma¹³,缅文 mɑ¹<* ma-ʔ。

"不"布努语 ma²<* ma。

"不"藏文 mi,羌语 mi⁵⁵<* mi,壮语龙州话 mi²,水语 me²。

　　以上的对应有的可能是后来不同语族语言之间的早期借用,多数词根的对应情况还是可以说明它们的发生学关系。

(3) 汉藏语早期文明相关词

早期农业文明和定居带来的词,诸语中有所保留,包括早期的借词。

1) 汉语"田"* lin。"畋"甲骨文🔲(前6.11.2)* lin,《说文》平田也。

"田地"错那门巴语 leŋ³⁵<* liŋ,藏文 sa ʑiŋ<* sa-liŋ。

"地"泰语 din²,布依语 dɛn¹,德宏傣语 lin⁶<* ʔ-lin。

"田"苗语养蒿话 ɬi²,畲语多祝话 nin²,勉语览金话 giːŋ²<* glin。

2) 汉语"窑"* blju>* lju。"陶"* blu>* du,《说文》再成丘也,从阜匋声。②
《大雅·绵》:"陶复陶穴,未有家室。"

"房子"道孚语 jo<* lo。

"窑"泰语 tau²,老挝语 tau¹ʼ<* plu。

"房子、家"苗语吉卫话 pzɯ³,勉语三江话 plɔu³<* plo-ʔ。

3) 汉语"缶"* pʷlu-ʔ,《说文》瓦器,盛酒浆,秦人鼓之以节䚢。

"罐子"达让僜语 khɯ³¹phlɯu³⁵。

"锅"布依语 çaːu⁵,侗语 taːu¹,黎语 thau¹<* plu。

"烧"泰语 phau⁵,水语 plaːu⁶<* blu-s。"烧(饭)"侗语 taːu³<* plu-ʔ。

"锅"苗语宗地话 ʐein⁴,复员话 wenᴮ<* blen-ʔ。

4) 汉语"鼎"* teŋ-ʔ。

"罐子"格曼僜语 nthuŋ³⁵,独龙语 tɕuŋ⁵⁵。"坛子"藏文 tɕhaŋ ban<* thjaŋ-。

"锅"水语 tseŋ⁶<* djeŋ-s。

"锅"勉语江底话 tshɛːŋ¹,长坪话 sjeŋ¹<* s-thjeŋ。

---

① 汉语"谁"* dʷjə-r>* ʐuər,《说文》何也。"孰"* dʷjuk>* ʐuk。

② "匋"* b-lu,《说文》包省声。

5）汉语"芑"＊khjə-ʔ，白黍。

"小米"景颇语 ʃa³³kji³³。"米"墨脱门巴语 khu，义都珞巴语 ke⁵⁵。

"小米"勉语江底话 tsai¹，樔子话 ȶi¹＜＊kji。

"米"苗语养蒿话 shɛ³，先进话 tsho³（小米）＜＊tsheʔ＜＊khje-ʔ。

"米"巴哼文界话 ȵtɕʉ⁵，巴哼语长垌话 ȵtʃei⁵＜＊ʔ-kje-s。

6）汉语"麪（麵）"＊mjan-s，麦屑末也，丏声。①

"面粉"阿昌语 mun³⁵＜＊mun。怒苏怒语 sa³³mɔ³³＜＊samo。

"（面粉）细"苗语养蒿话 moŋ⁴，布努语瑶里话 mə⁴，勉语大坪话 mun⁴＜＊mon-ʔ。

"粉末"布依语 mɯn⁶，莫语 mən⁶＜＊mən-s。

7）汉语"麩（麩）"＊phʷja，《说文》小麦屑皮也。

"糠"缅文 phwɑi³＜＊phʷi。吕苏语 pha⁵⁵＜＊pha。

"糠"苗语养蒿话 fha⁵，石门话 sa⁵＜＊s-pʷja-s。"轻的"苗语养蒿话 fha¹，石门话 ʂi¹，畲语多祝话 fui¹＜＊s-pʷje。

"糠"侗语 va⁶＜＊bʷas，黎语保定话 hwa³＜＊phʷa-。

8）汉语"酒"＊klju-ʔ＞＊tsjuʔ，《说文》酉亦声。

"酒"墨脱门巴语 ju＜＊lju。

"酒"泰语 lau³，侗语南部方言 khwaːu³ʹ，仫佬语 khɣəi³ʹ＜＊kluʔ。

"酒"苗语养蒿话 tɕu，勉语江底话 tiu³，三江话 diu³＜＊tjuʔ＜＊klu-ʔ。

9）汉语"针（鍼）"＊kjəm，《说文》所以缝也；＊krəm（以针治病）。②

"针"墨脱门巴语 kham＜＊kham，"缝"藏文 ɦtshem＜＊m-khem。

"针"泰语 khem¹，壮语武鸣话 ɕim¹，水语 sum¹＜＊s-khrem。

"针"苗语养蒿话 tɕu¹，勉语江底话 sim¹，东山话 tɕɛn¹，大坪话 tsum¹＜＊s-kʷjem。

"刺"（名词）勉语江底话 dʑim³，罗香话 jim³＜＊ʔ-gjem-ʔ。

10）汉语"羊"＊g-ljaŋ＞＊ljaŋ。③

"绵羊"达让僜语、义都珞巴语 kɯ³¹joŋ³⁵＜＊kəloŋ。

"羊"布依语 ʑuːŋ²＜＊ljuŋ。黎语通什话 zeːŋ⁴＜＊ljeŋ-ʔ。（古汉语借词）

"羊"苗语养蒿话 zoŋ²，勉语东山话 wjə²，大坪话 dziŋ²＜＊gljəŋ。

汉语、藏缅语、侗台语和苗瑶语早期同根词的对应，可保留在不同语支的语言中，其他语支中或被替换。如大量的南岛语词和中古以来的汉语借词在侗台语中占有数量上的优势，早期的汉藏语词仅仅保留在个别语言或方言中。

---

① 麦子在东亚的种植约 4 000 年，汉语"麪"与"綿"＊mjan-ʔ（《说文》联微也）可能有词源关系。

② "针（鍼）"说法可能来自进入义的动词，如"淦"＊kəm《说文》水入船中也，"侵"＊skhjəm《说文》渐进也。金属针或锥子最早的使用可能不会晚于距今 4 000 年前，此前还有骨、竹、石等磨制的针。

③ 这可能是北方地区后来传播的。南方"羊"的说法如：德宏傣语 me³＜＊ʔbeʔ。佤语岩帅话 peʔ。

主要参考文献

A.梅耶.历史语言学中的比较方法[M].岑麒祥,译.王开庭,校订.北京:科学出版社,1957.

包拟古.原始汉语与汉藏语[M].潘悟云,冯蒸,译.北京:中华书局,1995.

布龙菲尔德.语言论[M].袁家骅,等译.北京:商务印书馆,1988.

陈康.台湾高山族语言[M].北京:中央民族学院出版社,1992.

陈其光.苗瑶语文[M].北京:中央民族大学出版社,2013.

傅懋勣.论民族语言调查研究[M].北京:语文出版社,1998.

G.J.兰司铁.阿尔泰语言学导论[M].陈伟,沈成明,译.北京:中国社会科学出版社,1981.

高本汉.中上古汉语音韵纲要[M].聂鸿音,译.济南:齐鲁书社,1987.

高明.古文字类编[M].北京:中华书局,1980.

龚煌城.汉藏语研究论文集[M].北京:北京大学出版社,2004.

何大安,杨秀芳.南岛语与台湾南岛语[M].台北:远流出版有限公司,2000.

河南省文物考古研究所.舞阳贾湖[M].北京:科学出版社,1999.

黄布凡.藏缅语族语言词汇[M].北京:中央民族学院出版社,1992.

柯蔚南.藏语动词的形态变化[C]//中国社会科学院民族研究所语言室.民族语文情报资料集(3).俞观型,译.1984.

李锦芳.布央语研究[M].北京:中央民族大学出版社,1999.

梁敏,张均如.侗台语族概论[M].北京:中国社会科学出版社,1996.

刘润清.西方语言学流派[M].北京:外语教学和研究出版社,1995.

鲁惟一.中国古代典籍导读[M].李学勤,等译.沈阳:辽宁教育出版社,1997.

潘悟云.汉语历史音韵学[M].上海:上海教育出版社,2000.

蒲立本.上古汉语的辅音系统[M].潘悟云,徐文堪,译.北京:中华书局,1999.

P.K.本尼迪克特.汉藏语言概论[M].乐赛月,罗美珍,译.北京:中国社会科学院民族研究所语言室,1984.

萨丕尔.语言论[M].陆卓元,译.陆志韦,校订.北京:商务印书馆,1997.

沙加尔.上古汉语词根[M].龚群虎,译.上海:上海教育出版社,2004.

沈兼士.广韵声系[M].北京:中华书局,1985.

索绪尔.普通语言学教程[M].高名凯,译.岑麒祥,叶蜚声,校注.北京:商务印书馆,2001.

欧阳觉亚,郑贻青.黎语调查研究[M].北京:中国社会科学出版社,1983.

王辅世.苗语古音构拟[M].东京:国立亚非语言文化研究所,1994.

王辅世,毛宗武.苗瑶语古音构拟[M].北京:中国社会科学出版社,1995.

王力.汉语史稿[M].北京:中华书局,1980.

威廉·汤姆逊.十九世纪末以前的语言史[M].黄振华,译.北京:科学出版社,1960.

吴安其.汉藏语同源研究[M].北京:中央民族大学出版社,2002.

吴安其.南岛语分类研究[M].北京:商务印书馆,2009.

吴安其.亚欧语言基本词比较研究[M].北京:中国社会科学出版社,2017.

小坂隆一,周国炎,李锦芳.仡央语言词汇集[M].贵阳:贵州民族出版社,1998.

徐志民.欧美语言学简史[M].上海:学林出版社,1990.

徐通锵.历史语言学[M].北京:商务印书馆,1991.

颜其香,周植志.中国孟高棉语族语言与南亚语系[M].北京:中央民族大学出版社,1995.

俞敏.俞敏语言学论文集[M].北京:商务印书馆,1999.

张济川.藏语词族研究[M].北京:社会科学文献出版社,2009.

郑贻青.回辉话研究[M].上海:上海远东出版社,1997.

郑张尚芳.上古音系[M].上海:上海教育出版社,2003.

中央民族学院少数民族语言研究所第五研究室,壮侗语族语言词汇集[M].北京:中央民族学院出版社,1985.

周祖谟.文字音韵训诂论集[M].北京:北京大学出版社,2000.

Frederick Bodmer. The Loom of Language[M]. London: George Allen & Unwin Ltd., 1955.

Darrell T.Tryon. Comparative Austronesian Dictionary[M]. Walter de Gruyter, 1995.

Dennis Freeborn. From Old English to Standard English[M]. Macmillan Education UK, 1998.

Douglas Harper. Online Etymology Dictionary, (2001—2014)[M/OL]. http://www.etymonline.com/index.

Graham Thurgood. From Ancient Cham to Modern Dialects[M]. University of Hawaii Press, 1999.

J.R.V. Marchant, Joseph F.Charles. Cassell's Latin Dictionary. Cassell and Company, LTD, 1938.

О.Семереньи. Введение в сравнительное яэыконаниε [M]. Москва прогесс, 1980. (原著: Oswald Szemerényi, Einführung in die vergleichende Sprachwissenschaft, 1970.)

Paul J.Hopper, Elizabeth Closs Traugott. Grammaticalization[M]. Cambridge University Press.影印本.北京:外语教学与研究出版社,2001.

P.H. Matthews. Morphology[M]. Cambridge University Press.影印本.北京:外语教学与研究出版社,2000.

R.L. Trask. Historical Linguistics[M]. Edward Arnold Publishers limited.影印本.北京:外语教学与研究出版社,2000.

Robert J.Jeffers and Ilse Lehiste. Principles and Methods for Historical Linguistics[M]. The Massachusetts Institute of Technology, 1979.

Roger Lass. Historical Linguistics and Language Change [M]. Cambridge University Press, 1997.

Theodora Bynon. Historical Linguistics[M]. Cambridge University Press, 1977.

Willam H.Baxter. A Handbook of Old Chinese Phonology[M]. New York: Mouton de Gruyter, 1992.

Winfred P.Lehmann. Theoretical Bases of Indo-European Linguistics[M]. New York: Routledge, 1996.

Winfred P.Lehmann. Historical Linguistics: An Introduction[M]. New fetter Lane, 1992.影印本.北京:外语教学与研究出版社,2002.

图书在版编目（CIP）数据

历史语言学 / 吴安其著. — 修订本. — 上海：上海
教育出版社，2021.11
ISBN 978-7-5720-1094-1

Ⅰ.①历… Ⅱ.①吴… Ⅲ.①语言学史 Ⅳ.①H0-09

中国版本图书馆CIP数据核字(2021)第222064号

责任编辑　徐川山
封面设计　陈　芸

历史语言学（修订本）
吴安其　著

出版发行　上海教育出版社有限公司
官　　网　www.seph.com.cn
地　　址　上海市闵行区号景路159弄C座
邮　　编　201101
印　　刷　上海叶大印务发展有限公司
开　　本　890×1240　1/16　印张 13
字　　数　422 千字
版　　次　2022年9月第1版
印　　次　2022年9月第1次印刷
书　　号　ISBN 978-7-5720-1094-1/H·0038
定　　价　55.00 元

如发现质量问题，读者可向本社调换　电话：021-64373213